MÉMOIRES

TOUCHANT

LA VIE ET LES ÉCRITS

DE MARIE DE RABUTIN-CHANTAL,

DAME DE BOURBILLY,

MARQUISE DE SÉVIGNÉ,

DURANT LE MINISTÈRE DU CARDINAL MAZARIN
ET LA JEUNESSE DE LOUIS XIV,

SUIVIS

De Notes et d'Éclaircissements,

PAR

M. LE BARON WALCKENAER.

QUATRIÈME ÉDITION, REVUE ET CORRIGÉE.

PARIS,
LIBRAIRIE DE FIRMIN-DIDOT ET Cie,
IMPRIMEURS DE L'INSTITUT DE FRANCE,
RUE JACOB, 56.

MÉMOIRES

SUR MADAME

DE SÉVIGNÉ

QUATRIÈME PARTIE

TYPOGRAPHIE FIRMIN-DIDOT. — MESNIL (EURE).

MÉMOIRES

TOUCHANT

LA VIE ET LES ÉCRITS

DE MARIE DE RABUTIN-CHANTAL

DAME DE BOURBILLY

MARQUISE DE SÉVIGNÉ

DURANT LA GUERRE DE LOUIS XIV CONTRE LA HOLLANDE

SUIVIS

De Notes et d'Éclaircissements

PAR

M. LE BARON WALCKENAER

QUATRIÈME ÉDITION

REVUE ET CORRIGÉE

PARIS

LIBRAIRIE DE FIRMIN-DIDOT FRÈRES, FILS ET Cⁱᵉ

IMPRIMEURS DE L'INSTITUT, RUE JACOB, 56

1875.

MÉMOIRES

TOUCHANT LA VIE ET LES ÉCRITS

DE

MARIE DE RABUTIN-CHANTAL,

DAME DE BOURBILLY,

MARQUISE DE SÉVIGNÉ.

CHAPITRE PREMIER.

1671.

L'abbé de Livry fait donation de tout son bien à madame de Sévigné. — Elle part pour la campagne. — Détails sur son voyage. — Elle arrive aux Rochers. — Effet que produit sur elle ce séjour. — Elle désirait ne pas le quitter, et y attirer sa fille. — Elle se passionne pour la solitude et les occupations champêtres. — Elle fait agrandir et embellir son parc. — Elle préfère Pilois, son jardinier, à tous les beaux esprits de la cour. — Elle participe à ses travaux. — Des causes qui ont produit le contraste de ses goûts et de son caractère. — Du plaisir qu'elle avait à recevoir les visites de Pomenars. — Détails sur celui-ci. — Madame de Sévigné n'aimait pas la société de province. — Son existence était celle d'une femme de cour ou d'une châtelaine. — Elle voit arriver avec peine l'époque des états. — N'est pas décidée à y assister. — Elle craint la dépense; donne à sa fille le détail de ses biens. — Elle se décide à assister aux états. — Détails sur les députés des états que connaissait madame de Grignan. — Tonquedec. — Le comte des Chapelles. — Mort de Montigny, évêque de Saint-Pol de Léon. —

Des personnages qui composaient les états de Bretagne. — Soumission de ces états aux volontés du roi. — Différents de ceux de Provence. — Réjouissances et festins. — Supériorité des Bretons pour la danse. — Madame de Sévigné à Vitré. — Elle reçoit toute la haute noblesse des états aux Rochers. — Fin des états. — Bel aspect qu'offrait cette assemblée. — Détails sur les biens que possédait la famille de Sévigné. — Terre de Sévigné, aliénée depuis longtemps. — Terre des Rochers. — Tour de Sévigné, à Vitré. — Madame de Sévigné fait réparer son hôtel aux frais des états. — Terre de Buron. — Pourquoi madame de Sévigné ne s'y rend pas. — État de dégradation de ce domaine. — Toute sa vie madame de Sévigné s'occupe à embellir les Rochers. — Elle fait de nouvelles allées. — Met partout des inscriptions. — Les pavillons. — Le mail. — La chapelle. — Le labyrinthe et l'écho.

Près de deux mois s'étaient écoulés depuis la clôture des états de Provence[1], lorsque, le 18 mai 1671, madame de Sévigné, dont le séjour à Paris et la présence à la cour n'étaient plus utiles à sa fille, monta dans sa calèche pour se rendre aux états de Bretagne. Son oncle, le bon abbé de Livry, qui avant de partir venait de lui faire donation de tout son bien[2], et son fils, qu'elle dérobait à un genre de vie aussi nuisible à sa santé qu'à sa fortune, l'accompagnèrent. Le petit abbé de la Mousse, dont elle ne se séparait pas plus que de Marphise, sa chienne[3], était aussi du voyage. Ainsi entourée, ayant dans sa poche le portrait de sa fille, et escortée de ses gens, elle alla coucher à Bonnelles, sur la route de Chartres; c'est-à-dire qu'elle

---

[1] *Abrégé des délibérations faites dans l'assemblée générale des communautés de Provence*, 1671, in-4°, p. 43. (Séance du 23 mars 1671.)

[2] SÉVIGNÉ, *Lettres* (18 et 23 mai 1671), t. II, p. 83, édit. de Gault de Saint-Germain; t. II, p. 64-70, édit. de Monmerqué.

[3] SÉVIGNÉ, *Lettres* (16 août 1671), t. II, p. 188; t. II, p. 156.

ne parcourut ce premier jour que quarante kilomètres, ou dix lieues de poste. Son équipage se composait de sept chevaux.

Cinq jours après, le 23 mai, elle arriva à Malicorne, dans le château du marquis de Lavardin [1], où elle se délassa de ses fatigues, et fit bonne chère. La route parcourue depuis Bonnelles, en passant par le Mans et la Suze, était de 202 kilomètres, ou de 51 lieues de poste. Elle fit encore cette fois dix à onze lieues par jour.

Les 94 kilomètres ou 22 lieues de distance qui lui restaient à parcourir furent franchis en deux jours, et madame de Sévigné arriva un jour plus tard que ne l'avait annoncé par mégarde le bon abbé de Livry; ce qui fut une contrariété pour Vaillant, son régisseur, qui avait mis plus de quinze cents hommes sous les armes pour la recevoir. Ils étaient allés l'attendre, la veille [2], à une lieue des Rochers; ils s'en retournèrent à dix heures du soir, dans un grand désappointement. Partie le lundi, et arrivée seulement le mercredi de la semaine suivante, madame de Sévigné avait mis dix jours à faire un trajet de 336 kilomètres, ou 84 lieues [3].

Du reste, elle n'avait éprouvé aucun ennui durant ces dix jours. Son fils, charmant pour elle, l'amusait par son esprit et sa gaieté; il lui déclamait des tragédies de Corneille, et la Mousse lui lisait Nicole. Elle regardait sou-

---

[1] SÉVIGNÉ, *Lettres* (23 mai 1671), t. II, p. 80, édit. de G.; t. II, p. 67, édit. de M. — Conférez la deuxième partie de ces *Mémoires*, chap. XIII, p. 187.

[2] SÉVIGNÉ, *Lettres* (31 mai 1671), t. II, p. 85, édit. G.; t. II, p. 71, édit. M.

[3] Par la route actuelle, qui est différente, le trajet n'eût été que de 318 kilomètres (18 kilom. ou 4 lieues et demie de moins).

vent le portrait de sa fille [1]; et lorsqu'en arrivant à Malicorne elle trouva une lettre d'elle, son plaisir fut grand, moins par la jouissance éprouvée à la lecture de cette lettre, que par l'assurance qu'elle y trouvait qu'une correspondance qui était le soutien de sa vie serait continuée avec régularité, et comme elle-même l'avait prescrit [2].

La vue des Rochers, à la fin de mai, produisit sur madame de Sévigné son effet accoutumé : elle réveilla sa passion pour la campagne. A peine y fut-elle installée, qu'elle résolut de faire à son château des embellissements, d'y construire une chapelle, d'agrandir le parc [3] et d'augmenter ses promenades. Ces travaux, qu'elle voulait diriger elle-même, exigeaient qu'elle fît à sa terre un assez long séjour. Aussi, dans la première lettre qu'elle écrivit à sa fille, datée des Rochers, trois jours après son arrivée, à la suite d'une phrase pleine de souvenirs mélancoliques, elle ajoute : « Si vous continuez de vous bien porter, ma chère enfant, je ne vous irai voir que l'année qui vient. La Bretagne et la Provence ne sont pas compatibles. C'est une chose étrange que les grands voyages! Si l'on était toujours dans le sentiment qu'on a quand on arrive, on ne sortirait jamais du lieu où l'on est; mais la Providence fait qu'on oublie. C'est la même chose qui sert aux femmes qui sont accouchées : Dieu permet cet oubli afin que le monde ne finisse pas, et que l'on fasse des voyages en Provence. Celui que j'y ferai me donnera la

---

[1] SÉVIGNÉ, *Lettres* (23 mai 1671), t. II, p. 80, édit. G.; t. II, p. 67, édit. M.

[2] SÉVIGNÉ, *Lettres* (23 mai 1671), t. II, p. 81, édit. G.; p. 68, édit. M.

[3] SÉVIGNÉ, *Lettres* (8, 19, 22 juillet 1671), t. II, p. 131, 146, 152, édit. G.; t. II, p. 109, 121, 126, édit. M.

plus grande joie que je puisse recevoir de ma vie : mais quelles pensées tristes de ne point voir de fin à votre séjour! J'admire et je loue de plus en plus votre sagesse, quoique, à vous dire le vrai, je sois fortement touchée de cette impossibilité ; j'espère qu'en ce temps-là nous verrons les choses d'une autre manière. Il faut bien l'espérer ; car, sans cette consolation, il n'y aurait plus qu'à mourir [1]. »

Quelques jours après, elle ajoute encore : « Je ferais bien mieux de vous dire combien je vous aime tendrement, combien vous êtes les délices de mon cœur et de ma vie, et ce que je souffre tous les jours quand je fais réflexion en quel endroit la Providence vous a placée. Voilà de quoi se compose ma bile : je souhaite que vous n'en composiez pas la vôtre; vous n'en avez pas besoin dans l'état où vous êtes [madame de Grignan était enceinte]. Vous avez un mari qui vous adore : rien ne manque à votre grandeur. Tâchez seulement de faire quelque miracle à vos affaires, afin que le retour à Paris ne soit retardé que par le devoir de votre charge, et point par nécessité [2]. »

On voit par ces passages, et par tout le reste de la correspondance [3] de madame de Sévigné, que si elle différa pendant plus d'un an encore son voyage de Provence, ce n'est pas que le désir de se réunir à sa fille fût en elle moins ardent; mais c'est qu'elle espérait toujours l'attirer près d'elle, et être dispensée d'un déplacement qui lui pe-

---

[1] Sévigné, *Lettres* (31 mai 1671), t. II, p. 84, édit. G. ; t. II, p. 70, édit. M.

[2] Sévigné, *Lettres* (10 juin 1671), t. II, p. 97, édit. G. ; t. II, p. 82, édit M.

[3] Sévigné, *Lettres* (29 avril 1672), t. II, p. 493, édit. G. — (6 septembre 1671), t. II, p. 218, édit. G. ; t. II, p. 182, édit. M.

sait. Madame de Grignan lui avait dit qu'il lui était impossible de quitter la Provence, parce que son mari, obligé à une continuelle représentation, avait besoin d'elle. En effet, il y avait cette différence entre les états de Bretagne et ceux de Provence, que ces derniers avaient lieu tous les ans, et les premiers tous les deux ans : ceux-ci d'ailleurs présentaient moins de difficulté aux gouverneurs, qui obtenaient facilement le vote de l'impôt. Ce sont ces considérations mêmes qui faisaient que madame de Sévigné redoutait d'aller en Provence. C'était sa fille qu'elle voulait, c'était sa présence, sa société, ses confidences, ses causeries, ses épanchements, dont elle était avide, et non pas de devenir le témoin des belles manières, de la dignité, de la prudence de la femme de M. le lieutenant général gouverneur de Provence, présidant un cercle ou faisant les honneurs d'un grand repas. C'est à Livry, c'est aux Rochers qu'elle aurait voulu posséder madame de Grignan, la réunir à son aimable frère, et jouir de tous les deux [1], sans distraction, dans les délices de la solitude : c'était là son rêve chéri, sa plus vive espérance. Aussi parvint-elle à rendre possible ce qui avait d'abord été trouvé impossible ; et elle eut raison de croire qu'un jour viendrait où l'on verrait les choses d'une autre manière [2].

Ce qui étonne le plus dans madame de Sévigné, c'est cette nature vive, passionnée, flexible, variable, apte à recevoir les impressions les plus opposées, à s'en laisser alternativement dominer. Femme du grand monde, elle

---

[1] SÉVIGNÉ, *Lettres* (7 et 31 juin 1671), t. II, p. 93, 106, édit. G. ; t. II, p. 78, 87, édit. M.

[2] SÉVIGNÉ, *Lettres* (10 juin 1671), t. II, p. 93, édit. G. ; t. II, p. 82, édit. M.

y plaît, elle s'y plaît; son tourbillon l'amuse, elle est occupée de ce qui s'y passe; elle est attentive à ses travers, à ses ridicules, à ses modes, à ses caprices; agréablement flattée de tout ce qui est de bon goût, de bon ton; recherchant les beaux esprits, admirant les talents, aimant la comédie, la danse, les vers, la musique; se laissant aller avec une sorte d'entraînement à tout ce que peut donner de jouissance une société opulente, élégante et polie; puis tout à coup, une fois transportée dans son agreste domaine, devenue étrangère à tout cela, dégoûtée de tout cela, obsédée et ennuyée des nouvelles de cour [1] qui lui arrivent, et considérant comme une tâche pénible l'obligation de paraître s'intéresser au mariage du premier prince du sang, et d'être forcée de répondre et de lire les détails qu'on lui donne sur ce sujet; ne songeant plus qu'au plaisir de vivre tous les jours avec les siens sous un même toit, de lire les livres qu'elle aime, de broder, d'écrire à sa fille, de supputer les produits de ses terres, de planter, de cultiver, de braver pour cette besogne les intempéries de l'air et tous les inconvénients attachés aux travaux champêtres; de se promener sur ses coteaux sauvages et dans ses bois incultes, non sans la crainte d'être dévorée par les loups, non sans s'astreindre à se faire protéger par les fusils de quatre gardes-chasses, l'intrépide Beaulieu à leur tête [2].

---

[1] Sévigné, *Lettres* (9 juillet 1671), t. II, p. 128, édit. G.; t. II, p. 106, édit. M. (mercredi 21 octobre 1671), t. II, p. 266, édit. G.; t. II, p. 225, édit. M.

[2] *Ibid.*, t. II, p. 267, édit. G.; t. II, p. 226; t. II, p. 203, édit. de la Haye, 1726, in-12. Cette lettre est du mercredi 4 novembre, dans cette édition; elle a été retranchée dans l'édit. de 1734 de Perrin, rétablie dans l'édit. de 1754. mais datée du mercredi 21 octobre.

Elle écrit à sa fille : « La compagnie que j'ai ici me plaît fort ; notre abbé (l'abbé de Livry) est toujours admirable ; mon fils et la Mousse s'accommodent fort bien de moi, et moi d'eux ; nous nous cherchons toujours ; et quand les affaires me séparent d'eux, ils sont au désespoir, et me trouvent ridicule de préférer un compte[1] de fermier aux contes de la Fontaine. »

Le bon abbé examine ses baux, s'instruit sur la manière d'augmenter les revenus, soigne la construction de la chapelle ; madame de Sévigné brode un devant d'autel[2]. Le baron de Sévigné l'avait remise en train de recommencer les lectures de sa jeunesse ; il lui déclame de beaux vers ; elle compose avec lui de jolies chansons qui obtiennent les éloges de madame de Grignan. Pour achever d'apprendre l'italien à la Mousse, madame de Sévigné relit avec lui le Tasse[3]. Lui, fait le catéchisme aux petits enfants[4]. Madame de Sévigné prétend qu'il n'aspire au salut que par curiosité, et pour mieux connaître ce qu'il en est sur les tourbillons de Descartes : enfin elle se rit de posséder chez elle trois abbés qui font admirablement

---

[1] Dans les livres imprimés du XVIe siècle, compte s'écrit *conte*, et dans plusieurs ouvrages du XVIIe siècle cette orthographe est conservée. Le dictionnaire de Richelet (1680), au mot CONTER, renvoie à *compter*.

[2] SÉVIGNÉ, *Lettres* (10, 21 et 28 juin 1671), t. II, p. 96, 105 et 118, édit. G. ; t. II, p. 79, 96 et 98, édit. M. — (8-12 juillet), t. II, p. 131, 138, édit. G. ; t. II, p. 109, 115, édit. M. — (4 novembre 1671), t. II, p. 281, édit. G. ; t. II, p. 238, édit. M.

[3] SÉVIGNÉ, *Lettres* (21 juin 1671), t. II, p. 106, édit. G. ; t. II, p. 87, édit. M. — (5 juillet 1671), t. II, p. 125, édit. G. ; t. II, p. 104, édit. M. (9 août 1671), p. 178.

[4] SÉVIGNÉ, *Lettres* (30 septembre 1671), t. II, p. 248, édit. G. ; t. II, p. 209, édit. M.

leurs personnages, mais dont pas un, dit-elle, ne peut lui dire la messe, dont elle a besoin [1].

Tout cela est naturel : mais qu'après avoir reçu, la veille de son départ pour la Bretagne, les adieux de tous ses amis, dans un grand repas qui lui a été donné par Coulanges, la châtelaine des Rochers soit devenue tellement campagnarde qu'en parlant à sa fille de ce dîner, elle ne lui donne qu'une seule ligne [2]; que tant de personnes qui la chérissent, et la redemandent comme l'âme de leur cercle, comme une compagne charmante, comme une amie toujours sûre, ne lui inspirent jamais, pendant son séjour aux Rochers, une seule fois le regret de les avoir quittées; qu'elle ne soit sensible à une telle séparation que parce qu'elle lui ôte les moyens de donner à sa fille des nouvelles de Paris et de la cour, et de la priver pour sa correspondance de sujets qui peuvent l'intéresser et l'amuser, voilà ce qui étonne. Pilois, son jardinier [3], est devenu pour elle un être plus important que tous les beaux esprits et les grands personnages de l'hôtel de la Rochefoucauld. Elle préfère son bon sens, ses lumières, à tous les entretiens des courtisans, des académiciens et des *alcóvistes*. Elle ne le dirige pas dans ses travaux, elle les dirige avec lui. Elle marche dans les plus hautes herbes, et se mouille jusqu'aux genoux, pour l'aider dans ses alignements [4]; et lorsqu'en décembre le

---

[1] SÉVIGNÉ, *Lettres* (6 juillet 1671), t. II, p. 133, édit. G.; t. II, p. 114, édit. M.

[2] SÉVIGNÉ, *Lettres* (18 mai 1671), t. II, p. 78, édit. G.; t. II, p. 66, édit. M.

[3] SÉVIGNÉ, *Lettres* (31 mai 1671), édit. G.; t. II, p. 86, édit. M.

[4] SÉVIGNÉ, *Lettres* (28 octobre 1671), t. II, p. 272, édit. G.; t. II, p. 230, édit. M.

froid rigoureux a chassé d'auprès d'elle et ses hôtes et ses gens, elle reste courageusement avec Pilois; elle tient entre ses mains délicates, devenues robustes, l'arbre qu'il va planter, et qu'elle doit avec lui enfoncer en terre [1]. Une si complète transformation, une si grande métamorphose étonne et charme à la fois.

Elle se conçoit cependant quand on a bien compris madame de Sévigné; quand on est initié, par l'étude de toute sa vie, aux sentiments, aux inclinations dont elle subissait l'influence. Introduite par son jeune mari dans le tourbillon du grand monde, elle y prit goût; elle fut glorieuse des succès qu'elle y obtint. Elle se livra avec abandon aux jouissances que lui facilitaient son âge, sa beauté, sa santé, sa fortune, la gaieté de son caractère; mais, trompée et presque répudiée par cet époux en qui elle avait placé ses plus tendres affections, elle connut de bonne heure des peines dont le monde et ses plaisirs ne pouvaient la distraire. L'éducation qu'elle avait reçue, et son excellent naturel, lui firent chercher un soulagement dans la religion, la lecture, et les occupations domestiques. Elle se trouva ainsi partagée entre le besoin des distractions et de l'agitation mondaines, entre les plaisirs et les tranquilles et uniformes jouissances de la retraite, entre Paris, Livry, les Rochers. Mais dans sa brillante jeunesse, avec le goût qu'elle avait pour la lecture des romans, pour ces sociétés aimables, joyeuses et licencieuses de la Fronde, dans lesquelles elle se trouvait lancée; les remèdes qu'elle employait n'étaient pour son mal que des palliatifs momentanés [2]. Son cœur avide d'émotions n'eût pu échapper aux tor-

[1] Sévigné, *Lettres* (4, 15 et 18 novembre 1671), t. II, p. 282, 289, 292, édit. G.; t. II, p. 239, 246 et 248, édit. M.

[2] Conférez la 1re partie de cet ouvrage, chap. vii, p. 81.

tures de la jalousie et de l'amour rebuté qu'en cédant aux ressentiments que lui faisaient éprouver les infidélités de son mari, et l'injurieux abandon dont il la rendait victime. Ce n'était qu'en triomphant de l'amour conjugal par un autre amour, il est vrai, moins légitime, mais peut-être plus digne d'elle, qu'elle pouvait, à l'exemple de tant d'autres, en ce temps de débordement des mœurs, se consoler de son malheur, et ressaisir les avantages de sa jeunesse. Plusieurs espérèrent; et Bussy n'aurait peut-être pas espéré en vain, si cette situation, capable de dompter le plus indomptable courage, se fût longtemps prolongée [1]. Mais elle cessa, par une horrible catastrophe qui porta le désespoir dans le cœur de madame de Sévigné. Son mari, si jeune, si beau, lui fut enlevé par une mort violente, qui semblait lui avoir été infligée pour son inconduite, et comme une juste punition des torts qu'il avait envers elle. Alors ces torts disparurent à ses yeux; elle ne se souvint plus que de ce qu'il avait d'aimable; elle ne ressentit plus que la douleur d'en être privée pour toujours, lorsqu'il l'avait rendue deux fois mère. Et cette douleur dura longtemps : cette flamme allumée en elle par l'amour conjugal tourna tout entière au profit de l'amour maternel; comme celle de Vesta, elle brûla pure dans son cœur agité, sans faire éclater aucun incendie ni produire aucun désordre dans ses sens. La religion communiqua à sa vertu la force et la fierté dont elle avait besoin pour se soustraire aux écueils et aux dangers de l'âge périlleux qu'elle avait à traverser, et elle put se consacrer à l'éducation de ses enfants d'une manière qui la rendit l'admiration du monde [2].

[1] Conférez la 1re partie de cet ouvrage, chap. XVII, XVIII, XIX, p. 222-269.

[2] Conférez la 1re partie de cet ouvrage, chap. XXII, XXIV, p. 302 à

Mais dès lors ce monde perdait chaque jour de l'attrait qu'il avait eu pour elle : plus elle en appréciait le faux, le vide, les vices et les ridicules, plus ses inclinations à la retraite, et le goût de la campagne, qu'elle avait contracté dans sa jeunesse, prenaient sur elle de l'empire. Là elle vivait plus pour ses enfants, pour le bon abbé, pour elle-même ; et c'est la vivacité de ces sentiments qui donne cette fois aux lettres qu'elle a écrites des Rochers, dans le cours de l'année dont nous traitons, un charme supérieur à celles qui sont datées de Paris. Ces lettres écrites des Rochers sont sans doute plus dépourvues de tout ce qui peut les rendre historiquement intéressantes. Elles abondent en détails futiles, mais charmants par le tour qu'elle sait leur donner. Il y a plus d'imagination, plus d'esprit même, plus de talent de style que dans les autres ; et ce sont sans doute celles-là qui, de son temps, ont fait sa réputation. Les lettres qui renfermaient des détails sur de grands personnages, et des nouvelles de cour, ne pouvaient être montrées ni par madame de Grignan, ni par Coulanges, ni par les amis de cour auxquels elle écrivait, tandis qu'on communiquait sans difficulté et sans inconvénient celles du laquais Picard, renvoyé pour avoir refusé de faner [1] ; celles où elle s'amuse avec trop peu de charité aux dépens des Bretons et de leurs familles [2], et de toutes les femmes

318, 342 à 358; et 2ᵉ partie, chap. vIII, p. 90 à 103; 3ᵉ partie, chap. II, p. 31-47.

[1] Sévigné, *Lettres* (22 juillet 1671), t. II, p. 153, édit. G. ; t. II, p. 127, édit. M.

[2] Sévigné, *Lettres* (10 juin 1671), t. II, p. 95, édit. G. ; t. II, p. 80, édit. M. — (17 juillet 1671), t. II, p. 147, édit. G. ; t. II, p. 125, édit. M. ; t. II, p. 127, édit. de la Haye. (Il y a un long passage de cette lettre retranché et omis dans toutes les autres éditions.) — (12 août

de la Bretagne que la tenue des états réunissait à Vitré¹.

On conçoit que madame de Grignan ne manquât pas de communiquer à ses amis les lettres où sa mère se plaisait à lutter avec les beaux esprits ses amis, par la composition de ses devises ²; mais rien ne prouve mieux que la licence et le relâchement des mœurs des temps de la Fronde subsistaient encore, que de trouver dans ces mêmes lettres l'aveu du plaisir qu'avait madame de Sévigné à recevoir les visites du marquis de Pomenars, du divin Pomenars, ainsi qu'elle l'appelle, parce que cet homme l'amusait par la gaieté et les saillies de son esprit. Ce gentilhomme breton, effrontément dépravé, passait sa vie sous le coup d'accusations et même de condamnations capitales. Si le roi avait ordonné qu'on tînt en Bretagne les *grands jours*, comme autrefois en Auvergne et en Poitou, Pomenars n'aurait certainement pas échappé aux châtiments infligés par les juges de ces redoutables assises. Il avait été accusé de fausse monnaie; il fut absous, et paya les épices de son arrêt en fausses espèces ³. Il paraît qu'un nouveau procès s'était renouvelé contre lui, peut-être pour ce dernier méfait; et de plus il se trouvait encore poursuivi pour avoir enlevé la fille du comte de Créance. Tout cela

1671), t. II, p. 184, édit. G. — (18 octobre 1671), t. II, p. 260, édit. G., et t. II, p. 220, édit. M.

¹ SÉVIGNÉ, *Lettres* (12 et 19 août 1671), t. II, p. 185, édit. G.; t. II, p. 154, édit. M. — (6 octobre 1675), t. IV, p. 130, 133, édit. G.; t. IV, p. 19, 22, édit. M.

² SÉVIGNÉ, *Lettres* (7 juin 1671), t. II, p. 92, édit. G.; t. II, p. 77, édit. M.; t. I, p. 110, édit. 1726 de la Haye, et l'édit. de 1754, t. I, p. 251. — (7 août 1635), t. II, p. 185; t. II, p. 154.

³ SÉVIGNÉ, *Lettres* (11 novembre 1671), t. II, p. 285, édit. G.; t. II, p. 242, 243, édit. M. Voyez la 2ᵉ partie de ces *Mémoires*, p. 24.

ne le rendait pas plus triste, tout cela ne l'empêchait pas de venir aux états, et d'y montrer tant d'audace et d'impudence, que « journellement, dit madame de Sévigné, il fait quitter la place au premier président, dont il est ennemi, aussi bien que du procureur général [1]. » Il allait chez la duchesse de Chaulnes aux Rochers, partout où il pouvait s'amuser [2]. Il sollicitait gaiement ses juges avec une longue barbe, parce que, avant de se donner la peine de la raser, il fallait, disait-il, savoir si sa tête, que le roi lui disputait, lui resterait. Il est probable que quand il parlait ainsi, c'est de l'accusation de fausse monnaie qu'il était question. L'autre accusation était d'une nature moins grave. Il s'agissait de la demoiselle de Bouillé, fille de René de Bouillé, comte de Créance, et cousine de la duchesse du Lude ; cette demoiselle qui, après avoir vécu quatorze ans avec Pomenars, s'avisa un jour de le quitter, de se rendre à Paris, et de le faire poursuivre pour crime de rapt [3]. « Pomenars, dit madame de Sévigné à sa fille, qui s'intéressait beaucoup à ce gentilhomme qu'elle connaissait, ne fait que de sortir de ma chambre. Nous avons parlé assez sérieusement de ses affaires, qui ne sont jamais de moins que de la tête. Le comte de Créance veut à toute force qu'il l'ait coupée, Pomenars ne veut pas : voilà le procès [4]. »

Il fut jugé et condamné par contumace cinq mois après,

---

[1] Sévigné, *Lettres* (7 et 19 août 1671), t. II, p. 193, édit. G.; t. II, p. 161, édit. M.

[2] Sévigné, *Lettres* (26 juillet 1671), t. II, p. 156, 158, édit. G.; t. II, p. 130, 131, édit. M.

[3] Amelot de la Houssaie, *Mémoires*, 1737, in-12, t. II, p. 107.

[4] Sévigné, *Lettres* (26 juillet 1671), t. II, p. 161, édit. G.; t. II, p. 134, édit. M.

et fit aux Rochers une nouvelle visite à madame de Sévigné, qui raconte ainsi ce fait à sa fille : « L'autre jour, Pomenars passa par ici ; il venait de Laval, où il trouva une grande assemblée de peuple ; il demanda ce que c'était : C'est, lui dit-on, que l'on pend un gentilhomme qui avait enlevé la fille du comte de Créance. *Cet homme-là, sire, c'était lui-même* [1]. Il approcha, il trouva que le peintre l'avait mal habillé ; il s'en plaignit ; il alla souper et coucher chez les juges qui l'avaient condamné. Le lendemain, il vint ici se pâmant de rire ; il en partit cependant de grand matin le jour d'après [2]. » Il se rendit ensuite à Paris, et nous le retrouvons assistant à une représentation de *Bajazet*, où était madame de Sévigné. « Au-dessus de M. le duc, dit-elle, était Pomenars avec les laquais, le nez dans son manteau, parce que le comte de Créance le veut faire pendre, quelque résistance qu'il fasse [3]. »

Pour qui ne connaît pas ces temps, tout paraît mystérieux dans la vie de ce don Juan breton, et dans l'indulgence dont il était l'objet. Les témoignages d'amitié que ne craignaient pas de lui donner des personnes recommandables sont une chose si étrange, qu'ils ont besoin de quelques explications. Nous apprenons que, huit jours après cette représentation de *Bajazet*, Pomenars fut taillé de la pierre ; qu'il reçut la visite de la duchesse de Chaulnes et de madame de Sévigné. Elle écrit à sa fille : « Madame de Chaulnes m'a donné l'exemple de l'aller voir.

---

[1] Allusion à l'épître de Marot au roi, *pour avoir été dérobé*.
[2] SÉVIGNÉ, *Lettres* (11 novembre 1671), t. II, p. 285, édit. G.; t. II, p. 242, édit. M.
[3] SÉVIGNÉ, *Lettres* (15 janvier 1672), t. II, p. 349, édit. G.; t. II, p. 296, édit. M. — (29 septembre 1675), t. IV, p. 116, édit. G.

Sa pierre est grosse comme un petit œuf : il caquette comme une accouchée ; il a plus de joie qu'il n'a eu de douleur ; et, pour accomplir la prophétie de M. de Maillé, qui dit à Pomenars qu'il ne mourrait jamais sans confession, il a été, avant l'opération, à confesse au grand Bourdaloue. Ah ! c'était une belle confession que celle-là ! il y fut quatre heures. Je lui ai demandé s'il avait tout dit ; il m'a juré que oui, et qu'il ne *pesait pas un grain*. Il n'a point langui du tout après l'absolution, et la chose s'est fort bien passée. Il y avait huit ou dix ans qu'il ne s'était confessé, et c'était le mieux. Il me parla de vous, et ne pouvait se taire, tant il est gaillard [1]. »

On ne peut douter que madame de Sévigné et la duchesse de Chaulnes ne fussent parfaitement instruites de la vie scandaleuse de Pomenars. Madame de Sévigné, quinze jours après la lettre que nous venons de citer, ayant à mander à sa fille cet affreux procès de la Voisin l'empoisonneuse, dans lequel tant de grands personnages se trouvèrent compromis, lui dit : « Pomenars a été taillé ; vous l'ai-je dit? Je l'ai vu ; c'est un plaisir que de l'entendre parler de tous ces poisons ; on est tenté de lui dire : Est-il possible que ce seul crime vous soit inconnu [2] ? »

Ceci nous apprend que Pomenars parlait avec chaleur contre la comtesse de Soissons, dont la fuite prouvait la complicité avec la célèbre empoisonneuse, et que cette ardeur contre de tels coupables étonnait madame de Sévigné, sans que pourtant elle crût Pomenars capable d'un

---

[1] Sévigné, *Lettres* (12 janvier 1680), t. VI, p. 298, édit. G. ; t. VI, p. 103, 104, édit. M.

[2] Sévigné, *Lettres* (26 janvier 1680), t. VI, p. 331, édit. G. ; t. VI, p. 133, édit. M.

tel crime. Ce qu'elle a dit de lui démontre qu'elle le connaissait depuis longtemps [1]. Il était probablement, avec Tonquedec, au nombre de ces gentilshommes bretons qui, au temps de la Fronde, fréquentaient sa maison comme amis de son mari, devenus ensuite les siens. Il est évident qu'il était protégé à la cour par des hommes puissants, contre les ennemis qu'il s'était faits dans sa province et contre les juges qui l'avaient condamné. Le procès qui lui fut intenté pour fausse monnaie était ancien, et datait probablement de cette époque où, en haine de Mazarin, tout paraissait permis contre le gouvernement, alors que les auteurs ou complices de tels brigandages ne perdaient pas pour cela la qualification d'honnêtes hommes [2]. Ce qui me confirme dans cette idée, c'est que madame de Sévigné dit que Pomenars se mettait peu en peine de son affaire de fausse monnaie [3].

Louis XIV, qui exilait le mari de madame de Montespan, ne pouvait apprendre avec plaisir que mademoiselle de Bouillé, pour se venger d'un amant dont l'amour était éteint, l'eût fait poursuivre comme ravisseur, et que des juges de province eussent osé prononcer la peine capitale contre un gentilhomme, pour un fait de galanterie avec une femme non mariée.

Lorsque la duchesse de Chaulnes et madame de Sévigné allèrent voir Pomenars à Paris, on lui avait fait grâce ou il avait purgé sa contumace, car madame de Sévigné n'en parle plus. A Vitré et aux Rochers, Pomenars, par sa

---

[1] SÉVIGNÉ, *Lettres* (12 août 1671), t. II, p. 124, édit. G.; t. II, p. 153, édit. M.

[2] Conférez la 1re partie de cet ouvrage, chap. XXXV, p. 481.

[3] SÉVIGNÉ, *Lettres* (24 juin 1671), t. II, p. 110, édit. G.; t. II, p. 91, édit. M.

gaieté, ses manières, son langage, lui rappelait sa folle jeunesse et les aimables factieux d'une époque de joyeux désordres. Pomenars lui avait aidé à supporter les ennuis d'une ville de province et de la tenue des états. Autant elle se plaisait dans ses domaines, dans ses vastes campagnes, au milieu des siens, de ses vassaux, de ses domestiques et de ses paysans, autant elle redoutait les sociétés prétentieuses, les fatigantes formalités, l'insipidité des entretiens, et les ridicules susceptibilités de la province. Femme de cour et châtelaine, elle avait toutes les perfections et les imperfections attachées à ces deux titres : les premières, elle les tenait de son excellent naturel ; les secondes, elle les devait à son éducation, au temps où elle vivait, et aux habitudes de toute sa vie. De là ses préférences pour la haute noblesse, pour tous ceux qui vivaient à la cour ; son indulgence pour leurs travers, sa sympathie pour leurs vaniteuses prétentions ; son dédain pour la petite noblesse, qui singeait gauchement les manières et le langage des grands, qui s'empressait auprès d'eux, qui les obsédait de ses attentions, qui les fatiguait par sa déférence [1], mais qui, franche, généreuse, sensible, serviable, pleine d'honneur, par le contraste de plusieurs vertus essentielles avec les vices des gens de cour leur était, après tout, infiniment préférable. Si tel était l'éloignement de madame de Sévigné pour une classe avec laquelle elle se trouvait obligée de frayer occasionnellement, on pense bien qu'elle éprouve encore moins de penchant pour les personnes placées sur des degrés plus bas de l'échelle sociale, pour les classes bour-

---

[1] SÉVIGNÉ, *Lettres* (12 août 1671), t. II, p. 184, édit. G. ; t. II, p. 153, édit. M.

geoises. Celles-là, elle les réunit toutes dans une même et dédaigneuse indifférence; mais elle était bonne et indulgente pour la classe la plus infime, parce que c'est elle qui peut lui servir à exercer sa charité; c'est avec elle qu'elle est dispensée de toute réciprocité pour tout ce qu'on appelle les devoirs de société. Ce défaut du caractère de madame de Sévigné ne lui était pas particulier; il lui était au contraire commun avec tous les gens de cour, et il était encore plus prononcé chez quelques-uns. Dans le monde où elle vivait, de telles pensées étaient plutôt un sujet d'éloge que de blâme. Mais il n'en pouvait être de même de nos jours; et madame de Sévigné a dû déplaire par là à une génération si opposée, dans la théorie, à de semblables opinions, si fort disposée à se louer elle-même et à traiter rudement les sentiments des générations qui l'ont précédée. C'est surtout durant cette année 1671, et pendant la tenue des états de Bretagne [1], que se manifestent le plus ces répulsions et ces dédains, qui ont valu à la marquise de Sévigné un blâme mérité, et aussi de brutales injures, de la part des critiques, qui ne se doutent nullement combien ils sont eux-mêmes aveuglés par les vulgaires préjugés de leur siècle.

Ainsi donc, qu'on ne s'y méprenne pas : si madame de Sévigné se fit chérir en Bretagne, tandis que madame de Grignan ne sut pas se concilier l'affection des Provençaux, ce n'est pas que cette dernière fît moins pour ceux-ci que sa mère pour les Bretons : au contraire, madame de Grignan et son mari agissaient grandement, et fai-

---

[1] SÉVIGNÉ, *Lettres* (11 octobre 1671), t. II, p. 256, édit. G.; t. II, p. 216, édit. M.

saient avec profusion les honneurs du rang qu'ils occupaient. Mais madame de Grignan, altière, ambitieuse [1], avait acquis un grand ascendant sur son mari et sur toute la famille des Grignan. Elle était devenue l'âme d'un parti opposé à celui de l'évêque de Marseille ; elle avait une réputation de haute capacité ; elle s'était fait beaucoup de partisans et beaucoup d'ennemis. Madame de Sévigné, au contraire, n'avait point de partisans, mais elle comptait beaucoup d'amis. Quand elle était aux Rochers, elle restreignait ses dépenses ; elle éludait ou refusait toutes les invitations, n'en faisait point, et ne recevait dans son château que ses parents et ses amis de cour ou de Paris. Mais elle était moins froide, moins dissimulée, moins formaliste que sa fille. En sa présence, on se trouvait à l'aise ; vive et expansive, elle parlait beaucoup et sans prétention ; et on l'aimait, parce qu'elle se montrait toujours aimable. On lui pardonnait de peu communiquer avec ses voisins, de se montrer rarement à Vitré, et de se cantonner aux Rochers ; mais elle faisait dans ce lieu de longs séjours, et, de la manière dont elle l'embellissait, il était évident qu'elle s'y plaisait, qu'elle aimait la Bretagne, et par conséquent ses habitants : c'était, on le croyait, une bonne Bretonne, les délices et l'honneur de la province. Sans doute telle est l'opinion qu'elle eût laissée d'elle pour toujours dans ce pays, si ses lettres à sa fille n'avaient pas détruit cette illusion.

Les confessions faites sous la forme de mémoires, quelque sincères qu'on les suppose, ne sont jamais entières ni parfaitement vraies, parce que, dans ces sortes d'écrits, on omet de raconter certaines actions ou certaines

---

[1] Sévigné, *Lettres* (22 septembre 1673), t. III, p. 271. édit. G.

manières de se conduire qui nous paraissent naturelles ou dignes de louanges, ou bien on les représente sous cet aspect favorable qui doit leur concilier l'approbation de tous les esprits : mais dans des lettres confidentielles, écrites dans le but de faire connaître à quelqu'un tous les mouvements de l'âme, toutes les agitations du cœur, toutes les incertitudes de la pensée, toutes les variations de la volonté, rien n'est dissimulé, rien n'est omis; on apprend tout, on sait tout. Ainsi ces états de Bretagne, pour lesquels madame de Sévigné avait quitté Paris et différé son voyage en Provence, sa correspondance nous apprend qu'elle ne les vit approcher qu'avec peine [1], et qu'elle eut la velléité de ne pas y assister et de retourner dans la capitale. « Je crois que je m'enfuirai, dit-elle, de peur d'être ruinée. C'est une belle chose que d'aller dépenser quatre ou cinq cents pistoles en fricassées et en dîners, pour l'honneur d'être de la maison de plaisance de monsieur et de madame de Chaulnes, de madame de Rohan, de M. de Lavardin et de toute la Bretagne [2] ! »

Un des fils de Louis XIV, âgé de trois ans, était mort [3], et elle crut, à tort, qu'on serait obligé de prendre le deuil, ce qui devait ajouter encore à ses embarras et à sa dépense, si elle restait en Bretagne. Déjà son fils [4] avait dépensé quatre cents livres en trois jours, pour aller visiter à

---

[1] SÉVIGNÉ, *Lettres* (10 juin, 22 juillet), t. II, p. 98, 152, édit. G.; t. II, p. 82, 126, édit. M.

[2] *Ibid.* (10 juin 1671), t. II, p. 98, édit. G.

[3] MONTPENSIER, *Mémoires*, t. III, p. 121.

[4] SÉVIGNÉ, *Lettres* (10 juin 1671), p. 98, édit. G.; t. II, p. 82, édit. M.

Rennes les personnes notables. Elle s'en effraye, et cependant elle expose à sa fille, en ces termes, le montant de ses biens et des successions qui lui étaient échues [1] : « Je méprise, dit-elle, tous les petits événements; j'en voudrais qui pussent me causer de grands étonnements. J'en ai eu un ce matin dans le cabinet de l'abbé : nous avons trouvé, avec ces jetons qui sont si bons, que j'aurai eu *cinq cent trente mille livres* de biens, en comptant toutes mes petites successions. Savez-vous bien que ce que m'a donné notre cher abbé [l'abbé de Livry, son tuteur] ne sera pas moins de *quatre-vingt mille francs* (hélas! vous savez bien que je n'ai pas impatience de l'avoir), et *cent mille francs de Bourgogne* [par la succession du président Fremyot, son cousin]. Voilà ce qui est venu depuis que vous êtes mariée; le reste, c'est *cent mille écus* en me mariant, *dix mille écus* depuis de M. de Châlons [de Jacques de Neuchèse, son grand-oncle, évêque de Châlons], et *vingt mille francs* de petits partages de certains oncles. » Mais ce qui la tourmente plus encore que la dépense, c'est l'ennui des sociétés et du monde qu'il lui faudra supporter. Elle pourrait éviter une partie de la dépense en allant s'établir, pendant la tenue des états, dans sa maison de Vitré; on ne viendrait pas l'assaillir là comme aux Rochers : mais elle ne peut se résoudre à quitter les Rochers. « Quand je suis hors de Paris, dit-

---

[1] *Ibid.*, t. II, p. 97, édit. G. ; t. II, p. 81, édit. M. Conférez la 1re partie de ces *Mémoires*, chap. III, p. 21; chap. II, p. 151. Il faut presque doubler toutes ces sommes pour avoir les valeurs en monnaie actuelle. Le marc d'argent monnayé comptait alors pour 28 livres 13 sous 8 deniers; ainsi 1,000 livres d'alors égalent 1,810 fr. d'aujourd'hui. — (10 juin 1671), t. II, p. 98, édit. G. ; t. II, p. 82, édit. M.

elle, je ne veux que la campagne ¹. » Enfin elle se décide à ne pas paraître aux états. « Pour le bruit et le tracas de Vitré, il me sera bien moins agréable que mes bois, ma tranquillité et mes lectures. Quand je quitte Paris et mes amies, ce n'est pas pour paraître aux états : mon pauvre mérite, tout médiocre qu'il est, n'est pas encore réduit à se sauver en province, comme les mauvais comédiens ². » Aussi ne veut-elle rien faire *pour paraître ;* ce n'est pas en Bretagne que sa fille tient le premier rang. « Je me suis jetée, lui écrit-elle, dans le taffetas blanc ; ma dépense est petite. Je méprise la Bretagne, et n'en veux faire que pour la Provence, afin de soutenir la dignité d'une merveille entre deux âges, où vous m'avez élevée ³. »

Mais une lettre de madame la duchesse de Chaulnes fera cesser tant d'irrésolutions. Le duc de Chaulnes va faire le tour de la Provence ; la duchesse vient l'attendre à Vitré, et elle prie instamment madame de Sévigné de ne point partir avant qu'elle l'ait vue. « Voilà, dit madame de Sévigné à sa fille, ce qu'on ne peut éviter, à moins de se résoudre à renoncer à eux pour jamais. » Et cependant telle est sa répugnance à rester aux Rochers pendant la tenue des états, qu'elle ajoute immédiatement : « Je vous jure que je ne suis encore résolue à rien. »

Mais bientôt l'arrivée de la duchesse de Chaulnes⁴, et

---

¹ Sévigné, *Lettres* (5 juillet 1671), t. II, p. 126, édit. G. ; t. II, p. 105, édit. M.

² Sévigné, *Lettres* (22 juillet 1671), t. II, p. 152, édit. G. ; t. II, p. 126, édit. M.

³ Sévigné, *Lettres* (5 juillet 1671), t. II, p. 126, édit. G. ; t. II, p. 105, édit. M.

⁴ Sur la duchesse de Chaulnes, conférez la 1ʳᵉ partie de ces *Mémoires*, t. I, p. 426, seconde édition.

des militaires de la noblesse de Bretagne avec leur brillant cortége, mettait fin à toutes ses hésitations ; surtout la présence à Vitré de ses anciens amis de cour et de Paris, avec lesquels elle pourra causer en liberté, et donner carrière à son esprit railleur. Elle a bien soin de les nommer à madame de Grignan [1] : « Il y a de votre connaissance Tonquedec, le comte des Chapelles, Pomenars, l'abbé de Montigny, qui est évêque de Saint-Pol de Léon, et mille autres ; mais ceux-là me parlent de vous, et nous rions un peu de notre prochain. Il est plaisant ici le prochain, particulièrement quand on a dîné. »

Nous avons déjà parlé d'un Tonquedec (René du Quengo) dans la première partie de ces *Mémoires;* de sa passion pour madame de Sévigné, et de sa querelle avec le duc de Rohan-Chabot [2] : il est probable que mademoiselle Sylvie de Tonquedec, dont le baron de Sévigné devint amoureux neuf ans plus tard, était la fille de ce gentilhomme [3]. Pomenars est connu des lecteurs. Le comte des Chapelles, frère du marquis de Molac, un des commissaires du roi aux états, était un jeune militaire, petit de taille, aimable et spirituel, de la société intime de madame de Sévigné, qui lui écrivait lorsqu'il était à l'armée ; elle l'emploie, pendant cette tenue des états, à faire les honneurs de chez elle après le départ de son fils. Nous avons une lettre du comte des Chapelles à madame de Grignan [4].

---

[1] SÉVIGNÉ, *Lettres* (12 août 1671), t. II, p. 184, édit. G. ; t. II, p. 153, édit. M.

[2] *Mémoires sur Sévigné*, 1re partie, ch. XXIV, p. 352 ; ch. XXXIII, p. 456-476. Conférez encore SÉVIGNÉ, *Lettres* (1er juillet 1671), t. II, p. 122, édit. G.

[3] SÉVIGNÉ, *Lettres* (18 et 21 août 1680), t. VII, p. 168 et 174, édit. G. ; t. VI, p. 424 et 428, édit. M.

[4] SÉVIGNÉ, *Lettres* (9 septembre 1671), t. II, p. 219-220, édit. G. ;

Grand compositeur de devises, il avait fini par adopter celle que madame de Sévigné lui avait donnée, et il fit graver sur son cachet un aigle qui approche du soleil, avec ces mots du Tasse : *L'alte non temo*. Quant au petit abbé de Montigny, il venait de prendre possession de son évêché de Saint-Pol de Léon, et avait été reçu, l'année précédente, à l'Académie française ; il a été plusieurs fois mentionné dans ces Mémoires¹. Autant il avait autrefois charmé par son esprit et ses vers madame de Sévigné, autant elle aimait à l'entendre disputer avec la Mousse sur la philosophie de Descartes. Hélas! elle prévoyait peu qu'elle le perdrait avant la fin des états. Elle le vit retourner à Vitré, où il mourut, à la fleur de l'âge, dans les bras de son frère l'avocat général, qui l'aimait tendrement.

« Je lui offris, écrit madame de Sévigné à madame de Grignan, en parlant de ce dernier, de venir pleurer en liberté dans mes bois : il me dit qu'il était trop affligé pour chercher cette consolation. Ce pauvre petit évêque avait un des plus beaux esprits du monde pour les sciences, c'est ce qui l'a tué ; comme Pascal, il s'est épuisé. Vous n'avez pas trop affaire de ce détail ; mais c'est la nouvelle du pays, et puis il me semble que la mort est l'affaire de tout le monde². »

---

t. II, p. 184 et 185, édit. M. — (4 octobre 1671), t. II, p. 249, édit. G. ; t. II, p. 211, édit. M. — (27 mai 1672), t. III, p. 41. — (14 septembre 1675), t. IV, p. 101, édit. G. ; t. III, p. 469, édit. M. — *Registre des états de Bretagne*, Mss. Bl., n° 75, p. 339.

¹ Voyez la 3ᵉ partie, chap. v, p. 89-96. Conférez D'OLIVET, *Hist. de l'Académie française*; 1729, in-4°, p. 113. — SÉVIGNÉ, *Lettres* (30 août 1671), t. II, p. 111, édit. G. ; t. II, p. 176, édit. M.

² SÉVIGNÉ, *Lettres* (2, 23, 27 et 30 septembre 1671), t. II, p. 213, 237, 245, édit. G. ; t. II, p. 177, 196, 199, 206 et 207, édit. M. Montigny mourut le 28 septembre, à trente-cinq ans.

Aussitôt après l'arrivée du duc de Chaulnes à Vitré[1], cette petite ville prit un aspect de grandeur et de luxe qui étonna madame de Sévigné elle-même. On vit entrer un régiment de cavalerie avec ses beaux chevaux, sa musique, et nombre d'officiers richement escortés. La variété des costumes brodés d'or, les femmes parées, les brillants équipages, le bruit des violons, des hautbois et des trompettes, produisirent dans cette ville, peu de jours avant si calme, une agitation qui électrisa madame de Sévigné, et lui fit trouver du plaisir à ce qu'elle avait auparavant si fort redouté. « Je n'avais jamais vu les états, dit-elle[2]; c'est une assez belle chose. Je ne crois pas qu'il y ait une province rassemblée qui ait un aussi grand air que celle-ci; elle doit être bien pleine : du moins il n'y en a pas un seul à la guerre ni à la cour; il n'y a que le petit guidon [son fils, qui était guidon des gendarmes], qui peut-être y reviendra un jour comme les autres. »

Les *assises des états de Bretagne* se composaient de tous les commissaires du roi, c'est-à-dire, du gouverneur, des lieutenants généraux, du premier président du parlement, de l'intendant, des avocats généraux, du grand maître des eaux et forêts, des receveurs généraux des finances, etc., au nombre d'environ vingt-cinq personnes. Puis venaient *nosseigneurs* les députés de l'ordre de l'Église, au nombre de vingt-deux; ceux de l'ordre de la noblesse, au nombre de cent soixante-quatorze, le duc de Rohan, baron de Léon, à leur tête, et, en dernier lieu, soixante-dix députés de l'ordre du tiers[3]. Dans sa

---

[1] Sévigné, *Lettres* (5 août 1671), t. II, p. 170 et 171, édit. G.; t. II, p. 143, édit. M.

[2] *Ibid.*, t. II, p. 172, édit. G.; t. II, p. 143, édit. M.

[3] *Recueil de la tenue des états de Bretagne*, de 1629 à 1723, ma-

lettre en date du 5 août, madame de Sévigné dit : « Après ce petit bal, on vit entrer tous ceux qui arrivaient en foule pour ouvrir les états. Le lendemain, M. le premier président, MM. les procureurs et avocats généraux du parlement, huit évêques, M. de Morlac, Lacoste et Coëtlogon le père, M. Boucherat qui vient de Paris [c'est le même qui fut depuis chancelier de France], cinquante bas Bretons dorés jusqu'aux yeux, cent communautés. Le soir, devaient venir madame de Rohan d'un côté, et son fils de l'autre, et M. de Lavardin, dont je suis étonnée[1]. » Fort liée avec le marquis de Lavardin, madame de Sévigné avait des raisons de croire qu'il ne devait pas arriver si promptement.

On a dit à tort que madame de Sévigné s'étonnait que M. de Lavardin fût venu, parce que, lieutenant général et non gouverneur, il ne pouvait paraître qu'au second rang, et que, dans ce cas, les lieutenants généraux s'absentaient souvent. Ce ne peut être le motif de l'étonnement de madame de Sévigné.

Non-seulement le duc de Chaulnes avait été nommé par lettres patentes commissaire du roi pour la tenue des états (le 6 mai), mais d'autres lettres patentes, datées du 25 juin, le nommaient aussi gouverneur et lieutenant général du duché de Bretagne ; place vacante, disent ces lettres, « depuis la mort de la feue reine, notre très-honorée dame et mère. » Or, le marquis de Lavardin, nommé

nuscrit de la bibliothèque du Roi, Bl.-Mant., n° 75, in-fol., p. 340, année 1671. — *Liste de nosseigneurs les états de Bretagne, tenant à Morlaix,* 20 octobre 1772. A Morlaix, chez Jacques Vatar, libraire.

[1] Sévigné, *Lettres* (5 août 1671), t. II, p. 172, édit. G. ; t. II, p. 143, édit. M.

lieutenant général aux huit évêchés, devait présenter les lettres patentes de la nomination du gouverneur aux assises des états ; ce qu'il fit dans la séance du 22 août, après avoir fait l'éloge du duc de Chaulnes. « Celui-ci était, dit le procès-verbal, placé sur une chaise à bras (un fauteuil) et sous le dais, le marquis de Lavardin à sa droite, sur une chaise à bras et sur une plate-forme plus basse. » Les motifs que le roi fait valoir pour demander des secours extraordinaires à la province sont : « pour la construction d'un grand nombre de vaisseaux, la fourniture de nos arsenaux, l'achèvement du superbe bâtiment du Louvre, etc.[1]. » On dépensa cette année fort peu d'argent pour le Louvre, mais en récompense on en dépensa beaucoup pour la marine ; et on doit compter, comme dépenses extraordinaires, l'hôtel des Invalides, qui fut commencé cette année ; la fondation d'une académie d'architecture ; les leçons publiques de chirurgie et de pharmacie, qui furent établies au Jardin royal (Jardin des Plantes)[2].

Madame de Sévigné regrette beaucoup que son gendre n'ait point à traiter avec les Bretons des intérêts du roi. Les états réunis à Vitré ne ressemblaient guère, en effet, à ceux tenus à Lambesc. Autant ces derniers s'étaient montrés parcimonieux et indociles envers le comte de Grignan, autant les premiers furent libéraux et prodigues pour le duc de Chaulnes[3]. « Les états, dit-elle, ne doi-

---

[1] Cet *et cætera* termine l'énumération des besoins. *Recueil de la tenue des états de Bretagne,* Mss. de la Biblioth. royale, cote Bl.-Mant., n° 75, in-folio, p. 339-347.

[2] Forbonnais, *Recherches et considérations sur les finances de France,* édit. in-12, t. III, p. 95.

[3] Sévigné, *Lettres* (28 octobre 1671), t. II, p. 274, édit. G.; t. II, p. 232, édit. M.

vent pas être longs ; il n'y a qu'à demander ce que veut le roi ; on ne dit pas un mot : voilà ce qui est fait. Pour le gouverneur, il trouve, je ne sais comment, plus de quarante mille écus qui lui reviennent. Une infinité de présents, de pensions, de réparations de chemins et de villes, quinze ou vingt grandes tables, des bals éternels, des comédies trois fois la semaine, une grande *braverie*, voilà les états ; j'oublie trois à quatre cents pipes de vin qu'on y boit[1]. »

A ces dîners, à ces bals, à ces comédies, madame de Sévigné assiste souvent, malgré le désir qu'elle aurait de se tenir toujours aux Rochers. Elle dit : « La bonne chère est excessive ; on remporte les plats de rôti tout entiers ; et pour les pyramides de fruits, il faut faire hausser les portes[2]. » Mais celui qui surpasse en luxe de table le gouverneur lui-même, c'est d'Harouïs, le trésorier des états de Bretagne, qui avait épousé une Coulanges, et était par conséquent allié à la famille de madame de Sévigné. Elle dit à madame de Grignan : « M. d'Harouïs vous écrira ; sa maison va être le Louvre des états : c'est un jeu, une chère, une liberté jour et nuit, qui attirent tout le monde[3]. » D'Harouïs s'était engagé à payer cent mille francs aux états de plus qu'il n'avait de fonds, « et trouvait, dit madame de Sévigné, que cela ne valait pas la peine de le dire : un de ses amis s'en aperçut. Il est vrai que ce ne fut qu'un cri dans toute la Bretagne, jusqu'à ce qu'on lui ait fait justice : il est adoré

---

[1] Sévigné, *Lettres* (5 août 1671), t. II, p. 173, édit., G. ; t. II, p. 144, édit. M.

[2] Sévigné, *Lettres* (*ibid.*), t. II, p. 170, édit. G. ; t. II, p. 142, edit. M.

[3] *Ibid.*, t. II, p. 172, édit. G. ; t. II, p. 143, édit. M. — (30 août 1671), t. II, p. 211, édit. G. ; t. II, p. 176, édit. M.

partout [1]. » On doit peu s'étonner d'après cela que ce comptable ait, par la suite, manqué pour une somme considérable, et se soit fait mettre à la Bastille, où il mourut [2]. Les grands repas sont ce qui fatiguait le plus madame de Sévigné, et, simple dans ses goûts, elle n'avait point cet appétit désordonné pour les mets recherchés, qui souvent aujourd'hui, dans le beau monde comme parmi les commis voyageurs, alimente tout l'esprit des conversations. Elle écrit à sa fille : « Demain je m'en vais aux Rochers, où je serai ravie de ne plus voir de festins, et d'être un peu à moi. Je meurs de faim au milieu de toutes ces viandes ; et je proposais l'autre jour à Pomenars d'envoyer accommoder un gigot de mouton à la *Tour de Sévigné* pour minuit, en revenant de chez madame de Chaulnes [3]. » Mais dans ces festins on témoignait tant de plaisir à la voir, on buvait si souvent à sa santé et à celle de madame de Grignan [4], qu'elle ne pouvait s'empêcher de sympathiser avec la gaieté générale. Ce qui lui agrée le plus, ce sont les bals, à cause de la supériorité des Bretons pour la danse. « Après le dîner, dit-elle, MM. de Locmaria [5] et Coëtlogon dan-

---

[1] Sévigné, *Lettres* (13 septembre 1671), t. II, p. 124, édit. G.; t. II, p. 188, édit. M.

[2] Voyez notre édition des *Caractères* de LA BRUYÈRE, p. 692. — *Lettre inédite de madame de Grignan au comte de Grignan, son mari*, publiée par M. Monmerqué, p. 11. — LA FONTAINE, *Épître au comte de Conti* (nov. 1689), t. VI, p. 580, édit. 1827.

[3] Sévigné, *Lettres* (16 août 1671), t. II, p. 187 et 188, édit. G.; t. II, p. 156, édit. M. — (30 août 1671), t. II, p. 216, édit. G.; t. II, p. 210, édit. M.

[4] Sévigné, *Lettres* (12 août 1671), t. II, p. 183, édit. G.; t. II, p. 182, édit. M.

[5] Louis-François du Parc, marquis de Locmaria, qui fut lieutenant général des armées du roi, et mourut en 1709.

sèrent avec deux Bretonnes des passe-pieds merveilleux et des menuets, d'un air que les courtisans n'ont pas à beaucoup près ; ils y font des pas de Bohémiens et de bas Bretons avec une délicatesse et une justesse qui charment. Les violons et les passe-pieds de la cour font mal au cœur auprès de ceux-là. C'est quelque chose d'extraordinaire que cette quantité de pas différents et cette cadence courte et juste ; je n'ai point vu d'homme comme Locmaria danser cette sorte de danse [1]. » Elle revient encore, dans une autre lettre, sur la grâce de ce jeune Locmaria, « qui ressemble à tout ce qu'il y a de plus joli, et sort de l'Académie ; qui a soixante mille livres de rentes, et voudrait bien épouser madame de Grignan. » La comédie, quoique jouée par une troupe de campagne, l'amusait et l'intéressait ; elle vit jouer *Andromaque,* qui lui fit répandre plus de six larmes ; *le Médecin malgré lui* l'a fait pâmer de rire, le *Tartuffe* l'intéressa [2]. Et tout cela ne l'empêche nullement de remplir exactement ses devoirs de religion, et de demander à sa fille toutes les fois qu'elle communie [3].

Les affaires, les divertissements et les festins ne faisaient pas oublier les jeux d'esprit, passés en habitude dans la haute société de cette époque. « Lavardin et des Chapelles ont rempli des bouts-rimés que je leur ai donnés ; ils sont jolis, je vous les enverrai [4]. »

Madame de Sévigné, entraînée elle-même par la nécessité de paraître aux états d'une manière conforme à

[1] SÉVIGNÉ, *Lettres* (5 et 12 août 1671), t. II, p. 171 et 183, édit. G. ; t. II, p. 142 et 152, édit. M.

[2] SÉVIGNÉ, *Lettres* (5 juillet, 12 août, 13 septembre 1671), t. II, p. 127, 183, 223, édit. G. ; t. II, p. 105, 152 et 187, édit. M.

[3] SÉVIGNÉ, *Lettres* (16 août 1671), t. II, p. 187, édit. G. ; t. II, p. 156, édit. M.

[4] SÉVIGNÉ, *Lettres* (30 août 1671), t. II, p. 208, édit. G.

son rang et à la réception qu'on lui faisait, se pare d'un luxe qu'elle ne pouvait avoir à la cour et à Paris, mais qui dans sa province était convenable et de bon goût. Ainsi, quand elle rendait des visites dans ses environs, ou quand elle allait à Vitré, elle faisait atteler six chevaux à sa voiture ; et elle témoigne naïvement à sa fille que son bel attelage et la rapidité de ses chevaux lui plaisent beaucoup [1].

Pendant le temps que durèrent les assises des états, elle se rendait à Vitré le moins souvent qu'elle pouvait, et préférait se tenir à la campagne ; mais elle n'était pas toujours maîtresse de suivre en cela sa volonté. D'ailleurs on ne la laissait jamais jouir en paix de ses champs et de ses bois ; et la dépense que lui occasionnaient les visiteurs était pour elle un motif puissant pour céder aux instances qui lui étaient faites de sortir des Rochers.

Elle écrit de Vitré, le 12 août, à madame de Grignan [2] :

« Enfin, ma chère fille, me voilà en pleins états ; sans cela, les états seraient en pleins Rochers. Dimanche dernier, aussitôt que j'eus cacheté mes lettres, je vis entrer quatre carrosses à six chevaux dans ma cour, avec cinquante gardes à cheval, plusieurs chevaux de main et plusieurs pages à cheval : c'étaient M. de Chaulnes, M. de Lavardin [3], MM. de Coëtlogon [4], de Locmaria, le baron

---

[1] SÉVIGNÉ, *Lettres* (1ᵉʳ juillet 1671), t. II, p. 121, édit. G. ; t. II, p. 101, édit. M.

[2] SÉVIGNÉ, *Lettres* (12 août 1671), t. II, p. 182, édit. G. ; t. II, p. 151, édit. M.

[3] Il était lieutenant général aux huit évêchés et commissaire du roi aux états, le second après le duc de Chaulnes, gouverneur. (Conférez le *Registre des états de Bretagne*, de 1629 à 1723), Mss. de la Bibliothèque royale, n° 75, p. 309 recto.)

[4] Le marquis de Coëtlogon était aussi un des commissaires du roi aux états, et non député. (*Registre des états de Bretagne.*)

de Guais, les évêques de Rennes, de Saint-Malo, les messieurs d'Argouges ¹, et huit ou dix autres que je ne connais point; j'oublie M. d'Harouïs, qui ne vaut pas la peine d'être nommé. Je reçois tout cela. On dit et on répondit beaucoup de choses. Enfin, après une promenade dont ils furent fort contents, une collation, très-bonne et très-galante, sortit d'un des bouts du mail, et surtout du vin de Bourgogne, qui passa comme de l'eau de Forges : on fut persuadé que cela s'était fait avec un coup de baguette. M. de Chaulnes me pria instamment d'aller à Vitré. J'y vins donc lundi au soir. »

Quatre jours après, elle écrit de nouveau de Vitré ² : « Je suis encore ici; M. et madame de Chaulnes font de leur mieux pour m'y retenir ; ce sont sans cesse des distinctions peut-être peu sensibles pour nous, mais qui me font admirer la bonté des dames de ce pays-ci; je ne m'en accommoderais pas comme elles, avec toute ma civilité et ma douceur. Vous croyez bien aussi que sans cela je ne demeurerais pas à Vitré, où je n'ai que faire. Les comédiens nous ont amusés, les passe-pieds nous ont divertis, la promenade nous a tenu lieu des Rochers. Nous fîmes hier de grandes dévotions... Je meurs d'envie d'être dans mon mail. La Mousse et *Marphise* ont grand besoin de ma présence. »

Les lettres que madame de Sévigné recevait de sa fille lui apprenaient que la Provence ne se montrait pas

---

¹ Un des messieurs d'Argouges, président au parlement, était commissaire du roi aux états, et non député. (Voyez *Recueil de la tenue des états de Bretagne,* Mss. de la Bibliothèque du Roi, Bl.-Mant., n° 75, p. 339.)

² SÉVIGNÉ, *Lettres* (16 août 1671), t. II, p. 187, édit. G. ; t. II, p. 155, édit. M.

aussi facile que la Bretagne. « Vous me ferez aimer, lui dit-elle, l'amusement de nos Bretons plutôt que l'indolence parfumée de vos Provençaux[1] »; et elle mande à sa fille que M. d'Harouïs souhaite que les états de Provence donnent à madame de Grignan autant que ceux de Bretagne ont donné à madame de Chaulnes[2]. En effet, les états de Bretagne firent à la duchesse de Chaulnes présent de deux mille louis d'or, qui lui furent envoyés par une députation composée de dix-huit membres, à la tête desquels étaient les évêques de Quimper et de Nantes, chargés de la complimenter[3].

Madame de Sévigné parle de ces dons avec un ton ironique qui décèle sa pensée : « On a donné cent mille écus de gratifications, deux mille pistoles à M. de Lavardin, autant à M. de Molac, à M. Boucherat, au premier président, au lieutenant du roi; deux mille écus au comte des Chapelles, autant au petit Coëtlogon; enfin des magnificences. Voilà une province[4]! » Oui; mais la Bretagne, mal défendue par ses députés contre les exactions du pouvoir, se révolta quatre ans après; et la Provence, sous la bénigne administration du comte de Grignan, qui se ruina en la gouvernant, fut heureuse et tranquille.

Madame de Sévigné est exacte pour les sommes don-

---

[1] Sévigné, *Lettres* (30 août 1671), t. II, p. 210, édit. G.; t. II, p. 175, édit. M.

[2] Sévigné, *Lettres* (28 octobre 1671), t. II, p. 274, édit. G.; t. II, p. 232, édit. M.

[3] *Recueil de la tenue des états de Bretagne,* de 1629 à 1723, Mss. Bl.-M., n° 75 (Bibliothèque royale), p. 339.

[4] Sévigné, *Lettres* (24 et 29 septembre, 16, 20, 26 et 30 octobre, 24 novembre 1675.)

nées à Lavardin, premier lieutenant général, pour des Chapelles et Coëtlogon; mais elle se trompe pour M. de Molac, second lieutenant général, qui n'eut que 25,000 liv. Le marquis de Lavardin eut, en outre des 25,000 liv., 16,000 liv. pour ses gardes et officiers ; le duc de Chaulnes, gouverneur, eut 100,000 liv., et 20,000 liv. pour ses gardes et officiers; le duc de Rohan eut 22,000 liv.; l'évêque de Rennes eut la même somme, et le premier président 20,000 liv. De Colbert, intendant de Bretagne, reçut 9,000 liv.; le marquis de Louvois, grand maître et surintendant des forêts, 8,000 liv., et tous les autres à proportion [1].

En accordant tout ce qui leur était demandé, les états firent des remontrances tendant à faire révoquer plusieurs édits nuisibles à la province; mais les réponses furent faites aux états tenus deux ans après, en 1673 : elles prouvent que ces remontrances furent illusoires. Cependant quelques-unes sont des espèces de protestations contre certaines dispositions des édits royaux, qu'on affirme être contraires aux coutumes de la province. Pour toutes les demandes de cette nature, le roi promet de se faire informer de ces coutumes : il semble ainsi reconnaître qu'il veut les respecter [2].

Les assises des états furent terminées le 5 septembre. Madame de Sévigné, en annonçant à sa fille cette fin dans sa lettre datée de Vitré le lendemain, s'exprime

---

[1] *Recueil de la tenue des états de Bretagne dans diverses villes de cette province*, de 1629 à 1723, Mss. de la Bibliothèque du Roi, Bl.-Mant., n° 75.

[2] *Recueil de la tenue des états de Bretagne*, de 1629 à 1723, Mss. Bl.-Mant. (Bibliothèque royale), p. 352-355.

ainsi[1] : « Les états finirent à minuit ; j'y fus avec madame de Chaulnes et d'autres femmes. C'est une très-belle, très-grande et très-magnifique assemblée. M. de Chaulnes a parlé à *tutti quanti* avec beaucoup de dignité, et en termes fort convenables à ce qu'il avait à dire. Après dîner, chacun s'en va de son côté. Je serai ravie de retrouver mes Rochers. J'ai fait plaisir à plusieurs personnes ; j'ai fait un député, un pensionnaire ; j'ai parlé pour des misérables, *et de Caron pas un mot*[2], c'est-à-dire, rien pour moi ; car je ne sais point demander sans raison. »

On voit que madame de Sévigné désapprouvait les prodigalités des états ; mais son texte, pour ce qui la concerne, a besoin d'une explication, qui n'a jamais été donnée.

La terre de Sévigné[3] avait été démembrée, ou avait depuis longtemps cessé d'être la principale possession de la famille de ce nom[4]. Cette famille possédait la seigneurie des Rochers depuis le milieu du xve siècle, par le mariage d'Anne de Mathefelon, fille et héritière de Guillaume de Mathefelon, seigneur des Rochers, avec Guillaume de Sévigné. Mais il restait à la famille de Sévigné de ses anciennes possessions une *terre de Sévigné* près de

---

[1] Sévigné, *Lettres* (6 septembre 1671), t. II, p. 216, édit. G. ; t. II, p. 181, édit. M.

[2] Allusion à un dialogue de Lucien, intitulé *Caron ou les contemplateurs*, que madame de Sévigné avait lu dans la traduction de Perrot d'Ablancourt, t. Ier, p. 191 ; Paris, 1660. Conférez à ce sujet la note de M. Monmerqué, dans son édition des *Lettres de Sévigné*, t. II, p. 181. Madame de Sévigné répète encore ce même mot dans la lettre du 24 septembre 1675.

[3] Dans la commune de Gevezé, près de Rennes.

[4] *Madame de Sévigné et sa correspondance* ; 1838, in-8°, p. 58.

Rennes, dans la commune de Gevezé, consistant en deux métairies, en moulins et quelques fiefs, dont la valeur totale est estimée par le fils de madame de Sévigné à 18,000 livres (36,000 fr.), tandis qu'il porte le prix de la terre des Rochers à 120,000 liv. (240,000 fr.)[1]. Parmi les fiefs restés à la famille de Sévigné, était, dans la ville de Vitré, une maison avec cour et jardin, qu'on appelait la *Tour de Sévigné*. Cette maison était un fief qui relevait du duc de la Trémouille, baron de Vitré[2]. Par acte passé le 2 septembre 1671 (trois jours avant la fin des états), madame de Sévigné fit une rente de cent francs aux bénédictins de Vitré, et hypothéqua cette rente ou pension sur la *Tour de Sévigné*[3].

Ce don fut sans doute fait en reconnaissance des réparations exécutées aux frais de la province à la grosse tour qui donnait son nom à la maison de Vitré. Voilà pourquoi elle dit, « J'ai fait un pensionnaire, » et qu'en même temps elle avance qu'elle n'a rien demandé, parce que la demande qu'elle avait formée ne pouvait souffrir aucune difficulté, puisque cette grosse tour était engagée dans les fortifications de la ville, et en faisait partie. M. le duc de Chaulnes, qui voulait faire venir à Vitré madame de Sévigné, prit ce prétexte pour la forcer à quitter son château des Rochers : il fit la plaisanterie de l'envoyer chercher par ses gardes, en lui écrivant qu'elle était nécessaire

---

[1] *Lettre inédite du marquis* DE SÉVIGNÉ *à la marquise de Grignan sa sœur, sur les affaires de leur maison*, publiée par M. MONMERQUÉ, 1847, in-8° (24 pages), p. 21.

[2] *Madame* DE SÉVIGNÉ *et sa correspondance relative à Vitré et aux Rochers*, par LOUIS DUBOIS, sous-préfet de Vitré, 1838. Paris, in-8°, p. 70.

[3] SÉVIGNÉ, *Lettres* (6 septembre 1671), t. II, p. 216, édit. G.; t. II, p. 181, édit. M.

à Vitré pour le service du roi, attendu qu'il fallait qu'elle donnât des explications sur la demande qu'elle faisait aux états; et qu'en conséquence madame de Chaulnes l'attendait à souper[1].

C'est dans cet hôtel de la *Tour de Sévigné* que demeurait la brillante marquise lorsqu'elle restait à Vitré. Cette année, elle en laissa la jouissance à son fils, qui y donnait à souper à ses amis[2]. C'est aussi dans cette maison qu'allèrent loger, lorsqu'ils arrivèrent à Vitré pour la tenue des états, de Chesières, l'oncle de madame de Sévigné, son parent d'Harouïs, et un député nommé de Fourche[3]. Lorsqu'elle y restait, elle était accablée de visites. « Hier, dit-elle, je reçus toute la Bretagne à ma Tour de Sévigné[4]. » Mais lorsque les états furent terminés, que le duc de Chaulnes fut parti, elle n'alla plus à Vitré. Son fils l'avait quittée depuis longtemps, et bien avant la fin des états, où son âge ne lui permettait pas d'être admis. Quoique l'été fût constamment froid et pluvieux[5], madame de Sévigné resta aux Rochers, pour que l'abbé de Coulanges pût surveiller les travaux de la chapelle[6], et pour avoir le temps de terminer les embellissements de son parc[7]. Elle avait envie d'aller visiter une

---

[1] Sévigné, *Lettres* (26 août 1671), t. II, p. 203, édit. G.; t. II, p. 169, édit. M.

[2] *Ibid.* (10 juin 1671), t. II, p. 95, édit. G.; t. II, p. 79, édit. M.

[3] *Ibid.* (5 août 1671), t. II, p. 172, édit. G.; t. II, p. 152, édit. M.

[4] Sévigné, *Lettres* (5 juillet 1671), t. II, p. 125, édit. G.; t. II, p. 104, édit. M.

[5] Sévigné, *Lettres* (24 juin 1671). (Cette lettre est datée du coin de son feu), t. II, p. 107, édit. G.

[6] Sévigné, *Lettres* (8, 12, 19, 22 et 22 *bis* juillet 1671), t. II, p. 131, 138, 146, 152, édit. G.; t. II, p. 109, 115, 126, édit. M. — *Ibid.* (4 novembre 1671), t. II, p. 281, édit. G.

[7] Sévigné, *Lettres* (8, 12, 19 et 22 juillet, et 4 novembre 1671),

autre terre qu'elle possédait en Bretagne, près de Nantes, nommée le Buron; mais, dit-elle, « notre abbé ne peut quitter sa chapelle; le désert du Buron et l'ennui de Nantes ne conviennent guère à son humeur agissante[1]. » Madame de Sévigné se soumet, et ne va pas au Buron.

Cette terre, à quatre lieues de Nantes, avait un château ancien, mais bien bâti[2]. Le marquis de Sévigné en fit abattre les arbres séculaires qui en faisaient tout l'agrément[3], et ce beau domaine fut ensuite dégradé et ruiné par un administrateur infidèle ou inintelligent, et par un fermier de mauvaise foi[4].

Il n'en fut pas ainsi des Rochers, que madame de Sévigné ne cessa jamais d'accroître et d'embellir, et qu'elle vint si souvent habiter[5]. La construction de la chapelle, de forme octogone, surmontée d'une coupole, située au bout du château et isolée, fut achevée en cette année 1671; mais ce ne fut qu'après quatre ans que l'intérieur fut entièrement en état, et qu'on put enfin y célébrer la messe, pour la première fois, le 15 décembre 1675. A cette

---

t. II, p. 131, 138, 146, 152, 281, édit. G. — *Ibid.*, t. II, p. 109, 115, 126, édit. M.

[1] SÉVIGNÉ, *Lettres* (26 juillet 1671), t. II, p. 160, édit. G.

[2] SÉVIGNÉ, *Lettres* (18 février 1689), t. VIII, p. 321, édit. M.

[3] SÉVIGNÉ, *Lettres* (13 décembre 1679), t. II, p. 65, édit. M. — (27 mai et 19 juin 1680), t. II, p. 289 et 325.

[4] SÉVIGNÉ, *Lettres* (8 juillet, 18 et 23 novembre 1689), t. IX, p. 25, 216 et 224, édit. M. Lettre inédite du marquis DE SÉVIGNÉ (27 septembre 1696).

[5] L'histoire de sa vie et ses lettres nous signalent sa présence aux Rochers en 1644, 1646, 1651, 1654, 1661, 1666, 1667, 1671, 1675, 1676, 1680, 1684, 1685, 1689, 1690; et probablement elle y alla encore dans plusieurs autres années, sur lesquelles nous n'avons aucun renseignement.

époque si froide de l'année, madame de Sévigné se promenait avec plaisir dans ses bois, plus verts que ceux de Livry, et augmentés de six allées charmantes, que madame de Grignan ne connaissait point[1]. Depuis, ce nombre d'allées fut presque doublé[2].

Madame de Sévigné avait multiplié dans son parc les inscriptions morales, religieuses et autres, presque toujours tirées de l'italien. Sur deux arbres voisins elle avait inscrit deux maximes contraires : sur l'un, *La lontananza ogni gran piaya salda* (L'absence guérit les plus fortes blessures); sur l'autre, *Piaga d'amor non si sana mai* (Blessure d'amour jamais ne se guérit). Une des plus heureuses inscriptions fut sans doute ce vers du *Pastor fido*, qu'elle avait fait graver au-dessus d'une petite fabrique placée au bout de l'*allée de l'Infini*, afin de se garantir de la pluie :

Di nembi il cielo s'oscura indarno[3].

Une autre allée, nommée *la Solitaire*, longue de douze cents pas, fut plantée plus tard, et madame de Sévigné s'en enorgueillit comme de la plus belle[4]. Elle avait fait construire dans différents endroits du parc un assez grand nombre de petites cabanes qu'elle appelle des *brande-*

---

[1] SÉVIGNÉ, *Lettres* (15 décembre 1675), t. IV, p. 124, édit. M.; t. IV, p. 248, édit. G. — (20 octobre 1675), t. IV, p. 164, édit. G.; t. IV, p. 49, édit. M.

[2] SÉVIGNÉ, *Lettres* (31 mai 1680), p. 8, édit. G.; t. VI, p. 295, édit. M.

[3] SÉVIGNÉ, *Lettres* (31 juillet 1680), t. VII, p. 142, édit. G.; t. VI, p. 401, édit. M.

[4] SÉVIGNÉ, *Lettres* (8 septembre 1680), t. VII, p. 499, édit. G.; t. VI, p. 451, édit. M.

bourgs[1], pour lire, causer et écrire à son aise, à l'abri du soleil, du serein, et surtout de la pluie. Quant à son mail, dont elle parle si souvent, c'est pour elle une belle et grande galerie, au bout de laquelle on trouvait la *place Madame*, d'où, comme d'un grand belvéder, la campagne s'étendait à trois lieues, vers une forêt de M. de la Trémouille (la forêt du Pertre). Elle n'est pas moins engouée de son labyrinthe, que son fils aimait par-dessus tout, et où nous apprenons qu'il se retirait souvent avec sa mère pour lire ensemble l'*Histoire des variations de l'Église protestante*, de Bossuet[2]. Mais ce fut seulement vingt-sept ans après avoir été commencé, vers la fin de l'année 1695, que madame de Sévigné, alors à Grignan, apprit de son fils, qui était aux Rochers, que Pilois avait enfin terminé le labyrinthe. Ainsi, les Rochers furent pour madame de Sévigné, comme ses lettres, l'occupation de toute sa vie[3].

---

[1] Sévigné, *Lettres* (29 sept. 1680), t. VII, p. 236, édit. G.; t. VII, p. 8, édit. M. Le nom était bien choisi pour exprimer le peu d'importance et la grossièreté de ces fabriques. Voici comme Furetière définit ce mot dans son *Dictionnaire des Sciences et des Arts*, 1696, p. 79, in-folio : « Brandebourg, s. f., sorte de grosse casaque, dont on s'est servi en France dans ces dernières années. Elle a des manches bien plus longues que les bras, et va environ jusqu'à mi-jambe. » Richelet, dans son *Dictionnaire* (1680), fait de *brandebourg* un substantif masculin, et dit que c'est un vêtement qui tient de la casaque et du manteau, qu'on porte en hiver et dans le mauvais temps.

[2] Sévigné, *Lettres* (1ᵉʳ juin 1689), t. IX, p. 318, édit. G.; t. VIII, p. 480, édit. M. — (17 juin 1685), t. VIII, p. 64, édit. G.; t. VII, p. 283, édit. M. — (25 mai 1689), t. IX, p. 313, édit. G.; t. VIII, p. 476, édit. M.

[3] Sévigné, *Lettres* (20 septembre 1695), t. XI, p. 121, édit. G. Conférez la 2ᵉ partie de ces *Mémoires*, p. 127, t. X, p. 135, édit. M. — (20 mai 1667), t. I, p. 158, édit. G.; t. I, p. 113, édit. M.

De son antique manoir, des constructions qu'elle avait ajoutées, des ombrages qu'elle avait formés, il ne reste plus rien que la chapelle [1], où le Christ est toujours invoqué, et l'écho de la *place de Coulanges*, qui répète encore le nom de madame *de Sévigné* [2].

[1] Louis Dubois (sous-préfet de Vitré), *Madame de Sévigné et sa correspondance relative à Vitré et aux Rochers;* 1838, in-8°, p. 15, 40 et 55.

[2] Sévigné, *Lettres* (26 octobre 1689), t. X, p. 58, édit. G.; t. IX, p. 183, édit. M. — Louis Dubois, *Madame de Sévigné et sa correspondance*, p. 55; aux pages 5 et 86 de son écrit, M. Louis Dubois dit avoir calculé que sur le nombre de 1,074 lettres que nous possédons de madame de Sévigné, 267 ont été écrites des Rochers.

CHAPITRE II.

1671.

Bohémienne qui ressemble à madame de Grignan. — Ce que madame de Sévigné fait pour elle. — Portrait de madame de Grignan en bohémienne. — Madame de Grignan accouche d'un fils. — Il est tenu sur les fonts de baptême par la Provence. — M. et madame de Grignan vont habiter le château de Grignan. — Description de ce château. — Des personnes, parents et amis de M. et de madame de Grignan, qui fréquentaient ce château. — De la comtesse d'Harcourt. — *Seigneur Corbeau.* — L'archevêque d'Arles. — L'évêque d'Uzès. — Le *bel abbé.* — Le chevalier Adhémar. — Le *grand chevalier.* — Claire d'Angennes, fille aînée de madame de Grignan, se retire au couvent, et fait don de son bien à son père. — Mademoiselle d'Alérac, sa fille cadette, se marie. — Des sœurs de M. de Grignan. — La religieuse d'Aubenas. — La marquise de Saint-Andiol. — La comtesse de Rochebonne. — Du chevalier comte de la Garde, parent de M. de Grignan. — Madame de Sévigné prête au comte de la Garde le portrait de sa fille. — De madame du Puy du Fou. — Du personnel de la maison de madame de Grignan. — Mademoiselle Deville, la femme de chambre. — Mademoiselle de Montgobert, demoiselle de compagnie. — Ripert, intendant. — Madame de Grignan faisait la mode en Provence. — Ses nombreuses réunions et son luxe à Aix. — Se retirait quelquefois au couvent des Filles de Sainte-Marie. — N'avait pas le même goût que sa mère pour la solitude et la campagne. — Aime à primer. — Le maréchal de Bellefonds veut céder sa place de premier maître d'hôtel du roi. — Le comte de Grignan se dispose à l'acheter. — Madame de Grignan s'y oppose. — Plaintes de madame de Sévigné à ce sujet.

Les constructions, les plantations dont s'occupait madame de Sévigné, ne pouvaient calmer les inquiétudes toujours croissantes que lui faisaient éprouver les approches du terme de la grossesse de sa fille, encore moins diminuer la peine qu'elle ressentait de s'en être séparée. Le tumulte des états, les grandes réunions, les visites reçues et rendues, les festins, les spectacles, la musique, les danses, avaient encore moins de pouvoir [1]. Le plus souvent ces moyens de distraction produisaient un effet contraire. Dans une des fêtes données à Vitré pour l'amusement de la société qui s'y trouvait rassemblée, on fit danser une troupe de bohémiens. Ils dégoûtèrent d'abord madame de Sévigné par leur saleté [2]. Mais dans le nombre des femmes qui faisaient partie de cette troupe, elle en vit une plus proprement et plus élégamment vêtue. Cette fille la frappa par sa ressemblance avec madame de Grignan. Les beaux yeux, les belles dents, l'élégance de la taille de la bayadère, et surtout la grâce avec laquelle elle dansait, rappelaient mademoiselle de Sévigné dans les ballets du roi. La pauvre mère en fut émue; elle fit approcher la jeune fille, la traita avec amitié; et celle-ci, encouragée par cet accueil, pria sa nouvelle protectrice de vouloir bien écrire en Provence pour son grand-père. — « Et où est votre grand-père ? » lui demanda madame de Sévigné. — « Il est à Marseille, madame », répondit d'un ton doux et triste la bohémienne. — Madame de Sévigné devina; elle promit d'écrire, et écrivit en effet à M. de Vivonne, général des galères, en faveur du galérien grand-père de la bohémienne. — Ah! madame de Grignan! cette lettre si touchante, si joviale, vous fut envoyée; elle fut soumise à votre censure; c'est vous qui fûtes char-

---

[1] Voyez la 3ᵉ partie de ces *Mémoires*, chap. xviii, p. 363.
[2] Sévigné, *Lettres* (24 juin 1671), t. II, p. 109, édit. G.; t. II, p. 90, édit. M.

gée de la remettre au *gros crevé* : pourquoi n'en avez-vous pas conservé de copie? Pourquoi ne pouvons-nous la lire comme toutes celles qui vous furent écrites, et connaître les résultats de votre ressemblance avec la petite-fille du forçat, « capitaine bohême d'un mérite singulier [1]? » — Ces résultats furent heureux : non-seulement madame de Grignan remit la lettre, mais elle intercéda pour le vieux forçat, mais elle parvint à briser ses fers, mais elle fit un sort à cette bohémienne, assez belle danseuse pour qu'elle fût elle-même glorieuse de lui ressembler. — Aucune tradition ne nous apprend cela ; cela n'a pas été dit, cela n'est écrit nulle part : mais pouvons-nous en douter, lorsque nous apprenons, d'après un ancien inventaire du château de Grignan, « que l'appartement qu'occupait madame de Sévigné, quand elle était dans ce château, se composait de deux pièces ; que l'une se nommait *chambre de la Tour*, et l'autre *chambre de la Bohémienne*, parce qu'au-dessus du chambranle de la cheminée était un portrait de madame de Grignan, *costumée en bohémienne* [2] ? »

Madame de Grignan avait offert à sa mère des consolations un peu subtiles aux tourments de l'absence; comme de se promener en imagination dans son cœur, où elle trouverait mille tendresses. Madame de Sévigné répond : « Je fais quelquefois cette promenade ; je la trouve belle et

---

[1] SÉVIGNÉ, *Lettres* (28 juin 1671), t. II, p. 119, 120, édit. G.; t. II, p. 99 et 100, édit. M. Voyez 3ᵉ partie de ces *Mémoires*, chap. XVII, p. 330 et 331.

[2] *Inventaire du château de Grignan*, dressé à la mort du maréchal du Muy, acquéreur de ce château, dans la *Notice historique sur la maison de Grignan*, par M. AUBENAS, à la suite de l'*Histoire de madame de Sévigné*; 1842, in-8°, p. 580 et 581.

agréable pour moi.... Mais, mon Dieu, cela ne fait point le bonheur de la vie; il y a de certaines *grossièretés solides* dont on ne peut se passer[1]. »

Cependant le motif de ses craintes et de ses inquiétudes disparut; elle fut enfin délivrée du *gros caillou* qu'elle avait sur le cœur[2]. Elle se préparait à quitter les Rochers et à retourner à Paris, quand elle apprit l'heureuse nouvelle que madame de Grignan était accouchée d'un fils, blond comme sa mère, et qu'elle avait donné à M. de Grignan, qui n'avait eu jusqu'ici que des filles de toutes ses femmes, un héritier. Madame de Sévigné avait prédit à madame de Grignan que cette fois elle aurait un fils; et l'on peut juger de ce qu'elle ressentit en apprenant que ses prédictions et ses espérances s'étaient réalisées[3], que tous ses conseils maternels avaient eu un plein succès[4]. « Que pensez-vous, dit-elle, qu'on fasse dans ces excès de joie? Le cœur se serre, et l'on pleure sans pouvoir s'en empêcher. C'est ce que j'ai fait, ma très-belle, avec beaucoup de plaisir : ce sont des larmes d'une douceur qu'on

---

[1] Sévigné, *Lettres* (2 août 1671), t. II, p. 167, édit. G.; t. II, p. 109, édit. M.

[2] Sévigné, *Lettres* (29 novembre et 2 décembre 1674), t. II, p. 297 et 299, édit. G.; t. II, p. 253 et 254, édit. M.

[3] Sévigné, *Lettres à madame de Grignan, le 21 juin* 1671, *rétablies pour la première fois sur l'autographe*, par M. Monmerqué, 1826, in-8°, p. 9. — Sévigné, *Lettres* (29 novembre et 2 décembre 1671), t. II, p. 297 et 298, édit. G.; t. II, p. 252 et 254, édit. M.

[4] Sévigné, *Lettres* (5, 8 et 12 juillet 1671), t. II, p. 129 et 130, édit. G.; t. II, p. 108 et 113, édit. M. — *Ibid.* (6 septembre, 21 octobre, 15 et 25 novembre 1671), t. II, p. 214, 265, 289, 295, édit. G.; t. II, p. 179, 224, 244, 253, édit. M.

ne peut comparer à rien, pas même aux joies les plus brillantes[1]. » Elle fut pourtant très-flattée d'apprendre que son petit-fils avait été baptisé par la Provence. En effet, les états étaient encore assemblés à Lambesc lorsque madame de Grignan y accoucha le 17 novembre. Le lendemain, le comte de Grignan se rendit dans l'assemblée, et « vint offrir, dit le procès-verbal de cette séance, le fils qu'il a plu à Dieu de lui donner dès le jour d'hier, et de vouloir bien lui faire la faveur de le tenir au nom de toute la province sur les fonts du baptême, et de lui donner tel nom qu'il lui plaira.... Sur quoi l'assemblée a délibéré que messieurs les procureurs généraux du pays témoigneront à monseigneur le comte de Grignan et à madame sa femme la joie de toute la province, et particulièrement de l'assemblée, sur la naissance de ce premier mâle dans sa famille, et lui feront de très-humbles remercîments de l'honneur qu'il avait fait à la province, de le faire tenir de sa part pour recevoir les saintes eaux du baptême, avec tous les sentiments d'amour et de reconnaissance possibles. Et l'assemblée a délibéré que les frais en seront supportés par le pays, suivant le rôle qui en sera tenu par le sieur Pontèves, trésorier des états[2]. »

Ainsi naquit et fut nommé Louis de Provence, marquis de Grignan, dont Saint-Simon, son ami de collége, déplore la perte prématurée, loue la brillante valeur et l'excellent caractère[3].

---

[1] SÉVIGNÉ, *Lettres* (29 novembre 1661), t. II, p. 297, 298, édit. G.; t. II, p. 252 et 254, édit. M.

[2] *Abrégé des délibérations prises en l'assemblée générale du pays de Provence, tenue à Lambesc les mois de septembre, octobre, novembre, décembre 1671, et janvier 1672*, p. 21-23.

[3] SAINT-SIMON, *Mémoires authentiques*, t. IV, p. 271.

Madame de Grignan accoucha facilement, et aussitôt après la fin des états elle alla avec son mari habiter le château de Grignan, qu'elle avait quitté pour se rendre à Lambesc. Ce séjour lui était favorable pour le rétablissement de sa santé. La petite ville de Grignan, aujourd'hui chef-lieu de canton, à quatorze kilomètres de Montélimart, se penche sur le revers méridional d'un coteau escarpé : ornement assez beau d'un bassin arrosé par les petites rivières de Berre et de Lez, couvert cependant, sur plusieurs points, de rochers stériles. Les maisons de la ville sont mal bâties ; mais l'église se fait remarquer par un air de magnificence et par ses arceaux gothiques, témoignages de l'antiquité de sa construction [1]. Au-dessus de cette église, et de niveau avec son faîte, est un plateau qui domine toute la ville, et dont la vue s'étend sur le pays d'alentour. C'est sur ce plateau que s'élevait le château de Grignan. Isolé de toutes parts, ce noble et grand édifice semblait suspendu dans l'air, comme le palais magique construit par l'enchanteur Appollidon [2], auquel madame de Sévigné le compare : sa position, ses murs élevés, ses tourelles, le faisaient ressembler à un ancien château fort ; car, à l'époque dont nous nous occupons, la façade moderne, construite et jamais achevée [3] aux frais d'un des beaux-frères de madame de Grignan, l'évêque de Carcassonne, n'existait pas encore. Ce château, le plus beau de toute

---

[1] DE LA CROIX, *Essai sur la statistique et les antiquités de la Drôme;* 1817, in-8°, p. 305.

[2] Dans l'*Amadis des Gaules*. Voyez SÉVIGNÉ, *Lettres* (21 juin et 7 octobre 1671), t. II, p. 106, 254, édit. G. ; t. II, p. 88, 214, édit. M. — (20 septembre 1671), t. II, p. 195, édit. M.

[3] SÉVIGNÉ, *Lettres* (7 février 1689), t. IX, p. 149, édit. G. — (15 janvier 1672), t. II, p. 351, édit. G.

la province, manquait d'ombrage; le territoire qui l'entoure est en général maigre et sablonneux. Les vents du nord y sont impétueux et fréquents, et y détruisent presque annuellement la majeure partie des récoltes [1]; et jusque dans ces derniers temps, à cause du mauvais état des routes, il était d'un accès difficile.

Cependant, ce séjour convenait mieux à l'indolence naturelle et aux susceptibilités de madame de Grignan que celui d'Aix ou de Lambesc. La nécessité d'ouvrir son salon à toutes les notabilités, les visites à rendre et à souffrir, les exigences cérémonieuses des dames de Provence, lui étaient insupportables [2]. Elle était moins exposée à ce genre d'ennui dans son château; mais elle ne pouvait s'y dérober entièrement. Dans sa position surtout, il ne lui était pas facile de rompre ces amitiés du monde, dont « la dissimulation est le lien, et l'intérêt le fondement [3]. » Encore moins pouvait-elle se soustraire aux devoirs de parenté. Ainsi, il lui fallait recevoir fréquemment, et avec toutes les démonstrations d'une satisfaction sincère, cette comtesse d'Harcourt, née Ornano, tante du comte de Grignan, mère du prince d'Harcourt et de cette demoiselle

---

[1] Pour ce qui concerne Grignan et son château, conférez EXPILLY, *Dictionnaire de la France et des Gaules*, t. III, p. 372. — PIGANIOL DE LA FORCE, *Nouvelle description de la France*, t. V, p. 447 et 450. — DE LA CROIX, *Essai sur la statistique et les antiquités du département de la Drôme*, t. I, p. 103. — Édit. des *Lettres de* SÉVIGNÉ, 1820, in-8°, aux t. IV, V et IX. — AUBENAS, *Hist. de Sévigné*, p. 577, 588. — Le recueil intitulé FRANCE, t. LXIX, département de la Drôme (Biblioth. royale).

[2] SÉVIGNÉ, *Lettres* (8 avril 1671), t. II, p. 6, édit. G.

[3] SÉVIGNÉ, *Lettres* (8 avril 1671), t. II, p. 9, édit. G.; t. II, p. 8, édit. M.

d'Harcourt qui fut mariée au prince de Cadaval au commencement de l'année 1671, et dont les noces, honorées de la présence du roi et de la reine, donnèrent lieu à cette belle fête à laquelle assista madame de Sévigné[1]. Il faut se garder de confondre cette comtesse d'Harcourt avec la princesse d'Harcourt, fille de Brancas le distrait, liée aussi avec madame de Grignan, qui lui trouvait peu d'esprit. Cette princesse d'Harcourt, dont nous avons déjà parlé[2], fut nommée dame du palais, et chargée avec son mari, Henri de Lorraine, prince d'Harcourt, de conduire, en 1679, la reine d'Espagne à son époux. Le prince d'Harcourt était cousin germain de M. de Grignan[3]. La comtesse d'Harcourt, sa tante, habitait le Pont-Saint-Esprit, et se trouvait ainsi peu éloignée du château de Grignan, où elle allait fréquemment rendre visite. Madame de Sévigné plaint souvent sa fille d'être obligée de supporter un tel fardeau ; elle souhaite d'être à Grignan, pour la débarrasser de cette vieille tante. « Après cette marque d'amitié, ajoute-t-elle, ne m'en demandez pas davantage, car je hais l'ennui à la mort : vous seule au monde seriez capable de me faire avaler ce poison, et j'aimerais fort à rire avec vous, Vardes, et le seigneur Corbeau[4]. » C'est

---

[1] SÉVIGNÉ, *Lettres* (16 janvier et 9 février 1671), t. I, p. 299 et 313, édit. G.; t. I, p. 225 et 237, édit. M. Voyez la 3ᵉ partie de ces *Mémoires*, t. III, p. 314.

[2] Conférez, ci-dessus, la 3ᵉ partie de ces *Mémoires*, t. III, p. 26 et 128.

[3] SÉVIGNÉ, *Lettres* (6 janvier, 4 mai, 26 décembre 1672), t. I, p. 116, édit. G.; t. II, p. 285 et 420, édit. M. — (1ᵉʳ et 19 janv. 1674), t. III, p. 68, 194, 218, édit. M. — (28 juillet 1679), t. VI, p. 98, édit. G.

[4] SÉVIGNÉ, *Lettres* (26 juillet 1671), t. II, p. 159, édit. G.; t. II, p. 132, édit. M. — *Ibid.* (9 août 1671), t. II, p. 192, édit. G. · t. II,

par ce dernier nom que, à cause de son teint basané, madame de Grignan appelait son beau-frère l'évêque de Claudiopolis, coadjuteur de l'archevêque d'Arles son oncle [1]. Il était alors à Grignan, où il avait passé l'été, tout le temps de la tenue des états : homme du monde, aimable auprès des femmes, souvent à Paris et à la cour [2], prudent, spirituel, fort attaché à son frère, et zélé pour la gloire de la maison de Grignan, il fut très-goûté de madame de Sévigné et de sa fille. Il ne pouvait souffrir qu'elles lui donnassent du *monseigneur* : « Appelez-moi plutôt Pierrot ou seigneur Corbeau, » disait-il. Il parlait et écrivait avec facilité, mais il n'aimait pas à écrire ; et madame de Sévigné lui défendait toujours de répondre à ses lettres, par la crainte que, s'il se croyait obligé de le faire, il ne la prît en déplaisance : elle voulait qu'il réservât sa main droite pour jouer au brelan. Elle le raillait aussi sur son penchant pour la bonne chère, et elle attribuait à cela les attaques de goutte qu'il commençait déjà à ressentir : il n'avait alors que trente-trois ans [3]. Par la suite il excita l'indignation de madame de Sévigné, à cause de son ingratitude envers son

---

p. 159, édit. M. Voyez la 3ᵉ partie de ces *Mémoires*, chap. VIII, p. 135 et la note 4, et p. 454.

[1] *Gallia christiana*, 1715, in-folio. t. I, p. 594. SÉVIGNÉ, *Lettres* (9 février, 17 avril, 12, 19 et 26 juillet, 2 et 19 août 1671), t. II, p. 27, 28, 134, 144, 159, 169, 192 et 196, édit. G. ; t. II, p. 112, 119, 132, 240, édit. M. — *Ibid.* (31 mai, 5 juin 1675), t. III, p. 401 et 407, édit. G. ; t. III, p. 281 et 286, édit. M.

[2] Des lettres de madame de Sévigné il résulte que, le 12 juillet, le coadjuteur d'Arles était à Paris, et que, le 19 du même mois, il était en Provence (t. II, p. 134 et 144, édit. G. ; t. II, p. 112 et 119, édit. M.).

[3] SÉVIGNÉ, *Lettres* (19 août 1671), t. II, p. 191, édit. G.

oncle l'archevêque d'Arles, auquel il devait succéder[1].

Des deux oncles paternels du comte de Grignan, le plus élevé en dignité, l'archevêque d'Arles, était un homme excellent, et aimé de toute la Provence[2]. Il avait, pendant les troubles de la Fronde, apaisé les émeutes populaires à Arles et à Marseille, et empêché que ces deux villes ne se révoltassent contre le gouvernement. En 1660, lors du voyage de la cour en Provence, Louis XIV logea chez lui ; et ce fut alors qu'il le nomma commandeur de ses ordres[3]. Bienfaiteur de sa famille, l'archevêque d'Arles en était tendrement chéri ; mais cependant il augmentait les embarras du gouverneur, parce qu'il était toujours opposé à l'évêque de Marseille pour les affaires ecclésiastiques, comme le comte de Grignan l'était pour les affaires civiles[4] ; ce qui contribuait à accroître l'animosité de ce prélat hautain, mais habile, qui avait acquis un grand ascendant sur l'assemblée des états, une place élevée dans

---

[1] Sévigné, *Lettres inédites*, 1827, in-8° (mai 1690), p. 33. Conférez la 3e partie de ces *Mémoires*, chap. VIII, p. 127 et la note 1, et p. 135, note 3.

[2] Sévigné, *Lettres* (20 octobre 1675), t. IV, p. 48, édit. M. — (18 mars 1689), t. VIII, p. 400, édit. M. — *Gallia christiana*, t. II p. 593. — Aubenas, *Notice historique sur la maison de Grignan*, p. 572-574 — François-Adhémar fut d'abord évêque de Saint-Pau, Trois-Châteaux, puis coadjuteur de l'archevêque d'Arles, auquel il succéda.

[3] Conférez la 3e partie de ces *Mémoires*, chap. VIII, p. 128, et la note 5.

[4] *Lettres de la marquise* de Sévigné, édit. de la Haye, 1726. — (7 juin 1671), t. I, p. 111 (il y a des omissions dans les éditions modernes). Conférez t. II, p. 93, édit. G. ; t. II, p. 78, édit. M. ; in-8°. — Sévigné, *Lettres* (8 avril, 20 et 27 septembre, 6 décembre 1671), t. II, p. 9, 234, 243, 304, édit. G. ; t. II, p. 8, 78, 196, 214, 258, édit. M.

l'estime des ministres. Madame de Sévigné parvint à l'adoucir et à le rendre moins hostile, et elle neutralisa les effets de son influence contre les Grignan par le moyen de ses amis, de Pomponne et de le Camus, premier président de la cour des aides[1]. Pour toutes ces négociations elle se servait utilement de l'autre oncle de M. de Grignan, évêque et comte d'Uzès[2], homme sage et prudent; plus souvent à la cour et dans son abbaye d'Angers que dans son diocèse; plein d'affection pour madame de Grignan, et très-zélé pour les intérêts de son frère; toujours empressé à faire auprès des ministres les démarches que lui demandait madame de Sévigné. Comme elle, il agissait aussi directement sur l'évêque de Marseille; et s'il ne parvenait pas à lui inspirer des sentiments de concorde et d'amitié, il l'empêchait au moins de se montrer adversaire violent[3].

M. de Grignan avait un autre frère dans l'état ecclésiastique, très-différent de *seigneur Corbeau* par sa figure, car il était d'une beauté remarquable[4] : on l'avait surnommé *le bel abbé*. A l'époque dont nous traitons, âgé

---

[1] SÉVIGNÉ, *Lettres* (1er et 3 avril, 4 octobre, 23 et 25 déc. 1671), t. I, p. 56 de l'édit. de la Haye; t. I, p. 437, 408; t. II, p. 220, 249 et 316, édit. G.; t. I, p. 315, 317; t. II, p. 267 et 273, édit. M. — *Ibid.* (27 janvier 1672), t. II, p. 321, édit. G.

[2] Voyez la 3e partie de ces *Mémoires,* chap. VIII, p. 127, note 1.

[3] SÉVIGNÉ, *Lettres* (23 mars, 11 octobre 1671), t. I, p. 392; t. II, p. 257, édit. G.; t. I, p. 304; t. II, p. 217, édit. M. — *Lettres de madame la marquise* DE SÉVIGNÉ, édit. de la Haye, 1726, t. I, p. 116. (Lettre altérée dans les éditions modernes.) Conférez t. II, p. 98, édit. G.; t. II, p. 82 et 83, édit. M. — SÉVIGNÉ, *Lettres* (1er et 12 janvier, 3 et 10 février 1672), t. II, p. 329, 340, 369, 379, édit. G.; t. II, p. 278, 280, 312 et 321, édit. M.

[4] Voyez la 3e partie de ces *Mémoires,* chap. VIII, p. 127, note 3.

seulement de vingt-huit ans, il n'avait pas encore soutenu sa thèse en Sorbonne. Doué de capacité et ambitieux, il fut successivement agent général du clergé, abbé de Saint-Hilaire, nommé évêque d'Évreux, mais non confirmé comme tel [1]. Il fut sacré évêque de Carcassonne dans l'église de Grignan. Son faste et sa prodigalité contrariaient madame de Sévigné, qui aurait voulu qu'une partie de ses riches revenus ecclésiastiques fussent employés à faire du bien à ses frères [2], et particulièrement au moins riche de tous, le chevalier de Grignan, Adhémar.

Plein de courage et animé d'une noble ambition, Adhémar [3] parvint, par de beaux faits d'armes, au grade de maréchal de camp, lorsque son frère aîné épousa mademoiselle de Sévigné. Quoique bien jeune encore, il obtint le commandement du régiment qui portait le nom de

---

[1] SÉVIGNÉ, *Lettres* (24 janvier 1689), t. VIII, p. 303 (27 août 1689), t. IX, p. 401, édit. M.

[2] Voyez *Lettres inédites et restituées de madame* DE GRIGNAN (22 décembre 1677). Lettre de madame de Grignan à M. de Grignan, p. 5 d'un tirage à part. (Extrait des archives de l'École des chartes.) Louis, abbé de Grignan, fut nommé à l'évêché d'Évreux en février 1680 ; mais les bulles ne furent pas confirmées : au mois de mai 1681 il fut nommé évêque de Carcassonne, et sacré le 21 décembre dans l'église de Grignan. — Voyez *Gallia christiana*, t. VI, p. 927. — SÉVIGNÉ, *Lettres* (30 mars 1672), t. II, p. 374, édit. M. — (21 février 1680), t. VI, p. 169, édit. M. — (21 août 1681), t. VI, p. 425), édit. M. — (1er septembre 1680), t. VI, p. 442, édit. M. — (20 novembre 1682), t. VII, p. 104, édit. M. — (9 janvier 1682), t. VII, p. 116, édit. M. — (9 septembre 1675), t. IV, p. 90, édit. G. ; t. III, p. 460, édit. M. — *Ibid.* (22 septembre 1688), t. VIII, p. 366, édit. G. ; t. VIII, p. 91, édit. M. — *Ibid.* (24 janvier 1689), t. IX, p. 118, édit. G. ; t. VIII, p. 303, édit. M. — (7 février 1682), t. VII, p. 104, édit. M. — (9 janvier 1683), t. VII, p. 116, édit. M.

[3] Voyez la 3e partie de ces *Mémoires*, 2e édit., chap. VIII, p. 128.

Grignan [1] ; et, à cette occasion, madame de Sévigné prit le soin de lui donner une devise : c'était une fusée poussée à une grande élévation, avec ces mots italiens : *Che peri, purchè s'innalzi* [2], « Qu'elle périsse, pourvu qu'elle s'élève. » Le plus jeune de tous les Grignan, il n'avait point cette morgue de famille qui faisait dire à M. de Guilleragues que tous les Grignan étaient des glorieux. Lorsqu'on lui opposait l'exemple du chevalier Adhémar [3], « Celui-là, disait-il pour ne pas se rétracter, n'est que *glorioset*. » Ce singulier sobriquet de petit Glorieux resta au chevalier Adhémar [4]. De tous ses frères, il était le plus attentif et le plus complaisant pour madame de Grignan ; il lui servait de secrétaire lorsque quelque indisposition l'empêchait de tenir la plume [5]. Ce fut là sans doute ce qui valut à madame de Grignan les malins vaudevilles et les épigrammes que l'on composa sur elle [6], moins cependant à propos d'Adhémar qu'au sujet du frère de celui-ci, nommé, à cause de sa taille, le *grand chevalier*. Il se trouvait alors

---

[1] Sévigné, *Lettres* (1ᵉʳ novembre 1671), t. II, p. 236, édit. M.

[2] *Ibid.* (11 novembre 1671), t. II, p. 242, édit. M. — (2 décembre 1671), t. II, p. 300, édit. G. Cette devise est celle de Porchère d'Augier, dans la description du carrousel. Voyez Tallemant, *Historiettes*, t. III, p. 318.

[3] *Ibid.* (15 novembre 1671.)

[4] Sévigné, *Lettres* (23 et 30 août 1671), t. II, p. 201, 211, édit. G.; t. II, p. 168, édit. M.

[5] Sévigné, *Lettres* (6 septembre 1671).

[6] Conférez la parodie de la fable de la Cigale et de la Fourmi, dans le *Recueil de pièces curieuses et nouvelles tant en prose qu'en vers*; la Haye, 1695, in-12, t. II, seconde partie, p. 230. — *Histoire de la vie et des ouvrages de la Fontaine*, 1ʳᵉ édit., 1820, in 8°, p. 392. — Voyez ci-dessus, 3ᵉ partie de ces *Mémoires*, chap. VIII, p. 127.

au château de Grignan, et mourut l'année suivante à Paris, de la petite vérole, chez son oncle l'évêque d'Uzès[1]. C'est à ce chevalier de Grignan que madame de Sévigné défendait de monter à cheval en présence de sa fille [2], tant le souvenir de la fausse couche qu'il avait occasionnée par sa chute faisait d'impression sur elle. Tels étaient dans la famille de Grignan les hommes qui se réunissaient au château de Grignan, et en composaient la société. Les filles que le comte de Grignan avait eues de son premier mariage avec Angélique-Claire d'Angennes étaient encore trop jeunes pour y figurer [3]. L'aînée n'avait que dix ans, et la cadette seulement sept ans, lorsque leur père se remaria avec mademoiselle de Sévigné [4]. Le duc de Montausier, leur oncle par alliance, puisqu'il avait épousé Julie d'Angennes, s'opposait à ce qu'elles allassent demeurer chez leur belle-mère, craignant que celle-ci ne se prévalût de l'innocence de leur jeune âge, et ne leur inspirât prématurément de l'inclination pour la vie religieuse : cependant il finit par céder aux instances de madame de Grignan, et s'aperçut bientôt qu'il ne s'était pas trompé dans ses prévisions [5]. Louise-Catherine-Adhémar, l'aînée des deux filles de M. de Grignan et de Claire d'Angennes, excitée par sa belle-mère, ses oncles et

---

[1] Sévigné, *Lettres* (22, 27, 29 janvier, 3 et 10 février 1671), t. II, p. 300, 307, 309, 313, 319, édit. M. — (4 novembre 1671), t. II, p. 203, édit. G.

[2] Sévigné, *Lettres* (19 août 1671), t. II, p. 196, édit. G. Voyez ci-dessus, 3ᵉ partie de ces *Mémoires*, chap. xv, p. 84.

[3] Voyez la 3ᵉ partie de ces *Mémoires*, chap. viii, p. 136.

[4] Dangeau, *Journal mss.* en date du 24 janvier 1684, cité dans les *Lettres de* Sévigné, t. VII, p. 398, édit. M.

[5] Sévigné, *Lettres* (4 août 1677), t. V, p. 172, et la note 1, édit. M. — (25 janvier 1687), t. VII, p. 411, édit. M.

toute sa famille, dans son penchant à la dévotion, voulut entrer aux Carmélites; mais la délicatesse de sa santé ne lui permit pas de soutenir les austérités de l'ordre : elle ne put achever son noviciat; elle se retira comme pensionnaire dans un couvent, et y vécut avec autant de régularité et de piété que la religieuse cloîtrée la plus attachée à ses devoirs. Sur le bien de sa mère, il lui revenait quarante mille écus; elle en fit don à son père; et madame de Grignan ne déguise pas qu'elle se servit de l'influence qu'elle avait acquise sur cette jeune fille, pour la déterminer à prendre cette résolution. Bussy profite de cette occasion pour lancer un sarcasme piquant, mais juste [1], contre madame de Grignan; et madame de Sévigné, au contraire, chez qui la tendresse pour sa fille, et sa continuelle préoccupation pour tout ce qui concernait ses intérêts et sa grandeur, étouffaient tout autre sentiment, la félicite d'avoir « fait merveille », et exprime, par les termes les plus énergiques, son admiration pour Catherine-Adhémar, qu'elle appelle une *fille céleste*, par opposition à sa sœur cadette, qui est pour elle la *fille terrestre* [2]. En effet, celle-ci, Françoise-Julie, qu'on nommait ordinairement mademoiselle d'Alérac [3], quoique soumise à la même éducation et aux mêmes influences que sa sœur, eut des goûts très-différents : elle aimait le monde, et elle se plaisait beaucoup dans la société de madame de Sé-

---

[1] Sévigné, *Lettres* (18 janvier 1687), t. VII, p. 414, édit. M.
[2] *Ibid.* (18 août, 11, 18 et 25 septembre 1680), t. VI, p. 420, 455, 458, 459, 465, 473, édit. M. — *Ibid.* (2 et 16 octobre 1680, 1ᵉʳ octobre et 24 décembre 1684, 8 mai et 25 octobre 1686), t. VII, p. 10, 24, 93, 176, 382, 398 et 400, édit. M.
[3] Conférez la 3ᵉ partie de ces *Mémoires*, p. 136.

vigné, qui la trouvait aimable [1]. Jolie et faite pour plaire [2], elle fut recherchée en mariage par le chevalier de Polignac et M. de Belesbat. Ces deux mariages se rompirent, non par le fait de madame de Grignan. Pourtant le défaut d'accord entre la belle-mère et la belle-fille fut tel, que celle-ci abandonna brusquement la maison paternelle, et se retira chez son oncle par alliance, le duc de Montausier, et ensuite au couvent des Feuillantines [3]. Elle se maria enfin avec le marquis de Vibraye, sans la participation et aussi sans l'opposition de sa famille [4].

Des trois sœurs qu'avait le comte de Grignan, une seule doit nous occuper, puisque celle qui se fit religieuse à Aubenas [5], et celle qui se maria au marquis de Saint-Andiol (en 1661) [6], ne sont mentionnées que deux ou trois fois dans la correspondance de madame de Sévigné. Il n'en est pas de même de Thérèse-Adhémar de Monteil; celle-ci épousa le comte de Rochebonne [7], qui commanda long-

---

[1] SÉVIGNÉ, *Lettres* (20 septembre 1684), t. VII, p. 165, édit. M.

[2] SÉVIGNÉ, *Lettres* (13 décembre 1684), t. VII, p. 213, édit. M.

[3] SÉVIGNÉ, *Lettres* (1er mars, 20 et 24 septembre, 13 décembre 1684, 15 août 1685, 1er mai 1686), t. VII, p. 141, 165, 168, 176, 212, 335, 382, édit. M. — *Ibid.* (27 septembre 1687, 9 mars et 30 avril 1689), t. VIII, p. 17, 373, et la note.

[4] Elle fut mariée le 7 mai 1689. Conférez le *Journal mss. de Dangeau* à cette date, cité par M. Monmerqué dans SÉVIGNÉ, *Lettres* (30 avril 1689), t. VIII, p. 455, édit. M.

[5] Conférez la 3e partie de ces *Mémoires*, t. III, p. 136. — SÉVIGNÉ, *Lettres* (6 octobre 1673), t. III, p. 106, édit. M. — (15 juin 1680), t. VI, p. 323, édit. M.

[6] SÉVIGNÉ, *Lettres* (8 juillet 1685), t. VIII, p. 73, édit. G.

[7] Il était de plus chanoine, comte et chamarier de l'église Saint-Jean de Lyon. Conférez la 3e partie de ces *Mémoires*, 2e édit., chap. VIII, p. 138, note 4.

temps à Lyon pour le roi. La comtesse de Rochebonne ressemblait beaucoup à son frère, le comte de Grignan : c'est dire assez qu'elle n'était pas belle ; aussi est-ce par antiphrase et en plaisantant que madame de Sévigné la qualifie de jolie femme [1]. Sa laideur, et la surdité dont elle était affligée, étaient rachetées par le plus heureux caractère. Elle s'était liée d'amitié avec madame de Grignan, et l'affection que celle-ci avait pour elle s'étendait jusqu'à ses enfants. Elle en avait un grand nombre ; presque tous étaient remarquables par leur esprit précoce, leurs jolies figures, la fraîcheur de leur teint et leurs grâces enfantines [2].

Un des parents du comte de Grignan, que madame de Sévigné aimait le mieux, était le chevalier comte de la Garde, qui avait été gouverneur de la ville de Furnes et lieutenant des gardes du corps de la reine mère [3]. Sa baronnie de la Garde était voisine du comté de Grignan, et il allait fréquemment au château. Lorsqu'il échoua dans le projet de mariage qu'il avait conçu, on était presque certain qu'il resterait célibataire [4] ; et comme la forte pension dont il jouissait le rendait riche, on croyait qu'il avantagerait le comte de Grignan. Dans cet espoir, madame de Sévigné avait pour lui de grands égards ; il fut la seule personne à laquelle elle permit de faire copier le

---

[1] SÉVIGNÉ, *Lettres* (27 juillet 1672), t. III, p. 41, édit. M. — (19 juillet, 16 et 19 août, 27 septembre, 4 octobre 1671.)

[2] SÉVIGNÉ, *Lettres* (10 octobre 1673, 6 novembre 1675, 28 août 1676, 23 juin 1677, 15 et 20 mai 1689), t. II, p. 190, 196, 242, 249 ; t. III, p. 107 ; t. IV, p. 75 et 146 ; t. V, p. 113 ; t. VIII, p. 470 ; t. IX, p. 42, édit. G.

[3] Conférez la 3ᵉ partie de ces *Mémoires*, 2ᵉ édit., p. 129, note 3.

[4] SÉVIGNÉ, *Lettres* (17 mai, 24 juin, 8 juillet 1676), t. IV, p. 299, 308, 373, édit. M. — *Ibid.* (4 décembre 1689), t. IX, p. 238, édit. M

portrait de sa fille, peint par Mignard [1] : elle avait refusé *rabutinement*, comme elle le dit, cette faveur à ses plus intimes amis, au *bel abbé*, l'évêque de Carcassonne, à l'abbesse de Fontevrault, sœur de madame de Montespan, enfin même à MADEMOISELLE [2]. Le chevalier de la Garde ne put rien faire pour son cousin, le comte de Grignan; la riche pension de 18,000 livres dont il jouissait (36,000 fr.) fut supprimée, et il fut presque entièrement ruiné [3].

A toutes ces personnes que le mariage de mademoiselle de Sévigné avec le comte de Grignan avait placées dans des rapports de famille et d'intimité tant avec elle qu'avec madame de Sévigné, il faut joindre la marquise du Puy du Fou, mère de la seconde femme du comte de Grignan [4]. Elle avait peu d'esprit, mais sa bonté la faisait chérir. Comme elle demeurait à Paris, madame de Sévigné la voyait souvent, et même la recherchait, à cause de l'attachement qu'elle avait conservé pour celui qui avait été son gendre, et de l'amitié qu'elle avait pour madame de Grignan. Madame de Sévigné passait des heures entières avec madame du Puy du Fou, et lui confiait sa

---

[1] Ce portrait, ou plutôt une copie de ce portrait, est dans le Musée de Versailles; mais celui qui est à côté, entouré de même d'une guirlande de fleurs, n'est pas le portrait de la marquise de Sévigné (Marie de Rabutin-Chantal), quoique indiqué comme tel dans les catalogues. Voyez la note à la fin de notre 2ᵉ partie.

[2] SÉVIGNÉ, *Lettres* (19 août, 9 septembre 1675), t. IV, p. 35, 89, édit. G.; t. III, p. 460, édit. M. — *Ibid.* (16 juillet et 15 août 1677), t. V, p. 286, 287, 349, édit. G. — *Ibid.*, t. V, p. 133 et 188, édit. M.

[3] SÉVIGNÉ, *Lettres* (25 et 28 décembre 1689), t. IX, p. 267, 274. — (8 janvier 1690), t. IX, p. 297, édit. M.

[4] Voyez la 3ᵉ partie de ces *Mémoires*, t. III, p. 128, note 5, et p. 140.

petite-fille Marie-Blanche, et madame du Puy du Fou en avait soin comme de son propre enfant[1].

Les Simiane étaient aussi cousins des Grignan [2]; et, parmi les nouvelles connaissances que son séjour en Provence procura à madame de Grignan, on remarque la marquise de Simiane, dont le fils épousa celle à qui nous devons la publication des *Lettres*. Madame de Sévigné avait eu occasion de rencontrer dans le monde madame de Simiane, et elle félicite sa fille d'avoir en elle une compagnie agréable [3]. Elle fait l'éloge de son amabilité, mais elle ne lui reconnaît pas une excellente tête; elle la blâme de vouloir se séparer de son mari, à cause des fréquentes infidélités qu'il lui faisait, ajoutant assez lestement : « Quelle folie ! Je lui aurais conseillé de faire quitte à quitte avec lui [4]. »

La maison de madame de Grignan se composait d'un nombreux personnel, conforme au rang qu'elle tenait en Provence; et ceux qui en faisaient partie paraissent avoir été bien choisis pour la soulager dans les devoirs qu'elle avait à remplir, et la distraire de ce qu'ils pouvaient avoir de pénible. Deux femmes de chambre étaient attachées à son service; et l'une d'elles, nommée Deville, fille de son

---

[1] SÉVIGNÉ, *Lettres* (13 mars, 8 et 13 mai 1671), t. I, p. 373; t. II, p. 63 et 72, édit. G. — *Ibid.* (14 mars 1696), t. XI, p. 284, édit. G.

[2] Voyez la 3ᵉ partie de ces *Mémoires*, 2ᵉ édit., p. 130, note 4, p. 129, note 2.

[3] SÉVIGNÉ, *Lettres* (28 juin 1671), t. II, p. 115, édit. G.; t. II, p. 96, édit. M.

[4] SÉVIGNÉ, *Lettres* (8 mai, 12 août 1676), t. IV, p. 430; t. V, p. 70, édit. G.; t. IV, p. 289 et 419, édit. M. — (18 novembre 1695), t. IX, p. 237.

maître d'hôtel[1], en savait assez pour l'aider, et, au besoin, pour la suppléer dans ses correspondances. Une demoiselle de Montgobert, pieuse mais enjouée, d'un esprit original, plaisait beaucoup à madame de Sévigné[2]; elle était demoiselle de compagnie; et Ripert[3], l'intendant des Grignan, était un homme d'esprit et d'une société agréable : il avait sa chambre au château de Grignan, à côté de celle des deux pages[4].

Madame de Sévigné instruisait avec grand soin madame de Grignan des variations de la mode. Elle savait que sa fille, par sa beauté et par son rang, avait en Provence le privilége d'être le patron sur lequel les femmes se réglaient[5]; et c'est à la cour de Louis XIV qu'alors la mode avait,

---

[1] SÉVIGNÉ, *Lettres* (6 mai, 21 juin 1671), t. II, p. 62, édit. G., et p. 15 de la lettre du 21 juin, rétablie, 1826, in-8°. — *Ibid.* (5 juin et 8 juillet 1671), t. II, p. 126, 131, édit. G. L'autre femme de chambre se nommait Cateau. M. de Grignan, en la mariant, en fit une nourrice.

[2] SÉVIGNÉ, *Lettres* (18 mars, 4 avril 1671), t. I, p. 382; t. II, p. 5, édit. G. — (6 octobre 1675), t. IV, p. 20, édit. M.; t. IV, p. 31, édit. G. — (23 février 1676, t. IV, p. 348, édit. G. — (14 juin 1677), t. V, p. 91, édit. M. — (11 octobre 1679), t. V, p. 459, édit. M. — (14 février 1680), t. VI, p. 160. — (10 juillet 1680), t. VI, p. 370. — (17 juillet 1680), t. VI, p. 376. — (18 août 1680), t. VI, p. 422. — (8 septembre 1680), t. VI, p. 450. — (30 octobre 1680), t. VII, p. 20, 23, 33.

[3] Voyez la 3ᵉ partie de ces *Mémoires*, p. 326 et 465, et SÉVIGNÉ, *Lettres* (18 mars 1671, 26 juillet 1675), t. I, p. 38 et 39 de l'édit. de la Haye, p. 379 et 380, édit. G.

[4] *Inventaire des papiers Simiane*, Mss. de la Bibliothèque royale. *Inventaire des meubles de la maison de Grignan, dressé le 27 novembre* 1672. — La chambre de M. d'Uzès était près de celle de mademoiselle de Montgoubert (*sic*).

[5] SÉVIGNÉ, *Lettres* (21 juin 1671), p. 10 et 11 de la lettre rétablie, 1826, in-8°.

pour toute l'Europe, établi le siége de son empire. Les lettres de madame de Sévigné fourniraient d'exacts et nombreux détails à celui qui voudrait nous retracer les lois absolues et les bizarres volontés de cette capricieuse reine du monde élégant. C'est surtout lorsqu'elle était à Aix [1], que madame de Grignan avait ses plus fréquentes réunions et étalait le plus de luxe. Madame de Sévigné faisait fréquemment à sa fille des cadeaux de modes nouvelles, et lui envoyait des cravates, des éventails, et autres petits objets ; mais madame de Grignan ayant écrit à sa mère qu'elle se proposait de se faire peindre et de lui faire présent de son portrait, madame de Sévigné lui envoya un tour de perles de douze mille écus, acheté à la vente de l'ambassadeur de Venise. Elle lui écrivait en même temps : « On l'a admiré ici : si vous l'approuvez, qu'il ne vous tienne point au cou ; il sera suivi de quelques autres [2]. »

Cependant, même à Aix, madame de Grignan pouvait se soustraire au monde et à la dissipation ; et elle n'y manquait pas aux époques où la religion lui en faisait un devoir. Elle se retirait alors dans le couvent des sœurs de Sainte-Marie, où par un privilége spécial, et à cause de son aïeule la bienheureuse Chantal, elle était admise temporairement sur le pied de religieuse, et avait sa cellule particulière [3].

Le séjour de madame de Grignan chez les sœurs de

---

[1] SÉVIGNÉ, *Lettres* (15 mars, 4 avril, 19 et 30 août), t. I, p. 382 ; t. II, p. 2, 5, 192, 211, édit. G.

[2] SÉVIGNÉ, *Lettres* (9 mars 1672), t. II, p. 414, édit. G. ; t. II, p. 352, édit. M.

[3] SÉVIGNÉ, *Lettres* (8 avril 1671), t. II, p. 6, édit. G. ; t. II, p. 5, édit. M.

Sainte-Marie n'était jamais bien long, et n'avait lieu qu'à de grands intervalles. Cette existence calme et reposée pouvait lui plaire pendant quelques jours, par son contraste avec l'agitation de sa vie habituelle ; mais elle n'avait pas, comme sa mère, le goût de la retraite et de la campagne, les rêveries d'une âme profondément émue, les palpitations d'un cœur avide de tendresse et d'amour. Ces troubles intérieurs, qui étaient à la fois pour madame de Sévigné une source intarissable de jouissances et de tourments, lui étaient inconnus. Elle savait que sa réputation de beauté, de savoir, de raison, de prudence, s'était accrue à la cour depuis son départ, et par son année de séjour en Provence [1]. Le rang qu'elle tenait dans ce pays flattait son orgueil : là, peut-être, elle se félicitait de n'être pas éclipsée par sa mère comme à Versailles, comme à Paris. C'eût été pour elle déchoir que de cesser d'être la première, que de se retrouver sur un degré d'infériorité ou même d'égalité. M. de Grignan ne pensait pas ainsi : il aurait mieux aimé être auprès du monarque, que d'avoir l'honneur de le représenter dans une province lointaine ; les peines et les soins du gouvernement lui étaient à charge. Ayant appris que le maréchal de Bellefonds voulait quitter sa place de premier maître d'hôtel du roi, il était disposé à acquérir cette charge ; mais madame de Grignan s'y opposa, et le fit rester en Provence. On peut juger combien cette résolution affligea sa mère, qui n'osa s'en plaindre que bien doucement. « Ma chère enfant, lui dit-elle, cette grande paresse de ne vouloir pas seulement sortir un moment d'où vous êtes, me blesse le cœur. Je

---

[1] Sévigné, *Lettres* (29 janvier 1672), t. II, p. 366.

trouve les pensées de M. de Grignan bien plus raisonnables. Celle qu'il avait pour la charge du maréchal de Bellefonds, en cas qu'il l'eût quittée, était tout à fait de mon goût; vous aurez vu comme la chose a tourné : mais j'aimerais assez que le désir de vous rapprocher ne vous quittât point quand il arrive des occasions ; et M. d'Uzès aurait fort bonne grâce à témoigner au roi qu'il est impossible de le servir si loin de sa personne sans beaucoup de chagrin, surtout quand on a passé la plus grande partie de sa vie auprès de lui [1]. »

[1] SÉVIGNÉ, *Lettres* (27 janvier 1672), t. II, p. 362. Conférez *id.* (13 janvier 1972), t. II, p. 341, 343, édit. G. ; t. II, p. 282, édit. M.

CHAPITRE III.

1671—1672.

Madame de Sévigné quitte les Rochers, et retourne à Paris. — Elle y prend un nouveau logement. — Elle désirait revenir à Paris pour être utile à son gendre. — Ce qu'était l'administration des provinces sous Louis XIV. — L'évêque de Marseille, Janson, cherche à desservir M. de Grignan. Le marquis de Charost le défend. — Les affaires des états de Provence se terminent bien. — Louis XIV se prépare à la guerre contre les Hollandais, et ne semble occupé que des choses de la paix. — Dans cette persuasion, Boileau écrit son *Discours au roi*. — Négociations de Louis XIV. — Il accorde sa confiance à Condé. — Fête donnée, à Chantilly, au roi et à toute sa cour. — Création de l'Académie d'architecture. — Le roi propose un prix pour l'invention d'un nouvel ordre d'architecture, qui serait nommé l'*ordre français*. — Nouvelles constructions à Versailles, à Compiègne, à Fontainebleau. — On joue *la Comtesse d'Escarbagnas* et *Psyché*. — La Fontaine publie un nouveau Recueil de fables et un nouveau Recueil de contes et de poésies diverses. — Ouverture du jubilé. — Le roi touche 1,200 malades. — Publication de *Poésies chrétiennes et diverses*. — Belle ode de Pomponne qui s'y trouve insérée. — Molière fait jouer *les Femmes savantes*. — Effet produit par cette pièce. — Elle anéantit la réputation de Cotin et le règne des *précieuses*. — De leur heureuse influence sur les mœurs et sur la littérature. — Julie d'Angennes n'existait plus lors de la première représentation des *Femmes savantes*. — Son admirable conduite et son courage. — Elle devient dame d'honneur de la reine. — Ses remords, ses chagrins à la cour. — Un fantôme lui apparaît. — Elle tombe malade, et meurt. — Madame de Richelieu est nommée à sa place dame d'honneur. — Ce que dit madame de Sévigné de cette nomination, attribuée à l'influence de madame Scarron sur madame de Montespan. — — Madame de Sévigné soupe souvent avec madame Scarron. —

Conduite de celle-ci. — Ses entretiens avec madame de Montespan déplaisent au roi. — Ses sentiments, et conduite de madame de Montespan en matière de religion. — Madame Scarron, d'après l'ordre du roi, se charge d'élever les enfants qu'il aura avec madame de Montespan. — Conduite admirable de madame Scarron. — Les enfants que le roi a eus de madame de Montespan lui inspirent une grande tendresse. — Le roi augmente sa pension. — Il lui donne un carrosse et des gens, et l'appelle à la cour pour rester auprès des enfants de madame de Montespan.

Décembre commençait; le froid était piquant; mais le ciel était bleu, et la lumière du soleil éclatait sur les bois dépouillés de verdure de la vaste campagne des Rochers, lorsque madame de Sévigné quitta sa solitude avec un regret dont elle était, disait-elle, épouvantée[1]. Elle se mit en route avec deux calèches attelées chacune de quatre chevaux, pour elle et sa suite; et afin d'éviter le mauvais pavé de Laval, elle prit d'abord la route de Cossé, alla coucher chez une parente de madame de Grignan, à Loresse, château situé dans la commune de Montjean. Le second jour de son voyage, elle coucha à Meslay; le troisième, à Malicorne, chez la marquise de Lavardin. En faisant ainsi environ dix lieues par jour, elle se trouva le dixième jour transportée à Paris, satisfaite de s'être rapprochée de sa fille, et ayant pris la résolution d'aller la rejoindre aussitôt que les frimas de l'hiver auraient disparu, et que le retour de la belle saison lui permettrait d'entreprendre ce long voyage.

Elle avait quitté, après le mariage de sa fille, le logement qu'elle occupait à Paris rue du Temple, et transporté son domicile rue de Thorigny, où elle ne devait pas

[1] Sévigné, *Lettres* (9, 13, 18 décembre 1671), t. II, p. 307, 309, 313, édit. G.; t. II, p. 260, 261, 264, édit. M.

rester longtemps ; car, tandis qu'elle était encore aux Rochers, des ordres avaient été donnés par elle de louer, rue Sainte-Anastase, une autre maison près de celle du comte et de la comtesse de Guitaut [1].

On sait que le château d'Époisses en Bourgogne, qui appartenait au comte de Guitaut, n'était pas éloigné de Bourbilly, terre de madame de Sévigné. Aussi dit-elle, en écrivant alors au comte de Guitaut, qu'il est de sa destinée d'être partout sa voisine [2]. Madame de Sévigné, aidée de son oncle Saint-Aubin, employa une partie de l'hiver à faire arranger sa nouvelle demeure, fort rapprochée de celle qu'elle habitait, et elle y coucha pour la première fois le 7 mai 1672 [3]. Elle y avait fait préparer un appartement pour sa fille et pour son gendre, et, quoique petite, cette maison lui suffisait; elle s'y trouvait commodément et agréablement [4]. Nous dirons comment depuis elle changea encore de logement, et occupa le bel hôtel Carnavalet [5]. Mais il est remarquable que, malgré son intime liaison avec madame de la Fayette et le duc de la Rochefoucauld, qui l'appelait si souvent à l'autre extrémité de la ville, elle ne quitta jamais le Marais ou le quartier du Temple et le quartier Saint-Antoine; et, dans ses divers changements, elle se rapprocha de plus

---

[1] Conférez t. I, p. 2, de la 1re partie de ces *Mémoires*.

[2] SÉVIGNÉ, *Lettres* (décembre 1671, au comte de Guitaut), t. II, p. 307, édit. G.

[3] *Ibid.* (4 et 6 mai 1672), t. III, p. 5 et 12, édit. G.; t. II, p. 420 et 425, édit. M.

[4] SÉVIGNÉ, *Lettres* (13 mai 1672), t. III, p. 16, édit. G.; t. II, p. 429, édit. M.

[5] SÉVIGNÉ, *Lettres* (16, 19, 21 et 29 septembre 1677; 7, 15, 20, 27 octobre 1677).

en plus de la place Royale, où elle était née. Elle y trouvait l'avantage d'être près de toutes les connaissances de sa jeunesse, qui furent aussi les mêmes que celles de son âge avancé. Elle pouvait fréquenter toujours les mêmes églises, les Minimes, l'église Saint-Paul, celle des Jésuites, le couvent des Filles de Sainte-Marie du faubourg Saint-Antoine, dont les religieuses étaient ses bonnes amies, et qui avaient parmi elles sa nièce Diane-Charlotte, la fille aînée du comte de Bussy, dont l'esprit la charmait, dont la piété lui faisait envie [1].

Un motif plus puissant que celui de se rapprocher de sa fille avait engagé madame de Sévigné à quitter les Rochers : c'était les services qu'elle pouvait rendre à son gendre depuis que Pomponne avait été nommé ministre. Lorsqu'elle revint à Paris, les états de Bretagne étaient depuis longtemps terminés; mais il n'en était pas de même de ceux de Provence : ouverts à Lambesc au mois de septembre, ils se prolongèrent jusqu'en janvier 1672 [2]. Ainsi que nous l'avons dit, madame de Sévigné aida puissamment à ce que le lieutenant général gouverneur ne fût pas contraint de s'aliéner la population de la Provence en déployant contre ses représentants les rigueurs du pouvoir ; aussi M. de Grignan appelait-il sa belle-mère son *petit ministre* [3]. Louis XIV travaillait alors à régulariser

---

[1] SÉVIGNÉ, *Lettres* (17 et 24 mai 1671), t. II, p. 73 et 75, édit. G.; t. II, p. 61 et 63, édit. M. — Sur Diane-Charlotte, conférez une lettre de mademoiselle Dupré à Bussy, en date du 1ᵉʳ juillet 1670, et la réponse de Bussy du 10 juillet, dans Bussy, *Lettres*, t. V, p. 163 et 166.

[2] Voyez la 3ᵉ partie de ces *Mémoires*, p. 440 et 441.

[3] SÉVIGNÉ, *Lettres* (19 février 1672), t. II, p. 392, édit. G.; t. II, p. 333, édit. M. — Voyez l'*Abrégé des délibérations de l'assemblée générale des états de Provence*; Aix, chez Charles David, 1672,

l'administration de son royaume ; et comme les efforts des provinces, des villes et des départements pour conserver ce que la hache de Richelieu n'avait pu abattre de leurs priviléges et de leurs libertés, faisaient obstacle aux ordonnances du monarque absolu, il mettait tous ses soins à les anéantir ou à les comprimer. Ce fut surtout durant le cours des années 1671 et 1672 qu'il obtint les plus grands résultats [1]. Ce que le comte de Grignan faisait en Provence, le duc de Chaulnes l'exécutait en Bretagne, le prince de Condé en Bourgogne [2], le duc de Verneuil [3] en Languedoc. Les députés des états de cette dernière province avaient décidé qu'à l'avenir on commencerait les délibérations dans un ordre inverse de celui qui avait été en usage jusqu'alors ; c'est-à-dire qu'on voterait d'abord les subsides, ou les dons gratuits à offrir au roi, avant de s'occuper des affaires particulières de la province [4]. Une telle résolution enlevait nécessairement à l'assemblée des états tout moyen de résister aux exigences de l'autorité. Aussi cette mesure fut-elle bien accueillie par Louis XIV, et on s'en entretenait beaucoup à la cour. Sur quoi madame de Sévigné raconte à sa fille l'anecdote suivante : « L'autre jour, on parlait, devant le roi, de Languedoc et puis de Provence, et puis enfin de M. de Grignan,

---

in-4°, p. 29 et 36. Le roi demandait 600,000 fr. de dons gratuits, on n'en voulait offrir que 400,000; on composa, et l'on vota 500,000 fr.

[1] ALEXANDRE THOMAS, *Une province sous Louis XIV* ; 1844, in-8°, p. 40, 61, 63, 66, 70, 376, 387.

[2] *Ibid.*, p. 399 et 405.

[3] Il était prince du sang, oncle du roi. Le marquis de Castries était lieutenant général.

[4] Baron TROUVÉ, *Essais historiques sur les états généraux du Languedoc*, 1818, in-4°, p. 183 et 184.

et on en disait beaucoup de bien : M. de Janson [l'évêque de Marseille] en dit aussi ; et puis il parla de sa paresse naturelle : là-dessus le marquis de Charost[1] le releva de sentinelle d'un très-bon ton, et lui dit : « Monsieur, « M. de Grignan n'est point paresseux quand il est ques- « tion du service du roi, et personne ne peut mieux faire « qu'il a fait dans cette dernière assemblée : j'en suis « fort bien instruit. » Voilà de ces gens que je trouve toujours qu'il faut aimer et instruire[2]. »

Madame de Sévigné était d'autant plus heureuse de l'issue favorable des affaires de Provence, qu'elle avait longtemps craint des résultats tout différents. Elle était naturellement enchantée de Louis XIV et de ses ministres, qui se montraient satisfaits des services de son gendre. Elle écrivait à sa fille : « J'ai tremblé depuis les pieds jusqu'à la tête ; je croyais que tout fût perdu : il se trouve que vous avez attendu votre courrier, et que vous avez bu à la santé du roi votre maître. J'ai respiré, et approuvé votre zèle. En vérité, on ne saurait trop louer le roi : il s'est perfectionné depuis un an. Les poëtes ont commencé à la cour ; mais j'aime bien autant la prose, depuis que tout le monde en sait faire pour conter et chanter ses louanges[3]. »

En effet, depuis la paix d'Aix-la-Chapelle[4], Louis XIV semblait avoir renoncé aux projets ambitieux qu'il avait

[1] Charost était gendre de Fouquet.
[2] SÉVIGNÉ, *Lettres* (7 février 1672), t. II, p. 390, édit. G. ; t. II, p. 331, édit. M.
[3] SÉVIGNÉ, *Lettres* (27 janvier 1672), t. II, p. 363.
[4] *Recueil des principaux traités de paix faits et conclus pendant ce siècle;* Luxembourg, 1698, in-12. *Préliminaires des traités faits entre les rois de France et toutes les provinces de l'Europe;* 1692, in-12, p. 296.

manifestés dans les commencements de son règne ; et c'est alors qu'il négociait pour rompre l'alliance qu'avaient contractée entre elles la Hollande, l'Angleterre et la Suède [1], qu'il s'apprêtait à punir l'ingratitude et l'orgueil des Hollandais, tandis qu'on le croyait uniquement occupé des soins du gouvernement, de la prospérité de son royaume, des embellissements de Versailles et des plaisirs de sa cour [2].

Ce fut sous l'inspiration de cette croyance générale que Boileau écrivit son *Épître au roi*, à laquelle madame de Sévigné fait principalement allusion, parce que cette épître, d'abord publiée séparément en 1670, le fut de nouveau au commencement de 1672, peu de temps avant que la guerre fût déclarée ; et quoique le poëte eût opposé la sagesse pacifique du roi de France à la folie des monarques conquérants, les éloges donnés dans ses vers pleins de force, de grâce et de finesse, furent d'autant mieux accueillis, que Louis XIV craignait de voir toute l'Europe se soulever pour s'opposer à ses envahissements, et qu'il désirait persuader aux peuples et aux gouvernements qu'il n'armait que parce qu'il y était contraint pour sa sûreté et celle des autres États monarchiques, menacés par une république insolente ; que tous ses vœux tendaient à conclure une paix durable.

Pomponne et Courtin en Suède, le chevalier de Gémonville à Vienne, le marquis de Ruvigny et Colbert de Croisy à Londres, le marquis de Villars et Bonzy, archevêque de Toulouse, à Madrid, conduisirent les négocia-

---

[1] Mignet, *Négociations relatives à la succession d'Espagne sous Louis XIV*, t. IV, p. 5.

[2] Berriat Saint-Prix, édition des *Œuvres de Boileau*, 1830, in-8°, t. I, p. cxxxiv, n° 24, et cxli, n° 28 ; et t. II, p. 9 et 23.

tions qui précédèrent cette guerre avec une activité et une habileté admirables. Ce ne fut que lorsque Louis XIV, par des traités secrets [1], eut détaché de la Hollande tous les États qui avaient intérêt à la soutenir, qu'il eut obtenu le concours des uns et la neutralité des autres, qu'il fit connaître ses desseins [2]. Les préparatifs des armements faits par lui, par son ministre Louvois, par Turenne, par Condé furent dissimulés avec le même soin, enveloppés du même mystère. Avant d'arrêter son plan de campagne, il ordonna à Louvois de le soumettre par écrit au prince de Condé, et voulut avoir l'avis de ce grand capitaine. Pour qu'il ne fût pas distrait de l'important travail qu'il lui confiait, le roi avait permis au duc d'Enghien de suppléer son père comme gouverneur de la Bourgogne [3], ce qui était une manière de lui assurer la survivance de cette place importante. Pour mieux divulguer la faveur que Condé avait acquise auprès de lui, Louis XIV accepta des fêtes que ce prince lui offrit à Chantilly. Le roi se rendit en ce lieu le 23 avril 1671; il était accompagné de la reine et de MONSIEUR. La fête dura deux jours, et, comme presque toutes les fêtes de Chantilly, celle-ci consista en divertissements de chasse, de pêche, en illuminations et en repas dans la forêt [4]. Cette forêt,

---

[1] MIGNET, *Négociations*, in-4°, t. III, p. 258 (Traité secret entre Charles II et Louis XIV, 21 octobre et 31 décembre 1670); t. III, p. 291 (Traité entre le duc de Brunswick, 10 juillet 1671); t. III, p. 365 et 374 (Traité avec la Suède, le 14 avril 1671). Courtin appelle les Suédois les Gascons du Nord.

[2] MIGNET, *Négociations*, t. III, p. 666.

[3] LOUIS XIV, *Œuvres*, t. V, p. 478 (Lettres du roi au duc d'Enghien, 24 mai 1671).

[4] *Recueil de gazettes nouvelles, ordinaires et extraordinaires*; Paris, 1672, in-4°, p. 437, n° 54. Gazette du 8 mai 1671.— *Histoire*

mieux que celles de Fontainebleau et de Compiègne, mieux que les bois de Versailles, se prêtait à une heureuse alliance des gracieuses beautés de la nature avec les surprises et les magnificences de l'art. Le duc d'Enghien fut le principal ordonnateur des féeries de ces deux journées. C'est à lui que ce magnifique domaine devait ses derniers embellissements [1], et il montra dès lors ce goût, cette activité, cette prévoyance, cet esprit ingénieux dont il donna depuis tant de preuves dans de semblables circonstances [2].

Cette fête, qui coûta 360,000 livres, fut assombrie par le suicide de Vatel, qui se crut déshonoré parce que le rôti manqua à quelques tables et que le poisson n'arrivait pas en assez grande quantité [3]. Quant à Louis XIV, il ne donna point de fêtes dans l'année qui précéda l'invasion de la Hollande : d'autres pensées l'occupaient, et les besoins de la guerre prescrivaient de l'économie dans les dépenses. Cependant il faisait travailler les artistes, et surtout les sculpteurs, pour l'embellissement de Versailles ; il allait les visiter dans leurs ateliers [4]. Il voulut loger plus grandement les soldats infirmes, dont les guerres avaient augmenté le nombre. Il commença donc à faire construire l'édi-

de la monarchie françoise sous le règne de Louis le Grand, quatrième édition; Paris, 1697, t. II, p. 71.

[1] Il avait créé le petit parc. Voyez *Recueil des gazettes* (8 mai 1671), p. 458, et GOURVILLE, *Mémoires*, t. LII, p. 436.

[2] SAINT-SIMON, *Mémoires authentiques*, et une note dans notre édition de la Bruyère, p. 658.

[3] SÉVIGNÉ, *Lettres* (24 et 26 avril 1671), t. II, p. 40 à 44, édit. G.; t. II, p. 33 à 36, édit. M. — GOURVILLE, *Mémoires*, t. LII, p. 436.

[4] *Recueil des gazettes nouvelles et extraordinaires*; Paris, 1672, in-4°, p. 71. (11 janvier. Le roi va aux Gobelins voir les dessins de le Brun et les statues que Regnauldin exécutait pour Versailles.)

fice qu'on voulait appeler l'hôtel de Mars, et qui fut depuis l'hôtel des Invalides, quand il eut été terminé et richement doté [1]. Louis XIV créa, vers la fin de l'année 1671, une académie d'architecture ; et, par une pensée qui manifestait plus son patriotisme qu'un goût éclairé de l'art, il promit de donner en prix son portrait, enrichi de diamants, à l'inventeur d'un nouvel ordre d'architecture qui serait nommé l'*ordre français ;* et il fit insérer le programme de ce prix dans la *Gazette* [2].

Il avait fait achever le palais des Tuileries ; et la salle de spectacle qu'il avait ordonné d'y construire servit, cette année, aux représentations de *Psyché*. Il est remarquable que, pendant tout le cours de ce règne, on ne joua dans cette salle que ce seul opéra, et seulement cette année [3]. Soit que Louis XIV, pour la pompe et la magnificence de sa cour, se trouvât trop peu séparé de la foule, et gêné dans la populeuse ville de Paris ; soit qu'il y fût désagréablement poursuivi par le souvenir de la Fronde, presque tous les actes émanés de lui sont, à l'époque où nous sommes parvenus, datés de Saint-Germain en Laye, de Versailles et de Fontainebleau. C'est à Saint-Germain en Laye qu'à la fin de l'année on joua *la Comtesse d'Escarbagnas*. En même temps que Molière, dans cette pièce, amusait la cour par les ridicules de la province, il faisait rire Paris par la farce bouffonne et spirituelle des *Fourberies de Scapin*. Quoique *Psyché* eût été imprimée sous le nom seul de Molière, et même vendue à son profit [4], on était

[1] *Histoire de l'hôtel royal des Invalides;* 1736, in-folio, p. 6 et 7.
[2] *Recueil des gazettes nouvelles*, p. 1100 (14 novembre 1671).
[3] Les frères PARFAICT, *Histoire du théâtre françois*, t. XI, p. 121-125, et p. 174 et 178.
[4] *Psiché* (sic), *tragédie-ballet*, par L.-B.-P. MOLIÈRE; et se vend chez l'auteur à Paris, 1671.

averti qu'il n'avait eu qu'une très-faible part à cette pièce, mise en musique par Lulli, et presque entièrement versifiée en quinze jours [1] par Quinault et par le grand Corneille, qui dans cette circonstance, à l'âge de soixante-cinq ans, écrivit les vers les plus gracieux et les plus passionnés qui soient sortis de sa plume [2].

Cette fable de Psyché, la plus ingénieuse de toutes celles que l'antiquité nous a transmises, avait surtout été mise en vogue par le roman de la Fontaine. On admirait moins alors la prose élégante et facile de ce roman que les vers trop dédaignés depuis qu'il y a insérés pour décrire les prestiges de Versailles, et qui lui valurent l'honneur de présenter au roi sa nouvelle production [3]. Cette œuvre singulière, originale par la conception et l'exécution, contenait sur la littérature des dialogues pleins de goût et de sagacité : digressions qui tenaient d'ailleurs aussi peu au sujet principal du roman que les descriptions en vers des jardins de Versailles, où toute la cour se transportait souvent [4]. Mais ce qui, dans cette même année 1671, recommandait, plus encore que les représentations de *Psyché*, le nom de la Fontaine à la jeune génération et à celle qui l'avait précédée, c'est qu'il venait de publier deux recueils, tous deux avec privilége du roi, que les plus obséquieux courtisans comme les dames les mieux famées ne se faisaient pas scrupule de lire

---

[1] *Psiché*; Paris, 1671, p. 1 de l'avis au libraire.

[2] *Psiché, tragédie-ballet*; Paris, 1671, acte III, scène III, p. 45 et 51.

[3] *Les Amours de Psiché* (sic) *et de Cupidon*, par M. DE LA FONTAINE; Paris, 1669, in-8° et in-12. — *Histoire de la vie et des ouvrages de la Fontaine*, troisième édition, 1824, in-8°, p. 200.

[4] Le 12 septembre 1671, le roi donne à Versailles un divertissement, et on y joue la comédie. Voyez *Recueil des gazettes*, p. 904.

et de louer. L'un était un recueil de *fables nouvelles*, avec des poésies amoureuses et autres en faveur de Fouquet et des personnes qu'il recevait à Vaux [1]. Ce volume contenait aussi la description de Vaux, plus gracieuse, plus poétique encore que celle de Versailles. L'autre recueil était une troisième partie de *contes* au moins égaux, peut-être supérieurs en agréments poétiques aux deux premières, qui avaient valu tant de célébrité à l'auteur. Madame de Sévigné envoya ces volumes à sa fille [2]; elle-même les lut avec délices. Ce n'étaient pas les seules productions où les poëtes et les beaux esprits se jouaient de ce qu'une certaine portion de la société de ce temps considérait comme trop respectable pour être en butte à de telles licences : alors que Boileau donnait tant de louanges au roi, il prenait pour sujet d'un poëme qui est l'œuvre la plus achevée de sa muse la satire des chanoines de la Sainte-Chapelle de Paris; et, par les lectures qu'il en faisait alors chez M. de Lamoignon, ses vers, retenus dans la mémoire de ceux qui y avaient assisté, étaient connus avant d'être publiés [3].

Cependant, cette même année 1671, l'ouverture d'un jubilé eut lieu dans la cathédrale de Paris le 23 mars, et, le 28 du même mois, le roi communia publiquement à l'église des Récollets, où il fit une station. Là, ayant à ses côtés le Dauphin et Bossuet, il toucha plus

---

[1] *Fables nouvelles et autres poésies de M.* DE LA FONTAINE ; Paris, 1671. — *Contes et Nouvelles* en vers, par M. DE LA FONTAINE ; Paris, 1671. Le privilége du roi dit : « Achevé d'imprimer le 27ᵉ jour de janvier 1671. »

[2] SÉVIGNÉ, *Lettres* (13 mars, 27 avril 1671; 9 mars 1672), t. I, p. 190 ; t. II, p. 140, 349 et 352, édit. M.

[3] Voyez Berriat Saint-Prix, *Œuvres de Boileau*, t. I, p. CXLI des Notices bibliographiques.

de douze cents malades qui se présentèrent avec l'espoir d'être guéris des humeurs froides par l'influence surnaturelle du descendant de saint Louis [1].

La préférence donnée en cette occasion par Louis XIV à l'église du couvent des Récollets, une des moindres de Paris, pour un acte aussi solennel, était due à ce que ces religieux étaient en possession de lui fournir de zélés aumôniers pour ses armées [2].

La littérature est toujours le reflet de l'époque qui la produit ; et si nous rappelons ces faits, c'est qu'ils nous font parfaitement connaître les contrastes qu'offrait alors cette société française, joviale et sérieuse, licencieuse et dévote, qui appréciait vivement la beauté des chefs-d'œuvre des auteurs récents, sans avoir renoncé entièrement à ses anciennes admirations pour ceux qui les avaient précédés. C'est ce que démontre le succès qu'eut alors un *Recueil de poésies chrétiennes et diverses* [3], en trois volumes, recueil formé par Loménie de Brienne et quelques-uns des solitaires de Port-Royal, qui eurent la singulière idée, pour

---

[1] Gazettes des 23 et 28 mars 1671, p. 315 et 339. Le jubilé fut terminé le 11 avril, p. 304.

[2] JAILLOT, *Recherches critiques, historiques et topographiques sur la ville de Paris*, 1773, in-8º, t. II, *quartier Saint-Martin des Champs*, p. 33 et 34.

[3] *Recueil de poésies chrétiennes et diverses*; par M. DE LA FONTAINE ; 1671, in-12, 3 vol. in-8º. Le premier volume seul porte le titre de *Recueil de poésies chrétiennes et diverses*. Les deux autres ont pour titre : *Recueil de poésies diverses*. Le privilége du roi est accordé à l'imprimeur Pierre le Petit, qui y déclare que le livre lui a été remis entre les mains par Lucie Hélie de Brèves. Conférez, sur l'auteur ou les auteurs de ce recueil, *Histoire de la vie et des ouvrages de* LA FONTAINE, 3ᵉ édit., p. 212. — BERRIAT SAINT-PRIX, édition Boileau, t. I, p. CXXXIX. — MORERI, *Grand dictionnaire*, édit. 1759, p. 219.

en hâter le débit, de le publier sous le nom célèbre et populaire de l'auteur des *Contes* et des *Fables*. Il est vrai que, pour que le titre de ce recueil ne fût pas tout à fait une fable, on fit composer par le complaisant la Fontaine une nouvelle paraphrase en vers du psaume xvii, *Diligam te, Domine* [1], et l'épître dédicatoire au prince de Conti. Ce recueil renfermait un choix des poésies de tous les auteurs depuis Henri IV jusqu'aux plus récents, et semblait surtout calculé pour remettre en honneur les poëtes qui avaient fréquenté l'hôtel de Rambouillet, ou acquis, durant la fin du règne de Louis XIII et la minorité de Louis XIV, une grande célébrité.

Ce n'était pas une des moindres singularités de ce recueil, d'y trouver, au nombre des meilleures pièces, une *Ode à la Sagesse* [2], par M. de Pomponne, nouvellement nommé ministre, et composée de strophes harmonieuses sur l'ambition et la capricieuse instabilité de la fortune. On lisait dans ces volumes des vers sur des sujets saints, par mademoiselle de Scudéry et la Fontaine; puis après des vers sur des sujets profanes, par le jeune Fléchier; enfin d'admirables morceaux de Boileau, de Racine et de Corneille, placés entre ceux de Cassagne et de l'abbé Cotin. C'est que le goût du public était encore partagé et vacillant; c'est que la recherche dans les pensées, la fausse délicatesse dans le langage, les subtilités du cœur, l'affectation du savoir prévalaient dans les cercles et dans les réunions qui s'étaient formées à l'imitation de celle de l'hôtel de Rambouillet, et que la lutte engagée entre

---

[1] *Recueil*, etc., t. I, p. 413 à 418.

[2] *Recueil de poésies diverses*, par M. DE LA FONTAINE; 1671, in-12, t. II, p. 114 à 119.

les auteurs, dans le commencement de ce règne, était toujours fort animée. Dans les recueils de vers qu'on publiait en Hollande, on avait soin, pour plaire aux diverses sortes de lecteurs, de mêler avec les satires de Boileau des satires composées contre lui et contre Molière [1].

C'est parce qu'il était fortement choqué de ce défaut de discernement en matière littéraire que Boileau avait composé son *Art poétique*, de tous ses ouvrages celui qui a le plus contribué à sa gloire et à celle de la littérature française. Il en faisait à cette époque des lectures chez M. de Lamoignon, le duc de la Rochefoucauld, le cardinal de Retz [2]. Il gravait ainsi dans la mémoire de ses auditeurs, avant qu'elles fussent publiées, les règles du goût et de *l'art d'écrire*; et comme il corrigeait beaucoup ses vers, c'est de lui surtout qu'on a pu dire, lorsqu'il vivait : « On récite déjà les vers qu'il fait encore. »

Presque toutes les satires composées contre Boileau et contre Molière, quoique paraissant sous le voile de l'anonyme, étaient attribuées à l'abbé Cotin [3], conseiller et aumônier du roi. Cotin était admis dans la société intime

---

[1] *Recueil des contes du sieur de la Fontaine, les satires de Boileau, et autres pièces curieuses;* Amsterdam, chez Jean Venhœven, 1668, in-18, p. 226-240. Discours IX, X, XI et XII.

[2] SÉVIGNÉ, *Lettres* (9 mars 1672), t. II, p. 404, édit. G. ; t. II, p. 353, édit. M. L'*Art poétique* ne fut publié que deux ans après ces lectures, en 1674.

[3] Conférez Berriat Saint-Prix dans son édition de Boileau, t. I, p. CCXIII et CCXIV. D'autres satires furent publiées par Coras; puis vint la comédie de Boursault, par la suite les satires de Perrault et d'autres. La critique désintéressée des satires du temps, 1666, in-8° de 64 pages, est seule de COTIN. On a eu tort de lui attribuer celle qui est intitulée : *Despréaux, ou la satire des satires de Boileau;* 1660, petit in-12.

des duchesses de Rohan, de Nemours, de Longueville, des ducs de Montausier et de St-Agnan. MADEMOISELLE l'honorait du nom de son ancien, et elle avait amusé Louis XIV par la lecture de quelques-unes de ses énigmes en sonnet. Il avait publié un grand nombre d'ouvrages en vers [1] et en prose, dont plusieurs étaient à la louange du roi [2]; pendant seize ans il avait, avec quelque succès, prêché le carême dans différentes chaires de la capitale. Depuis seize ans il était de l'Académie française, où Bossuet venait de se faire admettre, dont Boileau n'était pas encore, lorsque Molière, qui n'en fut jamais, avec une vérité qui ne laissait aucune prise au doute, avec une licence dont on n'avait nul exemple, immola sur le théâtre, à la risée du public, cet auteur si chéri des grandes princesses et des précieuses de la cour et de la ville. Depuis lors, Cotin n'osa plus une seule fois monter dans la chaire évangélique, ni faire imprimer une seule ligne; et le roi ayant approuvé la nouvelle comédie, les belles dames, les courtisans et tous ceux qui avaient coutume d'accueillir avec faveur le malheureux Cotin lui tournèrent le dos. Il avait brillé; il fut rejeté dans la solitude et l'obscurité la plus complète. Il méritait son sort : non qu'il fût dépourvu de talent et de savoir, et que tous ses vers ressemblassent au sonnet et au madrigal tant ridiculisés par le grand comique [3]; mais il était tellement infatué de sa personne et de ses ou-

---

[1] *Œuvres meslées de M. COTIN, de l'Académie françoise, contenant énigmes, odes, sonnets et épigrammes*, dédiées à MADEMOISELLE, p. I de l'épître dédicatoire.

[2] COTIN, dans la *Biographie universelle*, t. X, p. 69, ne fait point mention de cet ouvrage.

[3] MOLIÈRE, *Femmes savantes*, acte III, scène II, dans les *Œuvres*, édit. 1682, t. VI, p. 141 à 147. — L'abbé COTIN, *Œuvres galantes;* Paris, 1665, t. II, p. 512.

vrages, qu'il s'était rendu insupportable, et qu'on vit avec plaisir humilier son sot et insolent orgueil. Ménage, contre lequel Cotin avait écrit[1], était joué aussi dans la nouvelle comédie, quoique avec moins d'évidence. Il eut le bon esprit de se contenter du désaveu de Molière[2], et applaudit, avec tout le public, la fameuse scène de *Trissotin* et de *Vadius*[3]. Madame de Sévigné avait, on se le rappelle, assisté à la lecture que Molière fit de sa pièce des *Femmes savantes* chez le duc de la Rochefoucauld, avant la première représentation, et elle la trouva fort plaisante[4]. Cependant, quoique dans cette pièce Molière eût eu la précaution de placer ses personnages dans la classe bourgeoise, c'était bien aux femmes et aux gens de lettres de la haute société et des ruelles à la mode et à ceux qu'elles protégeaient que s'attaquait le poëte. Ce n'é-

---

[1] Cotin, *la Ménagerie*; 1666, in-12.

[2] Les frères Parfaict, t. XI, p. 208 à 224. Ces consciencieux écrivains ont bien réuni tous les faits et tous les passages des auteurs qui nous ont instruits des circonstances relatives à la fameuse scène de Molière; mais ils ont eu tort de rapporter, comme étant de Charpentier, une anecdote évidemment fausse, où figure madame de Rambouillet, qui depuis six ans avait cessé de vivre. Le *Carpenteriana* est l'ouvrage d'un nommé Boscheron, et ne mérite aucune confiance.

[3] *Ménagiana*, 3ᵉ édition, 1715, in-12, t. III, p. 23. Ce paragraphe ne se trouve que dans la 3ᵉ édition du *Ménagiana*, qui contient beaucoup d'additions suspectes faites par la Monnoye. La première édition (1692, in-8°) est la seule bonne, parce qu'au moyen des signes qui accompagnent chaque paragraphe, et de la liste des noms qui est à la suite de l'avertissement, tous les paragraphes des auteurs qui ont contribué à ce curieux recueil sont signés. Les passages relatifs à la première représentation des *Précieuses ridicules*, et ceux où madame de Sévigné est mentionnée, sont dans cette première édition, p. 278 et p. 35 et 338.

[4] Conférez la 3ᵉ partie de ces *Mémoires*, p. 370 et 470, chap. xviii.

tait plus cette fois la burlesque imitation de modèles que dans une humble préface, l'auteur faisait profession de respecter : il exposait les modèles eux-mêmes à la risée de tous ; il les bafouait sans dissimulation et sans détours, sans chercher à excuser son impardonnable témérité ; non pas comme précédemment dans une farce en prose extravagante et bouffonne, mais dans une comédie en vers, admirable par la conduite des scènes, l'invention des caractères, la force et le comique du dialogue. Le succès fut d'abord douteux, et cela devait être, puisque l'auteur n'aspirait à rien moins qu'à rectifier les idées de cette partie même du public dont dépendait ce succès ; mais la raison et le bon goût trouvèrent un appui dans l'approbation du monarque, flatté avec art dans cette pièce. La révolution dans la société et dans les lettres, que *les Précieuses ridicules* avaient commencée, fut achevée par *les Femmes savantes*, et fit cesser le règne des coteries qui s'étaient formées à l'exemple des réunions de l'hôtel de Rambouillet.

Il est bien vrai pourtant qu'avec raison madame de Rambouillet s'était vantée d'avoir *débrutalisé*[1] la société française, et que cette secte des *précieuses*, si discréditée depuis par celles qui s'y affilièrent, était parvenue à ennoblir en France le rôle de la femme ; à l'entourer de cette respectueuse déférence qui faisait autrefois partie du caractère national ; à faire considérer en elle la pureté de l'âme, les lumières de l'esprit, la délicatesse des sentiments, l'élégance des manières et du langage comme

[1] *Débrutaliser* est un verbe forgé par madame de Rambouillet. Accueilli par Vaugelas, approuvé par Ménage, reçu par Richelet dans son dictionnaire, il n'obtint jamais le suffrage de l'Académie. Voyez MÉNAGE, *Observations sur la langue françoise*; 1672, in-12, p. 328. — RICHELET, *Dictionnaire*, édit. 1680, t. I, p. 212.

les conditions nécessaires de l'attachement qu'elles pouvaient inspirer. Ce sont les *précieuses* qui, par le tact exquis des convenances, par les promptes sympathies du cœur et de l'esprit, ont assuré à leur sexe la prééminence dans ces cercles dont l'attrait, bien mieux que les jouissances du luxe, avait fait de Paris, pendant un siècle et demi, la capitale de l'Europe. La dictature des femmes dans la société française avait passé dans les mœurs, et y subsistait longtemps après que le souvenir des *précieuses*, qui l'avait fondée, eut été anéanti. Le titre dont elles se paraient ne rappela plus que les travers auxquels l'exagération et le côté faux de leur doctrine avaient donné naissance et dont notre grand comique a rendu le souvenir impérissable.

La principale fondatrice de cette secte, la femme forte, la femme vertueuse, la femme gracieuse qui avait le plus contribué à en assurer la prééminence, ne connut point ce dernier chef-d'œuvre de Molière. Julie d'Angennes, duchesse de Montausier, mourut, âgée de soixante-quatre ans, le 15 novembre 1671, trois mois avant la première représentation des *Femmes savantes*[1]. Julie d'Angennes, dont madame de Motteville a dit qu'il était impossible de la connaître sans désirer de lui plaire[2], n'avait pas en vain redouté de subir le joug du mariage, puisque après avoir résisté pendant quatorze ans aux instances prolongées d'un homme réputé pour sa vertu, elle eut à

---

[1] *Recueil de gazettes*, 1672, in-4°, p. 1120 (Gazette du 21 novembre 1671). — *Mémoires de M. le duc de Montausier*; Amsterdam, 1731, t. II, p. 31. — SÉVIGNÉ, *Lettres* (18 novembre 1671), t. II, p. 292, édit. G.; t. II, p. 248, édit. M.

[2] MOTTEVILLE, *Mémoires*, t. XL, p. 156. — SEGRAIS, *Œuvres*, 1765, t. I, p. 75 et 157.

subir comme épouse l'humiliation d'une tendresse partagée ; puis les retours et les écarts successifs d'un cœur trop scrupuleux pour ne pas se débattre dans ses chaînes et trop faible pour les rompre [1]. Elle se fit adorer, dans la province, par ceux que repoussaient l'humeur grondeuse et les formes sévères de son mari. Lorsque, pendant la guerre civile de la Fronde, celui-ci eut été blessé, et qu'une fièvre ardente mettait ses jours en danger, elle qui, dans ces temps de trouble et de trahison, ne pouvait se fier à personne, prit en main, sans hésiter, le gouvernement de la Saintonge et de l'Angoumois, dont la défense avait été confiée au duc de Montausier [2]. Déjà envahies par des troupes rebelles, les populations commençaient à se révolter. Madame de Montausier, de la ruelle maritale qu'elle ne quittait ni jour ni nuit, envoya des ordres et des instructions, qui furent si bien donnés, si bien exécutés, qu'en peu de temps les soulèvements cessèrent, et que les troupes hostiles à la cause royale furent repoussées hors des limites de la province [3].

Lorsque madame de Montausier eut été nommée gouvernante des enfants de France et dame d'honneur de la reine, tous ses moments furent absorbés par les devoirs de ses places ; et c'est alors que madame de Motteville lui reproche d'être plus dévouée à l'estime publique qu'à l'estime particulière [4]. Hélas ! c'est qu'à cette cour dont

---

[1] *Mémoires de Montausier*, t. I, p. 46, 84, 136. — TALLEMANT DES RÉAUX, 2ᵉ édit., 1840, in-12, t. III, p. 254 ; t. II, p. 252 de l'édition in-8°.

[2] Conférez la 1ʳᵉ partie de ces *Mémoires*, p. 447, seconde édition, chap. XXXII.

[3] *Mémoires de M. le duc de Montausier*, p. 135, 143 et 148.

[4] MOTTEVILLE, t. XL, p. 156. — TALLEMANT DES RÉAUX, 2ᵉ édition, in-12, t. III, p. 249.

elle faisait partie, et où l'intérêt de son mari et de sa fille la forçait de rester, sa vertu souffrait cruellement : elle y remplissait des fonctions qui la rendaient journellement spectatrice de la vie intime du monarque ; et, dans une telle situation, elle sentait le besoin d'être protégée par l'estime publique contre la crainte de perdre la sienne [1]. Elle avait succédé, comme dame d'honneur de la reine, à la duchesse de Navailles, si glorieusement chassée pour n'avoir pu tolérer les entrées nocturnes du roi dans la chambre des filles, et avoir fait murer la porte par où il venait.

Lorsque le roi s'éprit de madame de Montespan, madame de Montausier fut en butte à d'odieux soupçons. La reine fut avertie de cette nouvelle passion par une lettre anonyme, qui accusait madame de Montausier d'avoir conduit cette intrigue [2]. On sut bientôt que l'auteur de cette lettre était M. de Montespan. Il renouvela à madame de Montausier, chez laquelle il s'était introduit sans être annoncé, l'accusation écrite, et il l'accabla d'injures. Le noble cœur de Julie fut brisé par cet outrage. Elle n'était pas encore remise de la douleur qu'il lui avait causée, lorsqu'en se rendant dans la chambre de la reine, et par un couloir obscur où en plein jour était allumé un flambeau, elle vit une grande femme qui venait droit à elle : quand elle fut proche, le fantôme disparut [3]. Proféra-t-il, comme on l'a depuis prétendu, des plaintes ou des reproches ? Il ne paraît pas qu'il en fut ainsi, puisque la frayeur qu'avait causée à madame de Montausier cette mystérieuse apparition fut telle,

---

[1] Montpensier, *Mémoires*, t. XLIII, p. 116 et 117.
[2] Montpensier, *Mémoires*, ibid.
[3] Montpensier, *Mémoires*, t. XLIII, p. 196 (année 1670).

qu'elle ne put calmer son imagination et s'empêcher d'en parler à tout le monde; et la vive impression qu'elle en ressentit subsistant toujours, elle tomba malade. On fut obligé de la transporter à son hôtel (l'hôtel de Rambouillet); là elle fut visitée par la reine et par toute la cour, surtout par madame de Sévigné, qui, dans ses fréquentes assiduités auprès du lit de madame de Montausier [1], observa avec douleur les progrès du mal auquel elle devait succomber [2]. La gazette officielle, en faisant connaître le jour du décès de cette femme tant célébrée par les beaux esprits, dit qu'elle sera regrettée de toute la France, comme elle l'est de la cour et de sa famille. Cette même gazette ajoutait qu'un courrier avait été envoyé à Richelieu, afin d'annoncer à la duchesse de Richelieu le choix que le roi avait fait d'elle pour occuper la place de dame d'honneur de la reine, qu'avait madame de Montausier [3]. Madame de Sévigné, par une seule phrase, nous apprend l'activité qu'exigeait cette place de la part de celle qui l'exerçait; et en même temps ce qu'avait été l'hôtel de Rambouillet, et l'opinion qu'on avait de la nouvelle dame d'honneur, comparée à celle qui l'avait précédée [4]. « Nous parlâmes fort de ma-

---

[1] SÉVIGNÉ, *Lettres* (13 mars 1671), t. I, p. 372, édit. G.; t. I, p. 287, édit. M.

[2] SÉVIGNÉ, *Lettres* (15 mai 1672), t. I, p. 71, édit. G. — MONTAUSIER, *Mémoires*, t. II, p. 28, 31, 33.

[3] *Recueil des gazettes nouvelles, ordinaires et extraordinaires*, 1672, in-4°, p. 1120 (21 novembre 1671). — Louis XIV, *Œuvres*, t. V, p. 489 (Lettre du roi à la duchesse de Richelieu, datée de Versailles le 16 novembre 1671). Ainsi cette lettre de nomination est du lendemain même de la mort de la duchesse de Montausier.

[4] SÉVIGNÉ, *Lettres* (12 janvier 1680), t. VI, p. 297, édit. G.; t. VI, p. 103, édit. M.

dame de Richelieu, qui renouvelle de jambes, et qui, n'ayant pas le temps de dormir ni de manger, doit craindre enfin la destinée d'une personne qui avait plus d'esprit qu'elle et plus accoutumée au bruit ; car, avant que madame de Montausier fût au Louvre, l'hôtel de Rambouillet était le Louvre : ainsi elle ne faisait que changer d'habitation. »

Il paraît que c'est à madame Scarron, dont elle avait été une des protectrices, que la duchesse de Richelieu dut d'avoir été nommée dame d'honneur ; c'est du moins ce que croyait madame de Sévigné, qui ajoute : « Si cela est ainsi, madame Scarron est digne d'envie ; et sa joie est la plus solide qu'on puisse avoir en ce monde[1]. » Réflexion juste : la plus grande jouissance serait de faire du bien à ceux qui nous en ont fait, si l'on n'en goûtait pas une plus parfaite encore en faisant du bien à ceux qui nous ont fait du mal.

Ce passage de la lettre de madame de Sévigné est le premier indice du crédit que madame Scarron obtenait à la cour, où cependant elle ne paraissait pas publiquement. Elle avait acquis un grand ascendant sur madame de Montespan, avec laquelle elle s'était liée depuis longtemps. Son esprit, sa prudence, sa discrétion, sa haute raison, son dévouement, et même le redoublement de piété qu'on remarquait en elle depuis quelque temps[2], contribuaient à accroître l'estime et l'amitié de madame de Montespan, et affermissaient la confiance

---

[1] Sévigné, *Lettres* (6 décembre 1671), t. II, p. 305, édit. G.; t. II, p. 259, édit. M.

[2] Conférez la 3ᵉ partie de ces *Mémoires*, p. 94 et 95, chap. v. — Caylus, *Souvenirs*, t. LXVI, p. 382. — La Beaumelle, *Mémoires de madame de Maintenon*, chap. i et ii, p. 1-18.

qu'elle avait en elle. Malgré le désordre où elle vivait, madame de Montespan, élevée par une mère pieuse, avait, aussi bien que le roi, une foi sincère dans la religion. Selon l'esprit de ce temps, elle croyait atténuer ses torts envers Dieu en se soumettant aux pratiques et aux privations ordonnées par l'Église. Madame de Caylus affirme que madame de Montespan jeûnait austèrement tous les carêmes [1].

Avec l'ardeur et les lumières d'une nouvelle convertie, madame Scarron comprit tout ce que sa vertu lui donnait d'ascendant sur des consciences qui avaient besoin d'être rassurées, sur des âmes qui ne pouvaient se purifier que par le sacrifice de leurs honteuses passions. Les humbles fonctions d'institutrice mettaient au nombre de ses devoirs de chercher à ramener à l'obéissance des lois de l'Église et aux principes de la morale le père et la mère des enfants de race royale [2] à l'éducation desquels, avec une tendresse toute maternelle, elle sacrifiait ses plus belles années.

A cette époque, madame de Montespan avait déjà eu deux enfants du roi [3], et cependant sa liaison avec lui semblait encore voilée par la présence de la Vallière. Celle-ci paraissait être la seule maîtresse déclarée. Le roi l'avait titrée [4], ses enfants avaient été reconnus et légi-

---

[1] CAYLUS, *Souvenirs*, t. LXVI, p. 388.

[2] Le premier mourut à l'âge de trois ans; le second, Auguste de Bourbon, depuis duc du Maine, était né le 31 mars 1670. Conférez CAYLUS, *Souvenirs*, t. LXVI, p. 384, et la 3e partie de ces *Mémoires*, chap. XII, p. 208 à 213.

[3] Anne-Marie de Bourbon, dite mademoiselle de Blois, naquit à Vincennes le 2 octobre 1666, et Louis de Bourbon, comte de Vermandois, naquit un an après, le 2 octobre 1667.

[4] La terre de Vaujour et la baronnie de Saint-Christophe furent

timés ; ceux de madame de Montespan ne paraissaient pas ; leur existence était encore un secret. Dans ses chasses à Fontainebleau ou à Saint-Germain en Laye, lorsque Louis XIV montait en voiture, accompagné de ses deux maîtresses, la place d'honneur était réservée à la Vallière[1] ; de sorte que, depuis qu'elle avait été enlevée du couvent de Chaillot[2], on doutait si la tendresse que le monarque avait conservée pour elle ne l'emporterait pas sur sa nouvelle passion. Mais la fierté de Montespan s'irritait de cet humiliant partage, et se vengeait, dans l'intimité, de la contrainte qu'elle éprouvait en public. La Vallière supportait les capricieuses hauteurs et les insultants sarcasmes d'une rivale sans pitié, dans l'espérance que sa soumission, ses humbles complaisances et le spectacle de sa douleur toucheraient un cœur qu'elle était habituée à posséder tout entier, auquel elle se sacrifiait et voulait jusqu'à la fin se sacrifier[3].

Au milieu de ce conflit de rivalités, apparaissait de temps à autre celle qui s'était chargée d'élever pour Dieu et pour le roi les innocents fruits d'un coupable amour. Lorsque madame Scarron allait voir la favorite, par son esprit, son enjouement, elle faisait sur elle diversion aux

érigées en duché-pairie par lettres patentes données à Saint-Germain en Laye au mois de mai 1667.

[1] *Mémoires de François* DE MAUCROIX ; 1842, in-12, p. 32 et 33 chap. XX.

[2] Voyez la 3e partie de ces *Mémoires*, p. 209, chap. XII.

[3] CAYLUS, *Souvenirs*, t. LXVI, p. 379. — *Lettres de madame* DE MAINTENON, édit. de Sautereau de Marsy, t. I, p. 50 (Lettre à mademoiselle d'Heudicourt, 24 mars 1669). — LA BEAUMELLE, édit. de 1756, t. I, p. 48. — BOSSUET, *Œuvres*, édit. de Versailles, t. XXXVII, p. 57, 59, 65 (Lettre au maréchal de Bellefonds, 25 décembre 1673). — DE BAUSSET, *Hist. de Bossuet*, liv. VI, t. II, p. 30-35.

tristesses et aux ennuis de la cour. Belle et gracieuse, la modeste gouvernante ne semblait vouloir plaire que pour apaiser les orages du cœur et calmer les troubles de l'âme. Son maintien, cet air de satisfaction intérieure, témoignages d'une conscience pure et d'une vie bien réglée, donnaient à toutes ses paroles, à ses conseils salutaires, à ses pieuses réflexions une puissance presque irrésistible. Le roi était contrarié et jaloux des longs entretiens de madame de Montespan avec madame Scarron ; il voulut y mettre obstacle, ce qui accrut encore chez la favorite le désir de jouir de la société de madame Scarron [1]. On sut bientôt l'étroite intimité qui existait entre elles deux. Les personnes qui ne voulaient pas ou ne pouvaient pas s'approcher de madame de Montespan recherchèrent madame Scarron. Elle qui, de son propre aveu, était dévorée du désir de s'attirer des louanges et avide de considération et d'estime [2], se répandit dans le monde, et fréquenta les personnes les plus estimées, les plus considérées, les plus capables d'apprécier sa vertu et ses qualités personnelles. C'est alors que madame de Sévigné se lia plus particulièrement avec elle; c'est aussi par les lettres de madame de Sévigné que nous pouvons suivre les premiers progrès de l'élévation de cette femme, qui se doutait peu qu'elle deviendrait la compagne d'un roi qui lui adressait si rarement quelques brèves paroles. Mais cependant madame Scarron pouvait déjà prévoir que les enfants que, d'après le désir de madame de Montespan, le roi lui avait confiés, mais dont elle n'avait

---

[1] LA BEAUMELLE, *Mémoires de Maintenon*, t. VI, p. 210 (1er entretien).

[2] LA BEAUMELLE, *Mémoires pour servir à l'histoire*, t. I, p. 151.

voulu se charger que par son ordre, seraient un jour pour elle un moyen d'influence [1].

Dans les lettres de madame de Sévigné, nous apprenons que madame Scarron allait souvent chez madame de Coulanges, avec Segrais, Barillon, l'abbé Testu, Guilleragues, les comtes de Brancas et de Caderousse, et madame de la Fayette. Dans ces réunions, l'éloge de madame de Grignan, lorsque sa mère était présente, trouvait souvent sa place [2].

Madame Scarron, pendant quelque temps, soupa presque tous les jours chez madame de Sévigné [3]. « C'est un plaisir, dit celle-ci, de l'entendre raisonner sur les horribles agitations d'un certain pays qu'elle connaît bien ; sur les tristes ennuis des dames de Saint-Germain, dont la plus enviée de toutes [madame de Montespan] n'est pas toujours exempte [3]. » Jamais madame Scarron, quand elle était avec madame de Sévigné, ne laissait échapper l'occasion de louer madame de Grignan [4], et de répéter tout ce que madame de Richelieu, la maréchale d'Albret et les autres personnes de la cour avaient dit de flatteur sur le lieutenant général gouverneur de Provence, et sur sa belle épouse. Madame Scarron

---

[1] MAINTENON, *Lettres*, t. I, p. 50 (Lettre du 24 mars 1669), édition 1806, in-12; t. I, p. 48, édit. 1756, in-8°. Conférez la 1re partie de ces *Mémoires*, p. 467, 2e édition, et 2e partie, p. 451 de la 1re édition.

[2] SÉVIGNÉ, *Lettres* (6 janvier 1672), t. II, p. 338, édit. G ; t. II, p. 286, édit. M.

[3] SÉVIGNÉ, *Lettres* (25 décembre 1671), t. II, p. 325, édit. G.; t. II, p. 275, édit. M.—(13 janvier 1672), t. II, p. 342, édit. G.; t. II, p. 290, édit. M.

[4] SÉVIGNÉ, *Lettres* (9 mars 1672), t. II, p. 421, édit. G.; t. II, p. 358, édit. M.

faisait jouer la petite Blanche lorsqu'elle la rencontrait chez madame de Sévigné, et poussait la complaisance jusqu'à la trouver jolie [1].

Mais bientôt arrive le moment où les enfants que madame Scarron élève dans le plus profond mystère quittent le sein des nourrices, et éprouvent ces alternatives de santé qui menacent sans cesse l'existence du premier âge. Madame Scarron n'hésite pas; elle a compris son rôle et les sacrifices pénibles qu'il exige d'elle. On ne la voit plus ni à l'hôtel d'Albret, ni à l'hôtel de Richelieu, ni chez madame de Coulanges, ni chez madame de Sévigné [2]. Elle est dans Paris, et on l'ignore. Le petit nombre de personnes avec lesquelles elle communique par lettres ne répondent à aucune des questions qu'une légitime curiosité suggère à tous ceux qui la connaissent; elle ne sort que rarement de la retraite qu'elle s'est choisie, et seulement pour de pieux devoirs. Hors de chez elle, elle n'ôte jamais son masque. Les enfants dont elle a soin sont souvent conduits au château, et reçoivent les caresses paternelles. Un jour elle les amena, les fit entrer avec une nourrice dans la chambre où étaient le roi et madame de Montespan, et elle resta dans l'antichambre. Le roi trouva plaisant de demander à cette nourrice de qui étaient ces enfants, et si l'on connaissait leur père. La nourrice répondit qu'elle présumait que la dame sa maîtresse en était la mère : ses soins assidus, ses agitations et sa douleur, lorsqu'ils étaient malades, l'indiquent assez; mais quant au

---

[1] Sévigné, *Lettres* (26 février 1672), t. II, p. 400, édit. G.; t. II, p. 339, édit. M.

[2] Sévigné, *Lettres* (26 décembre 1672, Lettre de madame de Coulanges), t. III, p. 64.

père, elle l'ignore : elle pense que ce sont les enfants naturels de quelque duc ou de quelque président au parlement[1].

Ce propos fit rire le roi et madame de Montespan ; mais le roi admira une si généreuse affection, un cœur capable d'un si fort attachement, un secret si bien gardé, tant de constance et de prudence. Cette femme qu'il n'aimait pas, qui fut la protégée de Fouquet, qui porte le nom odieux de l'auteur de la *Mazarinade;* cette femme qui lui déplaît encore comme une précieuse bel esprit, comme une prude dévote[2], il ne peut s'empêcher de lui accorder son estime; et Louis XIV était un de ces hommes chez lesquels l'estime triomphe de toutes les répulsions. Lorsqu'il fut revenu de la campagne de Hollande, non-seulement il ne mit plus aucun obstacle aux entretiens de madame Scarron avec madame de Montespan, mais il aimait à la rencontrer chez elle, parce que, par sa douce gaieté et son esprit, elle faisait distraction aux langueurs qui souvent attiédissent les tête-à-tête de l'amour satisfait. Son âge, un peu au-dessus de celui du roi, et sa dévotion ôtaient alors toute idée de jalousie à madame de Montespan ; et peut-être fut-elle la dernière à s'apercevoir qu'alors le roi, lorsqu'il la venait voir, « souffrait impatiemment l'absence de cette gouvernante de ses enfants, qu'il trouvait aimable et de bonne compagnie. » Aussi, lorsque peu après on lui présenta l'état des pensions, et qu'il remarqua le nom de la veuve Scarron porté pour une somme de 2,000 francs, d'après une concession

---

[1] La Beaumelle, *Mémoires pour servir à l'histoire de madame de Maintenon*, t. II, p. 11, et t. VI, p. 213 (xie entretien). — Madame Scarron (Lettre à mademoiselle d'Heudicourt, du 24 décembre 1672), t. I, p. 52 de l'édit. de Sautereau de Marsy; 1806, in-12.

[2] Choisy, *Mémoires*, dans Petitot, t. LXVI, p. 393-395.

que les importunités des personnes les plus recommandables de la cour avaient eu tant de peine à lui arracher, il raya ce chiffre trop modique, et y substitua, de sa main, celui de 6,000 francs[1]. Il eut même plus d'une fois occasion de causer avec elle, et, revenu de ses préventions, il finit par désirer sa société[2]. Il pourvut aux dépenses nécessaires pour qu'elle eût un plus grand nombre de domestiques, un carrosse et un train conforme à celui de gouvernante des enfants d'un roi. C'est en cet état que madame de Sévigné nous la dépeint, lorsque, dans sa lettre du 4 décembre 1673, elle écrit à sa fille : « Nous soupâmes encore hier, avec madame Scarron et l'abbé Têtu, chez madame de Coulanges : nous causâmes fort ; vous n'êtes jamais oubliée. Nous trouvâmes plaisant d'aller ramener madame Scarron, à minuit, au fond du faubourg Saint-Germain, fort au delà de madame de la Fayette, quasi auprès de Vaugirard, dans la campagne ; une belle et grande maison, où l'on n'entre point ; il y a un grand jardin, de beaux et grands appartements : elle a un carrosse, des gens et des chevaux ; elle est habillée modestement et magnifiquement, comme une femme qui passe sa vie avec des personnes de qualité ; elle est aimable, belle, bonne, et négligée ; on cause fort bien avec elle. Nous revînmes gaiement à la faveur des lanternes, et dans la sûreté des voleurs[3]. »

Louis XIV, en voyant plus souvent les enfants qu'il

---

[1] SÉVIGNÉ, *Lettres* (20 mars 1673, Lettre de *madame de Coulanges*), t. III, p. 146, édit. G. ; t. III, p. 75 et 76, édit. M.

[2] MADAME DE COULANGES, *Lettres* (20 mars 1673).

[3] SÉVIGNÉ, *Lettres* (4 décembre 1673), t. III, p. 248, édit. G. ; t. III, p. 158, édit. M.

avait confiés à madame Scarron, conçut pour eux une vive tendresse, et il voulut les avoir près de lui. Ce fut ainsi qu'à la grande satisfaction de madame de Montespan madame Scarron fut appelée à la cour pour y demeurer près d'elle, et, par elle, introduite dans la société intime du roi.

CHAPITRE IV.

1671—1677.

Madame de Sévigné s'inquiète sur son fils. — Elle ne fréquentait que des sociétés de cour. — Son fils recherchait des sociétés de ville, indépendantes de la cour. — Détails sur madame Dufresnoy et sur Louvois. — Réflexions sur ce qui procure le plus de jouissances dans les réunions et dans les fêtes. — Des femmes que Sévigné voyait. — Détails sur chacune d'elles. — Détails sur mademoiselle Raymond, sur les dames de Salins, de Montsoreau, de la Sablière et sur Ninon de Lenclos. — Sévigné devient amoureux d'elle, et lui sacrifie la Champmeslé. — Ninon n'est point satisfaite du baron de Sévigné, et lui donne son congé comme amant; mais elle le garde comme ami. — Madame de Sévigné emmène son fils en Bretagne. — Il retourne à Paris. — Il s'y serait dérangé de nouveau; mais la campagne contre la Hollande va s'ouvrir, et Sévigné part pour l'armée.

Madame de Grignan et les affaires qui la concernaient, les états de Provence et ceux de Bretagne, n'étaient pas alors ce qui occupait le plus les pensées de madame de Sévigné. Son fils avait tout ce qui rend aimable, tout ce qui peut mériter l'estime : une figure agréable, une gaieté charmante, un bon cœur, de l'esprit et de l'instruction; mais, depuis son retour de Candie, son penchant pour les femmes, son oubli de tout devoir religieux[1] inquiétaient sa mère : non qu'il fût né avec des passions très-vives; mais le pouvoir de l'exemple, la facilité de son caractère lui avaient inspiré un goût prononcé pour les plaisirs. Il

---

[1] SÉVIGNÉ, *Lettres* (15 avril 1671), t. II, p. 23, édit. G.; t. II, p. 19, édit. M.

était parvenu à un âge où le fils le plus respectueux et le plus reconnaissant éprouve le besoin de s'affranchir de la tutelle d'une mère. Madame de Sévigné comprit cela ; et, pour conserver sur son fils un peu de l'ascendant qu'elle avait eu jusqu'alors, elle changea de rôle. Au lieu d'une mère, Sévigné trouva en elle une sœur, une confidente ; au lieu de lui montrer un visage sévère, elle parut se plaire avec lui plus qu'elle n'avait fait jusqu'alors ; au lieu de lui adresser des réprimandes, elle lui donna des conseils. Ce fut ainsi qu'elle obtint toute sa confiance, et qu'il s'accoutuma à lui tout dire. Sans doute elle eut à supporter d'étranges confidences, de nature à lui donner des scrupules, et à lui faire douter si elle ne poussait pas trop loin la condescendance maternelle. Mais cette violence qu'elle se fit lui réussit ; elle parvint à accroître encore l'amour et la vénération que son fils avait pour elle. Ce sentiment devint un heureux contre-poids à d'autres sentiments moins purs. Elle ne put, il est vrai, garantir Sévigné de dangereuses séductions ; mais elle parvint du moins à les rendre passagères, à empêcher qu'elles n'eussent des résultats désastreux pour sa santé et sa fortune.

Sévigné, avant le départ de sa mère pour les Rochers, avait quitté son régiment à Nancy, parce qu'une dame[1], qui lui plaisait, n'était plus dans cette ville. Il se rendit à Saint-Germain en Laye, où était la cour, revint ensuite à Paris, prit pour maîtresse une jeune et célèbre actrice ; et, ce qui effraya le plus madame de Sévigné,

---

[1] Madame de Sévigné nomme cette dame *Madruche* ; mais elle souligne ce nom, qui en cache évidemment un autre qu'elle n'a pas voulu mettre. SÉVIGNÉ, *Lettres* (25 février 1671), t. I, p. 344.

il se laissa séduire par Ninon de Lenclos. Ce fut pour le soustraire à l'influence de cette enchanteresse que madame de Sévigné, comme nous l'avons dit, entraîna son fils aux Rochers, lors de la tenue des états de Bretagne; mais, comme il n'avait pas encore atteint l'âge où il devait en faire partie, les visites à faire [1], les grands repas, les assemblées lui firent regretter Paris et les liaisons qu'il y avait formées [2]. Il quitta donc sa mère avant la fin des états. « Mon fils partit hier, écrit madame de Sévigné à sa fille. Il n'y a rien de bon, ni de droit, ni de noble que je ne tâche de lui inspirer ni de lui confirmer : il entre avec douceur et approbation dans tout ce qu'on lui dit; mais vous connaissez la faiblesse humaine. Ainsi je mets tout entre les mains de la Providence, et me réserve seulement de n'avoir rien à me reprocher sur son sujet [3]. »

Ce n'est pas que le baron de Sévigné ne vît, du reste, aussi bonne société que celle que fréquentait sa mère; mais cette société était différente. Toutes les personnes que voyait madame de Sévigné, tant ses anciennes que ses nouvelles connaissances, tenaient plus ou moins à la cour. La gloire du monarque, qui rejaillissait sur cette cour, et l'ambition du grand nombre de ceux qui aspiraient à s'élever jusqu'à elle par les hauts grades ou les honneurs, en avaient fait un monde à part, et absolvaient tacitement, dans l'opinion publique, les travers et même les vices de ceux qui en faisaient partie.

Le duc de la Rochefoucauld ne paraissait plus à cette

---

[1] Sévigné, *Lettres* (10 juin 1671), t. I, p. 95, édit. G.

[2] Sévigné, *Lettres* (24 et 28 juin 1671), t. II, p. 109 et 113, édit. G.

[3] Sévigné, *Lettres* (5 juillet 1671), t. II, p. 125, édit. G.; t. II, p. 104, édit. M.

cour, à cause de son âge et de ses infirmités : cependant, par son fils le prince de Marsillac, favori du roi, il y tenait encore, et la société qui se réunissait chez lui était une société de cour. Comme lui et madame de la Fayette, son amie, s'étaient fait un nom dans les lettres, beaucoup d'auteurs avaient cherché à se faire admettre dans leur cercle; et Molière n'osait pas hasarder une de ses grandes pièces sur le théâtre sans en avoir fait une lecture à l'hôtel de Liancourt, sans s'être concilié l'approbation de ce petit aréopage littéraire [1].

Ainsi, madame de Sévigné ne s'écartait pas de la société de la cour lorsqu'elle allait si souvent au *faubourg*. Tous ceux qu'elle avait connus dans sa jeunesse, et qui avaient fait partie de la Fronde, les Condé, les Conti et tous leurs adhérents, étaient, comme les la Rochefoucauld, comblés de faveurs par Louis XIV. C'était donc exclusivement dans cette haute région du grand monde que madame de Sévigné pouvait faire de nouvelles liaisons. Elle n'avait pas la liberté de les choisir : par intérêt pour sa famille, comme par égard pour ses amis, elle était obligée de ne pas repousser les personnes de la cour qui la recherchaient, lors même que, par la faveur du monarque ou de ses ministres, elles étaient peu dignes du rang où on les avait placées.

Quoique madame de Sévigné eût autrefois rencontré madame Scarron chez Fouquet, et plus tard chez madame de Richelieu et chez la maréchale d'Albret, elle

---

[1] HUETII *Commentarius de rebus ad eum pertinentibus*, lib. v. — SEGRAIS, *Œuvres;* 1755, t. II, p. 118-119. — SÉVIGNÉ, *Lettres* (1ᵉʳ mars 1672).

ne l'avait pas admise au nombre de celles dont elle devait rechercher l'amitié : ce ne fut que lorsque madame de Montespan eut, par son intimité, attiré sur madame Scarron l'attention de toute la cour que madame de Sévigné[1] s'aperçut combien cette veuve du poëte burlesque était aimable et spirituelle. Madame Scarron[2], madame Dufresnoy même furent alors fréquemment invitées à souper chez madame de Sévigné. Il y avait cependant une grande différence entre madame Scarron et madame Dufresnoy : celle-ci, belle et de peu d'esprit, femme d'un commis de la guerre, était fille d'un apothicaire et maîtresse de Louvois. Pour elle il avait eu le crédit de faire créer une charge nouvelle, celle de dame du lit de la reine[3]. Louis XIV croyait devoir tolérer dans ses ministres les faiblesses dont il n'était pas lui-même exempt. Louvois déployait alors de grands talents administratifs et une activité infatigable. Louis XIV avait besoin de lui pour l'organisation des armées destinées à conquérir la Hollande. Tous ceux qui pouvaient espérer quelque chose de Louvois (et le nombre en était grand) se montraient donc empressés de plaire à madame Dufresnoy[4]. Madame de Sévigné avait plusieurs raisons pour la bien accueillir. Madame de Coulanges, son amie et sa parente, était la cousine de Louvois; et c'est à ce titre

---

[1] Voyez la 1re partie de ces *Mémoires*, p. 476, 2e édition.

[2] SÉVIGNÉ, *Lettres* (29 janvier 1672), t. II, p. 366, édit. G.; t. II, p. 310, édit. M.

[3] LA FARE, *Mémoires*, t. LXV, p. 224.

[4] SÉVIGNÉ, *Lettres* (11 décembre 1671), t. II, p. 285, édit. G.; t. II, p. 242, édit. M. Sa fille épousa le marquis d'Atigre en 1680, et elle eut pour gendre le fameux comte de Boulainvilliers, ce grand champion de la noblesse et de la féodalité.

qu'elle était comprise dans toutes les invitations de la cour. Or, une femme dont madame de Coulanges faisait sa compagnie habituelle ne pouvait être repoussée par madame de Sévigné. On doit remarquer qu'elle n'emploie contre madame Dufresnoy aucun de ces traits acérés qu'elle aime à lancer contre les femmes dont la conduite donnait prise à la censure; et celle-ci y prêtait plus qu'une autre par son impertinence et sa hauteur. En elle, madame de Sévigné trouve seulement à reprendre qu'on a grand tort de comparer sa beauté à l'incomparable beauté de madame de Grignan [1].

On conçoit facilement, d'après ces détails, que madame de Sévigné ne pouvait pas trop reprocher à son fils la conduite au moins légère des femmes qu'il fréquentait et le peu d'empressement qu'il avait pour les sociétés et les amis de sa mère. Sans doute chez le roi, les princes et les princesses du sang, chez les grands dignitaires, les ministres et les personnages puissants, les réunions étaient nombreuses et brillantes, les repas somptueux, les divertissements fréquents; on y donnait des bals magnifiques, on y faisait jouer la comédie, on y entendait des concerts; il y avait profusion de parures, beaucoup de belles femmes, et même de personnes aimables et spirituelles. Mais l'ambition et l'intrigue n'étaient pas un seul instant bannies de ces réunions; l'intérêt personnel y était la pensée prédominante; et l'étiquette, cette ennemie de la gaieté, ne permettait à personne de déposer en entrant son rang dans la hiérarchie sociale, ni d'oublier celui des autres.

---

[1] SÉVIGNÉ, *Lettres* (29 janvier 1672), t. II, p. 367. — *Ibid.* (26 décembre 1672), t. III, p. 134.

Ce n'était donc pas dans les sociétés de gens de cour qu'on pouvait rencontrer cette déférence mutuelle, cette affectueuse familiarité qui forment tout le charme des réunions. Ce charme disparaît pour faire place à des plaisirs où l'esprit et le cœur ne sont pour rien, quand on est convenu de s'assembler uniquement pour les délices des yeux ou des oreilles, ou pour les jouissances de la bouche. Avec de bons cuisiniers, on a des parasites assidus et des gourmets ; mais on n'a pas de clients fidèles ni d'amis dévoués. Les mets les plus exquis, les vins les plus vantés ne font pas naître, parmi ceux qui s'asseyent à une même table, ce besoin réciproque d'intimité sans lequel il n'y a point de société. Ce n'est ni l'or, ni les diamants, ni les chefs-d'œuvre des modes, ni les danses les plus gracieuses, ni les sons les plus harmonieux qui plaisent le plus dans une fête : c'est l'aspect de ceux que nous connaissons et dont nous sommes connus, ou de ceux dont une renommée favorable nous a entretenus ; de ceux qui réveillent en nous de touchants souvenirs, des pensées élevées, de solides attachements, de tendres sympathies, et dont la présence et l'entretien nous inspirent ce doux contentement, cette hilarité expansive qui nous font confondre tous nos sentiments dans la joie commune qui nous rassemble.

La société que fréquentait le baron de Sévigné était de cette sorte. C'était cette société parisienne qui s'était formée par les inspirations de l'hôtel de Rambouillet, et qui, sans s'en douter, mit sa gloire et son bonheur, pendant un siècle et demi, à obéir à l'impulsion qui lui avait été donnée. De cette société, où régnaient l'égalité, l'abandon, une douce et sage liberté, les gens de cour n'étaient point exclus. Ceux qui voulaient se délasser de la contrainte de Versailles ou de Saint-Germain en Laye la recherchaient; mais ils s'y trouvaient en petit nombre, et n'y étaient admis qu'en se soumettant à l'unique condition, subie par tous, de toujours se montrer sous des dehors aimables, et de s'efforcer de plaire. La primauté du cercle appartenait à quiconque y réussissait le mieux : beauté, grâce, politesse, talent, esprit, sentiments généreux, sincérité du cœur, élégance des manières et du langage, tout ce que les deux sexes peuvent rechercher l'un dans l'autre était mis en usage pour conquérir les suffrages, pour obtenir cette souveraineté du salon qu'on se disputait au grand contentement de tous.

L'amitié et tous les sentiments des cœurs généreux étaient restés en honneur dans les cercles de cette nouvelle société, comme à l'hôtel de Rambouillet. Le culte du beau sexe fut maintenu, mais non avec les mêmes dogmes. Les nouvelles *Arthénices,* jeunes, belles, spirituelles, qui aspiraient à se faire une cour nombreuse et assidue, ne pouvaient plus séduire qu'en se montrant elles-mêmes accessibles à la séduction. L'amour platonique avait perdu le pouvoir de dominer les imaginations et de faire naître les passions sans les satisfaire : on n'y avait plus foi. Pour remplir le vide que causait son absence, on le remplaça par un sentiment moins exalté, mais plus ardent. La poésie et la littérature y gagnèrent, mais non les mœurs. Les sociétés les plus aimables à cette époque se réunissaient chez des femmes connues par leurs intrigues galantes. Ce fut dans ces sociétés que chercha à se répandre le jeune baron de Sévigné : elles convenaient à son âge et à ses inclinations.

Lui-même, dans une lettre à sa sœur, nous désigne, par une seule phrase, les femmes qu'il fréquentait alors : « Je vous dirai que je sors d'une symphonie charmante, composée des deux Camus et d'Ytier... Mais savez-vous en quelle compagnie j'étais ? C'était mademoiselle de Lenclos, madame de la Sablière, madame de Salins, mademoiselle de Fiennes, madame de Montsoreau ; et le tout chez mademoiselle Raymond[1]. »

De toutes les femmes que nomme ici le baron de Sévigné, la plus humble par sa position dans le monde, c'était mademoiselle Raymond[2]; elle était pourtant la plus digne de considération et d'estime. Cette célèbre cantatrice, par sa beauté, sa belle voix, l'admirable talent qu'elle avait de s'accompagner du téorbe, avait fait naître bien des passions ; mais sa piété l'avait garantie de toutes les séductions ; elle comptait des amies parmi les femmes du plus haut rang. Madame de Sévigné avait pour cette musicienne une estime et une affection toute particulière : elle manque rarement de faire à sa fille mention des occasions qu'elle a eues de la voir [3]. C'est par les lettres de madame de Sévigné que nous savons que mademoiselle Raymond devint l'objet de l'admiration générale, lorsqu'en cessant l'exercice de sa profession, et presque retirée du monde, elle se fit la bienfaitrice du couvent de la Visitation du faubourg Saint-Germain, et fixa son séjour dans ce pieux asile[4]. On sait peu de chose sur la

---

[1] SÉVIGNÉ, *Lettres* (6 mars 1671), t. I, p. 362, édit. G. ; t. I, p. 378, édit. M.

[2] LORET,'*Muse historique* (17 août 1658), liv. IX, p. 23 et 27. — GOURVILLE, *Mémoires*, t. LII, p. 399. — LA FONTAINE, *Œuvres*, épit. XII, t. VI, p. 113. Conférez la 2ᵉ partie de ces *Mémoires* chap. XII, p. 146, note 3, et p. 479.

[3] SÉVIGNÉ, *Lettres* (18 février 1671), t. I, p. 364, édit. G.

[4] SÉVIGNÉ, *Lettres* (21 octobre et 6 novembre 1676), t. V, p. 176 et 194. Ce couvent était dans la rue du Bac, entre la rue Saint-Domi-

comtesse de Montsoreau [1], qui montra de l'habileté à rétablir les affaires d'un mari incapable. Quant à mademoiselle de Fiennes, elle suivait l'exemple de sa mère, que ses intrigues amoureuses avaient fait chasser de la cour d'Anne d'Autriche [2]. Une union parfaite régnait entre la mère et la fille, alors courtisée par le cavalier le plus accompli de la cour, le beau jeune duc de Longueville, autrefois comte de Saint-Paul. Par la suite, mademoiselle de Fiennes fut rayée du nombre des filles d'honneur de la reine, pour s'être laissé enlever par le chevalier de Lorraine, dont elle eut un fils, qui fut élevé sous son nom [3]. Sa mère était loin de s'opposer à cette union. Madame de Fiennes exerçait une grande influence sur MONSIEUR, dont le chevalier de Lorraine était le favori. Spirituelle, caustique, arrogante, ambitieuse et avare, elle était liée avec madame de Sévigné, et assez souvent invitée par elle à ses dîners [4].

Dans madame de Fiennes, madame de Sévigné ménageait une de ses anciennes amies du temps de la Fronde; et on comprend le plaisir qu'avait Sévigné de se trouver

nique et la rue de Grenelle; il a été démoli. Voyez le plan de Paris de Buillet, 1676 ou 1710.

[1] Sur la famille Montsoreau, conférez TALLEMANT DES RÉAUX, t. V, p. 192 et 195, édit. in-8°; t. IX, p. 60 à 63, édit. in-12. — *Journal de Henri III*; Cologne, 1720, t. I, p. 32 (année 1579). — EXPILLY, *Grand dictionnaire de la France*, au mot *Montsoreau*.

[2] MOTTEVILLE, *Mémoires*, t. XLI, p. 252; t. XLII, p. 328. — MONGLAT, *Mémoires*, t. XLI, p. 157. — SÉVIGNÉ, *Lettres* (25 novembre 1655), t. I, p. 56, édit. G. — *Mémoires et fragments historiques de* MADAME, édit. de Busoni, 1834.

[3] SÉVIGNÉ, *Lettres* (30 mars et 1ᵉʳ avril 1672), t. II, p. 442 et 447, édit. G.

[4] SÉVIGNÉ, *Lettres* (30 décembre 1672, 26 juin 1676, 6 décembre 1679), t. III, p. 138; t. IV, p. 503; t. VI, p. 238.

avec mademoiselle de Fiennes, si jolie, si aimable et d'une humeur si facile.

Il en était de même de madame de Salins, qui, comme belle-sœur de la comtesse de Brancas, devait aussi faire partie de la société de madame de Sévigné. Madame de Brancas avait été une des femmes les plus compromises par les papiers de Fouquet[1]; mais elle rentra en grâce auprès du roi, qui la voyait avec plaisir, et elle eut du crédit à la cour. L'on crut (et Louis XIV ne donnait que trop souvent prise à de tels soupçons) que la beauté de mademoiselle de Brancas, qui fut mariée au prince d'Harcourt, avait été la cause de ce retour de faveur[2]. Madame de Salins n'était pas plus scrupuleuse que madame de Brancas sur la fidélité conjugale; mais elle avait un mari moins distrait et moins facile à tromper. Cependant l'indiscrétion ou la maladresse d'un portier révéla le secret de ses amours, six semaines après que Sévigné l'eut rencontrée chez mademoiselle Raymond[3].

C'est avec intention que Sévigné, dans cette liste des femmes que les jeunes gens du grand monde faisaient gloire de fréquenter, nomme en première ligne mademoiselle de Lenclos et madame de la Sablière. C'était en effet alors les deux femmes les plus célèbres de Paris, par les agréments de la société choisie qu'elles réunissaient

---

[1] MOTTEVILLE, *Mémoires*, t. XL, p. 209 et 210. — Recueil manuscrit de *Chansons historiques* (Bibliot. royale), t. III, p. 195-217 (année 1668).

[2] *Les fausses Prudes*, ou *les amours de madame de Brancas;* 1680, in-12, p. 339 et 347 à 350.

[3] SÉVIGNÉ, *Lettres* (24 avril 1671). Elle était la femme de Garnier de Salins, trésorier des parties casuelles et beau-frère du comte de Brancas, qui avait épousé sa sœur.

chez elles. Comme à l'hôtel de Rambouillet, la poésie, les beaux-arts, les entretiens galants défrayaient en grande partie les plaisirs qu'on y goûtait. Cependant les progrès du cartésianisme, les discussions que la secte des jansénistes avait excitées, les nouvelles découvertes en physique, la création d'une académie des sciences introduisaient alors dans la société française le goût des connaissances positives. Les femmes les plus douées de capacité avaient suivi ce mouvement des esprits. Leur instinct de domination, le désir de plaire et de se faire admirer par l'autre sexe entraient sans doute pour beaucoup dans les efforts qu'elles faisaient pour s'arracher à la frivolité de leurs penchants. En leur présence, on se livrait moins à l'analyse subtile des mouvements du cœur, mais on les exprimait. On cherchait à plaire aux femmes non-seulement en les amusant, mais en les instruisant; on ne craignait pas de se livrer avec elles à des entretiens sérieux sur la nature, la religion, la philosophie.

» Madame de la Sablière, riche, jeune et belle, se rendit surtout célèbre par ses étonnants progrès dans ces études ardues. Sauveur et Roberval lui avaient montré les mathématiques; pour elle Bernier avait composé l'abrégé des ouvrages de Gassendi. Elle donna asile à ce philosophe, ainsi qu'à la Fontaine et à d'Herbelot l'orientaliste. Mais l'amitié ne put seule satisfaire son cœur; elle éprouva toute la puissance de l'amour. La philosophie, qui, selon la nature des esprits, éteint ou fait briller à nos yeux les lumières de la religion, la rendit tout entière à celle-ci, et l'arracha à un monde dont elle faisait les délices [1].

Il n'en fut pas de même de mademoiselle de Lenclos,

---

[1] Conférez, sur madame de la Sablière *Poésies diverses d'Antoine*,

qui garda jusqu'à la fin son épicurisme effronté, et resta fidèle au principe de sa philosophie toute profane. Celle qui disait « qu'elle rendait grâces à Dieu tous les soirs de son esprit, et le priait tous les matins de la préserver des sottises de son cœur, » ne pouvait trouver dans le pur sentiment d'amour un remède contre les aberrations des sens [1]. Jamais aussi elle ne se laissa dominer par eux dans le choix de ses relations, et elle fut toujours entourée d'un nombreux cortége d'amis. Quoique ne possédant qu'une fortune médiocre, mademoiselle de Lenclos réunissait dans sa maison de la rue des Tournelles [2] (tout près de la rue où madame de Sévigné venait de se fixer) la société la plus nombreuse, la mieux choisie, la plus renommée par la politesse, les grâces, la réputation de savoir et d'esprit de ceux qui la composaient. On voit que mademoiselle de Lenclos avait quitté le faubourg Saint-Germain pour revenir au Marais, premier théâtre de ses succès [3]; et c'est là qu'elle devait finir ses jours. La Fare, que Chaulieu proclame « l'homme le plus aimable que les siècles aient pu former [4]; » la Fare, adonné au jeu, et que les cercles de madame de la Sablière devaient

---

Rambouillet DE LA SABLIÈRE *et de François* DE MAUCROIX, 1825, in-8°, p. VII-XXVI. — *Histoire de la vie et des ouvrages de* LA FONTAINE, 1820, in-8°, p. 428, et 1824, 3ᵉ édit., p. 220, 290, 338, 349, 380, 382, 389, 413, 458 et 557. — *Biographie universelle*, t. XXXIX, p. 442.

[1] SAINT-ÉVREMOND, *Œuvres*, 1753, in-12, t. IV, p. 161. (Discours sur l'amitié, adressé à la duchesse de Mazarin.)

[2] DOUXMÉNIL, *Mémoires et lettres pour servir à l'histoire de mademoiselle de Lenclos*, 1751, p. 26 et 28. Cette maison était située derrière la place. Douxménil en a donné la description.

[3] Voyez la 1ʳᵉ partie de ces *Mémoires*, p. 261.

[4] CHAULIEU, *Œuvres*, t. II, p. 46. dans la note.

rendre difficile, déclarait que la maison de mademoiselle de Lenclos était la seule où il pouvait passer une journée entière sans jeu et sans ennui [1]; et Charleval, ce poëte aimable, pressé par les instances d'un ami, refusait d'aller jouir avec lui des plaisirs de la campagne, parce qu'il lui aurait fallu interrompre l'habitude qu'il avait prise de se rendre chaque jour, rue des Tournelles, chez mademoiselle de Lenclos ; il disait :

>   Je ne suis plus oiseau des champs,
>   Mais de ces oiseaux des *Tournelles*
>   Qui parlent d'amour en tout temps
>   Et qui plaignent les tourterelles
>   De ne se baiser qu'au printemps.

Mademoiselle de Lenclos avait conservé et perfectionné son merveilleux talent à jouer du luth. Comme dans sa première jeunesse, ce talent seul la faisait rechercher des personnes du plus haut rang [2]; mais elle ne cédait que bien rarement aux invitations, et ne trouvait une entière satisfaction que chez elle, lorsqu'elle était entourée de cette société choisie dont elle faisait le bonheur. Selon elle, la joie de l'esprit en marque la force [3]; et sa gaieté était si vive et si entraînante qu'à table, où elle ne buvait que de l'eau, on disait d'elle qu'elle était ivre dès la soupe [4]. Cependant, ainsi que madame de la Sablière, mademoiselle de Lenclos recevait des savants, des érudits,

---

[1] Douxménil, *Mémoires et lettres pour servir à l'histoire de mademoiselle de Lenclos*, p. 141 et 142.

[2] Madame DE Maintenon, *Lettres* (18 juillet 1666), t. I, p. 45.

[3] Saint-Évremond, *Œuvres*, t. II, p. 72.

[4] Douxménil, *Mémoires et lettres*, etc.; 1751, in-12, p. 30. — Bret, *Mémoires sur la vie de mademoiselle de Lenclos*, p. 112.

et chez elle les entretiens sérieux et instructifs avaient leurs heures ; elle les aimait, elle se plaisait à varier la conversation et à passer des sujets les plus superficiels aux plus profonds. C'est ce qui fit dire à Saint-Évremond, son ami de tous les temps :

> L'indulgente et sage nature
> A formé l'âme de Ninon
> De la volupté d'Épicure
> Et de la vertu de Caton [1].

Elle s'était fait une telle réputation de probité, de fidélité en amitié, et en avait donné de telles preuves qu'elle avait conservé tous ses amis du temps de la Fronde et de la guerre civile. Gourville, qui avait été son amant, obligé de s'exiler après qu'elle l'eut remplacé par un autre, osa lui confier une somme considérable et égale à toute la fortune qu'elle possédait : lorsque Gourville rentra en France, mademoiselle de Lenclos lui rendit la somme entière ; et le secret de ce dépôt n'eût été connu de qui que ce soit si Gourville ne s'était plu à le divulguer dès qu'il n'eut plus rien à redouter des recherches de Colbert [2]. Ainsi madame Scarron [3], madame de Choisy, madame de la Fayette, beaucoup d'autres personnes de la cour et des intimes connaissances de madame de Sévigné n'avaient cessé de voir mademoiselle de Lenclos, ou de correspondre avec elle. Il était comme convenu, dans le

---

[1] Saint-Évremond, *Œuvres*, t. II, p. 87 et 116. — Douxménil, *Mémoires et lettres*, p. 172.

[2] Voltaire, *Mélanges*, t. XLIII, p. 467, édit. de Renouard. (Sur Ninon de Lenclos.)

[3] Madame de Maintenon, *Lettres* (8 mars et 18 juillet 1666), p. 33 et 45, édit. de Sautereau de Marsy, 1806, in-12.

monde, qu'elle formait une exception parmi celles de son sexe. Elle avait acquis seule le privilége d'une entière indépendance ; et c'était moins encore parce qu'elle s'était rendue nécessaire et chère à la société par son penchant à obliger que par la politesse et le bon ton dont elle savait si bien chez elle faire respecter les lois[1]. Quoiqu'elle ne fût pas de la cour, et par la raison même qu'elle n'en était pas, elle avait fini par prendre la place que la marquise de Sablé avait occupée autrefois dans la société parisienne. Les jeunes gens aspiraient à l'honneur d'être présentés chez elle, et lui rendaient de grands devoirs. C'était un titre pour faire sous de favorables auspices son entrée dans le monde que d'être reçu et façonné par cet arbitre du bon ton et du bon goût. Madame de la Fayette, qui présumait beaucoup de son esprit, avait voulu s'imposer cette mission ; « mais elle ne réussit pas, parce qu'elle ne voulut pas, dit Gourville, donner son temps à une chose si peu utile[2]. » On sut d'autant plus gré à mademoiselle de Lenclos d'en prendre la peine que les inclinations des jeunes seigneurs de la cour pour le jeu et le vin, qui allaient toujours croissant, commençaient à introduire parmi les femmes des manières choquantes pour celles qui tenaient à conserver le bon ton de l'hôtel de Rambouillet. Ce fut là le motif pour lequel mademoiselle de Lenclos se brouilla avec un de ses plus anciens amis, un de ses plus gais et de ses plus spirituels convives, avec Chapelle, qui avait fait pour elle de si jolis vers[3]. Elle essaya en vain de

---

[1] Voyez la 1re partie de ces *Mémoires*, p. 239.

[2] Gourville, *Mémoires*, t. LII, p. 459 de la collection de Petitot. — *Chansons historiques*, Mss. (vol. III, p. 551, année 1672).

[3] Œuvres de Chapelle et de Bachaumont, 1755, in-12, p. 133, 138, 139. (Ballades et sonnets à Ninon de Lenclos.)

le corriger de l'habitude de s'enivrer ; et, ne pouvant y parvenir, elle le bannit de sa société. Chapelle, à qui le plaisir que trouvait mademoiselle de Lenclos à entendre disserter quelques hommes savants dans les lettres grecques et latines [1] paraissait peu conforme à ses habitudes de galanterie, fit contre elle cette épigramme :

> Il ne faut pas qu'on s'étonne
> Si toujours elle raisonne
> De la sublime vertu
> Dont Platon fut revêtu ;
> Car, à calculer son âge,
> Elle doit avoir *vécu*
> Avec ce grand personnage [2].

A cette époque, mademoiselle de Lenclos était âgée de cinquante-cinq ans : c'est alors que Sévigné, qui n'en avait que vingt-quatre, devint ou crut devenir amoureux d'elle. Il est vrai que la Fare atteste qu'à cinquante-cinq ans, et même bien au delà de ce terme, mademoiselle de Lenclos « eut des amants qui l'ont adorée [3]. » Ce qui est certain, c'est que, depuis ses liaisons avec Villarceaux, le marquis de Gersey et le mari de madame de Sévigné, elle n'avait cessé de faire passer un bon nombre de ses amis au rang de ses *favoris* [4]. Le jeune comte de Saint-Paul avait

---

[1] Rémond, l'introducteur des ambassadeurs, qu'on appelait Rémond le Grec, l'abbé Fraguier, l'abbé Gédéon, de l'Académie des inscriptions et belles-lettres, l'abbé Tallemant, l'abbé de Châteauneuf étaient les amis de Ninon. Voyez DOUXMÉNIL, *Mémoires*, 1651, in-12, p. 138 et 139.

[2] CHAPELLE, *Œuvres*, édit. 1755, p. 140 ; BRET, p. 137.

[3] DOUXMÉNIL, *Mémoires et lettres pour servir à l'histoire de mademoiselle de Lenclos*.

[4] Conférez la 1re partie de ces *Mémoires*, p. 242-243. Elle eut un fils du marquis de Villarceaux et un aussi du marquis de Jarzé. Le

été sa dernière conquête. On sait que ce bel héritier du nom des Longueville, chéri, fêté de toute la haute aristocratie de la cour, passait pour être le fils du duc de la Rochefoucauld [1]; et les historiens de mademoiselle de Lenclos mettent aussi le duc de la Rochefoucauld au nombre de ceux qu'elle avait eus pour amants [2]. Le même motif qui l'avait portée à ne rien négliger pour attirer à elle le comte de Saint-Paul l'engageait aussi à employer tous les moyens de séduction pour s'attacher le baron de Sévigné : son père revivait en lui, avec plus d'esprit, plus d'instruction et de talents; et ce jeune homme rappelait à Ninon le temps de sa jeunesse [3]. Dès qu'elle s'en crut aimée, elle voulut l'endoctriner et en faire un partisan de ses principes. Pour bannir tous les scrupules de ceux qu'elle mettait au nombre de ses favoris, pour les conserver ensuite comme amis, il lui importait de fasciner leur raison plus encore que leurs sens. Elle crut que cela lui serait facile avec Sévigné; mais elle se trompait. Dans sa vie licencieuse, Sévigné ne faisait que suivre le torrent des jeunes gens de la cour, des jeunes officiers, qui se modelaient sur le roi, et qui transgressaient les lois de l'Église sans méconnaître la pureté de leur origine. Sévigné respectait et aimait tendrement sa mère; il chérissait aussi sa

comte de Coligny, que nous n'avons point nommé en cet endroit, paraît avoir précédé Jarzé comme amant de Ninon. DOUXMÉNIL, *Mémoires et lettres de Ninon de Lenclos*, p. 69.

[1] SÉVIGNÉ, *Lettres* (20 juin 1672), t. III, p. 71, édit. G.; t. III, p. 7, édit. M.

[2] DOUXMÉNIL, *Mémoires et lettres*, p. 70.

[3] Conférez la 1re partie de ces *Mémoires*, p. 233 à 270, ch. XVII, XVIII et XIX. — SÉVIGNÉ, *Lettres* (13 et 18 mars 1671), t. I, p. 374 et 382, édit. G.; t. I, p. 288 et 295, édit. M.

sœur, et avait d'elle la plus haute opinion. Par elle, il se trouvait allié à la puissante maison de Grignan ; et le caractère aimable de son beau-frère contribuait encore à faire prévaloir dans son cœur les affections de famille, et à les placer en première ligne. Madame de Sévigné [1] et Bossuet, que Sévigné fréquentait beaucoup alors, furent de puissants antagonistes pour combattre mademoiselle de Lenclos quand elle entreprit d'infiltrer dans l'esprit de son nouveau favori les principes irréligieux de sa philosophie épicurienne. Elle parut d'abord avoir plus de succès lorsqu'elle réclama les droits d'une amante, et qu'elle exigea que Sévigné lui sacrifiât la maîtresse qu'il avait avant de se donner à elle. Cette maîtresse était la Champmeslé, alors âgée de trente ans. Quoique ses traits fussent agréables, elle n'était point jolie ; sa peau était brune, ses yeux petits et ronds ; mais sa taille était bien prise, sa démarche et ses gestes gracieux et nobles, et le son de sa voix naturellement harmonieux [2]. Elle enchantait alors tout Paris par son talent. Madame de Sévigné n'en parle à sa fille qu'avec admiration, et ne pouvait se lasser de lui voir jouer le rôle de Roxane dans *Bajazet*. Jamais actrice, avant elle, n'émut si profondément les spectateurs, et ne leur fit répandre plus de larmes. Racine en devint amoureux la première fois qu'il la vit jouer dans une de ses pièces. Le poëte était jeune et beau ; elle ne se montra pas cruelle, cela n'était pas

---

[1] SÉVIGNÉ, *Lettres* (13 mars 1671), t. I, p. 288, édit. M. Conférez surtout l'admirable lettre du *marquis de Sévigné à la comtesse de Grignan* (27 septembre 1696), que M. Monmerqué vient de publier, Paris, 1847, chez Dondey-Dupré (24 pages).

[2] Les frères PARFAICT, *Histoire du théâtre françois*, t. XIV, p. 523 — SÉVIGNÉ, *Lettres* (15 janvier 1672), t. II, p. 347, édit. G.

dans ses habitudes ; et un bon mot de Racine, mis en vers par lui ou par Boileau [1], puis raconté par Sévigné à sa mère, et par celle-ci à sa fille [2], prouve qu'elle n'en vivait pas moins bien avec son mari. Elle avait peu d'esprit, mais un grand usage du monde, de la douceur et une certaine naïveté aimable dans la conversation. Sévigné se crut aimé d'elle, et peut-être l'était-il ; du moins il est certain qu'elle lui écrivait des lettres qui surprirent madame de Sévigné par cette chaleureuse et naturelle éloquence que la passion inspire aux plumes les plus inhabiles. Mademoiselle de Lenclos demanda ces lettres à Sévigné, qui les lui remit. Cependant il ne cessa point de voir celle qui les avait écrites et de lui donner de délicieux soupers, en compagnie de Racine et de Boileau. Le goût vif qu'il avait pour la littérature lui faisait rechercher l'amitié de ces deux grands poëtes. Boileau a dit de lui qu'il avait une mémoire surprenante, et qu'il retint presque en entier le dialogue sur les héros de roman. On l'imprima d'après Sévigné, longtemps avant que Boileau en eût livré le manuscrit à Brossette [3]. Sévigné voulut garder ses deux maîtresses ; mais il n'était pas un Soyecourt : par l'effet de ce partage, mademoiselle de Lenclos ne trouva pas en lui tout ce qu'elle espérait, et un grand refroidissement fut la conséquence de leur illusion détruite. Madame

---

[1] Les frères PARFAICT, *Histoire du théâtre françois*, t. XIV, p. 517. *Lettre* de ROUSSEAU à Brossette, t. IV, p. 150 des *Œuvres* de J.-B. Rousseau.

[2] SÉVIGNÉ, *Lettres* (18 avril 1671), t. II, p. 8, édit. G.; t. II, p. 7, édit. M.; t. I, p. 60, édit. de la Haye, 1726, in-12.

[3] BOILEAU, *Discours sur le dialogue des héros de roman*, dans les *Œuvres*, t. V, p. 12, édit. de Saint-Marc.

de Sévigné, qui s'était faite la confidente de son fils, trouvant mademoiselle de Lenclos bien plus dangereuse pour lui que la Champmeslé, profita des dispositions où elle le vit pour s'efforcer de le rejeter dans les bras de cette actrice. Elle y parvint, mais sans pouvoir l'arracher, comme elle l'avait espéré, à mademoiselle de Lenclos. Celle-ci, après avoir donné à Sévigné son congé comme favori, et exhalé son dépit de n'avoir pu le rendre plus amoureux, se calma, et le trouva assez aimable, assez spirituel pour désirer de le conserver au nombre de ses amis. Il ne refusa point cet honneur, et continua de fréquenter sa maison, de se plaire dans sa société[1]. Cela inquiétait madame de Sévigné : il semblait que sa destinée était de rencontrer, à toutes les époques de sa vie, Ninon, comme une fée malfaisante toujours occupée à mettre le trouble dans sa famille, toujours habile à lui enlever la confiance et la tendresse des hommes les plus chers à son cœur. Madame de Sévigné savait ce qui se passait chez mademoiselle de Lenclos par son fils et par les amis qui lui étaient communs avec elle ; et voici ce qu'elle écrivait à madame de Grignan, après lui avoir raconté un bon mot de Ninon sur la comtesse de Choiseul[2] :

« Mais qu'elle est dangereuse cette Ninon ! Si vous saviez comme elle dogmatise sur la religion, cela vous ferait horreur. Son zèle pour pervertir les jeunes gens est pareil

---

[1] SÉVIGNÉ, *Lettres* (13, 15 et 18 mars, 8, 17, 15 et 22 avril 1671), t. I, p. 374, 382, 404 ; t. II, p. 6, 22, 23, 28, 30, 33, édit. G. — *Ibid.*, t. I, p. 288, 295, 313 ; t. II, p. 6, 18, 19, 25 et 27, édit. M.
[2] SÉVIGNÉ, *Lettres* (1er avril 1671), t. I, p. 104, édit. G.; t. I, p. 312, édit. M.; t. I, p. 55, édit. de la Haye.

à celui d'un certain M. de Saint-Germain [1], que nous avons vu quelquefois à Livry. Elle trouve que votre frère a la simplicité d'une colombe; il ressemble à sa mère; c'est madame de Grignan qui a tout le sel de la maison et qui n'est pas si sotte que d'être dans cette docilité. Quelqu'un pensa prendre votre parti, et voulut lui ôter l'estime qu'elle a pour vous : elle le fît taire, et dit qu'elle en savait plus que lui. Quelle corruption! Quoi! parce qu'elle vous trouve belle et spirituelle, elle veut joindre à cela cette bonne qualité sans laquelle, selon ses maximes, on ne peut être parfaite! Je suis vivement touchée du mal qu'elle fait à mon fils sur ce chapitre. Ne lui en mandez rien; nous faisons nos efforts, madame de la Fayette et moi, pour le dépêtrer d'un engagement si dangereux. »

Ces efforts, ainsi que nous l'avons dit, ne furent ni entièrement inutiles ni complétement victorieux; et madame de Sévigné, après avoir révélé [2] les confidences les plus intimes de son fils à celle à qui elle ne cachait rien, termine ainsi cette curieuse partie de sa correspondance avec madame de Grignan :

« Je crois que le chapitre de votre frère vous a fort divertie. Il est présentement en quelque repos : il voit pourtant Ninon tous les jours, mais c'est en ami. Il entra l'autre jour avec elle dans un lieu où il y avait cinq ou six hommes : ils firent tous une mine qui la persuada qu'ils le croyaient possesseur. Elle connut leurs pensées,

---

[1] Un ami de Saint-Pavin. Voyez l'édition de ce poëte, 1759, p. 35, et la note de M. Monmerqué à l'endroit cité.

[2] Conférez surtout la lettre du 8 avril 1671. Cette lettre se trouve dans les deux premières éditions de 1726, et le chevalier Perrin fut ainsi forcé de la reproduire dans la sienne.

et leur dit : « Messieurs, vous vous damnez si vous croyez
« qu'il y ait du mal entre nous ; je vous assure que nous
« sommes comme frère et sœur. » Il est vrai qu'il est comme
fricassé ; je l'emmène en Bretagne, où j'espère que je lui
ferai retrouver la santé de son corps et de son âme. Nous
ménageons, la Mousse et moi, de lui faire faire une
bonne confession [1]. »

Effectivement, Sévigné se trouva heureux du séjour
des Rochers. Là, sous l'influence d'une mère aussi gaie,
aussi aimable, aussi spirituelle que Ninon, et de dix ans
plus jeune qu'elle, il goûta des joies tranquilles, et passa
dans une sérénité parfaite des jours exempts d'inquiétude
et de remords. Sa santé, que son double amour avait altérée, se rétablit. Mais, né avec un caractère faible, il est
probable qu'après son retour à Paris il eût cédé à de nouvelles séductions, ou que, à l'exemple de plusieurs de ses
compagnons d'armes, il se fût laissé entraîner dans de
vulgaires débauches [2] si la guerre que Louis XIV préparait
ne l'eût forcé de se rendre à l'armée [3].

[1] Sévigné, *Lettres* (27 avril 1671), t. II, p. 45.
[2] Sévigné, *Lettres* (22 avril 1671), t. II, p. 31, édit. G.; t. II, p. 25, édit. M.
[3] *Ibid.* (1ᵉʳ janvier 1672); t. II, p. 329, édit. G.; t. II, p. 279, édit. M.

CHAPITRE V.

1672.

Des causes qui ont amené Louis XIV à faire la guerre aux Hollandais. — Commencements de cette guerre, qui produit une coalition et se termine par la paix de Nimègue. — Des diverses sociétés que fréquentait alors madame de Sévigné. — Personnages de la cour, de la robe. — Beaux esprits. — Lettres de madame de Sévigné pendant les six premiers mois de cette année, pour les nouvelles de guerre. — Des matériaux historiques. — Le désir d'aller voir sa fille la tourmente, parce qu'elle est retenue par la prolongation imprévue de la maladie de sa tante la Trousse. — Elle s'attriste d'être obligée de rester à Paris, lorsqu'elle avait résolu de partir. — Ce qu'elle répond à sa fille, qui lui avait demandé si elle aimait la vie. — Le comte de Grignan reconnaît tout ce qu'il lui doit pour le succès de ses démarches à la cour. — Elle faisait encore de la musique. — Elle se partage entre la société du *Faubourg* et celle de l'*Arsenal*. — Quelles étaient les personnes qui composaient cette dernière société. — L'Arsenal était sous la surintendance de Louvois. — Faveur de ce dernier. — Il est fait ministre et admis au conseil. — Louis XIV règle les préséances dans le commandement de l'armée. — Il donne à Turenne la suprématie sur quatre maréchaux. — Résistance de ceux-ci. — Plusieurs sont exilés. — Ils se soumettent, et sont rappelés. — Résumé de cette campagne par Louis XIV. — Passage du Rhin. — Épître de Boileau. — Résultats glorieux. — Inconvénients de cette guerre. — On aliène des domaines de l'État, on mécontente les protestants, on ruine et on décime la noblesse. — Rareté de l'argent. — Équipages à faire. — On partait comme volontaire. — Sévigné part en qualité de guidon des gendarmes du Dauphin. — Paris désert. — Douleur de toutes les dames lorsqu'elles apprennent la mort du comte de Saint-Paul. — Louis XIV nomme un conseil de régence, et fait la reine régente. — Madame de la Vallière reste à Saint-Germain en Laye. — Madame de Montespan se retire au lieu nommé le Genitoy, où Louis XIV va la voir. — Il voit aussi ses enfants. — Madame Scarron était à ce rendez-vous. — Conduite qu'elle se trace. — Quelle est la cause principale de l'influence qu'elle commence à acquérir. — Effets fâcheux du scandale donné par le roi. — Pour excuser ses faiblesses, il les protége dans les autres. — Il soustrait la duchesse de Mazarin à la puissance maritale. — Dangers auxquels étaient exposées les femmes jeunes et jolies à la cour de Louis XIV. — Nécessité de faire connaître les aventures de la marquise de Courcelles.

On était loin sans doute de ce fanatisme cruel qu'avaient développé chez tous les peuples de l'Europe les progrès de la réforme. La belliqueuse Allemagne ne se divisait plus pour assurer, sur les champs de bataille, le triomphe d'une opinion religieuse. L'Angleterre, quoique mécontente de son roi, ne se rappelait pourtant qu'avec effroi les maux causés par le puritanisme et la tyrannie de Cromwell. La France abhorrait les souvenirs de la Ligue; et les déchirements de la Fronde n'avaient servi qu'à lui faire mieux goûter la tranquillité dont on jouissait. Mais le désir de l'indépendance avait été à la fois la cause et l'effet du protestantisme; il avait germé dans tous les cœurs, il était devenu un besoin pour cette classe toujours croissante de la population, qui s'élevait par le commerce et l'industrie. Lorsque cette inquiète agitation des esprits eut cessé de se diriger vers les questions religieuses, elle envahit les théories politiques : on vit naître alors cette sourde haine contre l'autorité, ce penchant au républicanisme, dont les souverains de l'Europe ressentirent d'autant plus promptement les effets qu'il avait trouvé un organe puissant par tout l'univers dans la Hollande.

Ces provinces néerlandaises, que les rois de l'Europe

aidèrent à s'affranchir de la dépendance de l'Espagne, avaient, lors du traité d'Aix-la-Chapelle, protégé l'Espagne contre l'ambition de Louis XIV. En moins d'un siècle, cette réunion de petites républiques était devenue la première puissance maritime du monde : orgueilleuse de ses colonies, de ses richesses et de son influence en Europe, elle donnait refuge à tous ceux que blessait l'autorité despotique des monarques ; elle réimprimait les libelles publiés contre eux, et surtout ceux contre le roi de France, contre sa politique et son gouvernement; elle faisait frapper des médailles où se manifestait l'arrogance républicaine ; et, usant du droit d'un État libre, elle faisait des lois de douanes utiles à son commerce, mais nuisibles au commerce de la France. Louis XIV, qu'elle blessait par tant de côtés, sut la priver de tous ses alliés [1] en leur persuadant qu'en déclarant la guerre à la Hollande il n'avait pour but que de mortifier l'orgueil de marchands assez audacieux pour s'ériger en arbitres des potentats. La Hollande fut envahie par une armée de 176,000 hommes, conduite et dirigée par Turenne et Condé [2], le roi présent avec l'élite de la noblesse de France [3]. Il n'en

---

[1] MIGNET, *Négociations relatives à la succession d'Espagne sous Louis XIV*, t. III, p. 258 (21 et 31 décembre, traité entre Charles II et Louis XIV), p. 291 ; (10 juillet 1671, traité avec le duc de Brunswick), p. 348 ; (avec l'empereur, 21 novembre et 18 décembre 1671), p. 548 et 553. (La Suède est aux enchères. Courtin appelle les Suédois les Gascons du Nord. Le 14 avril 1672, le traité de confédération de la Suède et de la France contre la Hollande est signé). — *Ibid.*, t. III, p. 558, 638. (Bonsy, archevêque de Toulouse, et le marquis de Villars négocient à Madrid.)

[2] MIGNET, *Négociations, etc.*, t. III, p. 666 ; t. IV, p. 1.

[3] Voyez la longue liste des beaux noms que donne du Londel dans ses *Fastes*, p. 207.

fallait pas tant pour accabler la malheureuse république, aussi habile à combattre sur mer qu'elle était incapable de se défendre sur terre, autrement que par son or. Cependant le patriotisme et le courage du désespoir l'empêchèrent de succomber sous les premiers et terribles coups qui lui furent portés. Fille de l'Océan, sur lequel elle avait conquis son territoire, elle appela l'Océan à son secours, et lui livra ses vertes campagnes. Les flots qui les couvrirent protégèrent contre l'ennemi vainqueur les remparts qui renfermaient les principales richesses et les derniers défenseurs de la république. Tous les souverains s'émurent à la nouvelle de cette terrible et menaçante invasion; ils armèrent : Louis XIV, qui eut à combattre seul contre tous, fut obligé de diviser sa redoutable armée pour faire face à tous ses ennemis, et la Hollande fut sauvée. Alors on ouvrit à Cologne des conférences, qui, prolongées depuis à Nimègue, se terminèrent, après cinq ans, par une paix générale [1]. La guerre n'en continua pas moins pendant le cours de ces négociations. La correspondance de madame de Sévigné jette quelquefois une vive lumière sur les événements de cette glorieuse période de notre histoire nationale.

Les cercles dans lesquels madame de Sévigné se trouvait mêlée par la nécessité des affaires, par les conve-

---

[1] MIGNET, *Négociations relatives à la succession d'Espagne sous Louis XIV*, t. III, p. 610. (Manifeste de guerre contre la Hollande), t. III, p. 160; t. IV, p. 269. (Paix entre l'Angleterre et la Hollande), t. IV, p. 277. (Rupture des conférences, l'électeur de Cologne enlevé), t. IV, p. 289. (Seconde conquête de la Franche-Comté), t. IV, p. 299. (Belle campagne de Turenne en Alsace), t. IV, p. 299, 364, 366, 521. (Charles II devient hostile à la France), t. IV, p. 678 et 706. La paix se conclut.)

nances de société ou les besoins de l'amitié comprenaient tout ce qu'il y avait alors dans Paris de personnages illustres ou considérables. Déjà nos lecteurs en connaissent une grande partie ; mais la suite de la correspondance de madame de Sévigné nous introduit auprès de beaucoup d'autres, sur lesquels les mémoires du temps nous donnent des détails curieux. Nous nous contenterons de rappeler ici les noms des principaux : MADEMOISELLE [1], les Condé et Gourville ; avec eux, les duchesses de Rohan, d'Arpajon, de Verneuil, de Gesvres ; les Lavardin [2], surtout la femme du duc de Chaulnes ; les d'Albret, les Beringhen, les Richelieu, les Duras, les Charost, les Villeroi, les Sully, les Castelnau, les Louvigny. C'est dans ces sociétés que brillaient l'abbé Têtu et Barillon, qui fut ambassadeur en Angleterre : celui-ci était alors, ainsi que le marquis de Beuvron, éperdument amoureux de madame Scarron ; mais elle sut contenir toute cette passion dans les limites de l'amitié la plus dévouée [3]. Dans l'épée, nous citerons Dangeau, le comte de Sault, qui fut duc de Lesdiguières [4], illustré par les vers de Boileau ; le comte de Guiche, frère de madame de Monaco, et l'amant de la duchesse de Brissac [5]. Dans les femmes d'un rang plus ou moins élevé, nous devons nommer : la

---

[1] SÉVIGNÉ, *Lettres* (13 mars 1671), t. I, p. 189, édit. M.

[2] SÉVIGNÉ, *Lettres* (1671 et 1672 *passim*). — L'abbé ARNAULD, *Mémoires*, t. XXXIV, p. 302-306. — SAINT-SIMON, *Mémoires authentiques*, t. III, p. 207.

[3] CAYLUS, *Mémoires*, t. LXVI, p. 415-420. — SÉVIGNÉ, *Lettres* (13 juin 1684), t. I, p. 428.

[4] SÉVIGNÉ, *Lettres* (23 avril, 23 décembre 1671), t. II, p. 317, édit. G.; t. II, p. 37, 69, 159, 162.

[5] SÉVIGNÉ, *Lettres* (27 avril 1672), t. II, p. 486.

maréchale d'Humières, dont le mari était parent de madame de Sévigné et de Bussy; madame du Puy du Fou [1], madame Duplessis-Bellière, les Créqui, les Guiche, les Sully ; l'abbesse de Fontevrault, madame de Thianges, la comtesse de Fiesque, sa sœur, et sa voisine, cette belle madame de Vauvineux, que madame de Sévigné appelait Vauvinette; les Verneuil, les d'Entragues, la comtesse d'Olonne, la marquise de Courcelles, la marquise d'Huxelles, madame de Puisieux, et avec eux toute la société de la cour [2]. Dans la robe, les d'Ormesson [3], le président et la présidente Amelot [4], les de Mesmes, les d'Avaux, que l'abbé de Coulanges recevait à Livry [5]; les Colbert, les Pomponne, les Louvois. A cette nombreuse liste il faut ajouter encore, comme étant de la société intime de madame de Sévigné, toutes les personnes d'Aix

---

[1] SÉVIGNÉ, *Lettres* (29 avril 1672), t. II, p. 490.

[2] SÉVIGNÉ, *Lettres* (13 mars 1671), t. I, p. 273. — CAYLUS, *Mém.*, t. LXVI, p. 415. — SÉVIGNÉ, *Lettres* (24 avril, 23 décembre, 13 mai, 14 octobre 1671). — *Ibid.* (6 avril 1672), t. II, p. 451. — *Ibid.* (11 mars 1671), t. I, p. 369, édit. G.

[3] TALON, *Mémoires*, t. LXII, p. 130 et 193. — SAINT-SIMON, *Mémoires*, t. X, p. 151-153. — SÉVIGNÉ, *Lettres* (23 décembre 1671), t. II, p. 319 et 320. — SAINT-SIMON, *Mémoires*, t. III, p. 76, 133 ; t. IV, p. 36 et 253.

[4] SÉVIGNÉ, *Lettres* (12 et 18 février), t. II, p. 322 et 330. — CONRART, *Mémoires*, t. XLVIII, p. 33. — RETZ, *Mémoires*, t. XLVI, p. 87 ; t. XLVII, p. 217. — TALLEMANT DES RÉAUX, *Historiettes*, t. IV, p. 340 et 342. Cette historiette de Tallemant, sur le président Amelot, est démentie par Conrart et les Mémoires contemporains les mieux informés.

[5] SÉVIGNÉ, *Lettres* (29 août 1672), t. II, p. 492. — *Ibid.*, années 1671 et 1672, *passim*. — *Ibid.* (13 mai 1671), t. II, p. 68, édit. G. — BUSSY-RABUTIN, *Lettres*, t. V, p. 91. — SAINT-SIMON, *Mémoires*, t. III, p. 47.

qui avaient vu sa fille, tous ses amis et ses parents ; Turpin de Crissé, comte de Sansei, et sa femme ; Anne-Marie de Coulanges, le marquis et la marquise de la Trousse, ses cousins ; enfin Retz, que madame de Sévigné appelait *son cardinal*. N'omettons par les beaux esprits du temps, Molière, Racine, Despréaux, qui lisait alors dans ces sociétés *le Lutrin* et l'*Art poétique*, et la Fontaine le conteur ; puis après, Guilleragues, Benserade, Corbinelli, Langlade [1], l'abbé de la Victoire ; et encore d'autres alliés, d'autres parents, le duc de Brancas, la bonne madame de Troche (*Trochanire*), bien établie à la cour, qui eut le talent de s'y faire beaucoup d'amis, et si jalouse de l'attachement que madame de Sévigné portait à madame de la Fayette [2]. On peut remarquer que madame de Sévigné prend part à tout ce qui passe autour d'elle dans la haute société, et que cependant elle est très-exacte à se rendre à la messe des Minimes de la place Royale, qui était celle de la noblesse et du grand monde ; qu'elle ne manquait pas un sermon de Bourdaloue et de

---

[1] SÉVIGNÉ, *Lettres* (13 mars 1671), t. I, p. 373, et 13 octobre 1673.

[2] SÉVIGNÉ, *Lettres* (9 février 1671, 3 février 1672, 26 mars 1680, 2 mai 1689), t. I, p. 311 ; t. II, p. 372 ; t. VI, p. 416 — (2 mai 1689), édit. G. — *Ibid.*, t. I, p. 236 ; t. II, p. 315 ; t. VI, p. 210 ; t. IX, p. 295. — SAINT-SIMON, *Mémoires*, t. IV, p. 311. — MONTPENSIER, *Mémoires*, t. III, p. 311. — *Lettres* de SÉVIGNÉ, années 1671-1672 *passim*. — SAINT-SIMON, *Mémoires authentiques*, t. I, p. 196 ; t. II, p. 207. — SOMAIZE, *le Grand Dictionnaire des Précieuses*, 1661; in-12, t. I, p. 79. — SÉVIGNÉ, *Lettres* (20 et 27 avril 1671), t. II, p. 48 et 465, édit. G. — (22 août 1676), t. IV, p. 407, édit. G. — (11 décembre 1675), t. IV, p. 240. — (13 février, 1er mai 1672, 28 décembre 1673, 24 novembre 1679, 28 septembre 1680), t. I, p. 324 ; t. II, p. 54 ; t. III, p. 282 ; t. VI, p. 216, 217. — GOURVILLE, *Mémoires*, t. LII, p. 305 à 308.

Mascaron, ce qui ne l'empêchait pas d'aller aussi admirer la Champmeslé dans *Bajazet,* de se rendre à la belle fête donnée à l'hôtel de Guise pour le mariage de mademoiselle d'Harcourt et du duc de Cadaval [1], et d'assister à la magnifique pompe funèbre du chancelier Séguier. Sa plume trace le récit de la mort de la princesse de Conti, cette nièce de Mazarin, la mère des pauvres, tant regrettée; celle de MADAME douairière, qui laissait MADEMOISELLE maîtresse du Luxembourg : elle nous fait assister à l'incendie de l'hôtel du comte de Guitaud et aux noces du mariage de la belle la Mothe-Houdancourt avec le hideux duc de Ventadour [2].

Toutes ces occupations, tout ce monde ne faisaient pas oublier à madame de Sévigné Blanche, sa petite-fille, ni le fils de Bussy, étudiant au collége de Clermont [3]. C'est surtout dans les six premiers mois de l'année 1672, si fertiles en grands événements militaires, que la correspondance de madame de Sévigné avec sa fille est très-active,

---

[1] SÉVIGNÉ, *Lettres* (16 janvier, 9 février 1671), t. I, p. 229-315, édit. G.; t. I, p. 225 et 238, édit. M. — *Ibid.* (6 mai 1672), t. III, p. 7-11, édit. G.; t. II, p. 422, édit. M. — *Ibid.* (27 février et 13 mars 1671), t. I, p. 347, 373, édit. M.— (27 juin, 13 mars), t. I, p. 265 et 288, édit. M. — LA FAYETTE, *Mémoires,* t. LXIV, p. 422. — CONRART, *Mémoires,* t. XLVIII, p. 282.

[2] SÉVIGNÉ, *Lettres* (5 février 1672), t. II, p. 374, édit. G. — *Ibid.* (6 avril 1672), t. II, p. 450, édit. M. — L'abbé Guiton ou Guéton, mentionné dans la lettre sur l'incendie de l'hôtel du comte de Guitaud, était un ami du poëte Santeul. Voyez SANTOLII *opera poetica,* 1696, p. 361. — SÉVIGNÉ, *Lettres* (6 août 1672), t. II, p. 450, édit. G. — *Recueil de gazettes* (30 avril 1672), p. 1072. — Marguerite, duchesse douairière d'Orléans, mourut à cinquante-sept ans.

[3] SÉVIGNÉ, *Lettres* (24 avril 1672), t. II, p. 475, édit. G.; t. II, p. 400, édit. M.

et offre plus d'instruction pour l'histoire. Jamais elle ne mena une vie plus agitée et plus tourmentée. Le bruit courait que la guerre allait avoir lieu ; son fils était parti pour l'armée ; non-seulement elle était privée de sa société, mais ses craintes maternelles étaient grandes[1]. Elle avait promis à sa fille de l'aller voir en Provence, et elle était dévorée du désir de remplir sa promesse ; mais la maladie de sa tante la retenait à Paris. Chaque jour madame de la Trousse était près de sa fin, et cependant des semaines, des mois s'écoulaient dans des crises qui, sans donner aucun espoir de salut, ne permettaient pas de fixer l'époque du terme fatal. Tantôt madame de Sévigné espérait que la maladie traînerait en longueur ; alors elle se décidait à se mettre en route ; mais à peine sa résolution était-elle prise que des symptômes alarmants se manifestaient et que la crainte d'abandonner dans ses derniers moments cette tante qu'elle aimait la forçait à différer son départ. Cette alternative cruelle, ces anxiétés constantes, ce combat entre les pieux devoirs qu'elle remplissait près de sa parente et la privation de cette joie du cœur, qu'elle se promettait depuis si longtemps, d'aller rejoindre sa fille ; ce projet de voyage, caressé par sa vive imagination, toujours près d'être exécuté et toujours différé, lui donnaient des mouvements d'impatience, et lui faisaient former des vœux que réprimaient aussitôt de poignants remords. Cette torture de l'âme fut portée à son plus haut degré par la douleur que lui causa la mort du chevalier de Grignan, le plus aimable de tous ceux de son nom : il plaisait à sa fille,

---

[1] SÉVIGNÉ, *Lettres* (1er janvier, 17 février, 9 mars 1672), t. II, p. 329, 331, 418, 420, édit. G.; t. II, p. 279, 332, 355.

jusqu'à donner matière à la malignité des chansonniers ; il était aussi le compagnon de son fils, et fut pleuré par les deux familles [1]. Madame de Sévigné, dans cet état de profonde tristesse et de découragement [2] qui nous fait souvent regretter d'avoir reçu une existence qui doit finir, exprime à sa fille ses plus intimes pensées, où tant de personnes sensibles et pieuses se reconnaîtront [3]. « Vous me demandez, ma chère enfant, si j'aime toujours bien la vie. Je vous avoue que j'y trouve des chagrins cuisants ; mais je suis encore plus dégoûtée de la mort : je me trouve si malheureuse d'avoir à finir tout ceci par elle que, si je pouvais retourner en arrière, je ne demanderais pas mieux. Je me trouve dans un engagement qui m'embarrasse : je suis embarquée dans la vie sans mon consentement ; il faut que j'en sorte, cela m'assomme. Et comment en sortirai-je ? par où, par quelle porte ? quand sera-ce ? en quelle disposition ? souffrirai-je mille et mille douleurs qui me feront mourir désespérée ? aurai-je un transport au cerveau ? mourrai-je d'un accident ? comment serai-je avec Dieu ? qu'aurai-je à lui présenter ? n'aurai-je aucun autre sentiment que celui de la peur ? que puis-je espérer ? suis-je digne du paradis ? suis-je digne de l'enfer ? Quelle alternative ! quel embarras ! Rien n'est si fou que de mettre son salut dans l'incertitude, mais rien n'est si naturel ; et la sotte vie que je mène est la chose du monde la plus aisée à comprendre. Je m'abîme dans ces pensées,

---

[1] SÉVIGNÉ, *Lettres* (10, 12, 24 février 1672). Voyez, ci-dessus, 2ᵉ partie des *Mémoires*, p. 286.

[2] SÉVIGNÉ, *Lettres* (22 avril 1672), t. II, p. 469, édit. G.; t. II, p. 395, édit. M.

[3] SÉVIGNÉ, *Lettres* (16 mars 1672), t. II, p. 424, édit. G.; t. II, p. 361, édit. M.

et je trouve la mort si terrible que je hais plus la vie parce qu'elle m'y mène que par les épines dont elle est semée. Vous me direz que je veux donc vivre éternellement? Point du tout; mais si on m'avait demandé mon avis, j'aurais bien aimé mourir entre les bras de ma nourrice : cela m'aurait ôté bien des ennuis, et m'aurait donné le ciel bien sûrement et bien aisément. » Ainsi parlait une femme riche, honorée, aimée, brillante de santé; qui enfin, par les bienfaits privilégiés de la Providence, se trouvait en possession de tous les éléments de bonheur !

Pourtant madame de Sévigné ne se laissait point abattre par la mélancolie. Elle mettait à profit le retard qu'éprouvait son voyage pour se rendre utile à son gendre. Sans cesse elle allait à la quête des nouvelles les plus récentes et les plus sûres, pour les écrire sur-le-champ à sa fille. Il faut que le comte de Grignan ait exprimé vivement, dans une des lettres qu'il lui écrivit, sa reconnaissance du service qu'elle lui avait rendu, puisqu'elle juge à propos de repousser comme des flatteries ce qu'il avait dit à cet égard.

« Vous me flattez, mon cher comte : je ne prends qu'une partie de vos douceurs, qui est le remerciment que vous me faites de vous avoir donné une femme qui fait tout l'agrément de votre vie. Oh! pour cela, je crois que j'y ai un peu contribué; mais pour votre autorité dans la province, vous l'avez par vous-même, par votre mérite, votre naissance, votre conduite : tout cela ne vient pas de moi. » Puis elle ajoute aussitôt, en s'adressant à sa fille, un détail qui prouve que, malgré son âge et les tourments qui l'assiégeaient, elle s'occupait encore de musique [1].

---

[1] SÉVIGNÉ, *Lettres* (2 juin 1672), t. III, p. 52, édit. G.; t. II, p. 460, édit. M.; t. II, p. 169, édit. 1734.

« Ah! que vous perdez que je n'aie pas le cœur content! Le Camus m'a prise en amitié; il dit que je chante bien ses airs, il en fait de divins : mais je suis triste, et je n'apprends rien ; vous les chanteriez comme un ange. Le Camus estime fort votre voix et votre science. J'ai regret à ces sortes de petits agréments que nous négligeons : pourquoi les perdre? Je dis toujours qu'il ne faut pas s'en défaire, et que ce n'est pas trop de tout. Mais que faire quand on a un nœud à la gorge? »

C'était principalement entre les sociétés du *Faubourg* et de l'*Arsenal* que madame de Sévigné se partageait : dans la première, celle de la Rochefoucauld, du prince de Marsillac, de madame de la Fayette, elle apprenait les nouvelles de cour; dans la seconde, tout ce qui concernait la guerre. La tête en quelque sorte de cette seconde société était celle du comte de Lude, grand maître de l'artillerie. Cette société se composait de personnes demeurant dans le quartier, liées avec madame de Sévigné depuis sa jeunesse; qui, comme elle, avaient brillé au temps de la Fronde, et conservé, accru même leur influence dans le beau monde. C'étaient surtout la marquise et le marquis de Villars, qu'on avait surnommé *le bel Orondate*[1]; il fut une des brillantes conquêtes de la marquise de Gour-

---

[1] SAINT-SIMON, *Mémoires authentiques*, t. I, p. 29, 30; t. II, p. 215. — *Lettre de madame* DE VILLARS, édit. 1762 ou édit. 1805. — TALLEMANT DES RÉAUX, *Mémoires*, t. XLVIII, p. 396 et 397. — Madame DE CAYLUS, *Mémoires*, t. LXVI, p. 415. — SÉVIGNÉ, *Lettres* (27 août 1671), t. II, p. 48. — MONTAUSIER, *Mémoires*, t. XLI, p. 382. — LORET, *Muse historique*, liv. IV, p. 18. — SAINT-SIMON, *Mémoires authentiques*, t. I, p. 29, 30; t. II, p. 115.

ville [1]. Chez la marquise de Villars se réunissaient madame de Fontenac et mademoiselle d'Outrelaise, deux femmes inséparables, dites les *divines* dans le temps de leur jeunesse et qui conservaient encore ce surnom. La première, femme d'esprit et d'empire, dit Saint-Simon [2], refusa de suivre son mari lorsqu'il fut nommé, en cette année 1672, gouverneur du Canada [3] : c'est celle que madame de Maintenon a choisie pour conseil dans le moment le plus critique de sa vie [4]. La liaison de madame de Sévigné avec le comte de Guitaud [5] se resserra encore lorsque celui-ci obtint le gouvernement des îles Sainte-Marguerite, parce qu'alors il eut des rapports de service avec le comte de Grignan. Sa femme, beaucoup plus

---

[1] TALLEMANT DES RÉAUX, *Mémoires*, t. IV, p. 296, édit. in-8°.

[2] SAINT-SIMON, *Mémoires authentiques*, t. II, p. 114, 115 et 299. — TALLEMANT DES RÉAUX, *Mémoires*, t. IV, p. 417. — LORET, *Muse historique*, liv. IV, p. 10. — *Ménagiana*, t. IV, p. 7. — *Recueil de chansons historiques et choisies*, t. II, p. 193.

[3] Voyez le *Recueil de gazettes*, 1673, in-4°. — SAINT-SIMON, *Mémoires authentiques*, t. II, p. 114, 115, 299; t. VII, p. 174. — *Recueil de chansons choisies*, t. II, p. 193. — SEGRAIS, *Mémoires*, dans ses *Œuvres*, t. II, p. 147 et 229. — TALLEMANT DES RÉAUX, t. IV, p. 236, 296, 417. — SÉVIGNÉ, *Lettres* (27 avril, 23 décembre 1671), t. II, p. 45 et 306, édit. G. — SEGRAIS, *Œuvres*, 1758, in-12, p. 76. — BUSSY, *Nouvelles lettres*, t. V, p. 154. — *Lettres de madame de la Fayette à la marquise de Sablé*, dans l'ouvrage de DELORT, intitulé *Mes voyages aux environs de Paris*, t. I, p. 219. — GOURVILLE, *Mémoires*, t. LXIV, p. 457, 459 462.

[4] MAINTENON, *Lettres*, édit. de Sautereau de Marsy, chez Léopold Collin, t. II, p. 202. L'éditeur doute que ce soit la même que la *divine*, mais à tort.

[5] Guillaume Pechpeirou Comenge, comte de Guitaud, marquis d'Époisses.

jeune que lui, devint grosse, et accoucha en même temps que madame de Grignan ¹. Madame de Guitaud, avec beaucoup d'esprit, était recherchée du grand monde, d'où l'écartait son penchant à la dévotion. Il n'en était pas ainsi de la comtesse de Saint-Géran ², qui faisait partie de cette société de l'Arsenal, et qui attirait si souvent dans ce quartier madame de Sévigné. La comtesse de Saint-Géran, charmante d'esprit et de corps, poussant à un point extrême la recherche, la délicatesse, la propreté dans les plaisirs de la table, était fort recherchée à la cour, où sa charge de dame du palais de la reine lui donnait du crédit : réservée dans sa conduite, elle remplissait avec exactitude tous ses devoirs pieux ; mais elle ne put résister aux séductions du brillant Seignelay, le fils aîné de Colbert. Il l'aima, et en fut aimé. Madame de Saint-Géran était l'amie intime de la marquise de Villars, et ces deux jeunes femmes se rendaient agréables à madame de Sévigné à cause de l'amitié qu'elles avaient pour madame de Grignan ³. La duchesse de Brissac, coquette et légère, plaisait à madame de Sévigné par ses qualités aimables. Les mœurs dépravées du duc de Brissac [4] disposèrent tout le monde à l'indulgence pour les

---

¹ Delort, *Histoire de l'homme au masque de fer*, p. 52.

² Sévigné, *Lettres* (25 février et 20 mars 1671, 16 et 25 octobre 1673), t. I, p. 343, 388; t. III, p. 191 et 196.

³ Saint-Simon, *Mémoires authentiques*, t. I, p. 350. — Sévigné, *Lettres* (27 avril 1671, 8 janvier 1676, 25 décembre 1679, 22 décembre 1688, 19 mars 1696), t. II, p. 45; t. IV, p. 302; t. VI, p. 284; t. IX, p. 47, édit. G. — Le nom de madame de Saint-Géran était Françoise-Madeleine-Claude de Warignies. Sur le comte de Saint-Géran, voyez Tallemant des Réaux, t. V, p. 162; 1666, in-8°.

⁴ *Recueil de chansons*, t. IV, p. 37.

faiblesses et les intrigues galantes de sa femme [1] avec le jeune duc de Longueville (le comte de Saint-Paul), le comte de Guiche [2] et le marquis Henri d'Harcourt.

Tout ce quartier de l'Arsenal était placé sous la surintendance de Louvois, qui jouissait alors d'une grande faveur. Louis XIV le fit ministre, et lui donna, comme tel, entrée au conseil [3]. Les détails qui nous ont été transmis sur les préparatifs de cette guerre nous apprennent avec quelle habileté Louis XIV avait su organiser sa vaste administration. Un ordre émané de lui régla que, lors de la jonction de plusieurs corps d'armée, le droit de commander en chef serait dévolu, après le roi, à Monsieur, ensuite au prince de Condé, puis à M. de Turenne, et que dans ce dernier cas tous les maréchaux de France seraient tenus d'obéir à celui-ci [4]. Cet ordre déplut aux maréchaux. Madame de Sévigné nous initie aux moyens de persuasion et de douceur que Louis XIV tenta auprès des plus renommés avant de forcer l'obéissance par des mesures de rigueur. Bellefonds, de Créqui et d'Humières firent des remontrances, et résistèrent aux volontés du monarque : ils furent exilés, et il ne leur fut permis de rentrer au service qu'après avoir promis une

---

[1] SÉVIGNÉ, *Lettres* (13 mars et 22 avril 1671), t. I, p. 372 ; t. II, p. 30 ; édit. G. — SAINT-SIMON, *Mémoires authentiques*, t. II, p. 254. — *Œuvres*, t. IX, p. 64.

[2] SÉVIGNÉ, *Lettres* (13 janvier 1672), t. II, p. 345. — (19 mai 1676). — *Recueil de chansons historiques*, Mss. Biblioth. royale, t. V, p. 43.

[3] SÉVIGNÉ, *Lettres* (vendredi 5 février 1672), t. II, p. 376, édit. G.; t. II, p. 316, édit. M.

[4] Louis XIV, *Œuvres*, t. III, p. 124 et 125. — SÉVIGNÉ, *Lettres* (24 et 29 avril. Bussy, 1er mai 1672), t. II, p. 476-478-483, édit. G.; t. II, p. 402 à 415, édit. M. — *Recueil de gazettes*, p. 441 (5 mai 1672).

entière soumission. Louvois fomentait secrètement cette résistance des maréchaux en haine de Turenne, qu'il n'aimait pas ; mais Louis XIV ne se confiait pas uniquement à son ministre, et concertait lui-même ses plans de campagne avec Turenne et avec le prince de Condé. Ces deux grands capitaines correspondaient, pour les principales résolutions stratégiques, avec le monarque directement, et avec Louvois pour les besoins de leur armée et le détail des opérations militaires [1]. Louis XIV écrivait de sa main des instructions pour Louvois ; celui-ci faisait des rapports détaillés de tous les ordres donnés par lui au nom du roi. Le roi les renvoyait à Louvois après les avoir lus et avoir mis en marge ce qu'il approuvait ou désapprouvait, supprimant, modifiant, ajoutant au travail de son ministre, et dirigeant ainsi réellement par lui-même, jusque dans les moindres détails, toutes les opérations de la guerre, comme aussi les négociations qu'elle nécessitait.

Aussi se ressouvenait-il toujours avec un juste orgueil des succès de cette campagne, que Boileau immortalisa par un poëme [2], l'année même qu'elle se termina. Voici comme Louis XIV, dans les mémoires militaires qu'il a écrits longtemps après, résume lui-même d'une manière très-noble cette belle époque de sa vie [3] :

---

[1] Louis XIV, *Œuvres*, *Mémoires militaires*. Guerre de 1672, t. III, p. 115-193. — Griffet, *Recueil de lettres pour servir d'éclaircissements à l'histoire militaire du règne de Louis XIV*, t. I, p. 1-268.

[2] *Épistre au roi, du sieur D****; in-4° de 10 pages. Paris, Léonard, 1672. (Le permis d'imprimer, signé *la Reynie*, est daté du 17 août 1672.)

[3] Louis XIV, *Œuvres*, t. III, p. 199.

« Après avoir pris toutes les précautions de toutes les manières, tant par des alliances que par des levées de troupes, des magasins, des vaisseaux et des sommes considérables d'argent, j'ai fait des traités avec l'Angleterre, l'électeur de Cologne et l'évêque de Munster, pour attaquer les Hollandais ; avec la Suède, pour tenir l'Allemagne en bride ; avec les ducs d'Hannover et de Neubourg, et avec l'empereur, pour qu'ils ne prissent aucune part dans les démêlés qui allaient se mouvoir. Comme j'ai été obligé de faire des dépenses immenses de tous côtés pour cette guerre, tant devant que dans le fort de mes travaux, je me suis trouvé bien heureux de m'être préparé, comme j'ai fait depuis longtemps ; car rien n'a manqué dans mes entreprises ; et, dans le cours de cette guerre, je peux me vanter d'avoir fait ce que la France peut faire seule. Il en est sorti dix millions pour mes alliés ; j'ai répandu des trésors, et je me trouve en état de me faire craindre de mes ennemis, de donner de l'étonnement à mes voisins et du désespoir à mes envieux. Tous mes sujets ont secondé mes intentions de tout leur pouvoir : dans les armées par leur valeur, dans mon royaume par leur zèle, dans les pays étrangers par leur industrie et leur capacité. Pour tout dire, la France a fait voir la différence qu'il y a des autres nations à celle qu'elle produit [1]. »

Mais c'est à la promptitude de ses succès, c'est à la facilité avec laquelle il se contentait des résultats qui satisfaisaient son orgueil que sont dus les revers que Louis XIV subit à la fin de son règne. Ils le forcèrent enfin de convenir, à son lit de mort, qu'il avait trop aimé la guerre : non, s'il ne l'avait aimée que pour la grandeur de la France ; car s'il

---

[1] Louis XIV, *Œuvres*, t. III, p. 130.

eût alors consolidé, par une paix durable et d'utiles alliances, une partie de ses conquêtes, et s'il eût appliqué à la prospérité de l'agriculture et du commerce son aptitude aux grandes choses, il eût évité les reproches de sa conscience, et rien n'eût terni l'éclat d'un nom resté glorieux malgré tant de fautes.

Pour subvenir aux dépenses énormes de cette guerre, Colbert se vit forcé d'user de ressources ruineuses et d'aliéner les domaines de l'État : comme ils étaient inaliénables selon les lois, on viola les lois par un édit. Ce qui était un mal plus grave, pour faire enregistrer cet édit on corrompit les magistrats [1]; on augmenta les impôts, que Colbert faisait principalement peser sur l'agriculture, afin de protéger le commerce et l'industrie. Enfin, la Hollande était un pays éminemment protestant ; et ce fut un effet désastreux de la guerre contre cette république, qui s'était affranchie du joug d'un despote catholique et persécuteur, d'exciter, pour les souffrances qui lui étaient infligées par le monarque français, les sympathies des protestants de France ; de faire naître la défiance du monarque contre ceux de cette communion qui le servaient avec zèle et avec talent. De là des mesures de précaution et de sûreté qui lui aliénaient cette portion de ses sujets, presque tous hommes dévoués, magistrats pleins d'honneur, militaires éprouvés, riches commerçants, habiles manufacturiers. Sous ce rapport, on peut dire avec vérité que cette guerre contre la Hollande, qui paraît être la campagne la plus glorieuse du règne de Louis XIV, a au contraire été l'événement dont les conséquences devaient être les

---

[1] Louis XIV, *Œuvres*, t. V, p. 495. Lettre de Colbert au roi, en date du 5 mai 1672. — Clément *Histoire de Colbert*, p. 354.

plus funestes aux intérêts de la France et de son monarque.

Ce que les lettres de madame de Sévigné font bien ressortir sur les inconvénients de la guerre, c'est que chaque campagne était une cause de ruine pour la noblesse, principal soutien du trône. Tous ceux qui composaient la cour du roi et qui briguaient des commandements étaient endettés par le luxe de la cour, par les habitudes de jeu et de dissipation qui y régnaient; et comme il leur fallait acheter des chevaux, des armes, des équipages de guerre, pour pouvoir se rendre à l'armée, ils étaient obligés d'avoir recours aux usuriers, et s'endettaient encore : souvent ils n'avaient plus d'autre ressource que les libéralités du roi, toujours prodiguées au détriment des finances du royaume. Cette noblesse, qui par sa valeur se faisait en temps de guerre décimer sur les champs de bataille, était en temps de paix ou dans les intervalles des campagnes obséquieuse et mendiante auprès du pouvoir [1]. Madame de Sévigné fut contrainte à de grandes dépenses pour son fils; elle donna de l'argent à Barillon, pour le lui remettre pendant la campagne. Pour consoler son cousin Bussy de n'avoir pu obtenir du roi un commandement, elle lui dit que l'argent est si rare, et les emprunts qu'on est obligé de faire pour aller à la guerre si considérables et si difficiles qu'il peut se vanter d'être le seul homme de sa qualité qui ait conservé du pain [2]. Sans doute elle exagère; mais cette exagération prouve quelle était alors la détresse des courtisans et des hommes d'épée.

Madame de Sévigné se plaint du vide qui s'est fait dans

---

[1] SÉVIGNÉ, *Lettres* (22 avril 1672), t. II, p. 471, édit. G.

[2] SÉVIGNÉ, *Lettres* (24 avril 1672), t. II, p. 471 et 475, édit. G.; t. II, p. 400, édit. M.

Paris après le départ du roi pour l'armée ; elle exagère probablement le nombre des personnes qui en sont sorties, qu'elle porte à cent mille [1]. « Notre cardinal (de Retz), dit-elle, est parti hier ; il n'y a pas un homme de qualité à Paris ; tout est avec le roi, ou dans ses gouvernements, ou chez soi [2]. » Ceux qui n'étaient pas commandés pour cette expédition obtenaient de partir comme volontaires ; et madame de Sévigné flétrit par ses railleries le duc de Sully, qui, jeune, riche et en santé, « a soutenu de voir partir tout le monde, sans avoir été non plus ébranlé de suivre les autres que s'il avait vu faire une partie d'aller ramasser des coquilles [3]. » Cette espèce de désertion honteuse était due à sa jeune et jolie femme, qui se montrait plus jalouse de la conservation de son mari que de sa gloire. Ce duc se retira à Sully, où il vécut presque toujours en disgrâce et loin de la cour [4]. Sévigné n'était point commandé pour cette expédition ; et l'on voit que, malgré sa tendresse maternelle, madame de Sévigné eût plutôt engagé son fils à partir comme volontaire que de le voir rester oisif. Mais il n'en fut pas réduit à cette extrémité, et il put partir sous les ordres de son parent la Trousse, comme guidon des gendarmes du Dauphin [5], dont la Trousse était capitaine ; ce qui convenait

---

[1] SÉVIGNÉ, *Lettres* (27 et 29 avril 1672), t. II, p. 482-489, édit. G.; t. II, p. 406, 413, édit. M.

[2] SÉVIGNÉ, *Lettres* (29 avril 1672), t. II, p. 489, édit. G.

[3] SÉVIGNÉ, *Lettres* (29 août et 16 mai 1672), t. II, p. 489, et t. III, p. 29, édit. G.; t. II, p. 411 et 440, édit. M.

[4] SÉVIGNÉ, *Lettres* (22 juillet 1672), t. III, p. 107, édit. G.; t. III, p. 39, édit. M. Au chap. XII, p. 213 de ces *Mémoires* (3ᵉ partie, 2ᵉ édit.), au lieu de la duchesse de Sully, qui n'eut jamais de liaison amoureuse avec Louis XIV, il faut lire la princesse de Soubise.

[5] SÉVIGNÉ, *Lettres* (28 juillet 1672), t. V, p. 153, édit. M.

beaucoup à sa mère, parce qu'ainsi il se trouvait moins exposé. Cependant les alarmes de cette mère furent vives. Pour les calmer, Bussy lui écrivit une lettre toute militaire, où il apprécie à sa juste valeur le fameux passage du Rhin, si prodigieusement vanté, et décrit les dangers que courent à la guerre les officiers, selon la nature des armes et des grades. Il raconte aussi un propos fort graveleux du prince d'Orange, au sujet de l'opinion des jeunes filles sur les hommes, et des moines sur les guerriers. Cette plaisanterie fut bien accueillie par madame de Sévigné, et elle y répond avec beaucoup de gaieté. Son esprit était tranquille [1]; elle était rassurée par les lettres qu'elle avait reçues de son fils, qui lui annonçait la prise des villes, la Hollande presque entièrement conquise, la guerre terminée sans qu'il eût reçu aucune blessure.

Mais quelle douleur dans la famille des Longueville, des Condé, des la Rochefoucauld et parmi toutes les femmes de la cour, lorsqu'on sut qu'au fameux passage avait succombé, par sa faute et son imprudente audace, ce beau comte de Saint-Paul, cet unique et orgueilleux héritier d'une noble maison, cher aux dames, cher aux guerriers, et à l'existence duquel se rattachaient tant de souvenirs, tant d'espérance et tant d'amour! Il faut lire dans madame de Sévigné le récit touchant et pathétique des scènes occasionnées par cette mort illustre. Elle-même, gagnée par la sympathie de la douleur, n'hésite pas à déclarer que la Hollande est achetée trop cher par la perte du précieux rejeton du duc de Condé, pour lequel le duc de la Rochefoucauld avait une tendresse de père [2]. Cependant, au

---

[1] SÉVIGNÉ, *Lettres* (Lettre de Bussy, du 23 juin 1694), édit. M.

[2] SÉVIGNÉ, *Lettres* (26 juin, 22 juillet 1672), t. III, p. 65 et 106, édit. G.; t. II, p. 472, et t. III, p. 38, édit. M.

milieu de ces tristesses, madame de Sévigné n'oublie pas d'égayer sa fille sur les femmes de la cour qui avaient eu des liaisons amoureuses avec ce beau jeune homme et qui toutes voulaient avoir des conversations avec M. de la Rochefoucauld. Dans ce nombre de pleureuses, qui, dit-elle, décréditent le métier, sont : la comtesse de Marans, à laquelle madame de Sévigné prête un discours de consolation ridicule adressé à mademoiselle de Montalais, sa sœur ; madame de Castelnau, qui est consolée parce qu'on lui a rapporté que M. de Longueville disait à Ninon : « Mademoiselle, délivrez-moi donc de « cette grosse marquise de Castelnau. » « Là-dessus elle danse. Pour la marquise d'Uxelles, elle est affligée comme une honnête et véritable amie [1]. »

Ce fut à la reine que Louis XIV adressa la relation officielle du grand fait d'armes de cette campagne, le passage du Rhin ; ce fut à elle qu'il rendit compte de la prise des villes et des prodigieux succès de ses armes. Cette excellente princesse, incapable d'aucune intrigue, d'aucune brigue, n'occupait personne ; et personne ne s'occupait d'elle, même à la cour. La *Gazette officielle* rappelait seulement son rang et son existence toutes les fois qu'elle remplissait à sa paroisse ses devoirs de dévotion, ou qu'elle allait rendre visite et passer la journée aux Carmélites de la rue du Bouloir [2]. Louis XIV l'avait cependant fait dé-

---

[1] SÉVIGNÉ, *Lettres* (8 juillet 1672), t. III, p. 98 et 99, édit. G.; t. III, p. 31, édit. M.

[2] *Recueil de gazettes nouvelles*, 1673, in-4°, p. 48 et 71 (6 et 15 janvier 1672), p. 395 (17 avril 1672). A Saint-Germain en Laye la reine communie; le roi assiste à la grand'messe; Bourdaloue prêche, n° 113, p. 967 (23 septembre 1672). — *Ibid.*, p. 203, n° 139 (29 novembre 1672), p. 1256, n° 148 (12 décembre 1672).

clarer régente pour gouverner le royaume en son absence, conjointement avec un conseil de régence dont faisaient partie le garde des sceaux, le Tellier et Colbert [1] : c'est pourquoi il lui adressait directement ses dépêches. Cela était digne et bien ; mais ce qui n'était pas en harmonie avec une telle conduite, c'était l'éclat que Louis XIV donnait à ses amours ; c'était l'exemple de ses offenses publiques envers la religion et les mœurs. La Vallière fut condamnée à rester à Saint-Germain en Laye pendant l'absence du roi. Il semble que Louis XIV croyait nécessaire à sa dignité d'avoir une maîtresse en titre, car alors le règne de la Vallière était passé : Montespan l'avait remplacée. Celle-ci l'emportait sur sa rivale par sa beauté et par la supériorité de son esprit. Déjà elle avait eu de Louis XIV plusieurs enfants, et se trouvait enceinte et presque à terme lorsqu'il partit pour l'armée [2]. Cependant, comme elle était mariée, on dissimulait ses grossesses et ses accouchements ; mais madame de Sévigné était toujours bien instruite de ces choses, et avait soin d'en informer sa fille. Elle apprit d'abord vaguement qu'il y avait eu, au moment du départ, une entrevue pleine de tendresse et de touchants adieux [3]; mais ensuite, lorsqu'elle eut plus de détails, elle écrit à madame de Grignan :

---

[1] *Gazette officielle;* Louis XIV, *Mémoires militaires, Lettres à la reine* (12 juin 1672), t. III, p. 195 des *Œuvres*. (La régence de la reine fut déclarée en avril 1672.)

[2] Sévigné, *Lettres* (27 août 1672), t. II, p. 482, édit. G.; t. II, p. 410, édit. M. — *Ibid.* (29 avril 1672), t. II, p. 488, édit. G.; t. II, p. 413, édit. M.

[3] Sévigné, *Lettres* (4 mai 1672), t. II, p. 4, édit. G.; t. II, p. 419, édit. M.; t. II, p. 217 de l'édit. 1754, la première où cette lettre a été publiée.

« L'amant de celle que vous avez nommée *l'incomparable* ne la trouva point à la première couchée, mais sur le chemin, dans une maison de Sanguin, au delà de celle que vous connaissez. Il y fut deux heures; on croit qu'il y vit ses enfants pour la première fois. La belle y est demeurée avec des gardes et une de ses amies ; elle y sera trois à quatre mois sans en partir. Madame de la Vallière est à Saint-Germain; madame de Thianges est ici chez son père. Je vis l'autre jour sa fille; elle est au-dessus de tout ce qu'il y a de plus beau. Il y a des gens qui disent que le roi fut droit à Nanteuil; mais ce qui est de fait, c'est que la belle est à cette maison qu'on appelle *le Genitoy*. Je ne vous mande rien que de vrai; je hais et méprise les fausses nouvelles. »

Le *Genitoy* est un château isolé, entre Jossigny et Bussy Saint-George, près de Lagny, dont l'origine est antérieure au XIIe siècle. Ce château appartenait, lorsque madame de Montespan alla s'y établir, à Louis Sanguin, seigneur de Livry, premier maître d'hôtel du roi [1]; ce qui explique pourquoi madame de Sévigné était si bien informée. C'est là que madame de Montespan accoucha du comte de Vexin [2], le 20 juin, c'est-à-dire sept semaines après son entrevue. Louis XIV était parti à l'improviste, la veille du jour qu'il avait fixé, à dix heures du matin, suivi seulement de douze personnes, pour se trouver à ce rendez-vous ; et il rejoignit après toute sa suite, qui s'était dirigée sur la route de Nanteuil-le-Haudoin [3]. Si le roi vit là

---

[1] L'abbé LE BOEUF, *Histoire du diocèse de Paris*, t. VI, p. 202, p. 95 à 97.

[2] Cet enfant mourut en 1683.

[3] SÉVIGNÉ, *Lettres* (27 avril 1672), t. II, p. 482 et suiv., édit. G.; t. II, p. 406 et 410, édit. M.

pour la première fois, au château de *Genitoy*, les enfants qu'ils avait eus de madame de Montespan, madame Scarron, qui ne les quittait pas, devait être présente à cette entrevue : c'était donc l'amie de madame de Montespan que désignait madame de Sévigné : comme elle savait que sa fille la devinerait, elle s'abstient de la nommer.

De toutes les femmes que connaissait madame de Montespan, madame Scarron était celle qui pouvait le moins faire naître sa jalousie. La rigueur des principes religieux de la gouvernante de ses enfants, sa conduite si sage, si réservée écartaient d'elle tout soupçon. Le roi était encore dans le feu de la jeunesse et des passions, et, pour faire excuser ses propres faiblesses, il était plus disposé à les tolérer dans les autres qu'à y résister lui-même. Ainsi il usait de sa toute-puissance pour protéger contre de justes ressentiments la duchesse de Mazarin, qui voyageait incognito en aventurière en Italie et en France, afin de fuir le domicile marital[1], et qui allait partout répétant plaisamment ce cri général au temps de la Fronde : « Point de Mazarin ! » Le scandale donné par le roi, si nuisible aux bonnes mœurs, était encore plus fatal au bonheur des femmes de la cour. Paraissait-il une jeune femme pourvue de quelque attrait, appelée dans cette cour galante par sa naissance, le rang et les dignités de sa famille, elle était aussitôt assiégée par une foule de séducteurs aimables, puissants, adroits, qui avaient le plus souvent pour complices celles qui, par leur âge, leurs fonctions, leur haute position, auraient dû être les

---

[1] Sévigné, *Lettres* (6 février 1671), t. I, p. 309, édit. G. (15 avril 1676 et 27 février 1671). — Saint-Simon, *Mémoires authentiques*, t. X, p. 390 et 392. — Saint-Évremond, *Œuvres*, 1753, in-12, t. VIII, p. 64, 74, 76. — La Fayette, *Mémoires*, t. LXIV, p. 386.

protectrices de son innocence, les guides de son inexpérience.

Madame de Sévigné nous parle, dans ses lettres, de la marquise de Courcelles, qui était en prison et dont le procès attirait fortement l'attention publique ; madame de Sévigné disait, en plaisantant, que « ce procès allait faire renchérir les charges de juges. » Il est donc nécessaire de raconter les aventures singulières de cette victime de la corruption des cours [1].

La rivalité des ministres de Louis XIV, leurs intrigues pour l'élévation de leurs familles, l'abus qu'ils faisaient de leur pouvoir, les maux causés par l'ambition, la soif des richesses, l'emportement des passions et tout ce qui caractérise le mauvais côté d'une époque glorieuse se reflètent dans la vie de cette femme, dont les infortunes, malgré ses écarts, sont de nature à intéresser les cœurs les plus insensibles et les esprits les plus indifférents. D'ailleurs la vie de la marquise de Courcelles explique tant de choses dans l'histoire de ce temps, les noms de tous les personnages qu'elle met en scène reviennent tant de fois sous la plume de madame de Sévigné que ce serait mal remplir les promesses du titre de cet ouvrage si l'on ne faisait pas connaître une destinée aussi singulière.

[1] SÉVIGNÉ, *Lettres* (20 et 26 février 1671), t. I, p. 340, édit. G.; t. I, p. 260, édit. M. — (9 et 26 mars 1672), t. II, p. 339 et 357, édit. M. — (16 mars 1672), t. II, p. 362, édit. M. — (25 décembre 1675), t. IV, p. 147, édit. M.; t. IV, p. 274, édit. G. — (18 septembre 1678), t. V, p. 363, édit. M. — (27 septembre 1678), t. VI, p. 37, édit. G.

CHAPITRE VI.

1672.

HISTOIRE DE LA MARQUISE DE COURCELLES (1651-1685).

Naissance de Sidonia de Lenoncourt. — Elle entre au couvent de Saint-Loup, à Orléans. — Devient, par la mort de son père et de ses frères, une riche héritière. — Colbert veut la marier à un de ses frères. — Sa tante, l'abbesse de Saint-Loup, veut la retenir au couvent. — Le roi donne l'ordre de l'amener à la cour. — Elle est placée sous la direction de la princesse de Carignan. — Détails sur cette princesse, sur la comtesse de Soissons, sa belle-fille, et sur sa société habituelle. — Sidonia refuse Colbert de Maulevrier. — Menars, beau-frère de Colbert, en devient amoureux. — Louvois forme le projet de la séduire. — Il lui fait épouser le marquis de Courcelles. — Elle ne peut vivre avec son mari. — Louvois lui fait la cour. — Sa belle-mère, la duchesse de Bade et la marquise de la Baume sont les complices de Louvois. — Persécution qu'elle éprouve. — Elle devient amoureuse du marquis de Villeroi. — Elle s'entend avec lui pour tromper son mari. — Intrigues de Louvois et de la princesse de Monaco. — Langlée soupçonne ces mystérieuses intrigues. — L'abbé d'Effiat servait à les couvrir. — Comment il s'en récompensait. — Comment ce secret se dévoile à Saint-Cloud chez la duchesse d'Orléans. — Sidonia est abandonnée de Villeroi, et livrée aux persécutions de sa famille. — Elle fait une maladie grave. — Elle se retire au couvent de Saint-Loup. — Rétablit sa santé, et reparaît belle dans le monde. — Louvois revient à elle. — Elle a plusieurs amants, et mène une vie dissipée. — Louvois la fait enfermer au couvent des Filles Sainte-Marie, et ensuite à l'abbaye de Chelles. — Elle trouve, dans ces deux couvents, la duchesse de Mazarin. — Elle a des liaisons avec Cavoye. — Duel entre Cavoye et le marquis de Courcelles. — Sidonia est transportée au château de Courcelles, et gardée à vue. — Sa liaison avec Rostaing de la Ferrière. —

CHAPITRE VI.

Son mari lui intente un procès en adultère. — Elle est mise en prison à Château-du-Loir. — Condamnée à être cloîtrée et à être privée de sa dot. — Par le secours de M. de Rohan, elle s'échappe de prison, et va à Luxembourg. — Revient à Paris, se constitue prisonnière, et en appelle. — Ce que dit madame de Sévigné au sujet de ce procès. — S'évade encore de prison. — Va en Angleterre. — Y retrouve la duchesse de Mazarin. — Revient en France. — Du Boulay devient amoureux de Sidonia. — Il est son appui, et il la conduit à Genève. — Elle y est admirée et chérie. — Ce que disent d'elle Bayle et Gregorio Leti. — Détails sur ce dernier. — Madame de Sévigné parle de la fuite de Sidonia à Genève. — Ses sentiments pour du Boulay. — Jalousies de du Boulay. — Il la surprend avec un rival d'une condition inférieure. — Du Boulay dénonce sa conduite aux amis qu'elle avait à Genève. — Lettre touchante qu'elle lui écrit. — Se réfugie en Savoie. — Premier arrêt rendu sur son procès. — Mort du marquis de Courcelles. — Sidonia veuve revient à Paris. — Elle est arrêtée et conduite à la Conciergerie. — Elle y reçoit Gregorio Leti. — Dernier arrêt qui la condamne comme adultère. — Elle devient libre. — Elle épouse Tilleuf, capitaine de dragons, et meurt.

Marie-Sidonia de Lenoncourt était la fille de Joachim de Lenoncourt, marquis de Marolles, qui fut lieutenant général des armées du roi et gouverneur de Thionville[1]. Sa mère, Isabelle-Claire-Eugène de Cromberg, appartenait à l'une des plus illustres maisons d'Allemagne. Lenoncourt fut tué par un coup de canon[2]. Il eut quatre fils, qui périrent jeunes; deux avaient embrassé l'état ecclésiastique, les deux autres furent tués à la guerre. Aussitôt après la mort de son père, Sidonia fut enlevée à sa

---

[1] *Vie de la marquise* DE COURCELLES, *écrite en partie par elle-même*; Paris, 1808, in-12, p. VI.

[2] Conférez notre Vie de Maucroix, dans les *Nouvelles œuvres diverses de J. de la Fontaine*, et *Poésies de Maucroix*, 1820, in-8°, p. 173, 174, 215, note 4; la Chesnaye des Bois, note 1, *Dict. de la noblesse*, t. VIII, p. 607, n° 12.

mère, dont l'inconduite notoire et ensuite un second mariage contracté avec un homme sans naissance l'empêchèrent toujours de faire valoir les droits qu'elle avait sur sa fille. Agée alors de quatre ans, Sidonia fut confiée à sa tante Marie de Lenoncourt, abbesse de Saint-Loup, à Orléans. Celle-ci n'épargna rien pour l'éducation de sa nièce; et les plus excellents maîtres, secondés par des dispositions naturelles, développèrent en elle des grâces, un esprit et des talents dont la renommée franchit bientôt l'enceinte du couvent qui la dérobait aux regards des gens du monde.

Sidonia n'avait pas encore quatorze ans lorsque la mort du seul frère qui lui restait et d'une sœur la laissa unique héritière de tous les biens de sa famille et en possession de trois choses que les jeunes filles, dans leurs rêves les plus exaltés, considèrent comme les premiers éléments d'une félicité suprême : la liberté de se choisir un époux, une grande fortune et une éclatante beauté.

Sidonia a tracé d'elle-même un minutieux portrait[1]; et il est loin d'être flatté, si on le compare à celui qu'en a donné Gregorio Leti[2] dans sa lettre au duc de Giovanazzo, l'ambassadeur de Turin. Ce n'était pas cependant sa taille grande et élancée, les flots abondants de sa chevelure brune, qui encadrait si heureusement l'ovale de son visage aux couleurs fraîches et vives, ses traits fins et réguliers, sa physionomie mobile et spirituelle; ce n'était

---

[1] *Vie de la marquise* DE COURCELLES, *écrite en partie par elle-même*, p. 3.

[2] GREGORIO LETI, *Lettere sopra differenti materie;* 1701, 2 vol. in-8°, lett. 37, t. I, p. 193 ; et dans la *Vie de madame* DE COURCELLES, p. 166, 195, il célèbre « i lumi della più bella dama che ornì forse il nostro secolo in bellezza. »

pas ses mains charmantes, ses jambes fines et ses petits pieds, les gracieux contours de son cou, de ses épaules, de ses seins ; ce n'était pas dans ces attraits rarement réunis, mais qui pouvaient lui être communs avec d'autres beautés, que consistaient ses plus puissants moyens de séduction : ils résidaient entièrement dans l'effet irrésistible de son regard et de sa parole. Ses yeux n'étaient ni bleus ni bruns, mais d'une couleur qui tenait de ces deux nuances : presque toujours et naturellement à moitié ouverts, ils lançaient à son gré des flammes d'un éclat si doux et si mystérieux qu'elles attendrissaient les natures les plus insensibles. Quand elle parlait, le son harmonieux et touchant de sa voix, ses discours si faciles et si pleins de charme, versaient son âme dans la vôtre, et la transformaient à son gré [1].

Lorsqu'à la cour il fut connu que la jeune héritière des Lenoncourt était nubile, on s'occupa de la marier, et un grand nombre de partis s'offrirent. Colbert, qui ne négligeait aucune occasion de grandir sa famille, forma le projet de donner pour époux à Sidonia son frère Maulevrier [2] ; et il obtint pour ce projet le consentement du roi. Dès lors il s'inquiéta peu de celui de la jeune fille, ne doutant pas qu'il ne pût la contraindre, si elle refusait à le donner.

Par sa gaieté, son esprit, ses grâces, l'égalité de son humeur, son caractère facile, quoique résolu et entier, Sidonia s'était fait chérir de ses compagnes et des religieuses ; mais sa tante l'aimait avec une tendresse comparable à celle

---

[1] GREGORIO LETI, *Lettere* dans la *Vie de la marquise* DE COURCELLES, p. 194. « Da ogni sua sillaba si forma una nuova anima di chi l'ascolta. »

[2] *Vie de la marquise* DE COURCELLES, p. 6.

de madame de Sévigné pour sa fille. Marie de Lenoncourt ne pouvait même supporter l'idée d'être obligée de se séparer de sa nièce. Permettre que dans un âge si tendre elle vécût à la cour, c'était lui ravir le fruit de l'éducation religieuse qu'elle lui avait donnée ; la marier sans qu'elle eût aucune connaissance du monde, c'était risquer et détruire son bonheur dans l'avenir. — N'importe : Louis XIV ne pouvait souffrir qu'une simple abbesse mît obstacle à ses volontés ; et, sur son refus, il envoya, dans une de ses voitures, des femmes chargées d'enlever Sidonia à celle qui lui avait servi de mère. Douze gardes et un exempt chargé de signifier l'ordre du roi les accompagnaient. Marie de Lenoncourt résista en pleurant à cet ordre inhumain ; il fallut arracher Sidonia de ses bras ; et lorsque celle-ci partit, l'abbesse la suivit dans son carrosse, et ne se décida à retourner à son couvent qu'après que les ravisseurs lui eurent refusé de la conduire elle-même au roi. Sidonia avait appris que récemment plusieurs jeunes seigneurs s'étaient proposés pour l'épouser ; elle avait entendu parler de la cour comme d'un séjour de délices et de féerie : jouir des plaisirs qu'on y goûtait était depuis quelque temps l'objet de ses rêves les plus délicieux. Elle savait que, par sa fortune et la perte de tous les siens, elle ne devait dépendre que de sa propre volonté ; et Marie de Lenoncourt, en lui inculquant l'idée des droits que lui donnait sa noblesse au respect et aux égards, avait encouragé son orgueil à considérer comme un privilége de naissance la conservation de son indépendance et la faculté de suivre en tout ses penchants et ses caprices. Sa vanité de jeune fille fut singulièrement flattée que le roi eût pensé à elle pour la faire sortir du cloître ; et toutes les passions de l'adolescence, qui fermentaient en elle, acquirent plus d'intensité par cet événement inattendu. Cependant, comme elle se sentait coupable d'ingratitude en se séparant avec joie de sa respectable parente, elle dissimula, et opposa de la résistance à celles qui voulaient l'emmener. Au moment du départ, par une inspiration enfantine, elle se déroba pendant quelques instants à celles qui la gardaient, et elle alla se cacher dans le feuillage qui entourait la margelle d'un puits, où elle faillit tomber et se noyer; mais, comme elle l'avait bien prévu, on sut promptement la reprendre. Le carrosse qui la transportait rompit deux fois avant de sortir de la ville : elle parut s'en réjouir, sachant bien que ces petits accidents retardaient son départ, mais ne l'empêcheraient pas [1].

Aussitôt après son arrivée à Paris, elle fut présentée au roi en habit de pensionnaire du couvent. Louis XIV lui dit qu'il récompenserait en elle les services que sa famille lui avait rendus, et qu'elle pouvait compter sur sa protection. Il lui laissa le choix de demeurer auprès de la reine ou auprès d'une princesse du sang. La jeune fille, à laquelle de perfides conseils avaient déjà été donnés, choisit la princesse de Carignan.

Marie de Bourbon, princesse de Carignan, était la veuve de Thomas-François de Carignan, dont le fils, comte de Soissons, avait épousé Olympe Mancini, qui demeurait avec elle. Olympe Mancini, la plus dangereuse, la plus perverse des nièces du cardinal Mazarin, aimée du roi dans sa première jeunesse [2], conservait encore alors, par ses intrigues, de l'influence sur lui. Dans l'hô-

---

[1] *Vie de la marquise* DE COURCELLES, *écrite par elle-même*, p. 7.
[2] Madame DE LA FAYETTE, *Hist. de Henriette d'Angleterre*, t. LXIV, p. 406.

tel de Soissons, que fréquentait la duchesse de Chevreuse, amie intime de la princesse de Carignan, vivait aussi la princesse de Bade, ayant les mêmes inclinations, la même réputation que les trois autres[1].

C'est à ces femmes, initiées à toutes les intrigues et à tous les vices de la cour, que fut confiée, à peine âgée de quatorze ans, la nièce de la respectable abbesse de Saint-Loup, la riche héritière des Lenoncourt.

En peu de mois on parvint facilement à étouffer les principes religieux que les instructions du couvent avaient inculqués dans Sidonia, mais n'avaient pu faire prévaloir sur ses inclinations pour le monde.

Huit jours après son arrivée, on lui parla de son mariage, projeté et comme arrêté, avec le frère du ministre Colbert. Intimidée, elle n'eut pas la force de refuser ouvertement ; mais cette proposition lui déplut. L'alliance des Colbert, sortis récemment de la roture, lui paraissait peu digne d'elle ; et elle fut outrée du soin que prit le ministre de monter sa maison, de choisir ses femmes, ses gens sans la consulter. Il était évident qu'on avait formé le projet de lui ravir cette indépendance qu'elle s'était promis de garder et de défendre avec résolution. Heureusement Maulevrier était en Espagne ; et, quoiqu'on lui eût écrit de revenir, il ne pouvait être de retour avant trois semaines.

Dans cet intervalle, Menars, frère de madame Colbert, qui fut depuis premier président, alors fort jeune, était devenu éperdument amoureux de Sidonia. Il s'introduisit subitement dans sa chambre[2], et lui fit une telle frayeur qu'elle s'évanouit et se fit une blessure à la tête. Cette aven-

---

[1] LA FAYETTE, *Histoire de madame Henriette*, t. LXIV, p. 406.

[2] *Vie de la marquise* DE COURCELLES, p. 12.

ture lui servit de prétexte pour rompre avec la famille Colbert, et refuser Maulevrier, qu'elle n'avait jamais vu.

La jeune Sidonia ne pouvait deviner qu'en agissant ainsi elle n'était que l'instrument des femmes perfides qui la dirigeaient. La princesse de Carignan, la duchesse de Bade et la comtesse de Soissons semblaient favoriser les Colbert, et invitaient sans cesse chez elles tous ceux de cette famille; mais elles étaient au contraire secrètement liguées avec Louvois, l'ennemi de Colbert. Louvois aimait les femmes; il savait s'en faire aimer et employer, pour s'en assurer la conquête, tous les moyens de séduction. Les charmes de Sidonia l'avaient vivement frappé. Si elle se mariait à un Colbert, la crainte de s'attirer le courroux du roi son maître l'eût empêché de penser à elle. Louvois était aussi envieux de l'élévation de la famille de Colbert que Colbert l'était de la sienne. Louvois ne voulait pas que Colbert s'appropriât la fortune d'une si riche héritière. Pour la satisfaction de sa haine et de son amour, il fallait donc faire rompre le mariage projeté; mais comme le roi et Colbert étaient d'accord, il ne pouvait parvenir à son but que par Sidonia elle-même.

Afin de faire réussir un tel dessein, il était nécessaire que Sidonia se mariât. Louvois n'avait pas alors entrée au conseil; il n'avait pas le rang de ministre, mais il en avait toute la puissance. Il ne pouvait cependant entretenir de coupables liaisons avec une jeune fille d'une si haute naissance, dont le roi était le protecteur et en quelque sorte le tuteur. Il résolut donc de la faire épouser à un militaire qui aurait besoin de lui pour son avancement; et il jeta les yeux sur Charles de Champlais, lieutenant général d'artillerie, marquis de Courcelles, neveu du maréchal de Villeroi. Louvois savait que cet homme était, quoique assez bien de sa personne, rude et grossier, et peu propre à plaire à une jeune femme. Courcelles était perdu de dettes et de débauches, et Louvois pouvait le maintenir facilement dans sa dépendance. Par sa naissance, Courcelles n'était nullement un parti sortable pour Sidonia de Lenoncourt : cependant, fort de l'appui de toutes les femmes ses complices qui entouraient la jeune héritière, il se présenta ; et, à peine âgée de seize ans [1], obsédée par les conseils intéressés de la famille des Villeroi, de la princesse de Carignan, des duchesses de Mazarin et de Bade et de tous leurs amis, en haine des Colbert, qui voulaient disposer d'elle par ordre du roi, Sidonia admit Courcelles au nombre de ceux qui prétendaient à sa main. Cependant elle avait pour ce mariage plus de répulsion que d'inclination ; mais on lui donna l'assurance que jamais son mari ne la forcerait à quitter Paris et la cour, et qu'on insérerait même cette promesse dans son contrat. Courcelles n'était ni frère ni fils de ministre, et il ne pouvait se prévaloir de sa réputation d'homme de guerre ni de son rang pour gêner Sidonia dans son indépendance ; et comme c'était pour en jouir pleinement qu'elle désirait surtout prendre un époux, elle finit par préférer Courcelles à tous ceux qu'on lui avait présentés, et donna son consentement.

Ce mariage se fit avec une pompe extraordinaire. Le roi signa le contrat ; la reine vint souper à l'hôtel de Soissons, et, selon une pratique d'étiquette dont nous trouvons quelques rares exemples dans ce siècle, la reine fit à Sidonia l'honneur de lui donner la chemise [2].

---

[1] COURCELLES, *Vie*, p. 6, 14, 19. — GREGORIO LETI, *Lettere*, t. I, p. 37, et la suite de la *Vie de madame* DE COURCELLES, p. 169.

[2] *Vie de la marquise* DE COURCELLES, *écrite par elle-même*,

Mais combien fut cruel, dès le soir même de ce jour si brillant, le désenchantement de la mariée! A peine la porte de la chambre nuptiale se fut-elle refermée sur elle que, dès les premiers mots que prononça Courcelles, Sidonia apprit qu'il l'avait indignement trompée, et qu'au lieu d'un amant complaisant elle avait un mari soupçonneux, dont l'intention était de la dominer par la crainte et de la maintenir dans un dur esclavage. Sa colère ne connut plus de bornes, et, avec tout l'imprudent emportement de son âge, elle le repoussa avec fureur; elle répondit à ses insolentes menaces par les expressions les plus fortes de la haine et du mépris. Le mariage ne put être consommé. Elle a dit depuis en justice qu'il ne le fut jamais, mais elle avait ses motifs pour parler ainsi; on sait par elle-même que cette assertion était fausse [1]. Courcelles, ne pouvant l'intimider, essaya d'autres moyens pour la dominer, et l'apaisa en lui donnant des pages, de beaux chevaux, de belles voitures, enfin un somptueux état de maison. Elle en fut ravie, et vécut alors en bonne intelligence avec lui; mais ce commerce, qui ne dura que quelques semaines, contribua encore à accroître l'aversion qu'il lui avait inspirée dès le premier moment. Elle-même saisit toutes les occasions de déclarer qu'elle ne pouvait ni ne voulait lui accorder sur elle tous les droits d'un mari, et que leur désunion était complète et définitive : c'était annoncer qu'elle allait se choisir un amant. Malgré la surveillance que Courcelles exerçait sur elle, en peu de temps elle reçut un grand nombre de déclarations. Tous les pré-

p. 16, 19, 22. — Saint-Simon, *Mémoires authentiques*, t. V, p. 103; t. X, p. 449.

[1] *Vie de la marquise* de Courcelles, *écrite par elle-même*, p. 17 et 171. — Gregorio Leti, *Lettere*, t. I, n° 137, ou p. 171.

tendants s'écartèrent quand Louvois fut revenu de la guerre de Flandre, à la fin de 1666. Courcelles demeurait dans l'enceinte de l'Arsenal, et ses fonctions l'attachaient à cet établissement militaire. Par ses fréquentes visites au parc d'artillerie et chez Courcelles, on s'aperçut bientôt que Louvois était amoureux de Sidonia. Louvois avait alors trente-six ans, et était depuis quatre années marié à Amédée de Souvré, marquise de Courtenvaux, riche héritière et d'une des premières maisons de France. Ce mariage d'ambition n'avait pas réformé ses mœurs : il avait toute la confiance du roi, et le pouvoir dont il jouissait lui donnait des moyens faciles pour se procurer des complices de ses projets sur Sidonia. Elle ne fut plus entourée que de personnes qui conspiraient contre elle en faveur d'un amant puissant. Elle vit avec surprise que son mari était à la tête de cette ligue infâme, et que lui, sa belle-mère, la duchesse de Bade, la marquise de la Baume [1], cette maîtresse de Bussy si odieuse à madame de Sévigné, s'employaient tous pour servir la passion de Louvois. Ce qui parut le plus méprisable à Sidonia, c'est que ces princesses, ces femmes titrées, ces grands seigneurs se desservaient, se calomniaient mutuellement, intriguaient les uns contre les autres auprès de Louvois, afin d'être exclusivement employés, et se faire à ses yeux le mérite d'avoir seuls contribué à lui fournir les moyens de triompher d'elle [2]. Louvois, s'apercevant du dégoût que tant de

---

[1] *Vie de la marquise* DE COURCELLES, p. 22. — CONRART, *Mémoires*, t. XLVIII, p. 258. — MONTPENSIER, *Mémoires*, t. XLII, p. 400. — SÉVIGNÉ, *Lettres* (26 juillet 1668), t. I, p. 184 et 187. — (16 septembre 1673), t. III, p. 195. — BARRIÈRE, *la Cour et la Ville*, p. 45.

[2] *Vie de la marquise* DE COURCELLES, *écrite par elle-même*, p. 22 et 23.

bassesse inspirait à Sidonia, résolut d'agir près d'elle sans intermédiaire. Quand il était absent et ne pouvait l'entretenir, il lui écrivait des lettres passionnées, qui flattaient l'orgueil de cette jeune femme, mais qui ne pouvaient vaincre sa répugnance, quoiqu'elle fût disposée à le trouver aimable [1]. Mais ce que Louvois croyait être le plus utile au succès et donner plus de prix à ses poursuites lui nuisait. Il pouvait faire intervenir la volonté du roi, bien qu'il ne fût pas encore ministre en titre. Par la confiance que Louis XIV avait en lui, il était plus puissant qu'un ministre; ce qui déplaisait à Sidonia. Elle ne voyait en Louvois qu'un second Colbert qui voulait l'assujettir, et lui enlever pour jamais son indépendance. Un jour Louvois, profitant du libre accès que lui donnaient auprès d'elle ses intelligences avec tous ceux qui l'entouraient, vint la voir à onze heures du soir, lorsqu'elle était prête à se mettre au lit et que ses lumières étaient éteintes [2]. Cette audace l'offensa, et elle lui répondit de manière à l'empêcher de prolonger sa visite. La princesse de Bade, trois jours après, au lever de la reine, raconta ce fait de manière à faire croire que Sidonia avait cédé aux désirs de Louvois.

Sidonia, donnant un libre cours à la calomnie, laissa s'établir cette croyance. L'aversion qu'elle témoignait hautement pour son mari la rendait très-indifférente sur le soin de sa réputation : cette erreur, en outre, lui servait à tromper tout le monde et à envelopper d'un profond mystère le secret d'un amour qui fut peut-être le seul

---

[1] *Vie de la marquise* DE COURCELLES, *écrite par elle-même*, p. 24 et 25.

[2] *Vie de la marquise* DE COURCELLES, *écrite par elle-même*, p. 19. — *Recueil de chansons historiques*, Mss. de la Bibl. royale, vol. III, p. 67.

qu'elle ait jamais éprouvé et qui, comme tout premier amour, remplissait son cœur de tendresse et de volupté.

Elle avait fait son choix, elle avait un amant : c'était un cousin germain de son mari; elle pouvait le voir chez elle fréquemment sans choquer les convenances, sans faire naître aucun soupçon. Ce cousin, c'était le beau, le brillant, le célèbre (célèbre à la cour, mais nullement encore à l'armée), c'était, dis-je, le marquis de Villeroi [1], ami du roi, compagnon de son enfance, type des grands seigneurs de la jeune noblesse, aimable, héros de toutes les fêtes, donnant les modes; enfin, celui que madame de Coulanges ne nomme jamais que *le charmant* [2].

Quand Sidonia s'éprit du marquis de Villeroi, il était aimé de la princesse de Monaco, qui lui avait sacrifié le duc de Lauzun. Mais, pure encore de toute intrigue galante, plus jeune, plus belle, Sidonia était pour le marquis de Villeroi une conquête plus désirable, plus glorieuse, plus honorable (qu'on m'excuse de profaner ce mot, pour m'assujettir au langage immoral de cette époque). Il fut donc facile à Sidonia d'obtenir de Villeroi le sacrifice de la princesse de Monaco. Elle se fit livrer toutes les lettres qu'il avait reçues de celle-ci et même celles de Lauzun [3], que madame de Monaco avait eu l'imprudence de remettre à son nouvel amant. Comme Villeroi

---

[1] *Vie de la marquise* DE COURCELLES, *écrite par elle-même*, p. 35. Elle dit *le duc de Villeroi*, parce qu'elle a écrit après la mort de son père.

[2] SÉVIGNÉ, *Lettres* (10 février et 10 septembre 1672), t. II, p. 321. — Lettres de madame de Coulanges, dans SÉVIGNÉ, *Lettres* (24 février 1673, 20 mars 1673), édit. G.; t. III, p. 50-73, édit. M.

[3] Voyez la 2ᵉ partie de ces *Mémoires*, chap. II, t. II, p. 46.

avait des ménagements à garder avec Louvois, et que Sidonia, de son côté, devait soigneusement dérober le secret de ses sentiments à son mari, à tout ce qui l'entourait et la surveillait, il fut convenu, entre elle et Villeroi, que lui ne romprait pas avec la princesse de Monaco, et qu'elle, de son côté, dissimulerait avec Louvois, et entretiendrait ses espérances.

Mais Sidonia était bien jeune, bien inexpérimentée et surtout trop fortement dominée par ses passions pour jouer avec succès une si difficile partie : elle n'en pouvait prévoir les dangers. Langlée fut le premier qui soupçonna l'amour de Sidonia pour Villeroi. Né de la domesticité du château, familier avec tous, même avec le roi, Langlée, dès sa plus tendre enfance, n'avait en quelque sorte respiré d'autre air que celui de la cour, et il en connaissait les plus obscurs réduits et les plus honteux mystères. Par ses richesses, son faste et son jeu, il avait acquis l'importance d'un grand seigneur. Louvois avait eu recours à lui pour être l'entremetteur de ses amours avec Sidonia. Langlée, trop expérimenté pour faire part de ses soupçons à Louvois, en parla à Courcelles. Celui-ci, pour forcer Louvois à des concessions et à des faveurs, voulait qu'il ne dût qu'à lui seul la possession de sa femme. Il fit donc à Sidonia de violents reproches de son inclination pour Villeroi ; il interdit à celui-ci l'entrée de sa maison. Comme il ne pouvait ou ne voulait pas en agir ainsi à l'égard de Louvois, il emmena pendant quelque temps Sidonia à Marolles, puis il la ramena à Paris. Aussitôt qu'elle n'eut plus la liberté de recevoir chez elle son amant, Sidonia chercha les moyens de le voir ailleurs. Elle accepta la proposition que lui fit Villeroi de se donner rendez-vous chez un ami. L'abbé d'Effiat occupait à l'Arsenal, près de l'hôtel de Courcelles, un très-bel appartement qui lui avait été donné par le duc de la Meilleraye, son beau-frère. Fils du maréchal d'Effiat, l'abbé (qui n'était point dans les ordres, puisque madame de Sévigné nous parle de son mariage projeté) était un des plus jolis hommes de son temps[1] : formé à l'école de Ninon, qui l'avait pendant quelque temps placé au nombre de ses amants, il était tellement dangereux pour les femmes que, par ce seul motif, Louis XIV crut devoir l'exiler de sa cour. Madame de Sévigné, qui trouvait le jeune abbé aimable, l'appelait par plaisanterie *son mari*[2]. Il avait été un des premiers à tenter la conquête de Sidonia. Villeroi l'ignorait, et Sidonia se garda bien de l'en instruire. D'un autre côté, Louvois savait que Louis XIV avait eu les yeux assez éblouis par la beauté de la princesse de Monaco pour en faire l'objet d'une infidélité passagère, et que le jeune Villeroi, croyant n'avoir à la disputer qu'à Lauzun, avait été quelque temps rival du monarque sans s'en douter.

Ainsi, par le dévouement de l'abbé d'Effiat, par le silence de Langlée, Louvois était dans une complète illusion, et ne soupçonnait pas que Villeroi eût seulement une pensée, un désir pour la marquise de Courcelles. La princesse de Monaco, de son côté, était bien loin de se douter que les lettres qu'elle écrivait à Villeroi étaient toutes décachetées par Sidonia, et que les réponses de Villeroi à ces lettres, quand il était à l'armée, n'étaient faites que

---

[1] Sévigné, *Lettres* (14 septembre 1675), t. III, p. 469. — (9 et 29 octobre 1675), t. IV, p. 30 et 33. — (4 août 1677), t. V, p. 170, édit. M. — Saint-Simon, *Mémoires authentiques*, t. II, p. 245. — Montpensier, *Mémoires*, t. XLI, p. 268.

[2] Sévigné, *Lettres* (28 octobre et 1er novembre 1671).

sur des extraits que Sidonia envoyait à son amant.

De la position où le manége d'une jeune femme de dix-sept ans plaçait tant de personnages sans conscience en amour résulta une complication d'événements imprévus et d'intrigues, telle qu'aucun auteur dramatique n'oserait en risquer une semblable sur la scène. D'après le récit confus et plein de réticences que la marquise de Courcelles en a fait elle-même, il est difficile de bien comprendre les circonstances des actions qu'elle fait connaître et de se rendre compte des motifs qu'elle leur assigne.

Ce qui est certain, c'est qu'elle était en proie aux deux passions qui anéantissent le plus complétement en nous l'empire que, par la raison, nous exerçons sur nous-même. Sa haine pour son mari égalait son amour pour Villeroi. La nécessité où elle s'était trouvée d'avoir à se défendre, dès son entrée dans le monde, contre les piéges et les embûches de ceux qui voulaient par la violence s'emparer de sa fortune, et la rendre victime de leur ambition ou se venger de ses refus, lui avait appris de bonne heure à connaître la puissance de ses moyens de séduction. Le besoin qu'elle eut de les employer sans cesse, les exemples que lui donnait le monde au milieu duquel elle vivait contribuèrent, encore plus que sa fougueuse nature, à étouffer en elle le sentiment de la pudeur. Elle ne trouvait pas que les passagères surprises des sens portassent aucune atteinte à la sincérité du cœur; et elle se persuada qu'on pouvait, sans scrupule, être à la fois constante et infidèle. Ainsi, pour pouvoir continuer sa liaison avec Villeroi et mieux s'assurer de la discrétion de l'abbé d'Effiat[1], elle fut forcée

---

[1] *Vie de la marquise* DE COURCELLES, *écrite en partie par elle-même;* Paris, 1808, in-12, p. 35.

de souffrir que celui-ci mît à profit pour l'amour les services qu'il rendait à l'amitié. Louvois avait confié à la princesse de Monaco ses desseins sur Sidonia ; il désirait qu'elle engageât Villeroi à agir pour lui auprès de sa jeune cousine. Villeroi y consentit : pour ne pas éveiller les soupçons, il écrivit à son amante les motifs qu'il avait pour qu'elle se montrât aimable envers Louvois. Elle était d'autant plus portée à se prêter à ce qu'on lui demandait qu'elle voulait se servir de ce dernier pour se soustraire aux persécutions de son mari et de sa belle-mère. De la part de l'un et de l'autre, ces persécutions avaient pour but de se montrer auprès de Louvois les seuls qui pussent disposer d'elle. Pour prix de ses complaisances, Sidonia exigea de Louvois de n'être plus gênée dans sa liberté, et de n'accueillir aucune des demandes qui lui seraient faites par son mari et par la famille de son mari.

L'amour-propre de Louvois fut flatté de ne devoir qu'à lui-même les progrès qu'il croyait avoir faits dans le cœur de Sidonia, et de n'avoir pas à acheter un succès peu flatteur par des grâces imméritées. Courcelles était entièrement dans sa dépendance pour son avancement et sa fortune ; et il suffit à Louvois de montrer un visage sévère et d'exprimer son mécontentement pour que Sidonia se vît entièrement libre. Elle devint l'objet des attentions et des flatteries d'une famille qui n'avait eu pour elle que des rigueurs et qui la détestait. Mais, pour obtenir un tel résultat, elle fut forcée d'engager son indépendance, et de faire cesser la longue résistance qu'elle avait opposée à Louvois. Celui-ci fut glorieux et ravi de faire rejaillir sur elle tout le crédit et la considération que pouvait lui donner la réputation d'avoir soumis au pouvoir de ses charmes un homme si puissant, en si grande faveur auprès du monarque. Louis XIV venait de le nommer ministre, et de lui donner entrée au conseil. C'est alors qu'on vit Sidonia paraître à la cour. Par sa folâtre gaieté, son esprit vif et brillant, ses manières gracieuses et enfantines, elle plut singulièrement à Henriette, duchesse d'Orléans, et, toujours désirée, elle fut un ornement de toutes les fêtes et de tous les divertissements que donnait cette princesse. Ainsi tout réussissait à Sidonia ; son orgueil, son amour, sa haine, ses penchants aux déréglements de la coquetterie, tout se trouvait satisfait. Mais un bonheur ourdi par tant de perfidies ne devait pas durer longtemps ; et le secret de ses ruses libertines fut enfin révélé par ses imprudences et par celles de son amant.

Ce fut en 1667 : la guerre commençait ; le roi, sa cour et les ministres allèrent rejoindre l'armée. Louvois et Villeroi étaient du nombre. Sidonia était restée à Saint-Cloud avec la duchesse d'Orléans [1]. Celle-ci recevait souvent les visites de madame de Monaco, qu'elle aimait. La vue de cette rivale réveilla la jalousie de Sidonia. C'était Sidonia qui, à l'insu de madame de Monaco, faisait passer à celle-ci les lettres que Villeroi n'avait cessé de lui écrire : Sidonia les recevait avec les siennes, sous une même enveloppe, par des courriers dont Louvois signait lui-même les passe-ports. Mais, fatiguée d'être ainsi l'instrument de la joie que ces lettres causaient à madame de Monaco, Sidonia obtint de Villeroi qu'il lui écrirait plus rarement, et qu'il lui enverrait des courriers sans autres dépêches que les lettres qui lui étaient destinées. On avait pris Oudenarde (31 juillet), et le duc de Gramont avait été chargé d'en

---

[1] LA FAYETTE, *Histoire de madame Henriette, Mém.*, t. LXIV, p. 446.

apporter la nouvelle à la reine. Aussitôt après cet événement, le marquis de Villeroi avait envoyé secrètement Charleville, son valet de chambre, pour porter ses dépêches à la marquise de Courcelles [1]. Charleville arriva avant le duc de Gramont ; et l'envie de répandre la première une nouvelle agréable fit que Sidonia parla de la prise d'Oudenarde, sans dire par quel moyen elle en avait été instruite. Lorsque Gramont en toute hâte arriva à Paris, la cour connaissait déjà la nouvelle qu'il apportait. On se demanda par qui cette nouvelle avait été dite en premier, et on ne put le savoir. Charleville, selon les instructions qu'il avait reçues, s'était caché aussitôt après avoir remis à Sidonia ses dépêches, et n'avait point paru à l'hôtel de Villeroi. Mais, s'ennuyant dans sa retraite, il crut concilier les ordres de son maître et son envie de voir le jour en se déguisant en Polonais. Ainsi accoutré, il parut dans la cour du château de Saint-Germain en Laye. C'était justement l'heure où la reine sortait pour aller au salut. Comme toutes les femmes qui l'entouraient, la reine fut frappée de l'habillement du faux Polonais ; on lui ordonna d'approcher, et il fut contraint d'obéir. Parmi les femmes qui composaient en ce moment le cortége de la reine se trouvaient la princesse de Monaco, la marquise de Courcelles et sa belle-mère. Celle-ci reconnut aussitôt Charleville, et l'appela par son nom. Pour la princesse de Monaco, dont les craintes jalouses avaient été éveillées par l'interruption de sa correspondance avec Villeroi, ce fut un trait de lumière soudain et terrible, comme l'éclair qui précède la foudre. Tous ses soupçons furent confirmés, et tous les mystères

---

[1] Marquise DE COURCELLES, *Vie écrite par elle-même*, p. 39.

devinés par un seul regard jeté sur Sidonia, qui ne sut ni composer son visage ni déguiser le trouble de son âme. La princesse de Monaco trouva la belle-mère de Sidonia, sa belle-sœur, la marquise de la Baume et son mari empressés à s'associer à sa vengeance : elle fut cruelle. L'appartement qu'occupait Sidonia fut fouillé ; ses cassettes furent ouvertes, et on y trouva non-seulement les lettres que Villeroi lui avait écrites, mais encore toutes celles qu'il lui avait remises particulièrement, et les lettres que madame de Monaco avait adressées à Puyguilhem, depuis duc de Lauzun.

La princesse de Monaco intéressa toute la cour à sa douleur, et l'on fut révolté de la perfidie de Villeroi. Sa complice devint un objet de colère et de réprobation pour tous ceux qui l'avaient accueillie et protégée ; MADAME surtout ressentit vivement l'insulte faite à une princesse qu'elle aimait et qui était la surintendante de sa maison [1]. Sidonia retomba sous le joug oppresseur et insultant de son mari, de sa belle-mère, de sa belle-sœur, qui la séquestrèrent et l'empêchèrent de faire un pas sans être suivie et surveillée. Elle se consolait de toutes ses disgrâces par la certitude qu'elle croyait avoir d'être aimée de Villeroi. Les lettres qu'elle lui écrivait furent interceptées, et elle ne reçut point de réponse. Les inquiétudes et les serrements de cœur que ce silence lui fit éprouver lui faisaient répandre des larmes durant le jour et passer les nuits sans sommeil ; mais quand elle apprit que, par la crainte d'encourir la disgrâce de Louvois, de MONSIEUR et du roi lui-même, Villeroi avait promis de l'abandonner, de ne plus lui écrire, de ne plus la revoir,

---

[1] SAINT-SIMON, *Mémoires authentiques*, édit. 1829, in-8°, t. VI, p. 394. Comme la comtesse de Soissons l'était de la maison de la reine, et la princesse de Conti (Martinozzi) de celle de la reine mère.

elle qui n'avait foi qu'en l'amour, qui alors pour Ville-roi aurait sacrifié l'univers entier, s'abandonna à un tel désespoir qu'elle eut une fièvre maligne qui dura quarante jours et qui la mit aux portes du tombeau. Elle reçut l'extrême-onction ; sa mort fut annoncée dans la *Gazette*, qui eut à se rétracter et qui devait par la suite faire plus d'une fois mention de ses étranges aventures. Elle fut soignée avec beaucoup de sollicitude par ceux dont elle était haïe, parce qu'ils craignaient, si elle mourait sans faire de testament, d'être privés de la jouissance de ses grands biens. Durant sa convalescence, on n'osa pas la gêner dans sa liberté.

Sa maladie lui avait fait perdre sa belle chevelure ; et lorsque la fièvre l'eut quittée, ses yeux caves, son visage pâle, amaigri la faisaient ressembler à un spectre sorti de la tombe [1]. Un jour elle alla se promener, contre son ordinaire, sans son carrosse, sans les gens de sa livrée, mais dans la voiture de la comtesse de Castelnau, qui la conduisit à la porte Saint-Bernard : elle y rencontra plusieurs personnes avec lesquelles elle était liée, et n'en fut point reconnue. Son chagrin fut si grand que dès le lendemain elle partit pour Orléans, et qu'elle alla se renfermer dans le couvent où elle avait été élevée. Heureuse si, docile aux sages remontrances d'une tante qui avait pour elle un amour maternel, elle avait été satisfaite de trouver là, enfin, un asile assuré contre les persécutions de son mari et de sa famille [2] !

---

[1] *Vie de la marquise* DE COURCELLES, p. 51.

[2] Conférez LORET, liv. VII, p. 3 ; liv. XII, p. 105. — TALLEMANT DES RÉAUX, t. IV, p. 321, 322. — SÉVIGNÉ, *Lettres* (octobre 1677), t. V, p. 267, édit. M.

La vie réglée du cloître, les chants pieux, les prières, les exhortations de l'abbesse de Saint-Loup opérèrent un heureux changement chez Sidonia : le calme se rétablit dans son âme agitée. Sa convalescence fit de rapides progrès ; sa santé devint plus florissante qu'elle n'avait jamais été ; sa beauté brilla d'un éclat plus grand qu'avant sa maladie. Alors elle quitta le couvent, reparut dans le monde ; et son penchant à la coquetterie la domina plus impérieusement qu'à l'époque où elle se croyait obligée de le déguiser. Le scandale de ses aventures augmenta le nombre de ses adorateurs : elle avait acquis cette malheureuse célébrité qui, sous l'influence de la corruption des mœurs, environne la beauté d'un scandaleux prestige et en accroît l'éclat et la puissance. Louvois, qui, malgré les preuves qu'il avait eues de la perfidie de Sidonia, en était toujours épris, revint la voir. De tous ceux qui alors la courtisaient, c'était celui qui lui plaisait le moins ; et cependant, comme Louvois pouvait la protéger contre sa belle-mère et contre son mari, elle n'osait pas se soustraire aux droits qu'elle lui avait donnés précédemment sur sa personne[1].

« Après un mois de solitude et de retraite, dit-elle dans ses Mémoires, je revins à Paris. M. de Louvois me rendit ses soins ordinaires ; mais j'avais pris tant de plaisir à le tromper que je ne pouvais plus m'en passer. L'hiver vint, et me fournit mille occasions pour me satisfaire là-dessus. Je me masquais toutes les nuits avec MM. d'Elbeuf, de Bouillon et le comte d'Auvergne, avec M. de Mazarin et M. de Rohan, mais jamais avec M. de

---

[1] *Vie de la marquise* DE COURCELLES, *écrite par elle-même ;* 1808, in-12, p. 53.

Louvois; et, quelque prière qu'il m'en fît, je lui faisais naître des impossibilités journalières pour cela. Un jour que, pour le consoler, j'avais promis de me trouver dans une assemblée et de me faire connaître à lui sous un habit que je lui avais marqué, j'en pris un tout différent; et après avoir joui longtemps du plaisir de le voir, inquiet, me chercher inutilement, j'eus la folie d'en faire confidence à M. de Marsan, qui se trouva près de moi; et, parlant avec chaleur, je déguisai si peu mon ton de voix qu'il fut reconnu de tout le monde, et de Louvois plus tôt que de personne. Ce fut une nouvelle querelle; elle aurait été la dernière si une madame de la Brosse n'avait trouvé l'invention de nous raccommoder[1]. »

Le jeu que s'était permis Sidonia avec Louvois lui réussit mal. Pour se venger d'elle, ce ministre la fit enfermer (en 1669), par ordre du roi, dans le couvent des Filles Sainte-Marie de la rue Saint-Antoine, celui-là même où madame de Sévigné aimait à faire ses retraites. La marquise de Courcelles se lia avec la duchesse de Mazarin, qui se trouvait ainsi qu'elle, pour cause d'inconduite, renfermée dans ce couvent. Les Mémoires de cette duchesse nous apprennent que le crédit des amis que la marquise de Courcelles avait à la cour lui fut fort utile pour obtenir du roi la permission de plaider contre son mari. Jamais le sort ne réunit deux femmes dont l'âge, les penchants, les caractères, la destinée fussent mieux assortis. Toutes deux jeunes, belles, spirituelles, coquettes et folâtres[2], elles avaient fait toutes deux la fortune de leurs

---

[1] *Ibid.*, p. 53 et 54.
[2] Sévigné, *Lettres* (24 et 27 novembre, 11 décembre 1675), t. IV, p. 97, 223, édit. M. — *Ibid.*, p. 246, édit. G.

maris; toutes deux les détestaient, et voulaient s'en séparer; toutes deux bravaient l'autorité des lois. Elles désolèrent tellement les religieuses de Sainte-Marie[1] par leurs folies extravagantes que celles-ci obtinrent enfin d'en être délivrées. On les fit entrer à l'abbaye de Chelles, d'où le duc de Mazarin voulut, à la tête de soixante cavaliers, enlever sa femme, sans pouvoir y réussir. La duchesse eut la permission de rester séparée de son mari tant que durerait le procès qu'il lui avait intenté. Sortie de l'abbaye de Chelles, la marquise de Courcelles alla demeurer au palais Mazarin, chez la duchesse son amie[2]. Elles avaient obtenu la permission de ne pas se séparer. Dans le couvent, leur amitié paraissait indissoluble; dans le monde, elles devinrent rivales. Elles se disputèrent la conquête du marquis de Cavoye, un des plus beaux hommes de la cour. La marquise de Courcelles, qui l'emporta sur la duchesse, ne voulut point rester au palais Mazarin, et aima mieux aller rejoindre son mari[3] que de devoir l'hospitalité à sa rivale. Courcelles fut instruit, par la duchesse de Mazarin, de la liaison de sa femme avec Cavoye. Un duel eut lieu; et, après s'être battus en braves, les deux champions eurent une explication, s'embrassèrent, et devinrent amis. Mais Louis XIV fut irrité de ce

---

[1] *Recueil de chansons historiques* (Mss. de la Bibl. royale), t. III, p. 191.

[2] *Mém. de M. L. D. M.* (de madame la duchesse de Mazarin); Cologne, 1676, p. 53, 60, dans les *Œuvres de Saint-Évremond*, t. VIII, p. 37. — Bussy *à madame de Montmorency* (1er mars 1669), t. III, p. 119.

[3] *Mémoires de la duchesse* DE MAZARIN, dans SAINT-ÉVREMOND, t. VIII, p. 44. — *Vie de madame* DE COURCELLES, p. 64. — SAINT-SIMON, *Mém.*, t. I, p. 342-345.

qu'on enfreignît ses ordonnances sur le duel : il permit à la justice d'informer ; et les deux coupables furent mis en prison [1]. On fut indigné contre Sidonia : son mari, soutenu par l'opinion publique, n'éprouva plus aucun obstacle pour exercer sur elle, dans toute sa rigueur, son autorité maritale. Obligé de partir pour l'armée, il l'envoya à son château de Courcelles, dans le Maine, où elle se trouva placée sous la dure surveillance de sa belle-mère. Elle sut la mettre en défaut, ou plutôt, peut-être, elle tomba dans le piége qu'on lui tendait. Un beau jeune homme, nommé Jacques Rostaing de la Ferrière, qui avait été page de l'évêque de Chartres, oncle du marquis de Courcelles, et qui par cette raison avait un libre accès au château, plut à Sidonia, et la rendit enceinte. Dès que Courcelles en fut instruit, il envoya un officier et quelques-uns des soldats qui étaient sous ses ordres pour garder sa femme à vue [2]. Il lui intenta un procès en adultère, ainsi qu'à Rostaing. Le juge de Château-du-Loir informa, et lança (le 6 juin 1669), contre la marquise, un décret de prise de corps, ainsi que contre Rostaing. Celui-ci disparut. Gardée par ceux que son mari avait envoyés, Sidonia fut transférée au château de la Sanssorière, appartenant à Henri de Sancelles, seigneur d'Oiray, parent du marquis de Courcelles ; et là elle accoucha, le 9 juillet 1669, d'une fille. Après ses couches, elle fut conduite dans les prisons de Château-du-Loir. Sans conseil, sans connaissance des lois, lorsqu'elle fut pour la première fois interrogée, croyant se venger de son mari et dans l'espoir d'en être séparée, elle déclara qu'elle était enceinte d'un autre que

---

[1] *Vie de madame* DE COURCELLES, p. 62. — BUSSY, *Lettres*, t. III, p. 124.

[2] *Ibid.*, p. 63.

de lui ; mais elle refusa de nommer l'auteur de sa grossesse. C'est en vain qu'elle voulut depuis rétracter cet imprudent aveu : une sentence du 7 septembre 1669 la déclara convaincue d'adultère ; elle fut condamnée à être cloîtrée, et sa dot fut confisquée au profit de son époux. C'était le résultat que celui-ci avait voulu atteindre; mais dès qu'il l'eut obtenu, l'opinion l'abandonna, et se tourna vers sa femme. On s'intéressait à ses malheurs; et, parmi la jeunesse de la cour, plusieurs des plus riches et des plus puissants aspiraient à se mettre au rang de ses protecteurs. Par le secours de M. de Rohan, Sidonia s'échappa de sa prison. Des chevaux de relais, disposés sur la route, la conduisirent rapidement jusqu'à Luxembourg ; puis, peu de temps après, selon le conseil de ses nombreux amis, elle revint à Paris, et se constitua prisonnière à la Conciergerie.

Son système de défense était de soutenir qu'elle n'était point coupable, et que sa fille était bien du fait de son mari, dont Rostaing, disait-elle, était le complice. Elle dévoila les moyens odieux employés pour lui ravir sa fortune. Ce qui donnait du poids à ses assertions, c'est que Rostaing fut arrêté dans l'intérieur même de l'Arsenal, où il ne pouvait résider sans une permission de Courcelles, qui y commandait. Elle produisit un testament qu'on l'avait forcée de signer en faveur de ce parent du marquis de Courcelles, de ce Henri de Sancelles, seigneur d'Oiray, qui avait osé consentir à être son geôlier. Alors le procès de la marquise de Courcelles devint la grande affaire du jour. Madame de Sévigné y revient souvent dans ses lettres à sa fille. Dans celle qui est en date du 26 février 1672, elle dit : « L'affaire de madame de Courcelles réjouit fort le parterre. Les charges de la

Tournelle sont enchéries depuis qu'elle doit être sur la sellette. Elle est plus belle que jamais. Elle boit, et mange, et rit, et ne se plaint que de n'avoir pas encore trouvé d'amant à la Conciergerie [1]. » Et madame de Montmorency écrivait à Bussy : « On croit que l'affaire de madame de Courcelles ira bien pour elle ; je crains que ce ne soit son mari qui ne soit rasé et mis dans un couvent. Madame de Cornuel l'a averti d'y prendre garde, et l'a assuré que le parlement de Paris ne croyait non plus aux c.... qu'aux sorciers. » Madame de Cornuel se trompait. Madame de Sévigné, mieux informée, écrivait à sa fille : « Madame de Courcelles sera bientôt sur la sellette ; je ne sais si elle touchera *il petto adamantino* de M. d'Avaux ; mais jusqu'ici il a été aussi rude à la Tournelle que dans sa réponse [2]. » Le procès, en se prolongeant, ne soutint pas madame de Courcelles dans ses espérances. Elle disait bien, avec quelque vérité : « Je ne crains rien, puisque ce sont des hommes qui sont mes juges ; » mais l'ennui la gagna, et elle s'évada de la Conciergerie à l'aide des habits d'une femme de chambre dévouée. Elle alla rejoindre en Angleterre la duchesse de Mazarin, avec laquelle elle s'était réconciliée. Ces deux femmes avaient trop besoin de se justifier l'une par l'autre et de se rendre de mutuels services pour qu'elles pussent rester toujours divisées [3].

---

[1] Sévigné, *Lettres* (26 février 1672), t. II, p. 399, édit. G.; t. II, p. 339, édit. M.

[2] Sévigné, *Lettres* (9 et 16 mars 1672), t. II, p. 421, 428, édit. G.; t. II, p. 357, 363, édit. M. — Madame de Montmorency, *Lettre à Bussy, et Lettres de Bussy-Rabutin*, t. I, p. 1 et 2.

[3] *Supplém. aux Mémoires et lettres du comte* de Bussy, t. I, p. 1 et 2.

CHAPITRE VI.

Cependant Sidonia retourna promptement en France; un motif puissant la contraignait d'y revenir : elle avait formé un nouvel attachement. Elle avait enfin rencontré dans François Brulart du Boulay, capitaine au régiment d'Orléans, un amant *honnête homme;* non dans le sens que les libertins de la cour et le monde d'alors attachaient à cette expression, mais dans le sens le plus vrai et le seul admis aujourd'hui. Ce n'était ni par le grade élevé qu'il occupait dans l'armée ni par l'ancienneté de sa noblesse que du Boulay pouvait être distingué, mais par la franchise de son caractère, par la droiture et l'élévation de ses sentiments, par la sensibilité de son cœur, toujours porté aux actions généreuses. Recherché dans le grand monde par son esprit et son amabilité ; lié même avec des jeunes gens de son âge, qui à la cour se faisaient remarquer par leur conduite peu réglée, lui, qui ne partageait pas leur dépravation, n'avait pu voir Sidonia sans compatir à ses peines. Les basses intrigues dont elle avait été la victime excusaient à ses yeux tous ses torts. Il la crut capable d'un attachement durable, et, se flattant d'avoir réussi à le lui inspirer, il se dévoua tout entier à elle, et savourait avec délices le plaisir de posséder une femme si charmante. Mais plus son amour était violent, sincère, plus il voulait être aimé sans partage : la seule idée d'une infidélité faisait palpiter son cœur. Malheureusement le souvenir des aventures de Sidonia, dont une partie lui était connue, tendait sans cesse à combattre cette aveugle confiance que l'amour inspire; la plus légère circonstance éveillait ses soupçons, et, dès le commencement de sa liaison, les noirs fantômes de la jalousie troublèrent son bonheur.

Sidonia ne paraissait pas s'être corrigée de cette légèreté et de cette coquetterie dont elle avait donné tant de preuves. Absente, il la jugeait d'après sa vie passée, et toutes ses défiances renaissaient; présente, il sentait aussitôt toutes ses craintes se dissiper. Elle était si gaie, si folâtre, si indiscrète, même dans les aveux qui lui étaient contraires; le son de sa voix était si doux, les mouvements de sa tendresse si vifs et si spontanés, ses beaux yeux si éclatants, si expressifs, qu'alors il se reprochait ses défiances comme un sacrilége contre l'amour, comme une injure faite à une amante excellente et dévouée. Lors même qu'il n'était plus auprès d'elle, les indices accusateurs de ses écarts se trouvaient combattus par les lettres si spirituelles, si aimables, si pleines de tendresse qu'elle lui écrivait : le plaisir qu'il éprouvait à les lire et à les relire entretenait sa passion et lui faisait repousser tout ce qui pouvait y être contraire. C'est là-dessus qu'il insiste dans l'avertissement du recueil de ses lettres, qu'il avait formé pour ses amis : « Les personnes, dit-il, de l'un et de l'autre sexe qui ont trouvé mauvais que je l'aie tant aimée, après ce que la renommée m'en avait appris, se trouveront un peu embarrassées elles-mêmes quand elles auront lu ses lettres, et que je leur aurai dit, en passant, que cet esprit était accompagné d'une figure très-aimable, avec toutes les proportions et toutes les grâces que la nature sait mettre dans un ouvrage quand elle prend bien du plaisir à le faire [1]. »

Cependant, lorsque, à son retour d'Angleterre, elle vint à Paris incognito, elle paraît avoir, à l'insu de du Boulay, qui n'en fut informé que longtemps après, renouvelé ses liaisons avec le duc de Rohan, avec Crillon et surtout

---

[1] *Vie de la marquise* DE COURCELLES, *en partie écrite par elle-même;* Paris, 1808, in-12, p. xiv de l'avant-propos.

avec le marquis de Villars, qui devint son protecteur avoué, son conseil, l'agent principal de ses affaires.

Trop exposée à Paris à être reprise, Sidonia alla d'abord s'enfermer dans le château d'Athée, près d'Auxonne[1], qui appartenait à un de ses parents, nommé Lusigny. Du Boulay vint l'y rejoindre, et la conduisit à Genève[2] : là, hors du territoire français, et déguisée sous le nom de madame de Beaulieu, elle se crut en sûreté. Mais sa beauté la fit remarquer; et la duchesse de Mazarin, qui était en route pour Augsbourg, étant venue la voir en passant, accrut encore la curiosité publique sur celle qu'on n'appelait plus à Genève que la *belle étrangère*. On interrogeait ses domestiques, on se groupait dans les rues pour la voir passer[3]. Mais la manière dont elle sut, par son maintien sage et réservé, par son esprit, par la variété de ses moyens de plaire, se concilier la confiance des premiers magistrats de la république et s'en faire un appui; les ressources qu'elle trouva dans les attraits de son commerce pour gagner l'amitié des femmes les plus sévères et les plus considérées sont des faits attestés par deux écrivains contemporains, Bayle et Gregorio Leti.

Bayle, alors âgé de vingt-sept ans et précepteur des enfants de M. le comte de Dhona, la vit à Copet : il parle avec admiration de « cette enjouée aventurière qui a fait tant de fracas et tant charmé la maison de M. le comte[4]. »

---

[1] *Vie de la marquise* DE COURCELLES, p. XIV et 84.

[2] GREGORIO LETI, *Hist. Genevrina*, t. V, p. 131. *Lettres de la marquise* DE COURCELLES (22 novembre, 24 décembre 1675, 10 et 28 janvier, 7 février 1676), p. 219 et suiv.

[3] GREGORIO LETI, *Hist. Genevrina*, t. V, p. 131. — *Vie de la marquise* DE COURCELLES, p. X.

[4] BAYLE, *Lettres;* Rotterdam, 1714, in-12, t. I, p. 94 (19 juil-

Elle fit sur Gregorio Leti une bien plus forte impression que sur le jeune philosophe de Carlat. Gregorio Leti est le père du style romantique : nul n'a égalé sa fécondité et ses succès ; il a écrit en langue italienne, dans un style toujours extravagamment figuré, plus de cent volumes, dont quelques-uns forment d'épais in-quarto. Si on excepte la Vie de Sixte-Quint, pas un seul de ces volumes n'est lu aujourd'hui. Telle était cependant la haute réputation dont jouissait de son temps Gregorio Leti que Louis XIV voulut, s'il consentait à se faire catholique, se l'attacher en qualité d'historiographe ; que l'Angleterre le disputa au roi de France ; que la Hollande négocia pour l'enlever à l'Angleterre ; que la duchesse de Savoie, alors régente, voulut le fixer dans ses États ; et que la république de Genève lui concéda gratuitement, et sans aucuns frais, le droit de bourgeoisie, faveur qui n'avait été accordée à personne avant lui. Sidonia avait été munie d'une lettre de recommandation pour cet illustre auteur, alors retiré à Genève, où il jouissait d'une considération qui lui donnait un grand ascendant sur les esprits.

Lorsque Sidonia vint lui présenter sa lettre, il fut tellement surpris et charmé à la vue d'une si belle personne qu'il ne put jamais se guérir de l'amour qu'elle lui avait inspiré ; et, à Genève comme à Paris, elle put toujours disposer de lui pour les divers services qu'elle eut à lui demander. Dans les lettres qu'il a écrites au duc de Giovanazzo, ambassadeur d'Espagne à Turin [1], il a tracé d'elle un portrait qui, pour l'exagération du style figuré,

---

let 1676), p. 1, 30, 46. — (31 janvier, 27 février, 2 mai 1673, 8 mars, 31 mars, 2 avril, 7 et 14 mai 1674.)

[1] GREGORIO LETI, *Lettres,* dans la *Vie de la marquise* DE COURCELLES, *écrite par elle-même,* p. 187-189.

n'a de pareil que quelques-unes des pages de plusieurs romanciers modernes. Il s'exprime avec plus d'esprit et de naturel quand il fait au duc le récit de sa première entrevue avec elle : « J'avoue à votre excellence, dit-il, qu'en voyant une si grande beauté je restai tout ébloui, d'autant plus qu'avec une politesse pleine de grâce elle s'approcha de moi, et me donna un baiser à la française, en me disant : « Ne croyez pas, monsieur Leti, que je sois ici pour quelque mauvaise affaire ; ce qui m'amène, c'est que mon mari me veut, et que je ne le veux pas. » Alors je répondis en plaisantant : « Certes, madame, il y a bien d'autres personnes qui vous voudraient, parce que vos beautés sont trop grandes pour être le partage d'un seul. »

Le commerce que Sidonia entretenait avec du Boulay était un secret soigneusement gardé par tous deux; mais il finit par être connu à Paris à la fin de l'année 1675. Madame de Sévigné écrivit alors à sa fille : « Connaissez-vous du Boulay? oui. Il a rencontré par hasard madame de Courcelles : la voir, l'adorer n'a été qu'une même chose. La fantaisie leur a pris d'aller à Genève. Ils y sont ; c'est de ce lieu qu'il a écrit à Manicamp la plus plaisante lettre du monde[1]. » Madame de la Fayette[2], qui connaissait du Boulay et la violence de sa passion pour Sidonia, avait prédit son voyage.

Cependant la position où se trouvait madame de Courcelles, accusée d'adultère, la forçait, ainsi que du Boulay, à prendre des précautions infinies pour ne pas donner de

---

[1] Sévigné, *Lettres* (25 décembre 1675), t. IV, p. 147, édit. M.; t. IV, p. 274, édit. G.

[2] Courcelles, lettre IV, p. 90 ; lettre II de Leti, p. 187. (Le nom de la Fayette se trouve en toutes lettres dans le manuscrit de cette vie, collationné par M. Monmerqué.)

nouvelles armes à l'accusation : de sorte que, lorsqu'il quittait Paris pour se rendre auprès d'elle, il lui fallait, pour dérouter les soupçons, ne pas paraître à Genève, se cacher dans une campagne des environs, vivre solitaire ; tandis que Sidonia, connue et aimée de toute la ville, se livrait sans contrainte à sa gaieté naturelle, était de toutes les fêtes, faisait entendre sa belle voix dans tous les concerts, et jouissait du plaisir suprême, pour une coquette accomplie, d'être admirée et entourée. Sidonia participait même aux divertissements les plus virils, montant à cheval avec hardiesse, et, comme la duchesse de Bouillon, aimant la chasse et maniant un fusil avec une dextérité remarquable. Elle était surtout bien accueillie du comte et de la comtesse Dhona [1]. Le comte Dhona était de la religion protestante [2] et alors retiré à Genève, où il se faisait aimer des habitants par son esprit, son caractère, sa magnificence. Sa société était la plus brillante de la ville, et Sidonia y trouvait tous les agréments dont elle était habituée à jouir. Son genre de vie ne pouvait plaire à du Boulay, non plus que celui auquel il était contraint de s'assujettir. Les services qu'il rendait à Sidonia, son généreux dévouement à tous ses intérêts avaient produit en elle une vive reconnaissance et une amitié tendre qui ressemblait à l'amour ; mais cet amour était loin d'égaler la passion ardente que du Boulay ressentait pour elle et qu'elle-même avait éprouvée pour Villeroi. L'habitude qu'elle avait contractée dans l'in-

---

[1] COURCELLES, *Vie*, p. 2.
[2] J. CONVENENT, *Histoire abrégée des dernières révolutions arrivées dans la principauté d'Orange;* Londres, rue Robert-Roger, 1704, in-12, p. 8. — *Sur le rasement de la ville d'Orange*, p. 451, mss.

térêt de ce premier attachement, avec l'approbation d'un amant peu délicat, de former deux parts de son existence, celle des sens et celle du cœur, faisait qu'en l'absence prolongée de celui auquel elle s'était donnée elle n'était plus maîtresse d'elle-même, et qu'elle se pardonnait tout. Sa conscience était en repos lorsqu'elle se sentait pour son amant la même préférence, la même tendresse exclusive. Du Boulay aurait pu la retenir dans les doux liens d'un mutuel amour s'il ne l'avait pas quittée; s'il avait pu, en les partageant, se livrer avec elle aux joies et aux distractions du monde; si aux prévenances et aux complaisances de l'amant il avait joint les facilités et les droits de l'époux. Mais il était obligé, par ses devoirs de militaire, de résider longtemps loin de celle qu'il aimait; et pendant ses absences Sidonia eut plusieurs intrigues galantes, qu'elle s'efforça d'envelopper d'un profond mystère.

Il lui fut impossible d'échapper sans cesse à la surveillance de du Boulay; et alors les fureurs jalouses, les reproches amers convertirent les délices de leur union en un supplice continuel. Du Boulay l'aimait encore avec passion, malgré ses déréglements; et elle lui était toujours de plus en plus attachée par l'estime, par la reconnaissance, par les preuves qu'il lui donnait tour à tour de son désintéressement, de sa loyauté, de la bonté de son cœur. Il n'est pas même jusqu'à ses fureurs jalouses qui ne fussent pour elle un lien de plus; car elles étaient une preuve de l'amour violent et délicat qu'elle lui inspirait et dont sa vie de cour ne lui avait fourni aucun exemple. Ainsi ces deux êtres, fortement attirés l'un vers l'autre et violemment tourmentés l'un par l'autre, ne pouvaient ni se séparer ni rester unis.

Du Boulay avait une sœur d'une raison supérieure, qu'il chérissait, à laquelle il ne cachait rien et dont il suivait presque toujours les conseils. Elle avait en vain combattu sa passion pour Sidonia ; mais quand elle vit que cette passion était devenue pour lui un sujet continuel de tourments sans aucune compensation, elle chercha à profiter des preuves qu'elle avait acquises de l'inconstance de Sidonia pour arracher son frère aux séductions de cette femme. Elle l'exhortait continuellement à avoir le courage de rompre tout à fait une liaison si fatale à son repos. N'avait-il pas, toujours occupé des affaires de cette perfide maîtresse, négligé les siennes, sacrifié son temps, sa fortune, son état, ses projets d'ambition? N'avait-il pas, pour la rejoindre, quitté amis, parents, résisté aux conseils, aux instances d'une sœur? N'avait-il pas renoncé à toute autre liaison, renoncé à l'espoir d'épouser une riche héritière? Ne s'était-il pas privé des plaisirs de Paris et des sociétés brillantes où on aimait à le voir? Jusqu'où voulait-il pousser le pardon des ruses, des mensonges, des infidélités répétées d'une femme à laquelle il se sacrifiait? Jusqu'à quand enfin cesserait-il de supporter la honte et le ridicule d'un tel attachement? Du Boulay reconnaissait la vérité de ces reproches, et était convaincu de l'excellence de ces conseils ; mais l'empire qu'exerçaient sur lui les caresses de Sidonia, ses tendres protestations l'empêchaient de prendre la résolution de l'abandonner et de l'oublier pour toujours[1].

Enfin Sidonia se livra aux caprices de ses penchants jusqu'à perdre le sentiment de sa dignité ; et, suivant ce que

---

[1] *Lettres de la marquise* DE COURCELLES, p. 100 et 104, lettre IX, p. 108, 124, 128, 149, 152, 153.

dit Gregorio Leti [1], du Boulay l'aurait surprise entre les bras d'un homme trop inférieur par sa condition pour qu'il pût supporter sans honte un tel rival. Il écrivit au comte Dhona et à toutes les personnes de Genève qui protégeaient la marquise de Courcelles des lettres diffamantes. Ces lettres produisirent leur effet. Grégorio Leti, qui en eut des copies, exprime son étonnement que, dans un siècle où la galanterie était de mode, un chevalier français prudent et homme d'esprit, tel qu'était du Boulay, se soit laissé emporter par la colère au point de dire tout ce qu'il était possible d'imaginer de plus piquant et de plus outrageant contre l'honneur d'une femme qu'il avait aimée [2]..

C'était l'excès de l'amour et de la jalousie qui avait porté du Boulay à se venger d'une manière si cruelle et si opposée à son caractère. Il en eut un profond regret; et la lettre touchante et noble que Sidonia lui écrivit en quittant l'asile que, par lui, elle était forcée de fuir, malheureuse et abandonnée, accrut encore le douloureux repentir de celui qui, malgré ses torts, l'aimait encore. « Toutes vos injures et tous vos emportements, lui dit-elle, ne me peuvent faire oublier que vous êtes l'homme du monde à qui j'ai le plus d'obligations; et tout le mal que vous m'avez fait, à l'avenir, n'empêchera pas que vous ne m'ayez rendu les derniers services. Ne vous laissez donc point surprendre, en lisant ce billet, à cette horreur qu'on sent pour les caractères de ses ennemis : songez seulement que ce sont les marques de la reconnaissance

---

[1] Note manuscrite de Gregorio Leti sur le billet de la marquise de Courcelles, qui est à la page 153.

[2] *Vie de la marquise* DE COURCELLES, p. XVI de l'avant-propos. — GREGORIO LETI, *Storia Ginevrina*, t. V, p. 133.

d'une personne que vous avez aimée et qui vous regardera éternellement comme le plus honnête homme du monde, si vous ne voulez pas que ce soit comme le meilleur de ses amis. Si la passion que vous avez eue pour moi ne vous avait coûté que des soins et des soupirs, je ne vous laisserais point rompre avec moi présentement, ma justification étant la chose du monde la plus facile ; mais puisque vous la pourriez soupçonner de quelque sorte d'intérêt, je la remets à un temps où vous m'en saurez plus de gré par le peu de besoin que j'aurai de vous. Cependant, monsieur, soyez très-assuré que je vous estimerai toute ma vie. Adieu. Je pars demain pour Annecy, où j'attendrai les réponses de Chambéry, et que j'aie mis ordre à mes affaires. Adieu encore une fois. Je n'ai point d'autre crime auprès de vous que celui de ne vous avoir pas aimé autant que le méritait votre attachement [1]. »

La marquise de Courcelles se retira en Savoie et y resta cachée, tandis que son procès en appel se poursuivait à Paris. Par les démarches de du Boulay et de ses autres amis de Paris, elle obtint, quoique contumace, que le parlement réformât la sentence du juge de Château-du-Loir. Par l'arrêt rendu le 17 juin 1673, elle ne fut plus privée de ses biens; on adjugea seulement à son mari, à titre de dommages et intérêts, une somme de cent mille livres qu'elle avait mise dans la communauté par son contrat de mariage; mais le même arrêt ordonnait qu'elle serait enfermée dans un couvent. C'est pour obtenir la réforme de cette disposition et sa séparation de corps

---

[1] COURCELLES, *Lettres*, p. 156 et 157, mais avec quelques corrections faites d'après le manuscrit de Millin, collationné par M. Monmerqué.

d'avec son mari qu'elle en appelait. Pour avoir droit à un jugement favorable il eût fallu qu'elle fît purger la contumace et qu'elle se remît en prison ; mais elle redoutait d'être condamnée à rentrer sous la puissance maritale, ou à être renfermée dans un couvent. Heureusement pour elle, son mari mourut ; et c'est encore madame de Sévigné qui nous apprend la date de sa mort. Dans sa lettre du 18 septembre 1678, elle parle du procès intenté à Lameth au sujet du meurtre du marquis d'Albret, et des témoins qui ont déposé dans cette affaire ; puis elle ajoute : « On y attendait encore M. de Courcelles ; mais il n'y vint pas, parce qu'il mourut ce jour-là d'une maladie dont sa femme se porte bien [1]. »

En effet, aussitôt que la marquise de Courcelles eut appris qu'elle était veuve, elle se crut libre, et se hâta de revenir à Paris, pour y vivre en femme uniquement occupée de ses plaisirs. Mais son beau-frère Camille de Champlais, connu dans le monde sous le nom de chevalier de Courcelles [2], unique héritier de son mari, la fit arrêter et conduire à la Conciergerie. Lors des premiers jours de sa réclusion, un de ses pages, qui l'avait servie à Genève et qui y avait vu Gregorio Leti, le reconnut dans Paris, où il était arrivé depuis huit jours, et le dit à sa maîtresse, qui écrivit de sa prison à l'illustre auteur, pour l'inviter à venir la voir. Les visites de Gregorio Leti, les lettres qu'elle lui écrivit en italien, les réponses qu'elle recevait de lui, et que Gregorio Leti a fait imprimer, contribuèrent à dissiper l'ennui de sa prison. Chardon de

---

[1] Sévigné, *Lettres* (18 septembre 1678), t. VI, p. 33, édit. G.; t. V, p. 363, édit. M.

[2] Saint-Simon, *Mémoires authentiques*, t. V, p. 103.

la Rochette remarque que les lettres de l'illustre auteur de la Vie de Sixte-Quint, adressées à la marquise de Courcelles, sont les meilleures qu'il ait écrites et les plus naturelles. Sur quoi il fait cette réflexion judicieuse : « Les lettres de la marquise, auxquelles les siennes servent de réponses, sont pleines d'esprit et de grâce; et on prend ordinairement le ton de son correspondant, comme on prend celui de son interlocuteur [1]. »

Ces lettres nous prouvent que la marquise avait répudié son nom de Courcelles, et qu'elle se regardait comme n'ayant plus rien de commun avec son mari, car elle signe toujours *Sidonia de Lenoncourt*. Son procès ne se termina pas aussi heureusement qu'elle le supposait. Devant ses juges, elle prétendait qu'en se représentant l'arrêt rendu contre elle par contumace avait été anéanti, et qu'on ne pouvait plus la poursuivre comme adultère, parce que cette action était éteinte par la mort de son mari, d'où elle concluait que les jugements intervenus dans ce procès ne pouvaient lui être opposés.

Le chevalier de Courcelles répondait que l'accusée n'était plus recevable à purger la contumace, parce que, depuis le 17 juin 1673 jusqu'au jour où elle s'était représentée à la justice, il s'était écoulé plus de cinq ans, ce qui donnait à ce jugement la même force que s'il avait été rendu contradictoirement. Elle opposait à cela quelques défauts de formalité dans la signification de l'arrêt; mais ses moyens les plus puissants étaient l'intérêt qu'on prenait à sa personne et la séduction dont on ne pouvait se garantir quand on la voyait. On connaissait ses malheurs

---

[1] *Vie de madame* DE COURCELLES, p. XIX, p. 210 à 239. — GREGORIO LETI, *Lettere sopra differenti materie;* Amsterdam, 1701, 2 vol. in-8°, lettre XLIII du recueil.

et les persécutions qu'elle avait éprouvées, mais l'on ne savait qu'une partie de ses désordres. Il courut alors des pièces de vers en sa faveur, où l'on suppliait messieurs du parlement d'en user avec elle comme Jésus-Christ en usa envers Madeleine :

> Il savait qu'en amour la faute est si commune
> Qu'il faudrait assommer et la blonde et la brune :
> Or, il était venu pour sauver les pécheurs [1].

Mais ces messieurs du parlement comprirent très-bien qu'à eux appartenait de juger les coupables, et non de les sauver et de leur pardonner. Un arrêt définitif du 5 janvier 1680 condamna Sidonia de Lenoncourt, marquise de Courcelles, pour adultère commis avec le sieur de Rostaing, à soixante mille francs de dommages et intérêts, à deux mille livres d'aumône, à cinq cents livres d'amende et aux dépens. Le même arrêt la déclara déchue de ses conventions matrimoniales, douaires, préciput; mais elle ne subit point la peine de la réclusion, à laquelle les héritiers n'avaient pas le droit de conclure [2].

Sidonia se trouva donc enfin en possession de cette liberté qu'elle avait tant désirée et maîtresse d'une fortune qui, malgré les dépenses faites par son mari et la perte de son procès, était encore considérable.

Nonobstant ses richesses, après l'arrêt qui la condamnait et la conduite qu'elle avait tenue, elle se trou-

---

[1] *Requeste à messieurs du parlement, présentée par* madame de C***, à la suite du *Voyage de messieurs* DE BACHAUMONT et LA CHAPELLE; 1698, in-12, p. 137. — BUSSY, *Lettres* du 2 mars 1673 (t. IV, p. 37), édit. 1737.

[2] CHARDON DE LA ROCHETTE, dans la *Vie de la marquise de Courcelles*, p. 77; il cite le *Traité des adultères*, par Fournel; 1783, in-12, p. 41.

vait bannie de la société des femmes de son rang les moins scrupuleuses. La fille aînée du comte de Bussy, la marquise de Coligny, dont nous aurons à faire connaître plus tard la conduite imprudente et le scandaleux procès, ne voulait pas (elle veuve) admettre que madame de Courcelles pût être considérée comme faisant partie du corps respectable des veuves ; et elle désapprouve madame de Sévigné, qui lui donne ce titre [1]. Entrer au couvent au sortir de prison et aller passer une année ou deux à Orléans chez l'abbesse de Lenoncourt eût été pour Sidonia le seul moyen de se réhabiliter dans le monde ; mais il paraît qu'elle ne le voulut pas ; car celui qui a terminé, d'après les notes du président Bouhier, les mémoires qu'elle a écrits et laissés incomplets nous dit en finissant : « On ne connaît pas les autres circonstances de sa vie, on sait seulement qu'étant sortie de prison, et après avoir eu plusieurs aventures, elle devint amoureuse d'un officier, qu'elle épousa par belle passion et avec qui elle vécut peu heureuse [2]. » C'était une mésalliance et une faute qui, dans l'esprit de ce temps, la rendait plus coupable que tous les déréglements de ses années antérieures.

L'officier qu'elle épousa était capitaine de dragons, et se nommait le Tilleuf [3] ; elle lui avait fait une donation de cent cinquante mille écus. Elle vécut peu de temps

---

[1] Sévigné, *Lettres* (27 septembre 1678), t. VI, p. 35, édit. G. (C'est une lettre de Bussy à Corbinelli, où il y a quelques lignes de madame de Coligny adressées à madame de Sévigné.)

[2] *Vie de la marquise* de Courcelles, p. 78.

[3] Dangeau, *Journal manuscrit* (25 décembre), cité par M. Monmerqué dans son édition des *Lettres de madame* de Sévigné, V, 263. — Conférez encore, dans le même, I, 260 ; II, 263, 339, 357, 363 ; IV, 147.

dans ces nouveaux liens. Cinq ans après être sortie de prison, en décembre 1685, elle mourut à l'âge de trente-quatre ans, laissant cette preuve, ajoutée à tant d'autres, que le seul fondement certain du bonheur est en nous-même ; et que la naissance, la richesse, la beauté, les grâces, l'esprit, tout ce qu'on ambitionne, tout ce qu'on désire sont non-seulement des dons impuissants pour nous rendre heureux, mais peuvent être les plus fortes, et quelquefois les seules causes de notre malheur. Otez à Sidonia un seul des avantages dont elle avait été dotée par la nature, par la fortune, par la famille, et aussitôt vous verrez disparaître une partie des dangers qui l'assaillirent à peine au sortir de l'enfance. Ses destinées alors eussent été tout autres, soit que ses jours se fussent écoulés dans la tranquille obscurité du cloître ou dans l'heureuse activité du toit domestique, soit qu'elle eût passé sa vie dans la brillante sphère de la cour, au milieu des luttes et des agitations du monde.

CHAPITRE VII.

1672.

Mort de la tante de madame de Sévigné. — Préparatifs de départ pour la Provence. — Madame de Sévigné fait ses adieux à ses amies. — Ramène sa petite-fille Blanche de Livry à Paris. — Part ensuite pour se rendre à Grignan. — Détails sur sa manière de voyager. — Elle couche à Melun, arrive à Auxerre, s'arrête à Montjeu trois jours. — Détails sur ce lieu et sur Jeannin de Castille. — Souvenirs que le séjour à Montjeu rappelle à madame de Sévigné. — Elle y avait été en 1656. — Madame de Toulongeon sa tante, madame de Toulongeon la jeune, madame de Senneterre viennent voir madame de Sévigné à Montjeu. — Détails sur ces personnes. — Réconciliation de Jeannin de Castille et de Bussy. — Correspondance entre Bussy et la jeune comtesse de Toulongeon. — Madame de Sévigné va coucher à Châlon. — Arrive à Lyon. — Soins et attentions dont elle est l'objet de la part de l'intendant et de madame de Coulanges. — Pourquoi madame de Coulanges et son mari s'étaient rendus à Lyon. — Date du mariage du fils de M. du Gué-Bagnols avec mademoiselle de Bagnols, sa cousine. — Madame de Sévigné loge chez un beau-frère de M. de Grignan. — Elle fait connaissance avec la comtesse de Rochebonne. — Voit madame de Senneterre. — Détails sur le deuil de celle-ci et sur la fin tragique de son mari. — Madame de Sévigné part de Lyon, et va coucher à Valence. — Elle arrive à Montélimart. — Madame de Grignan vient la chercher dans ce lieu, et la conduit à Grignan. — Calculs sur la durée du voyage de madame de Sévigné et sur le temps de sa séparation d'avec madame de Grignan.

Qu'on ne s'y trompe pas, toute cette jeune noblesse, qui paraissait si fort occupée de ses plaisirs, de ses intrigues amoureuses, était prodigue de ses veilles et de son sang quand il s'agissait des intérêts et de la gloire du monarque et de celle de la France. En cela comme en toutes choses, dans ce qui était digne de louange comme dans ce que réprouvait une morale sévère, elle suivait l'exemple de son roi. A l'époque où l'on jugeait à la Tournelle le procès de Sidonia de Lenoncourt, le marquis de Courcelles son mari, Colbert de Maulevrier qu'on avait voulu lui faire épouser, Louvois et Villeroi, Cavoye son amant, Castelnau, Lavardin, d'Uxelles, la Rochéfoucauld, prince de Marsillac, Choiseul-Pradelle, du Plessis-Praslin, du Lude et tant d'autres connus de madame de Sévigné donnaient des preuves de leur valeur, et secondaient Louis XIV dans la conquête de la Hollande [1]. Madame de Sévigné, tranquille sur son fils, qui lui avait écrit que la campagne était terminée, que toute la Hollande se rendait sans résistance, annonçait à madame de Grignan [2] qu'elle faisait ses préparatifs pour ce voyage de Provence projeté depuis si longtemps, depuis si longtemps différé, et dont elle n'osait plus parler : « car, dit-elle, les longues espérances usent la joie, comme les longues maladies usent la douleur [3]. »

Rien ne la retenait. Sa tante la Trousse, qu'elle n'avait pas quittée durant sa maladie, était morte le 30 juin. Après avoir donné à mademoiselle de la Trousse et à toute la famille les consolations d'usage; après avoir écrit à la comtesse de Bussy pour s'excuser de ne pas céder à son invitation d'aller la voir, madame de Sévigné fixa enfin le jour de son départ, et fit ses adieux à d'Andilly, à ma-

---

[1] Du LONDEL, *Fastes des rois de la maison d'Orléans et de celle des Bourbons;* 1697, in-8º, p. 207-209.

[2] SÉVIGNÉ, *Lettres* (27 juin 1672), t. III, p. 82, édit. G.; p. 17, édit. M.

[3] SÉVIGNÉ, *Lettres* (11 juillet 1672), t. III, p. 101, édit. G.; t. III, p. 34, édit. M.

dame de la Fayette et à M. de la Rochefoucauld, alors au château de Saint-Maur, dont Gourville¹ avait acheté l'usufruit au prince de Condé. Madame de Sévigné y fut retenue à souper, et y coucha. Elle avait ramené de Livry ses *petites entrailles*², Blanche sa petite-fille, parce qu'elle craignait que la nourrice ne s'ennuyât à la campagne. Madame du Puy du Fou, madame de Sanzei³, madame de Coulanges et le petit Pecquet, son médecin, devaient donner des soins à l'enfant, et lui en répondre⁴.

Tous ses préparatifs achevés le mercredi 13 juillet, elle se mit en route dans un carrosse de campagne acheté pour ce voyage et attelé de six chevaux⁵. Elle avait avec elle deux femmes de chambre, l'abbé de Coulanges, qui malgré son âge ne voulait pas la quitter, et l'abbé de la Mousse, qui hésita à se mettre en route parce qu'il redoutait les fatigues d'un si long voyage, et craignait les scorpions, les puces et les punaises⁶. Cependant, si l'on en croit les révélateurs indiscrets des secrètes généalogies de ces temps, l'abbé de la Mousse avait un intérêt tout particulier pour désirer faire ce voyage, puisqu'il devait retrouver à Lyon, dans M. du Gué l'intendant et dans madame de Coulanges, un père et une sœur⁷.

---

¹ Gourville, *Mémoires*, t. LII, p. 454 et 455.

² Voyez ci-dessus, 3ᵉ partie, chap. XVI, p. 311.

³ Sévigné, *Lettres* (11 juillet 1672).

⁴ Sévigné, *Lettres* (11 et 16 juillet 1672), t. III, p. 84-86, édit. G.; t. III, p. 19, édit. M.

⁵ Sévigné, *Lettres* (7 et 8 juillet 1672), t. III, p. 93-95, édit. G.; t. III, p. 27-29, édit. M.

⁶ Sévigné, *Lettres* (13 avril 1672), t. II, p. 456, édit. G.; t. II, p. 385, édit. M.

⁷ *Recueil de chansons historiques*, mss. de la Biblioth. royale, in-folio, t. IV, p. 61.

Madame de Sévigné avait emporté pour tout livre un Virgile : « non pas *travesti*, dit-elle, mais dans toute la majesté du latin et de l'italien. » Elle dut coucher le premier jour à Essonne ou à Melun. Le samedi 16, elle arriva à Auxerre [1]. Elle parcourut donc en quatre jours 166 kilomètres (41 lieues et demie), ou 11 à 12 lieues de poste par jour. Le voyage fut sérieux ; elle regretta la compagnie de son cousin de Coulanges : « Pour avoir de la joie, écrit-elle, il faut être avec des gens réjouis. Vous savez que je suis comme on veut ; mais je n'invente rien. »

Six jours après, nous la trouvons, non pas à Autun, mais à deux lieues au delà, hors de la route qui conduit à Lyon, où elle tendait, dans le beau château de Montjeu, sur le sommet de ce *mons Jovis* qui domine la ville moderne d'Autun et les ruines de l'antique Bibracte. De là elle écrit à Bussy une lettre datée du 22 juillet, c'est-à-dire six jours après son départ d'Auxerre ; mais comme sa lettre nous prouve qu'elle était déjà depuis cinq jours installée dans ce château [2], il en résulte qu'elle a mis trois jours à faire ce trajet, qui est de 128 kilomètres (32 lieues). Ainsi, quoique cette route soit même encore aujourd'hui montueuse et difficile en approchant d'Autun, madame de Sévigné fit par jour dix à onze lieues, comme dans son voyage en Bretagne. Mais quel motif, dira-t-on, madame de Sévigné, désireuse d'arriver à Grignan et de revoir sa fille, avait-elle pour se détourner de sa route et s'arrêter quatre jours à Montjeu ? Nous allons l'expliquer.

---

[1] SÉVIGNÉ, *Lettres* (11 et 27 juillet 1672), p. 101 et 111-113, édit. G.; p. 34 et 42, édit. M. — (16 juillet 1672), t. III, p. 104, édit. G.; t. III, p. 37, édit. M.

[2] SÉVIGNÉ, *Lettres* (22 juillet 1672), t. III, p. 108, édit. G.; t. III, p. 40, édit. M.

Elle dit à Bussy : « M. Jeannin m'a priée si instamment de venir ici que je n'ai pu lui refuser. Il me fait gagner le jour que je lui donne par un relais qui me mènera demain coucher à Châlon, comme je l'avais résolu. »

D'après le calcul que nous venons de faire, on s'aperçoit que ce qu'elle dit n'était pas tout à fait exact, et qu'elle perdait plus d'un jour ; mais il fallait qu'elle s'excusât auprès de son cousin, alors à Dijon pour affaires et non encore réconcilié avec le seigneur de Montjeu [1]. Si elle avait dirigé sa route par la capitale de la Bourgogne, elle eût pu voir en passant son cousin, avec lequel sa correspondance était redevenue fort active et fort aimable [2]. Si Bussy avait été à Chaseu lors de son passage par Autun, nul doute qu'elle ne se fût arrêtée chez lui ; mais comme il était absent, il en résulta que dans cette Bourgogne, dans cette patrie de ses aïeux, où elle avait ses biens, ses parents, ses alliés, elle céda plutôt aux prières d'un étranger qu'aux instances de famille qui lui étaient faites de toutes parts. C'est que cet étranger était un ami, un ami de sa jeunesse, un ami que l'adversité avait frappé ; et nul n'avait plus qu'elle la mémoire du cœur, nul n'avait un sentiment plus vif des preuves de tendresse et d'attachement qu'a droit de réclamer la constance en amitié. Le seigneur de Montjeu était ce Jeannin de Castille, trésorier des ordres du roi et un des trésoriers de l'épargne sous l'administration de Fouquet. Jeannin, ainsi que Duplessis Guénégaud, cet autre ami de madame de Sévigné, avait été une de ces grandes existences financières que Colbert avait brisées en parvenant au pouvoir.

---

[1] Sévigné, *Lettres* (11 juillet 1672), t. III, p. 101, édit. G. ; t. III, p. 34, édit. M.

[2] Bussy, *Lettres*, t. I, p. 94-116.

Entraîné dans la disgrâce et le procès du surintendant [1], Jeannin paya, par la perte de ses places et d'une partie de sa fortune, son trop complaisant concours aux immenses opérations financières de Fouquet. Comme celui-ci, dans son temps de prospérité il avait profité du crédit et de la puissance dont il jouissait pour obtenir les faveurs de belles femmes de la cour, connues par la facilité de leurs mœurs ; mais il avait sur Fouquet l'avantage d'une très-belle figure. Il ne fut pas épargné par l'esprit satirique de Bussy-Rabutin, qui, dans ses *Amours des Gaules*, en parle comme d'un des rivaux heureux du duc de Candale auprès de la comtesse d'Olonne [2]. Il avait aussi, par ses fêtes, ses magnificences, contribué aux plaisirs des belles années de madame de Sévigné, alors que, jeune veuve et n'ayant pas encore à s'occuper de l'éducation de ses enfants, elle s'abandonnait à la gaieté de son caractère, lorsqu'elle aimait à s'entourer de courtisans et d'admirateurs, et qu'elle présentait ce singulier contraste d'une piété sincère, d'une invincible vertu unies à un grand penchant à la coquetterie, à une extrême indulgence pour les faiblesses où l'amour précipite les personnes de son sexe, et au libre langage d'une imagination peu chaste et peu scrupuleuse.

Si le nom de Jeannin de Castille n'a pas encore paru

[1] FOUQUET, *Défenses*, t. X (t. V de la suite), p. 24 et 25; t. I, p. 144 et 141. — *Ibid.*, Conclusions des défenses, p. 69 et 70, édit. in-18. — GUY-PATIN, *Lettres*, t. II, p. 471; t. III, p. 415, édit. 1846, in-8°.

[2] BUSSY, *Histoire ancienne des Gaules*, p. 18, 20 et 22, édit. in-18, 1666, avec frontispice gravé. — *Histoire amoureuse de France*, dans le *Recueil des histoires galantes*; Cologne, chez Jean le Blanc, p. 18. — *Histoire amoureuse de France*; 1710, in-12, p. 26.

dans ces Mémoires, c'est que nous n'avons pu faire mention d'un voyage que madame de Sévigné fit en Bourgogne, parce que nous en ignorions l'époque. La lettre que madame de Sévigné écrit de Montjeu à son cousin nous donne la date de ce voyage. Ce fut en 1656, année où Bussy quitta l'armée pour se rendre aussi en Bourgogne [1], la même année où Jeannin de Castille eut assez de crédit pour faire ériger en marquisat la baronnie de Montjeu, qu'il avait héritée de son père [2]. Madame de Sévigné s'y rendit alors. Ce ne fut donc pas pour la première fois qu'en allant en Provence elle admira ce château, ces eaux limpides jaillissant de terre à une grande hauteur, alimentant toutes les fontaines et les usines de la ville d'Autun; qu'elle parcourut ces belles allées, ces bosquets, ces vergers, ces parterres de fleurs placés au milieu d'un parc de quatre à cinq lieues de tour, fermé de murailles et peuplé de cerfs, de daims, de biches et de toutes sortes de gibier [3]. Jeannin, qui faisait de ce lieu sa principale résidence, y avait ajouté de nouveaux embellissements. « J'ai trouvé, dit madame de Sévigné en écrivant à Bussy, cette maison embellie de la moitié depuis seize ans que j'y étais venue; mais je ne suis pas de même, et le temps, qui a donné de grandes beautés à ces jardins, m'a ôté un air de jeunesse que je ne pense pas que je recouvre jamais [elle avait quarante-six ans]. Vous m'en eussiez rendu plus que personne par la joie que j'aurais eue de vous voir, et par les épanouissements de la rate,

---

[1] Voyez ci-dessus, 2ᵉ partie, chap. vii, p. 73.

[2] Expilly, *Dictionnaire des Gaules et de la France*, t. IV, p. 855, au mot *Montjeu*.

[3] Garreau, *Description du gouvernement de Bourgogne*, p. 541, 2ᵉ édit., 1734, in-8°. — *Ibid.*, 1ʳᵉ édit., 1717, p. 291.

à quoi nous sommes fort sujets quand nous sommes ensemble. Mais Dieu ne l'a pas voulu, ou le grand Jupiter, qui s'est contenté de me mettre sur sa montagne, sans vouloir me faire voir ma famille entière[1]. »

Cependant une grande partie de cette famille, prévenue de son arrivée, s'empressa de lui rendre visite à Montjeu. La première qui y vint fût Françoise de Rabutin, veuve du comte Antoine de Toulongeon, sœur du baron de Chantal, père de madame de Sévigné, et belle-mère de Bussy par sa fille Gabrielle, qu'elle avait perdue en 1646. Quoique alliée à leur famille par tant de titres, cette comtesse de Toulongeon n'était point aimée de madame de Sévigné ni de Bussy. Elle était fort avare, mais cependant charitable envers les pauvres [2]. Madame de Sévigné avait considéré comme un devoir indispensable de s'arrêter chez elle quelques jours [3]. Pour éviter la dépense que lui aurait occasionnée une telle réception, elle se hâta de prévenir madame de Sévigné. Cette tante de Toulongeon résidait à Autun. Son fils possédait la terre d'Alonne, du bailliage de Montcenis ; il la fit par la suite ériger en comté de son nom, et, par ordre du roi, *Alonne* se nomma *Toulongeon*. Ce lieu, voisin d'Autun, devint, par les embellissements qu'y fit le comte de Toulongeon, un

---

[1] SÉVIGNÉ, *Lettres* (22 juillet 1672). — (11 juillet 1672), t. III, p. 34, édit. M. — (13 octobre 1677), t. V, p. 432. — BUSSY, *Mémoires*, édit. d'Amst., 1721, t. I, p. 93 et 125. — Voyez ci-dessus, t. I, p. 119 de ces *Mémoires*.

[2] SÉVIGNÉ, *Lettres* (22 juillet 1672, 4 juin 1687, 5 mars 1690), t. III, p. 41 ; t. VII, p. 449 ; t. VIII, p. 435 ; t. IX, p. 338. — BUSSY, *Lettres*, t. I, p. 306.

[3] SÉVIGNÉ, *Lettres* (31 décembre 1684), t. VII, p. 505, édit. G. t. VII, p. 222, édit. M. — (30 mai 1687), t. VII, p. 446, édit. M.

des plus agréables séjours de la Bourgogne [1]. Chazeu, dont madame de Sévigné admirait tant la pureté de l'air, la belle situation et la vue riante, était aussi du bailliage d'Autun, dans la paroisse de Laizy, et très-rapproché de Toulongeon, de Montjeu, aussi bien que d'Autun ; de sorte que lorsque Bussy allait se fixer dans cette demeure favorite, il ne manquait pas de société [2].

Madame de Toulongeon s'empressa d'aller à Montjeu rendre visite à sa cousine; madame de Sévigné, qui la voyait pour la première fois, fut charmée de la trouver si jolie et si aimable. Bussy, dont elle était la belle-sœur, regrettait auprès d'elle tout ce que l'âge lui avait fait perdre [3]. Il disait qu'il lui avait donné de l'esprit, mais qu'elle le lui avait rendu avec usure : et, en effet, les vers les plus agréables qu'il ait faits sont ceux qu'elle lui a inspirés [4]. Elle était un des ornements de la société qui se réunissait à Montjeu, et il est probable qu'elle contri-

---

[1] SÉVIGNÉ, *Lettres* (22 juillet 1685), t. VIII, p. 90, édit. G. — (18 janvier 1687), t. VII, p. 414, édit. M.; t. VIII, p. 208, édit. G. — GARREAU, *Description du gouvernement de Bourgogne*, 2ᵉ édit., 1734, in-8°, p. 641 ; 1ʳᵉ édit., p. 320.

[2] SÉVIGNÉ, *Lettres* (3 septembre 1677), t. V, p. 215, édit. M.; t. V, p. 379, édit. G. — GARREAU, *Description de la Bourgogne*, p. 416 ; il écrit *Chaseul*.

[3] SÉVIGNÉ, *Lettres* (11 juillet 1672), t. III, édit. G.; t. III, p. 40, édit. M. — XAVIER GIRAULT, *Détails historiques sur les ancêtres, les possessions et les descendants de madame de Sévigné*, dans les *Lettres inédites de madame de Sévigné*, 1819, in-12, p. XLIV; dans les *Lettres de Sévigné*, édit. G., t. I, p. XCIII.

[4] BUSSY DE RABUTIN, *Lettres* (10 et 21 juillet 1686 et 27 août 1687), t. VI, p. 180, 251, 254, édit. 1727, in-12. — (19 et 28 mars 1688), t. VI, p. 275 et 277. — (18 janvier, 3 mai 1690), t. VII, p. 119. — (5 septembre 1690), t. VII, p. 148.

bua beaucoup, ainsi que madame de Sévigné, à la réconciliation de Bussy avec Jeannin de Castille, qui eut lieu l'année suivante [1]. Cette réconciliation fut sincère; et le nom du seigneur de Montjeu revient assez fréquemment dans les lettres de madame de Sévigné et dans celles de Bussy [2]. Jeannin de Castille, plus heureux que Bussy, obtint plus tôt que lui la permission de se présenter devant Louis XIV, et termina heureusement ses affaires [3]. Si son fils, qui mourut avant lui, ne répondit pas à ses espérances, il eut la consolation de voir sa petite-fille épouser un prince d'Harcourt. Cette princesse d'Harcourt donna le jour à deux filles, qui furent la duchesse de Bouillon et la duchesse de Richelieu.

Madame de Sévigné s'arrêta cinq jours à Autun, et n'en partit que le samedi 23 juillet. Après un trajet de 51 kilomètres ou 12 lieues depuis Autun, madame de Sévigné arriva à Châlon-sur-Saône, où elle coucha. Elle s'embarqua le lendemain, dimanche 24, pour Lyon; et quoiqu'elle n'eût que 125 kilomètres ou 32 lieues à parcourir, elle n'arriva le jour suivant qu'à six heures du soir [4]. « M. l'intendant de Lyon (du Gué-Bagnols), sa femme et madame de Coulanges vinrent me prendre au

---

[1] SÉVIGNÉ, *Lettres* (21 octobre 1673), t. III, p. 115, édit. M.; t. III, p. 195, édit. G.

[2] SÉVIGNÉ, *Lettres* (15 septembre, 13 octobre 1677, 27 juin 1678), t. V, p. 257, 261, 341. — *Ibid.* (9 décembre 1688), t. VIII, p. 201, édit. M. — *Ibid.* (14 août 1691), t. IX, p. 471. — BUSSY, *Lettres* (20 février 1687), t. VI, p. 218.

[3] BUSSY, *Lettres* (9 mars et 11 juillet 1687), t. VI, p. 224 et 250. — (28 avril 1690), t. VII, p. 114 à 119.

[4] SÉVIGNÉ, *Lettres* (27 juillet 1672), t. III, p. 109, édit. G.; t. III, p. 42, édit. M. — RICHARD, *Guide classique du voyageur en France*, p. 15, édit. 1833, in-12, p. 241.

sortir du bateau de midi (25 juillet). Je soupai chez eux ; j'y dînai hier. »

Madame de Coulanges s'était rendue avec son mari à Lyon, immédiatement après Pâques [1], pour le mariage de sa sœur, mademoiselle du Gué, avec Bagnols, cousin issu de germain [2], riche de 45,000 livres de rente. Bagnols devint depuis intendant de Flandre ; et le jeune baron de Sévigné nous forcera bientôt d'occuper nos lecteurs de sa femme. Elle ne plut guère à madame de Sévigné, qui fût bien aise que les nouveaux mariés se proposassent d'aller à Paris, plutôt que de céder aux invitations plus polies que sincères qu'elle était obligée de leur faire. Madame de Coulanges, bien autrement engagée aussi à faire ce voyage, promit de l'accompagner à Grignan, à condition que madame de Sévigné ne se hâterait pas trop de quitter Lyon. Le plaisir que toute cette famille de Bagnols eut à jouir pendant quelques jours de la société de madame de Sévigné fit qu'on ne crut jamais lui prodiguer assez de soins, assez d'attentions. « On me promène, on me montre, je reçois mille civilités. J'en suis honteuse ; je ne sais ce qu'on a à me tant estimer [3]. »

Elle alla dans une des deux bastilles de Lyon, celle de Pierre-Encise, rendre visite à un ami prisonnier, dont il est difficile de deviner le nom par la seule lettre initiale F. Il n'en est pas de même d'un monsieur M., chez lequel elle dit qu'on doit la mener pour voir « son cabinet

---

[1] Pâques, en l'année 1672, était le 17 avril.

[2] SÉVIGNÉ, *Lettres* (17 février 1672), t. II, p. 391, édit. G.; t. II, p. 332, édit. M.

[3] SÉVIGNÉ, *Lettres* (27 juillet 1672), t. III, p. 109, édit. G.; t. III, p. 43, édit. M.

et ses antiquailles. » Nul doute qu'il ne soit ici question de M. Mey, riche amateur des beaux-arts, Italien d'origine, dont les étrangers qui passaient à Lyon allaient visiter la maison, située à la montée des Capucins, célèbre par sa belle vue, la magnifique collection de tableaux et les beaux objets d'antiquité qu'elle renfermait. On y admirait surtout alors ce beau disque antique en argent connu sous le nom de *bouclier de Scipion*, qui fut acheté par Louis XIV après la mort de M. Mey et qui est aujourd'hui un des ornements du cabinet des médailles de la Bibliothèque nationale.[1].

Cependant ce ne fut pas chez l'intendant que logea madame de Sévigné, mais chez un beau-frère de M. de Grignan, Charles de Châteauneuf, chanoine-comte et chamarier de l'église de Saint-Jean de Lyon : « C'est, dit-elle, un homme qui emporte le cœur, une facilité et une liberté d'esprit qui me convient et qui me charme. » Elle fut aussi très-satisfaite de faire connaissance avec la sœur de M. de Grignan, la comtesse de Rochebonne, qui ressemblait à son frère d'une manière étonnante. Elle était veuve du comte de Rochebonne, commandant du Lyonnais. Madame de Sévigné reçut la visite d'une autre veuve parente de Bussy-Rabutin, Anne de Longueval, veuve de Henri de Senneterre, marquis de Châteauneuf, que sa mère fut accusée d'avoir fait assassiner[2]. La marquise de Senneterre porta longtemps le deuil, et sembla regretter

---

[1] Spon, *Recherches des antiquités et curiosités de la ville de Lyon;* 1675, in-8°, p. 196, pl. — Marion Dumersan, *Histoire du Cabinet des médailles;* 1838, in-8°, p. 12.

[2] *Lettres de madame* de Rabutin-Chantal, édit. de La Haye, 1726, in-12, t. I, p. 260. Le nom du marquis de Senneterre est en toutes lettres dans cette édition.

son mari, mais elle trouvait peu de personnes disposées à sympathiser aux marques de sa douleur, et même à croire à leur sincérité [1].

Après les trois jours donnés à madame de Coulanges, madame de Sévigné partit de Lyon, s'embarqua le vendredi 29 juillet au matin, et alla coucher à Valence. Puis elle fut confiée aux soins des patrons de barque choisis par l'intendant. « J'ai de bons patrons, dit-elle dans sa lettre à madame de Grignan ; surtout j'ai prié qu'on ne me donnât pas les vôtres, qui sont de francs coquins : on me recommande comme une princesse. » Le trajet qu'elle avait parcouru dans cette journée était de 99 kilomètres, ou 24 lieues trois quarts. Le lendemain, samedi 30 juillet, elle était, à une heure après midi, à Robinet sur le Robion, lieu où l'on débarque pour se rendre à Montélimart. Madame de Grignan vint la prendre dans sa voiture ; et, après avoir franchi les quatre lieues qui séparent le château de Grignan de Montélimart, la mère et la fille se trouvèrent enfin réunies sous le même toit. Leur séparation avait duré un an et sept mois [2]. La distance parcourue par madame de Sévigné depuis Paris était de 620 kilomètres ou 150 lieues de poste. Dix-sept jours avaient été employés pour faire ce trajet ; mais on doit en retrancher huit pour les séjours à Montjeu et à Lyon ; il en résulte que la journée moyenne était de 67 kilomètres ou de 16 lieues par jour.

---

[1] Sévigné, *Lettres* (18 mai, 28 octobre, 26 décembre 1671), t. II, p. 78, 273 et 290, édit. G. — (19 août 1676), t. V, p. 83. — (17 janvier 1680.)

[2] Sévigné, *Lettres* (6 février 1671), t. I, p. 305, édit. G.; t. I, p. 231, édit. M. — *Ibid.* (27 juillet 1672), t. III, p. 110, édit. G.; t. III, p. 42, édit. M. Conférez ci-dessus la 3ᵉ partie de ces *Mémoires*, p. 320.

La durée de ce trajet eût été plus longue si une partie n'en avait pas été faite par eau. Rendue à Grignan sans autre accident que la perte d'un de ses chevaux qui se noya, madame de Sévigné, ainsi que son oncle, ses femmes de chambre et son abbé de la Mousse, arrivèrent en parfaite santé, quoiqu'elle annonce malignement que ce dernier, dès son entrée à Lyon, était tout étonné de se trouver encore en vie après un si grand et si périlleux voyage.

CHAPITRE VIII.

1672.

Le court séjour de madame de Sévigné à Lyon accroît son intimité avec madame de Coulanges. — Dans les lettres que celle-ci lui écrit à Grignan, elle lui annonce l'arrivée de Villeroi à Lyon. — Cet exil est la cause du rappel du chevalier de Lorraine. — Fâcheux effets de ce rappel. — Débauche chez M. le duc d'Enghien. — Le chevalier de Lorraine habile à séduire les femmes. — Le marquis de Villeroi plus séduisant encore. — Il est nommé le *charmant*. — Aveu singulier de madame de Sévigné. — Son explication. — Conjectures sur la cause de l'exil de Villeroi. — Il se rend à l'armée de l'électeur de Cologne. — Le roi le force de retourner à Lyon. — Ses intrigues d'amour à Lyon. — Il se retire à sa terre de Neufville, désespéré de l'infidélité d'une maîtresse de la cour, désignée dans les lettres sous le nom d'*Alcine*. — Les indiscrétions de Villeroi sur cette liaison ont été la cause de son exil. — Alcine n'est point la comtesse de Soissons. — Détails sur cette comtesse et sur sa liaison avec Villeroi. — Le *gros cousin* de madame de Coulanges n'est point Louvois, mais son frère l'archevêque de Reims. — Portrait de cet archevêque et détails sur ses liaisons avec la duchesse d'Aumont. — Il suit le roi à l'armée, et inaugure, dans la cathédrale de Reims, des drapeaux pris sur les Hollandais. — *Alcine* est la duchesse d'Aumont. — Détails sur cette duchesse. — Son caractère, sa vie décente. — Ses liaisons amoureuses. — Dévote dans l'âge avancé. — Son genre de dévotion. — Contraste entre certaines dévotes. — Liaisons amoureuses de la duchesse d'Aumont, avant sa conversion, avec Caderousse, le marquis de Biran et le marquis de Villeroi. — Le mystère de sa liaison avec l'archevêque de Reims est dévoilé par le beau-fils de la duchesse d'Aumont, le marquis de Villequier. — On n'ajoute pas foi à ses révélations. — La comtesse de Soissons reprend son ascendant sur le marquis de Villeroi. — On s'intéressait aux intrigues amoureuses des hommes renommés par leurs séductions. — Cause de l'indulgence générale pour les fautes que l'amour fait commettre. — Vardes séduit mademoiselle de Toiras. — Scène de désespoir entre ces deux amants, jouée par madame de Coulanges et par Barillon. — Madame de Sévigné redoute la visite de Villeroi à Grignan. — Bruit qui court à Paris sur Vardes et Villeroi. — Madame de Coulanges part pour Lyon, et se rend à Paris.

Le court séjour de madame de Sévigné à Lyon et le peu de temps passé dans la société de madame de Coulanges accrurent encore leur attachement mutuel. Ces deux amies ne pouvaient se passer l'une de l'autre; toutes deux, connaissant parfaitement le monde et la cour, s'intéressaient plus vivement à tout ce qui s'y passait; toutes deux aimaient à railler et à médire[1], non par haine, non par malice, non par envie, mais pour exercer leur esprit, pour s'amuser et s'instruire mutuellement de ce qui se passait autour d'elles. Quand elles ne pouvaient converser ensemble, elles s'écrivaient. Madame de Sévigné, le jour même de son départ de Lyon, écrivit à madame de Coulanges, et puis encore le lendemain en arrivant à Grignan[2].

Une des réponses de madame de Coulanges roule presque en entier sur le marquis de Villeroi, gouverneur de Lyon, et qui venait d'y arriver; il regrettait beaucoup de n'y plus retrouver madame de Sévigné. Celle-ci, avant son départ de Paris, avait su que le marquis de Villeroi était exilé à Lyon, et elle avait mandé cette nouvelle à sa fille. Le motif de cette sévérité de Louis XIV envers un de ses courtisans qu'il aimait le mieux, et qui avait

---

[1] Voyez la 3ᵉ partie de ces *Mémoires*, p. 397-400.
[2] COULANGES, dans SÉVIGNÉ, *Lettres* (1ᵉʳ août 1672), t. III, p. 112, édit. G.; t. III, p. 44, édit. M.

été le compagnon de son enfance, était inconnu. On savait seulement qu'il était le résultat d'une indiscrétion et de paroles imprudentes prononcées chez la comtesse de Soissons[1]. C'est cet exil qui donna occasion à MONSIEUR de demander au roi le rappel du chevalier de Lorraine. Ce rappel ne surprit pas moins que la défense faite à Villeroi d'accompagner Louis XIV à l'armée et l'ordre qu'il reçut de se rendre à Lyon. Au milieu des grands événements de la guerre, on s'en préoccupa à la cour. Les détails de l'entretien des deux frères au sujet de ce rappel nous prouvent combien était grand l'effet du despotisme de Louis XIV sur sa famille, la crainte qu'il inspirait à tout ce qui l'entourait et la profonde humiliation de MONSIEUR. Il faut que les singulières particularités de cet entretien aient été racontées par le roi lui-même ou par MONSIEUR, pour que madame de Sévigné, en les transmettant à sa fille, puisse lui écrire : « Vous pouvez vous assurer que tout ceci est vrai : c'est mon aversion que les faux détails, mais j'aime les vrais. Si vous n'êtes de mon goût, vous êtes perdue, car en voici d'infinis[2]. » Il est difficile d'admettre qu'il y ait eu un seul témoin de cette étrange scène.

Ce retour du chevalier de Lorraine produisit, parmi les courtisans de MONSIEUR, un redoublement de débauche qui scandalisait cette cour galante et si peu scrupuleuse. C'est alors que les lettres de madame de Sévigné et les libelles du temps nous signalent un honteux libertinage, des

---

[1] SÉVIGNÉ, *Lettres* (6 avril 1671), t. II, p. 451, édit. G. — (24 juin 1672), t. III, p. 79, édit. G.; t. III, p. 15, édit. M. — (10 février 1672), t. II, p. 378, 380, édit. G.; t. II, p. 321, édit. M.

[2] SÉVIGNÉ, *Lettres* (12 février 1672), t. II, p. 379.

fêtes, des parties de chasse et des repas splendides faits à Saint-Maur au milieu de la nuit, sans aucun égard pour les prescriptions du carême ou plutôt avec la coupable intention d'assaisonner la débauche par l'impiété. Le duc d'Enghien, fils du prince de Condé, était un des grands promoteurs de ces orgies ; et madame de Sévigné figura dans une de ces parties, où se trouvaient les deux filles de la maréchale de Grancey, qu'on appelait les *anges* (l'une, mademoiselle de Grancey, avait le titre de madame, parce qu'elle était chanoinesse; l'autre était madame de Marey), et avec elles mesdames de Coëtquen et de Bordeaux, et la comtesse de Soissons [1]. La présence à la cour du chevalier de Lorraine, qui était l'indispensable acteur dans toutes ces parties, fournit aussi à madame de Sévigné [2] l'occasion d'entretenir madame de Grignan d'une des filles d'honneur de la reine, mademoiselle de Fiennes. Elle avait été enlevée par le chevalier de Lorraine avant qu'il fût exilé; il la délaissa, quoiqu'il en eût eu un fils qui fut élevé avec les enfants de la comtesse d'Armagnac, à la vue du public, dit madame de Sévigné. Après son retour, il reconnut cet enfant.

Le chevalier de Lorraine, profondément dissimulé, avait cependant une physionomie ouverte et enjouée, qui convenait à madame de Sévigné; il déplaisait à sa fille, probablement meilleure physionomiste. Lui, Vardes et Villeroi

---

[1] Sévigné, *Lettres* (6 avril 1672), t. II, p. 449, édit. G.; t. II, p. 379, édit. M. — *La France galante, ou Histoire amoureuse de la cour*, nouv. édit., à Cologne, chez Pierre Marteau, 1695, in-18, p. 287, 355, 356, 357. — *Ibid.*, p. 304, 385.

[2] Sévigné, *Lettres* (30 mars, 1er et 20 avril 1672), t. II, p. 442, 446 et 447, édit. G.; t. II. p. 377, édit. M. Conférez ci-dessus la 3e partie de ces *Mémoires*, chap. xii, p. 221.

étaient considérés comme les plus dangereux séducteurs ; mais Villeroi l'emportait alors sur ses deux rivaux par sa jeunesse, par les agréments de sa personne, par la magnificence et le goût de sa parure, la grâce de ses belles manières, son habileté et son adresse dans tous les exercices du corps, sa force et sa belle santé, qui le rendaient en tout infatigable [1].

Madame de Coulanges ne tarit pas dans ses lettres sur les louanges qu'elle donne au *charmant*. Madame de Sévigné témoigne pour son amie, sur l'effet de cet engouement, des craintes qui paraissent sérieuses ; et, à ce sujet, elle fait un aveu trop important pour que son biographe le laisse passer inaperçu.

Elle était à Livry, où son cousin Coulanges vint la voir; et elle écrivit à sa fille le 2 juin, alors qu'elle se disposait à se rendre à Lyon et en Provence : « M. de Coulanges, dit-elle, est charmé du marquis de Villeroi. Il (Coulanges) arriva hier au soir. Sa femme, comme vous dites, a donné tout au travers des louanges et des approbations de ce marquis. Cela est naturel ; il faut avoir trop d'application pour s'en garantir. Je me suis mirée dans sa lettre, mais je l'excuse mieux qu'on ne m'excusait [2]. » Le marquis de Villeroi n'était alors âgé que de vingt-neuf ans, et madame de Sévigné en avait quarante-six. Dans ce retour qu'elle fait sur elle-même, elle ne pouvait penser au temps présent ; elle fait allusion à l'époque de sa jeunesse, alors que,

---

[1] SÉVIGNÉ, *Lettres* (7 et 28 juillet 1680), t. IV, p. 362 et 392, édit. M.; t. VII, p. 92 et 131, édit. G. — SAINT-SIMON, *Mémoires authentiques*, t. XII, p. 235, 238, édit. 1829, in-8°. — *Œuvres complètes de Louis de Saint-Simon*, t. XII, p. 155, édit. 1791, in-8°.

[2] SÉVIGNÉ, *Lettres* (2 juin 1672), t. III, p. 50, édit. G.; t. II, p. 458, édit. M.

compromise par la publication du perfide ouvrage de Bussy, elle ne trouva personne qui voulût l'excuser de s'être trop complue aux louanges que lui donnait son cousin, et de ne s'être pas assez refusée au plaisir que lui faisaient éprouver ses spirituelles saillies et sa réjouissante conversation [1].

Le marquis de Villeroi alla d'abord à Lyon, pour obéir aux ordres du roi; mais il s'en écarta presque aussitôt, et partit pour se rendre près de l'électeur de Cologne, voulant servir Louis XIV au moins dans l'armée de ses alliés [2]. Ce zèle ne réussit pas, et le roi lui ordonna de retourner à Lyon [3].

A cette époque, le marquis de Villeroi était réellement amoureux d'une femme de la cour. Il avait retrouvé à Lyon une madame Salus, femme d'un financier, qu'il avait séduite. Quand il la revit après un assez long intervalle, il trouva chez elle une madame Carles, qui lui parut plus belle, et les attentions qu'il eut pour celle-ci divisèrent les deux amies [4]; mais ni l'une ni l'autre ne purent le distraire d'une passion où, contre son ordinaire, son cœur était engagé. Nous avons vu, par l'exemple de Sidonia, que, bien différent de Vardes, le marquis de Villeroi, quand il était véritablement épris d'une femme, ne gardait plus ni discrétion ni mesure. Il est probable que les paroles qu'il prononça chez la comtesse de Soissons et qui furent la cause de son exil avaient trait à cette pas-

---

[1] Conférez la 2ᵉ partie de ces *Mémoires*, chap. xxv, p. 360.

[2] Sévigné, *Lettres* (6 juin 1672), t. II, p. 463, édit. M.; t. III, p. 56, édit. G.

[3] Sévigné, *Lettres* (24 juin 1672), t. III, p. 15, édit. M.; t. III, p. 79, édit. G.

[4] Sévigné, *Lettres* (1ᵉʳ août 1672), t. III, p. 112, 114.

sion. L'inconduite fut le seul motif qu'allégua Louis XIV pour justifier sa rigueur envers le jeune Villeroi ; et le vieux maréchal duc, son père, reçut de la bouche royale l'assurance que la pénitence ne serait pas de longue durée [1]. Mais Villeroi, à la fois dévoré par l'amour et par l'ambition, était désespéré de se voir condamné à un honteux repos quand il aurait pu se distinguer à la conquête de la Hollande par des actions d'éclat, et gagner des grades à l'armée. Il était désolé surtout que son exil à Lyon l'éloignât d'une maîtresse adorée. Très-peu disposé à se prévaloir des liaisons qu'il avait formées ou à en chercher de nouvelles, il se retira dans sa terre de Neufville, à quatre lieues de Lyon, n'y recevant personne. Madame de Coulanges écrit à madame de Sévigné : « Écoutez, madame, le procédé du *charmant*. Il y a un mois que je ne l'ai vu ; il est à Neufville, outré de tristesse ; et quand on prend la liberté de lui en parler, il dit que son exil est long ; et voilà les seules paroles qu'il ait proférées depuis l'infidélité de son *Alcine* [2]. Il hait mortellement la chasse, et il ne fait que chasser ; il ne lit plus, ou du moins il ne sait ce qu'il lit ; plus de Salus, plus d'amusement : il a un mépris pour les femmes qui empêche de croire qu'il méprise celle qui outrage son amour et sa gloire..... Je suis de votre avis, madame, je ne comprends pas qu'un amant ait tort, parce qu'il est absent ; mais qu'il ait tort étant présent, je le comprends mieux. Il me paraît plus aisé de conserver son idée sans défauts pendant l'absence ; Alcine

---

[1] Sévigné, *Lettres* (12 février 1672), t. II, p. 384 et 386, édit G.; t. II, p. 325, édit. M.

[2] Allusion au septième chant de l'*Orlando furioso*, qui contient l'histoire de *Ruggiero* et d'*Alcina*.

n'est pas de ce goût; le *charmant* l'aime de bien bonne foi : c'est la seule personne qui m'ait fait croire à l'inclination naturelle; j'ai été surprise de ce que je lui ai entendu dire là-dessus..... Le bruit de la reconnaissance que l'on a pour l'amour de mon gros cousin se confirme. Je ne crois que médiocrement aux méchantes langues; mais mon cousin, tout gros qu'il est, a été préféré à des tailles plus fines; et puis, après un petit un grand. Pourquoi ne voulez-vous pas qu'un gros trouve sa place [1]? »

Et quatre mois après, de retour à Paris ainsi que Villeroi [2], madame de Coulanges écrit encore à son amie : « Le marquis de Villeroi est si amoureux qu'on lui fait voir ce que l'on veut. Jamais aveuglement ne fut pareil au sien; tout le monde le trouve digne de pitié, et il me paraît digne d'envie : il est plus charmé qu'il n'est *charmant;* il ne compte pour rien sa fortune, mais la belle compte Caderousse pour quelque chose, et puis un autre pour quelque chose encore : un, deux, trois, c'est la pure vérité! Fi! je hais les médisances. »

Madame de Coulanges, toujours préoccupée et en quelque sorte tourmentée de l'illusion de Villeroi et de la ruse dont il est la dupe, dit encore : « L'histoire du *charmant* est pitoyable; je la sais..... Orondate était peu amoureux auprès de lui : c'est le plus joli homme, et son *Alcine* la plus indigne femme [3]. »

---

[1] MADAME DE COULANGES, dans SÉVIGNÉ, *Lettres* (3 octobre 1672), t. III, p. 122, édit. G.; t. III, p. 52, édit. M.

[2] MADAME DE COULANGES, dans SÉVIGNÉ, *Lettres* (24 février 1673), t. III, p. 143 et 144, édit. G.; t. III, p. 73, édit. M.

[3] MADAME DE COULANGES, dans SÉVIGNÉ, *Lettres* (20 mars 1673), t. III, p. 149, édit. G.; t. III, p. 53, édit. M.

Ni ces dernières paroles ni celles qui les précèdent ne peuvent, sous la plume de madame de Coulanges, s'appliquer, ainsi qu'on l'a prétendu[1], à madame Dufresnoy. C'est dans cette même lettre, où madame de Coulanges parle de *l'indigne femme*, qu'elle apprend à madame de Sévigné l'admiration qu'excita madame Dufresnoy, dont la beauté, dit-elle, « efface sans miséricorde celle de mademoiselle S****[2], réputée si belle. » Madame de Coulanges ne tarda pas à se lier intimement avec madame Dufresnoy[3]. Elle ne parle jamais que favorablement de l'*amie intime* de son cousin ministre. *Alcine* n'est pas plus la comtesse de Soissons que le gros cousin n'est Louvois. Il est bien vrai que le marquis de Villeroi était alors (avec plusieurs autres) engagé dans les liens de la comtesse[4], et qu'il eut du regret de les voir rompre, lorsque des soupçons trop fondés forcèrent cette femme criminelle à s'exiler[5]. De toutes les nièces du cardinal Mazarin dont Louis XIV adolescent fut entouré, Olympe Mancini fut celle qu'il parut

---

[1] SÉVIGNÉ, *Lettres* (30 octobre 1672), t. III, p. 198, édit. 1811, de Grouvelle. Cet éditeur est le premier auteur des notes de cette lettre; ces notes ne se trouvent pas dans les deux éditions du chevalier Perrin : c'est à tort que M. G. de Saint-Germain les lui attribue. Voyez t. III, p. 123; et dans l'édit. de M. t. III, p. 53.

[2] SÉVIGNÉ, *Lettres* (20 mars 1673), t. III, p. 148. L'initiale S désigne peut-être mademoiselle d'Usa de Salusse, inscrite la première dans la liste des filles d'honneur de la reine. Voyez *État de la France*, 1669, in-12, p. 361.

[3] SÉVIGNÉ, *Lettres* (24 février 1673), t. III, p. 142. — L'*État de la France*, 1678, p. 376. — La charge de dame du lit fut créée le 2 avril 1673.

[4] SAINT-SIMON, *Mémoires complets et authentiques*, t. I, p. 205.

[5] SÉVIGNÉ, *Lettres* (26 janvier 1680), t. VI, p. 331, édit. G.; t. VI, p. 133, édit. M.

d'abord préférer; et comme les effets de la première effervescence de l'âge sur lui étaient un secret maternel soigneusement gardé[1], son inclination naissante pour Olympe Mancini, qui le révéla à toute la cour, devint l'objet de l'attention générale. Fouquet obtint alors de son poëte favori un joli madrigal pour célébrer cette première victoire de l'amour, remportée par les yeux d'Olympe sur le cœur du jeune monarque[2]. Ambitieuse, sensuelle, Olympe Mancini comprit les obstacles que pourrait mettre à son établissement la préférence que lui donnait le roi; et elle chercha à diriger sur sa sœur Marie, plus sensible, plus capable d'un attachement sincère, les mouvements de ce cœur que tourmentait le besoin d'aimer et d'être aimé.

Olympe Mancini obtint plus d'ascendant sur Louis XIV en servant sa passion qu'en la partageant: en facilitant ses rendez-vous, en l'entourant de tous les agréments de sa jeune société, qu'elle animait par son esprit, elle sut se rendre indispensable. Elle voulait que la faveur dont elle jouissait servît à lui assurer un établissement proportionné à ses ambitieux désirs. Sa sœur Louise-Victoire avait épousé le duc de Mercœur[3]. Lorsque le prince de Conti se décida à prendre pour femme une des nièces de Mazarin, il choisit la belle et vertueuse Martinozzi. Olympe ne dissimula point le dépit qu'elle ressentait de n'avoir pas été préférée à sa cousine germaine[4]. Of-

---

[1] Voyez ci-dessus, 3ᵉ partie de ces *Mémoires*, chap. IX, p. 104 et suiv.

[2] LA FONTAINE, *Œuvres*, t. VI, p. 187 de l'édit. 1826, in-8°; p. 264 de l'édit. 1827; 580 de l'édit. 1835, in-8°, 1 vol., *Sixain pour le roi*.

[3] MONTPENSIER, *Mémoires*, t. XLII, p. 20.

[4] MOTTEVILLE, *Mémoires*, t. IV, p. 368.

ferte au grand maître, fils du maréchal de la Meilleraye, Olympe fut refusée; mais ce fut un bonheur pour son orgueil et son ambition, puisqu'elle épousa le prince Eugène de Savoie, comte de Soissons [1]; et la charge de surintendante de la maison de la reine, que Mazarin fit alors créer pour elle, la plaçait dans un rang élevé, ajoutait à sa fortune et lui donnait de grandes prérogatives.

« Rien n'est pareil, dit Saint-Simon, à la splendeur de la comtesse de Soissons, de chez qui le roi ne bougeait avant et après son mariage, et qui était la maîtresse de la cour et des grâces, jusqu'à ce que la crainte d'en partager l'empire avec les maîtresses la jeta dans une folie qui la fit chasser avec Vardes et le comte de Guiche. La comtesse de Soissons fit la paix, et obtint son retour par la démission de sa charge, qui fut donnée à madame de Montespan [2]. »

Cette folie dont parle Saint-Simon est, on le sait, l'intrigue ourdie par la comtesse de Soissons, Vardes et mademoiselle de Montalais, pour faire chasser la Vallière [3]. Après son retour, la comtesse de Soissons perpétua son pouvoir par ses liaisons, ses intrigues et ce charme magique que donne à la femme sans pudeur l'expérience de la faiblesse de l'homme. L'ambition et la volupté étaient les enchantements qu'employait cette Circé de la cour pour inspirer à ses amants le désir de ne pas se séparer d'elle; mais, avec ses appas surannés et ses habitudes volages, il ne pouvait subsister entre elle et eux de sentiments pas-

---

[1] MOTTEVILLE, *Mémoires*, t. IV, p. 398.

[2] SAINT-SIMON, *Mémoires complets et authentiques*, t. IV, p. 394 et 395.

[3] Conférez partie II, chap. XX de ces *Mémoires*, p. 299 à 301.

sionnés ni une constance qu'elle ne s'imposait pas à elle-même. Aussi Villeroi, qui avait succédé à Vardes dans ses bonnes grâces, avait pu céder aux charmes attrayants de madame de Monaco et à la passion que lui inspira ensuite la marquise de Courcelles, sans exciter le ressentiment de la comtesse de Soissons, sans faire cesser les habitudes d'une liaison que renouaient par intervalle les calculs de l'intérêt et les caprices des sens. La comtesse de Soissons ne pouvait s'empêcher d'accorder à Villeroi cette large part d'indulgence qu'elle réclamait pour elle-même.

Tel n'est point le caractère de la passion qui subjuguait alors le marquis de Villeroi, telle n'est point l'idée que nous en donne l'amie de madame de Sévigné et madame de Sévigné elle-même. C'est un amour récent, dont la violence et l'aveuglement étonnent surtout madame de Coulanges. C'est donc une jeune femme, dont les déréglements, s'ils étaient réels, sont encore enveloppés de mystère, puisque Villeroi se refuse à y croire. Mais il y avait peu de mystères de ce genre pour madame de Coulanges : sa vie dissipée et toute mondaine, sa parenté avec un ministre, sa familiarité avec les plus hauts personnages de la cour lui donnaient les moyens, dont elle usait amplement, de surprendre les secrets des intrigues les plus cachées, même celles des femmes qui, succombant aux séductions qui les assiégeaient, tenaient assez à leur réputation pour conserver les apparences d'une conduite régulière. Telle était celle qui avait fasciné le marquis de Villeroi. En tout temps soumise aux pratiques extérieures de la religion, il lui était facile de dissimuler l'intimité d'une liaison coupable avec un ecclésiastique. Cet ecclésiastique, ce rival heureux de Villeroi, était ce gros abbé auquel, lorsque, par l'effet d'une faveur inouïe, il fut nommé à l'un des premiers siéges épiscopaux de France [1], madame de Coulanges disait : « Quelle folie d'aller à Reims ! Et qu'allez-vous faire là? vous vous ennuierez comme un chien. Demeurez ici, nous nous promènerons [2]. »

Oui! l'amant d'*Alcine* ne peut être que cet abbé le Tellier, que cet autre cousin de madame de Coulanges, avec lequel madame de Grignan n'avait cessé, depuis sa jeunesse [3], d'être en correspondance, à qui elle négligeait de répondre, même après qu'il lui avait écrit deux lettres consécutives ; cet abbé que ni sa mère, ni elle, ni madame de Coulanges, toutes les fois qu'elles en parlaient [4], ne pouvaient se résoudre à prendre au sérieux, quoiqu'il fût l'un des princes de l'Église de France ; spirituel, instruit, habile administrateur ; cachant sous des manières brusques l'adresse du courtisan ; mais présomptueux, arrogant, aimant le luxe, la magnificence et la bonne chère, et, par ses allures décidées et tranchantes, ressemblant plus à un colonel de dragons qu'à un prélat [5].

---

[1] CHOISY, *Mémoires*, t. LXIII, p. 458 et suiv. Reçu alors seulement comme coadjuteur; mais cela lui assurait le siége à vingt-sept ans. — SAINT-SIMON, *Mémoires authentiques*, t. II, p. 279.

[2] SÉVIGNÉ, *Lettres* (20 mars 1671), t. II, p. 386, édit. G.; t. I, p. 298, édit. M.

[3] Voyez, ci-dessus, la 3ᵉ partie de ces *Mémoires*, t. I, p. 80, 386 et 407.

[4] SÉVIGNÉ, *Lettres* (8 décembre 1673), t. III, p. 164, édit. M.; t. III, p. 254, édit. G. — *Ibid.* (19 janvier 1674), t. III, p. 220, édit. M.; t. III, p. 319, édit. G. — *Ibid.* (5 février 1674), t. III, p. 324, édit. M.; t. III, p. 336, édit. G. (Récit de l'homme renversé.) — (12 août 1675), t. III, p. 394, édit. M.; t. IV, p. 16, édit. G. — (22 février 1695), t. X, p. 60, édit. M.; t. XI, p. 135, édit. G.; et ci-dessus, 3ᵉ partie de ces *Mémoires*, p. 78.

[5] SAINT-SIMON, *Mémoires*, chap. VIII, t. II, p. 85.

Il y a lieu de croire que quelques paroles prononcées chez la comtesse de Soissons par Villeroi, et qui occasionnèrent son exil, étaient de nature à blesser la réputation de cet archevêque de Reims, alors en grande faveur à la cour. Ce qui est certain, c'est que pour cette campagne, qui fut la plus glorieuse de toutes celles de son règne, Louis XIV écarta de l'armée et condamna à un honteux repos un jeune guerrier compagnon de sa jeunesse, dont il devait faire un jour un maréchal de France [1], et qu'il permit à un archevêque, qui n'était point alors son grand aumônier [2] et que le devoir obligeait à résider dans son diocèse, de l'accompagner. Tandis que Villeroi, retiré à Neufville, s'indignait de son oisiveté, le Tellier, de retour de sa guerrière excursion, le samedi 15 octobre (1672), arborait triomphalement, dans la nef de l'église de Notre-Dame de Reims, dix-neuf enseignes d'infanterie prises sur les Hollandais [3].

La femme que madame de Coulanges et madame de Sévigné désignent sous le nom d'*Alcine* est la duchesse d'Aumont. Des trois filles de la maréchale de la Mothe, toutes trois belles, toutes trois mariées fort jeunes à des hommes d'une haute naissance qu'elles ne purent aimer, la duchesse d'Aumont était l'aînée et la plus belle : ce fut aussi celle qui mit le plus de discrétion dans le nombre et le choix de ses amants. Le duc d'Aumont, beaucoup plus âgé qu'elle, avait, lorsqu'il l'épousa, deux fils et deux filles de sa première femme, Madeleine le Tellier, sœur de

---

[1] Bussy, *Lettres* (avril 1672), t. I, p. 110 (supplément).

[2] C'était alors le cardinal de Bouillon, depuis le 10 décembre 1671. Voyez l'*État de la France*, p. 12.

[3] *Mémoires de M.* Fr. de Maucroix, *chanoine et sénéchal de l'église de Reims*; 1842, in-12, 2e partie, p. 41.

Louvois et de l'archevêque de Reims; de sorte que la duchesse d'Aumont se trouvait apparentée avec le Tellier et par conséquent aussi avec madame de Coulanges [1].

La duchesse d'Aumont, dans son âge avancé, compta parmi les femmes qui, après avoir été célèbres par leurs aventures galantes, se faisaient remarquer par leur grande dévotion; mais c'était de cette dévotion fastueuse qui s'annonçait à tous par l'absence de rouge, par de grandes manches et une mise particulière, par une affectation de pratiques rigoureuses, par un grand renfort de directeurs et de confesseurs. Madame de Sévigné, dans les lettres toutes confidentielles qu'elle écrit à sa fille, exerce souvent sur ces femmes sa spirituelle malice; et ses éloges railleurs font présumer qu'elle croyait peu à la sincérité de leur foi. Nous pensons qu'elle se trompait : la vanité est un défaut tellement inhérent à notre nature que le plus grand triomphe du christianisme est d'empêcher que ce méprisable sentiment ne se glisse involontairement jusque dans l'exercice des actions les plus vertueuses. La foi la plus sincère ne nous garantit pas toujours de ce danger. Ce qui faisait naître la défiance de madame de Sévigné sur les femmes qui restaient dans le monde après leur conversion, et qui semblaient aspirer à la gloire de lui servir d'exemple et de modèle, c'est la comparaison qu'elle faisait d'elles avec ces grandes pécheresses dont la subite transformation, opérée par une grâce toute divine, excitait à la fois sa surprise et son admiration. Si humbles, si douces, si bonnes, si retirées, si entièrement dévouées aux bonnes œuvres, à la pénitence, au repentir, si complète-

---

[1] *L'État de la France;* 1677, in-12, p. 78. — SAINT-SIMON, *Mémoires authentiques,* t. VI, p. 4-6; t. VII, p. 127, et t. IX, p. 142.

ment absorbées par le saint amour de Dieu, et en même temps si calmes, si contentes, si réjouies de leur état, elles étaient les premières à condamner et à flétrir la folie de leur vie passée ; elles en parlaient sans exagération et sans vains détours, avec une joyeuse pitié, comme d'un désir maladif dont on est heureusement guéri [1] ; et tout cela sans avoir besoin de conseils, d'exhortations, d'éloquents sermons ; n'aimant le prêtre qu'à l'autel et au confessionnal, n'implorant de lui que le pain céleste, l'absolution et la prière. Telle alors se montra, après le brisement de cœur causé par la mort du chevalier de Longueville, la comtesse de Marans, cette *Mélusine* envers laquelle madame de Sévigné s'était longtemps montrée si cruelle et dont, par une sorte d'amende honorable, elle trace à sa fille une admirable peinture, bien propre à faire envier à celle-ci, au milieu des grandeurs du monde, de ses agitations et de ses tourments, l'oubli de toutes les peines, de toutes les passions et le calme bonheur de cette nouvelle convertie.

Il n'est pas impossible que la religion, qui domina la duchesse d'Aumont dans son âge mûr, ne lui ait inspiré dans sa jeunesse assez de crainte et de respect pour qu'elle se soumît à ses prescriptions, mais sans lui donner la force suffisante pour résister à la violence des penchants

---

[1] Sévigné, *Lettres* (30 décembre 1672, 14 juillet 1673). (Lettre de madame de la Fayette : « La Marans est une sainte ; il n'y a point de raillerie, cela me paraît un miracle. ») — (1er, 5 et 15 janvier 1674), t. III, p. 67, 70, 100, 195, 197, 211, édit. M.; t. III, p. 72, 137, 309, édit. G. Voyez aussi sur madame de la Sablière, *ibid.*, *Lettres* (8 novembre 1679, 21 juin et 14 juillet, 4 août 1680), t. VI, p. 335, 373, 405, édit. M. — Saint-Simon, *Mémoires*, t. XV, p. 434, trace un portrait semblable de la marquise de Créquy.

qui l'entraînaient. Dans ce siècle, les exemples de ce genre sont fréquents, sans compter celui de Louis XIV. Alors s'explique comment une certaine exactitude à remplir ses devoirs religieux aurait donné à la duchesse d'Aumont plus de retenue [1], et comment ses liaisons amoureuses furent plus cachées et causèrent moins de scandale que celles de ses deux sœurs, la duchesse de la Ferté et la duchesse de Ventadour.

Cependant le secret des amours de la duchesse d'Aumont fut assez connu pour fournir, quand elle vivait, le sujet d'un de ces romans où l'auteur, comme Bussy dans son libelle, montre une trop grande connaissance des noms, des qualités, des caractères et de l'âge des personnages qu'il met en scène pour que les faits principaux qu'il leur attribue ne soient pas le résultat de ce qui se disait, à tort ou à raison, à la cour et dans le grand monde. Nous avons encore une autre preuve de la vérité des assertions du romancier : c'est que lorsque parurent les Caractères de la Bruyère, toutes les clefs écrites et mises en marge de ce livre par les personnes du temps portaient le nom de la duchesse d'Aumont auprès des caractères qui peignent les femmes à la fois galantes et dévotes [2].

Les faits énoncés sous la forme d'un roman acquièrent une valeur historique lorsqu'ils ont été sérieusement avancés par des personnes placées de manière à en être bien informées. Or, dans les libelles diffamatoires du genre des *Amours des Gaules,* publiés en Hollande du vivant de la

---

[1] *La France galante;* Cologne, 1695, in-12, p. 345, 380 et 385. — *Histoire amoureuse des Gaules*, 1754, in-12, t. V, p. 106 et 175.

[2] LA BRUYÈRE, *Des femmes,* n°s 35, 43, 46 ; t. I, p. 204, 207, 209; t. II, p. 672, 673, 674, 689, édit. 1845, in-8°.

duchesse d'Aumont, dans les chansons du temps et dans les notes historiques de ces chansons, les deux derniers amants qu'on lui prête sont précisément ceux que nomme madame de Coulanges : Caderousse et l'archevêque de Reims [1]; et ils dépeignent ce dernier comme ayant un embonpoint remarquable. Cet archevêque, dans tous ces libelles, ne se trouve mêlé à aucune autre intrigue de ce genre : la séduction de la duchesse d'Aumont est le seul méfait qu'on lui attribue ; ce qui prouve que ces auteurs ont écrit avant les préférences marquées qu'il eut pour la marquise de Créquy, sa nièce, fille de Madeleine le Tellier et du duc d'Aumont [2]. Par la même raison, ils n'ont pu ajouter la belle-fille à la belle-mère dans la scandaleuse histoire du *gros cousin* de madame de Coulanges. Ce surnom de *gros cousin* était au moins aussi applicable à l'archevêque de Reims qu'à son frère le ministre Louvois. Si dans les répertoires des intrigues de l'époque il n'est pas fait mention de Villeroi, c'est que, relativement à lui, le secret de cette liaison, par suite de la sévérité du roi, aura été mieux gardé.

La duchesse d'Aumont fut mariée à l'âge de dix-neuf ans. Villeroi en avait vingt-neuf et elle vingt-deux [3] lorsqu'il en fut épris; mais ils se connaissaient dès leur

---

[1] *Chansons historiques*, t. VII, p. 87, Mss. de la Biblioth. royale, collection Maurepas.

[2] *La France galante, ou Histoire amoureuse de la cour*, nouvelle édition, augmentée de pièces curieuses; Cologne, chez Pierre Marteau, p. 295 à 385, 394, 414 et 415. Voir le recueil intitulé *Histoire amoureuse des Gaules*, par BUSSY-RABUTIN; 1754, in-12, t. V, p. 79, 172, 174, 216.

[3] SAINT-SIMON, *Mémoires authentiques*, t. IX, p. 142 et 143. — BUSSY, *Lettres*, t. V, p. 124 et 129.

première jeunesse. Sous le nom de mademoiselle de Toucy, qu'elle portait alors, la duchesse d'Aumont, à l'âge de treize ans, avait, ainsi que le duc de Villeroi, et en compagnie de mademoiselle de Sévigné, figuré dans les *ballets* dansés par le roi. Lorsque mademoiselle de Toucy parut sur ce dangereux théâtre en 1666, âgée de seize ans, dans le *ballet* des *Muses* (Molière y figura, personnifiant la Comédie), elle représentait avec Villeroi une scène de bergère avec son berger[1]. Ces souvenirs de jeunesse ont pu contribuer, quelques années après, à l'attrait qui les unit. Il est probable que la duchesse d'Aumont sacrifia Caderousse à Villeroi[2]; peut-être le marquis de Biran (depuis duc de Roquelaure) succéda-t-il à Caderousse, comme le disent les libellistes. Villeroi ne crut pas qu'elle le trahissait pour l'archevêque de Reims. Mais madame de Coulanges, qui connaissait bien son *gros cousin* et de quoi il était capable, pensait tout différemment ; et, comme de fréquents et solitaires entretiens avec un archevêque qui affectait de prendre parti pour les jansénistes contre les jésuites[3] n'avaient rien qui pût porter ombrage, madame de Coulanges ne connaissait aucun moyen de dessiller les yeux de Villeroi. Son amour paraissait devoir durer longtemps, et madame de Sévigné s'en

---

[1] BENSERADE, *Œuvres*, 1697, in-12, t. II., p. 364. — *État de la France*, 1677, p. 78. — SAINT-SIMON, *Mémoires*. Conférez BUSSY, *Lettres*, t. V, p. 124 et 129. Voyez MONMERQUÉ, *Lettres de Sévigné*, t. IV, p. 151, note. — *La France galante*, édit. 1695, in-12, p. 287, 290. — BUSSY, *Lettres*, t. V, p. 125 et 129.

[2] *La France galante*, 1695, in-12, p. 348, 414, 415. — *Histoire amoureuse des Gaules*, 1654, in-12, t. V, p. 79, 166, 173, 174, 218, et madame DE COULANGES, dans SÉVIGNÉ, *Lettres* (20 mars 1673), t. III, p. 149, édit. G.; t. III, p. 53, édit. M.

[3] SAINT-SIMON, *Mémoires authentiques*, chap. VII, t. II, p. 84.

étonne. Elle n'y voit de remède que par la comtesse de Soissons, habile, quand la fantaisie lui en prenait, à ressaisir ses jeunes amants trop longtemps écartés d'elle et à semer la division entre eux et ses rivales.

Comme la duchesse d'Aumont avait beaucoup d'embonpoint[1] et peu d'esprit, madame de Sévigné écrivait à sa fille : « Je ne puis comprendre la nouvelle passion du *charmant*; je ne me représente pas qu'on puisse parler de deux choses avec cette matérielle Chimène. On dit que son mari lui défend toute autre société que celle de madame d'Armagnac. Je suis comme vous, mon enfant ; je crois toujours voir la vieille *Médée*, avec sa baguette, faire fuir, quand elle voudra, tous ces vains fantômes matériels[2]. »

La défense faite à *Alcine* prouve que le duc d'Aumont avait des soupçons sur sa femme. La duchesse d'Armagnac, amie de M. et de madame de Coulanges, était une précieuse sévère et d'une réputation intacte. Cette défense prouve encore que la liaison de Villeroi et de la duchesse d'Aumont fut tenue secrète, et que le duc d'Aumont était loin de la soupçonner. La duchesse d'Armagnac, sœur du maréchal de Villeroi, était la tante du marquis de Villeroi, qui avait, par cette parenté, de faciles occasions de voir plus souvent son *Alcine*[3].

Ce qui peut avoir servi à donner le change à l'opinion,

---

[1] SAINT-SIMON, *Mémoires authentiques*, t. IX, p. 142 : « La duchesse douairière d'Aumont mourut : c'était une grande et grosse femme. »

[2] SÉVIGNÉ, *Lettres* (29 décembre 1675), t. IV, p. 281, édit. G.; t. IV, p. 154, édit. M.

[3] SAINT-SIMON, *Mémoires authentiques*, t. VI, p. 75. — SÉVIGNÉ, *Lettres* (21 janvier 1695), t. XI, p. 124, édit. G.; t. X, p. 50, édit. M.

c'est qu'il paraît qu'à cette époque le marquis de Villequier, fils unique du duc d'Aumont, revenu des voyages entrepris pour achever son éducation, aurait, par le moyen d'une femme de chambre, acquis la preuve du commerce de son oncle l'archevêque avec la duchesse d'Aumont : mais l'inconduite de Villequier et la haine [1] qu'on lui connaissait pour sa belle-mère la défendirent contre les imprudentes révélations de ce jeune étourdi. Elles ne firent tort qu'à lui-même, et lui attirèrent le blâme de Louis XIV. Villeroi refusa d'y croire. C'est ce qui fit dire à madame de Coulanges que « rien ne pouvait lui dessiller les yeux. »

Madame de Sévigné et madame de Grignan ne se trompaient pas dans leurs prévisions sur la comtesse de Soissons. La baguette de la vieille *Médée* (c'est ainsi qu'elles la désignaient) exerça sa magique et salutaire influence sur l'amant abusé de la trompeuse *Alcine*. Au lieu de s'absorber tout entier dans un seul amour, Villeroi redevint aimable pour toutes les femmes qui, par leur esprit, les agréments de leurs personnes, lui semblaient dignes de ses soins; et, en cherchant à plaire à toutes, il mérita de nouveau pour toutes le surnom de *charmant*, que lui avait donné madame de Coulanges. Vardes, qui avait été le rival de Villeroi auprès de la comtesse de Soissons et de beaucoup d'autres; Vardes, son maître dans la carrière de la galanterie, au lieu de s'abandonner dans son exil à la tristesse et au découragement, cherchait à se distraire par ses triomphes en province sur des beautés qui valaient bien celles de la cour. A cette époque, les femmes du grand

---

[1] *La France galante, ou Histoire amoureuse de la cour*; Cologne, chez Pierre Marteau, 1695, in-12, p. 416 et 417.— *Histoire amoureuse des Gaules*, édit. 1754, t. V, p. 213 et suiv.

monde les moins capables de faiblesse s'intéressaient aux aventures de ces séducteurs célèbres, comme elles s'intéressent aujourd'hui à la lecture d'un roman.

La destinée que l'état social imposait en France aux filles de grande naissance explique l'indulgence générale pour les fautes que l'amour leur faisait commettre. Comme tout était sacrifié à la perpétuité des familles et à leur élévation, les filles n'étaient considérées que comme des moyens d'alliance entre ceux que l'intérêt rapprochait. Le devoir le plus impérieux de ces jeunes innocentes était de se soumettre aux volontés de leurs parents pour le choix d'un époux; ou, si on ne les mariait pas, de se laisser mettre en religion, c'est-à-dire de se condamner à la réclusion du cloître. Celles qui étaient malheureuses avec leurs maris protestaient parfois ouvertement contre la tyrannie sociale par le scandale de leur conduite, et rendaient presque respectables les femmes qui, dans le vice, conservaient les apparences de la vertu. On attribuait leurs égarements passagers à la violence d'un sentiment avec lequel on se savait gré de sympathiser.

Ainsi on sut à Paris que Vardes avait séduit mademoiselle de Toiras, la fille du gouverneur de Montpellier; et, d'après le récit de cet amour et de sa fin, on en forma une espèce de drame attendrissant, que l'on se plaisait à jouer en société. Madame de Sévigné écrivit alors à sa fille [1]: « Madame de Coulanges et M. de Barillon jouèrent hier la scène de Vardes et de mademoiselle de Toiras. Nous avions tous envie de pleurer : ils se surpassèrent eux-mê-

---

[1] SÉVIGNÉ, *Lettres* (30 mars et 1er avril 1672), t. II, p. 443 et 446, édit. G. — *Ibid.*, t. II, p. 374, 376, édit. M. — *Ibid.* (28 juin 1671), t. II, p. 93, édit. M.; et t. II, p. 113, édit. G.

mes. » L'éloge de la grande actrice, la Champmêlé, suit immédiatement l'éloge de Barillon comme acteur; et cependant Barillon était un personnage important, qui devait partir trois semaines après pour l'Angleterre, où il fut nommé ambassadeur [1]. Peut-être parut-il propre à cet emploi parce qu'il jouait bien la comédie et qu'il réussissait auprès des femmes.

Madame de Coulanges termine sa première lettre de Lyon à madame de Sévigné en lui apprenant que l'on dit à Paris que Vardes et Villeroi se sont rencontrés; puis elle termine par ces mots : « Devinez où ? » Madame de Sévigné n'avait pas de peine à deviner que c'était chez madame de Coulanges. Cette nouvelle était fausse; mais elle était vraisemblable et pouvait avoir acquis quelque crédit, parce qu'on savait que Vardes et Villeroi avaient toujours recherché la société de madame de Coulanges. Elle se montrait alors très-occupée de ce dernier. Elle annonce à madame de Sévigné que Villeroi se propose de l'aller voir à Grignan avec le comte de Rochebonne; mais en même temps elle ne souhaite pas qu'il l'accompagne, et elle indique le motif de cette répulsion : « J'ai peur, lui écrit-elle, que vous ne traitiez mal notre gouverneur; vos manières m'ont toujours paru différentes de celles de madame de Salus [2]. »

Madame de Sévigné avait une raison grave pour ne pas désirer la visite de Villeroi. Ce séducteur de femmes avait, par ses assiduités auprès de sa fille, avant qu'elle fût ma-

---

[1] SÉVIGNÉ, *Lettres* (20 avril 1672), t. II, p. 467, édit. G. — *Ibid.*, t. II, p. 394, édit. M.

[2] SÉVIGNÉ, *Lettres* (1ᵉʳ août 1672), t. III, p. 112 et 114, édit. G.; t. III, p. 46, édit. M.

dame de Grignan, donné occasion à la calomnie de s'exercer par de malins vaudevilles [1].

Ni Villeroi ni même madame de Coulanges ne vinrent à Grignan. Madame de Coulanges quitta Lyon le 1er novembre, pour s'en retourner à Paris, exprimant à madame de Sévigné le regret de s'éloigner d'elle, et disant à Corbinelli, qui de Grignan lui avait écrit qu'il voulait être *son confident* : « Venez vous faire refuser à Paris [2]. »

---

[1] Conférez le *Recueil de chansons, vaudevilles, épigrammes, épitaphes et autres pièces satiriques, historiques, avec des remarques curieuses*, Mss. de la Biblot. royale, t. III, depuis 1666 jusqu'à 1672.

[2] Sévigné, *Lettres* (30 octobre 1672), t. III, p. 123, édit. G. — *Ibid.*, t. III, p. 53.

CHAPITRE IX.

1673.

Séjour de madame de Sévigné et de sa fille à Grignan. — La présence de madame de Sévigné en Provence a un intérêt politique. — Pourquoi la Provence était difficile à administrer. — Révolte de cette province sous Louis XIV. — Puissance des états, des parlements, des magistrats municipaux restreinte par la création des intendants. — En 1639, on substitue l'assemblée des communautés à l'assemblée des états. — Le parlement de Provence s'unit à celui de Paris pendant la Fronde. — Le comte d'Alais est gouverneur, ensuite le duc de Mercœur. — Mazarin conduit le roi à Aix en 1660. — Mesures de rigueur. — Mesures plus douces. — Influence de Forbin-Janson dans l'assemblée des communautés, dans la ville d'Aix sur le clergé, le parlement. — Il s'établit une rivalité entre les deux familles les plus notables de la province, celle de Forbin-Janson, évêque de Marseille, celle de Grignan, lieutenant général gouverneur. — Quels étaient à la cour les appuis de l'une et de l'autre. — Madame de Grignan se met en hostilité avec Forbin-Janson malgré les conseils de sa mère. — Pourquoi le premier président Forbin d'Oppède ne lui était pas contraire. — Elle reste à Grignan à cause de sa grossesse; madame de Sévigné se rend à Aix et ensuite à Lambesc avec M. de Grignan. — Ouverture de l'assemblée des communautés. — Leur composition. — Discours de l'assesseur. — Vigueur des remontrances. — Le don gratuit est accordé. — On refuse au lieutenant général gouverneur l'entretien de ses gardes. — Cinq mille francs lui sont donnés à titre de gratification. — On lui refuse de l'indemniser pour les frais du courrier qui doit porter les cahiers de l'assemblée. — De la Barben offre de les porter en cour à ses frais. — On accepte. — L'évêque de Marseille, l'année précédente, avait porté gratuitement ces cahiers, et discuté avec Colbert. — L'assemblée ne tenait que trois jours pour les affaires générales. — Madame de

Grignan et madame de Sévigné quittent Lambesc pour aller visiter Marseille. — Madame de Sévigné est désirée à Marseille. — Elle est mécontente de Forbin-Janson. — Ce prélat, évêque de Marseille, justifié. — Madame de Sévigné écrit à Arnauld d'Andilly, avec l'intention de le déprécier dans l'esprit de Pomponne. — Comparaison de l'évêque de Marseille et de M. de Grignan. — Talents et capacités de l'évêque de Marseille. — Il devient successivement évêque de Beauvais, cardinal, grand aumônier. — Son portrait et son beau caractère. — Comment il reçoit madame de Sévigné à Marseille. — Il l'accompagne partout, lui donne des dîners et des fêtes. — Elle lui fait de vive voix d'injustes reproches. — Elle est ingrate à son égard. — Elle est enchantée de Marseille. — Après trois jours de voyage, elle retourne à Grignan. — Couches malheureuses de madame de Grignan. — Madame de Sévigné et sa fille reviennent à Aix, et y séjournent.

Le besoin de faire cesser le déchirement de cœur qu'elle éprouvait lorsqu'elle était séparée de sa fille chérie, le désir de jouir de sa société, de lui épargner des fatigues pendant sa grossesse, de l'assister dans ses couches avaient été les seuls motifs du long voyage que madame de Sévigné venait d'achever [1]. Mais l'état des affaires, la division qui régnait entre deux familles rivales donnaient à son arrivée en Provence et au séjour qu'elle devait y faire une assez grande importance politique. Sa présence dans ce pays semblait être le signal d'un accord que, dans l'intérêt public, les uns désiraient, et que les autres redoutaient.

De tous les pays qui, par des traités, des alliances, la ruine des grands feudataires, avaient été annexés plutôt qu'incorporés à la France, la Provence était celui qui

---

[1] SÉVIGNÉ, Lettres (15 et 27 juillet 1673), t. III, p. 164 et 168, édit. G.; t. III, p. 80 et 94, édit. M. — (11 septembre 1672), t. III, p. 120, édit. G.; t. III, p. 51, édit. M. Lettre de madame de Coulanges : « Le bruit court que vous ne travaillez pas à patrons, etc. »

avait eté le plus difficile à réduire sous le niveau du sceptre royal, et il était encore celui qui exigeait le plus d'habileté et de discernement dans le maniement des affaires et dans le choix des hommes.

Il y avait à cela plusieurs causes. La Provence avait été, dès les siècles les plus reculés, séparée du reste de la Gaule sauvage. Par la civilisation grecque et romaine, elle était restée le pays le plus prospère, le plus éclairé et le plus riche. La féodalité n'y avait pas, autant que dans le reste de la France, appesanti son joug asservissant. Dans les grandes villes, les franchises municipales dataient, pour plusieurs, du temps des Romains ; elles avaient formé dans le moyen âge des espèces de républiques presque indépendantes. Alors que toute la navigation des peuples de l'Europe se concentrait dans la Méditerranée, Marseille, enrichie par le génie actif de ses habitants, était devenue une des premières villes du monde. Comme ce pays avait été chrétien bien avant l'invasion des barbares, et qu'Arles était, dans les derniers temps de l'empire romain en Occident, la capitale de toute la Gaule, la Provence renfermait deux archevêchés, et elle comptait un plus grand nombre d'évêchés qu'aucune autre portion de territoire français aussi circonscrite. Enfin, c'est par cette contrée qu'après la nuit des siècles d'invasion avaient commencé à reparaître les sciences, la poésie, la littérature et les arts. Il résultait de toutes ces causes, pour la Provence, une forte nationalité, qui avait d'autant plus de peine à se fondre dans la nationalité française que le peuple parlait une langue riche, harmonieuse, pittoresque et plus propre à exprimer les doux sentiments du cœur que les dialectes franco-germaniques du nord de la Loire.

La langue provençale, la langue des *troubadours*, n'était pas celle que parlaient, dans le nord de la France, les *trouvères*, le roi et sa cour : ainsi les origines, la législation, les mœurs tendaient à faire de la Provence un pays distinct et séparé de la France. Il en était de même du gouvernement et de l'administration. La Provence possédait ce qui n'avait pu s'établir chez nous, des assemblées régulières d'états généraux, c'est-à-dire une assemblée législative qui se réunissait tous les ans et où les trois ordres, celui des ecclésiastiques, ceux de la noblesse et du tiers état, étaient parfaitement représentés par les grandes notabilités, qui délibéraient en commun sur les affaires communes. Pour les affaires particulières de chaque partie du territoire, il y avait encore des assemblées de communautés, qui se réunissaient toutes les fois que le besoin le requérait. Arles et Marseille, terres adjacentes, villes impériales, n'étaient point comprises dans cette organisation ; elles avaient leurs priviléges, leur constitution municipale, leur législation à part, et étaient plus démocratiquement organisées. Un parlement, cour suprême de justice, toujours composé d'hommes habiles et éclairés, chargé de l'exécution des lois faites par le pays et pour le pays, maintenait sous sa puissante juridiction les villes, les communautés, les seigneuries.

De l'assemblage de ces classes, de ces corporations, de ces associations diverses résultaient sans doute des dissidences que des intérêts différents ou opposés faisaient naître ; l'harmonie ne régnait pas toujours entre le parlement, les états et les villes ; mais quand il s'agissait de défendre contre l'autorité les priviléges et les droits de la Provence, ils se réunissaient et agissaient en commun.

Ainsi la Provence était habituée à se considérer comme un petit État à part, ayant des intérêts distincts de ceux de la France. Sous Henri IV, il fallut employer beaucoup d'habileté et d'énergie pour empêcher ce pays de se donner à l'Espagne; et Sully déclare que la réduction de Marseille par le duc de Guise est une des plus belles actions militaires et politiques qui se soient passées de son temps [1].

Pour pouvoir gouverner ce pays, il fallait donc, sinon anéantir, au moins affaiblir l'autorité du parlement, celle des états et celle des magistrats des villes. C'est ce que fit Richelieu, non-seulement en Provence, mais dans toute la France. Il créa les intendants de lois et de finances, et, par cette despotique institution, il ôta aux parlements toute action sur la levée des impôts et sur les mesures d'ordre public. Il rendit ainsi ces grands corps complétement étrangers à l'administration financière et à la police du royaume. Il fut le premier auteur de la séparation salutaire du pouvoir judiciaire et du pouvoir civil.

Richelieu fit plus encore contre la Provence. En 1639, pour faire voter le don gratuit et la répartition des impôts et pour le règlement des affaires du pays, il assembla les *communautés*, mais non les *états*, malgré l'usage constamment suivi jusqu'alors. Comme l'assemblée des communautés était composée à peu près des mêmes personnes que celles qui siégeaient aux états, ce changement était peu de chose au fond ; mais les nouvelles attributions qu'il fallut donner à l'assemblée des communautés

---

[1] SULLY, *Œconomies royales* (1594), t. II, p. 253 de la collection des *Mémoires relatifs à l'histoire de France*, édit. de Petitot, 1820, in-8°.

anéantissaient de fait les priviléges de l'une et l'autre assemblée, puisqu'elles ne semblaient plus qu'une concession royale, qui pouvait être supprimée à volonté.

De plus en plus mécontents des mesures illégales prises pour les soumettre au sceptre royal, les Provençaux se révoltèrent au temps de la Fronde, en 1649 [1], et ils firent prisonniers le comte d'Alais, leur gouverneur, et le duc de Richelieu, général des galères. Le parlement d'Aix, présidé par le baron d'Oppède, s'unit au parlement de Paris, auquel il envoya une députation pour lui offrir une armée de quinze mille hommes prête à marcher et tout l'argent nécessaire à sa subsistance [2].

Des concessions faites au parlement de Paris comme au parlement de Provence produisirent un calme momentané. Le comte d'Alais fut mis en liberté, et ressaisit le pouvoir; mais, de même que le prince de Condé, par son orgueil et ses prétentions il ralluma la guerre civile. Le comte d'Alais, devenu duc d'Angoulême par la mort de son père, voulut se venger du parlement d'Aix, et traiter les Provençaux comme des rebelles [3]. Le parlement (en 1652) leva des troupes pour lui résister, et en donna le commandement au comte de Carces, lieutenant général. Ces nouvelles recrues auraient infailliblement succombé contre les soldats exercés du comte d'Alais si la cour

---

[1] Le 20 janvier 1649. Conférez l'opuscule intitulé *Les emplois de M. le président Gaufredi* (sans titre, sans nom d'imprimeur, ni date, ni frontispice, de 100 pages), p. 86.

[2] PAPON, *Histoire de Provence*, t. IV, p. 501 et 601. En 1543, un Adhémar de Grignan figure dans les affaires de ce temps, p. 110 et 117.

[3] REBOULET, *Histoire du règne de Louis XIV*; Avignon, 1744, in-4°, t. I, p. 189. — MONGLAT, *Mémoires*, t. L, p. 153-154.

n'était pas intervenue, et n'avait pas envoyé le comte de Saint-Aignan avec un traité de paix, qu'il fit signer aux deux partis [1].

Mais Marseille et plusieurs autres villes n'avaient pas pris part à l'insurrection contre le duc d'Angoulême, parce que celui-ci avait respecté leurs priviléges, en même temps qu'il attentait à ceux du parlement et de la ville d'Aix. Il résulta de cette division qu'il y eut deux partis en Provence, le parti du parlement de Provence et le parti de la ville de Marseille; le parti de ceux qui s'étaient joints à la révolte et le parti de ceux qui étaient pour la paix et avaient aidé Mazarin à la rétablir. Ces derniers étaient en faveur auprès de la cour; les autres, et surtout le comte de Carces et le premier président Forbin d'Oppède, étaient en disgrâce. Mais l'ambition et l'orgueil du prince de Condé donna une tout autre face aux affaires de la Provence, comme à celles de toute la France. Lorsque Mazarin se décida à faire emprisonner ce prince, il fut forcé de changer le gouverneur de la Provence, le duc d'Angoulême, qui, comme cousin germain de Condé, tenait pour lui et était contre le ministre. Mazarin envoya pour commander à sa place le duc de Mercœur, qui avait épousé la nièce aînée des Mancini. Le duc d'Angoulême voulut se maintenir par la force dans son gouvernement [2]. Il y eut conflit entre le gouverneur destitué et le gouverneur nouvellement nommé. Le président d'Oppède et le comte de Carces, et avec eux la ville d'Aix, ennemis du duc d'Angoulême, se déclarèrent pour le duc de Mer-

---

[1] MONGLAT, *Mémoires*, t. I, p. 243 et 391. — REBOULET, *Histoire du siècle de Louis XIV*, t. I, p. 202.

[2] MONGLAT, *Mémoires*, t. I, p. 391.

cœur. La guerre se fit. Mercœur assiégea et prit Tarascon, Saint-Tropez, et bloqua Toulon. Les villes de Marseille et d'Arles intervinrent pour pacifier le pays ; mais le duc d'Angoulême, ayant appris que le prince de Condé s'était retiré en Flandre, profita de l'amnistie, et laissa le champ libre au duc de Mercœur [1].

Les partis cèdent à la nécessité, mais ils subsistent. En Provence, ils s'étaient aigris par de longues dissensions. Le duc de Mercœur s'appuya sur le parlement, qui l'avait soutenu, et accorda toute sa confiance au premier président d'Oppède, qui, de chef du parti des rebelles, était devenu, par un revirement commun dans les temps de dissensions civiles, un des soutiens de la cause royale.

Le joug du gouverneur s'appesantit sur la noblesse, qui s'était déclarée du parti de Condé ou du duc d'Angoulême. Mais le plus désastreux fut que d'Oppède, pour se venger des Marseillais, détermina le duc de Mercœur à restreindre les libertés municipales et à s'arroger le droit de nommer les magistrats de cette ville. Le mécontentement fut extrême, non-seulement dans Marseille, mais dans toute la Provence ; il n'y eut point de révolte ouverte, mais des oppositions, des désobéissances continuelles aux ordres de l'autorité.

Ce fut dans le dessein de faire cesser cette espèce d'anarchie et d'établir en Provence l'autorité souveraine qu'en 1660 Mazarin conduisit à Aix le jeune roi, dont l'arrivée avait été précédée par six mille hommes de troupes. Mazarin, comme le duc de Mercœur, s'abandonna aux conseils du président d'Oppède, et sévit

---

[1] MONGLAT, *Mémoires*, t. L, p. 391.

avec violence contre ceux qui s'étaient montrés les plus rebelles aux ordres de Louis XIV. « Pendant que l'on fut à Aix, dit MADEMOISELLE dans ses Mémoires, l'on en châtia, l'on en fit pendre, l'on en envoya aux galères, l'on en exila quelques-uns des principaux du parlement dans des pays fort éloignés. » Après tous ces châtiments, l'on chanta le *Te Deum* pour la paix¹.

Marseille fut traitée avec encore plus de rigueur : le roi y entra par une brèche faite à ses remparts, comme dans une ville conquise. Une des portes sur laquelle était une image de Henri IV fut abattue, parce que sur le cadre de ce bas-relief on avait gravé cette inscription, qu'on trouva séditieuse² :

SUB CUJUS IMPERIO SUMMA LIBERTAS.

On fit dresser le plan d'une citadelle à l'entrée du port, pour dominer la ville.

C'est à Aix que le prince de Condé, après sa rentrée en France, vint se présenter au roi et faire sa soumission. Il ne resta donc plus de traces du parti qu'il avait en Provence. Mais ce pays, quoique soumis, n'en regrettait pas moins ses libertés perdues ; et ce fut pour adoucir les esprits et dissiper autant que possible la haine contre le gouvernement qu'on fit succéder aux mesures de rigueur une administration bienfaisante et les formes légales aux décisions arbitraires. On s'abstint, à l'exemple de Richelieu, de réunir les états ; mais les assemblées des commu-

---

¹ MONTPENSIER, *Mémoires*, t. XLII, p. 449 et 450. — REBOULET, *Histoire du règne de Louis XIV*, t. I, p. 524. — HENRI MARTIN, *Histoire de France*, t. XIV, p. 480.

² MONGLAT, *Mémoires*, t. LI, p. 97 et 98.

nautés furent exactement convoquées tous les ans. Toutefois, ces assemblées, lorsqu'on les forçait d'accomplir des actes qui n'étaient pas de leur compétence, mais de celle des états, avaient bien soin de rappeler les droits et les prérogatives de ceux-ci. Lorsqu'on leur demanda de nommer un procureur du pays-joint, elles ne s'y refusèrent pas; mais dans le procès-verbal de nomination elles insérèrent ces mots : « Le tout sous le bon plaisir des prochains états[1]. » Prochains états dont la convocation ne se fit jamais.

Cependant le président du parlement, Forbin d'Oppède, qui n'avait plus de vengeance à exercer et qui rendait justice à tous avec conscience et impartialité, assurait le maintien de l'autorité par son influence sur le parlement et sur la ville d'Aix; mais il s'était fait trop d'ennemis à Marseille, et durant les troubles, pour pouvoir administrer la province. Forbin-Janson, évêque de Digne, et ensuite évêque de Marseille en 1668, homme d'une capacité supérieure, se faisait chérir des Marseillais, et avait dans l'assemblée des communautés, où il était procureur-joint, une prépondérance qui déterminait les décisions[2].

Lorsqu'on nomma un lieutenant général gouverneur, les ministres de Louis XIV durent se féliciter de voir placer à la tête du gouvernement de cette province les deux familles les plus notables par l'antiquité de leur noblesse, par leurs grands domaines, par le nombre

---

[1] *Abrégé des délibérations de l'assemblée générale des communautés du pays de Provence, convoquée à Lambesc le 25 août 1668*, p. 2.

[2] Voyez ci-dessus la 3ᵉ partie de ces *Mémoires*, p. 303-30

des places éminentes dont elles étaient en possession dans l'Église, dans l'armée, dans la magistrature. Les familles des Grignan et des Forbin-Janson, si elles avaient été unies, auraient donné au gouvernement du roi des moyens puissants pour administrer ce pays et pour effacer tous les souvenirs fâcheux des révolutions et des crimes des partis. Mais les chefs de ces deux familles, par la nature de leurs fonctions et des devoirs qu'elles leur imposaient, par l'origine de leur pouvoir et les causes de leur influence, ne pouvaient marcher d'accord. Comme hommes privés, ils pouvaient s'estimer, s'aimer même ; mais, comme hommes publics, ils se trouvaient divisés. En effet, M. de Grignan, obligé d'assurer l'autorité du roi, de maintenir les usurpations faites sur la liberté du pays et de le forcer à supporter le poids accablant des impôts, ne pouvait avoir ni le même ascendant sur les esprits ni la même popularité que Forbin-Janson, l'évêque de Marseille, qui défendait contre les prétentions des états les intérêts de cette ville, et cependant appuyait de son autorité épiscopale et de son crédit les réclamations que les états renouvelaient en vain chaque année. En apparence opposé à l'autorité royale, mais dans le fait son partisan et son plus utile appui ; bruyant et hardi quand il fallait faire connaître au roi les abus de l'administration, les besoins et la détresse de la province ; concluant toujours à l'adoption des demandes du monarque lorsque celui-ci, pour répondre aux représentations de l'assemblée des communes, exprimait ses volontés directement et itérativement, mais résistant lorsque ces demandes étaient transmises de prime abord à cette assemblée par l'organe du lieutenant général gouverneur, c'est ainsi que l'évêque de Marseille parvenait à substituer son influence et son autorité à celle du lieutenant général gouverneur, et se rendait puissant dans le pays et nécessaire au pouvoir. Par les places qu'occupaient ses parents, le bailli de Forbin, Forbin-Moquier, marquis d'Oppède, Forbin-Soliers [1], et aussi par les amis personnels qu'il s'était faits, Forbin-Janson avait de puissants appuis auprès des ministres ; il était bien en cour, où d'ailleurs il se montrait souvent. M. de Grignan y était appuyé par sa famille et par madame de Sévigné. Les ministres n'étaient contraires à aucune des deux familles ; mais le conflit continuel que cet antagonisme occasionnait dans les affaires de Provence produisait une division dans les conseils du roi ; chacun des ministres suivait ses inclinations personnelles, et subissait les influences de M. de Forbin-Janson ou de M. de Grignan, ainsi que celles de leurs amis.

Pomponne, alors à l'apogée de la faveur, était dévoué à madame de Sévigné. Par madame de Coulanges et les amis et parents des Adhémar, madame de Sévigné agissait sur Louvois et par conséquent sur le Tellier, qui inclinait pour Grignan. Cette raison seule eût pu amener Colbert à se tourner aussi contre ce dernier ; mais un puissant motif, et plus digne de lui, le portait à être favorable à Forbin-Janson. Pour Colbert, qui avait toujours les yeux ouverts sur la prospérité du commerce de la France, Marseille était toute la Provence, et ce qui intéressait cette ville attirait au plus haut point son attention. Il trouvait chez l'évêque de Marseille tant de lumières, une si grande habileté à manier les esprits

---

[1] SÉVIGNÉ, *Lettres* (19 novembre 1673), t. III, p. 227.

qu'il avait avec raison bien plus de confiance dans cet homme d'Église que dans un brave et honnête militaire, dissipateur, aimant le jeu, la musique, ennemi de toute grande contention d'esprit, et qui dans toutes les affaires se laissait guider par sa femme.

Aussi madame de Sévigné trouve-t-elle toujours Colbert insensible à ses moyens de persuasion. Son abord la glaçait comme le *vent du nord*, qu'elle lui donnait pour surnom. D'ailleurs, celle qui était restée l'amie de Fouquet et de tous ceux de sa famille, dans le malheur qui les accablait, inspirait nécessairement de la défiance à Colbert, et ne pouvait lui agréer. Les dispositions de ce ministre envers madame de Sévigné la contrariaient d'autant plus que c'était principalement de lui que ressortait la tenue des états et tout ce qu'il y avait de plus important dans le gouvernement de la Provence. Il n'en était pas de même pour madame de Sévigné de l'évêque de Marseille, du président d'Oppède, du bailli de Forbin et de tous les Forbin. Avec ce tact fin dont elle était douée, elle avait très-bien vu que le succès de son gendre et de sa fille en Provence tenait à faire cesser la rivalité qui existait entre la famille des Grignan et celle des Forbin et à l'accord entre M. de Grignan et l'évêque de Marseille. Elle eut envers celui-ci, lorsqu'il était à Paris, les plus aimables procédés, et parvint à lui plaire, ainsi qu'à Forbin d'Oppède et à tous ceux de cette famille. Elle aurait bien voulu faire entrer madame de Grignan dans cette voie, mais elle ne put y parvenir. Madame de Grignan, jeune, belle et flattée, qui ne connaissait ni le pays ni les hommes lorsqu'elle arriva en Provence, fut très-choquée de voir que l'autorité de l'évêque de Marseille balançait celle d'un Adhémar gouverneur, dont l'oncle était archevêque d'Arles. Par ses hauteurs et par ses intrigues, contraires à tout ce que désirait Forbin-Janson, par son obstination à se refuser à toute concession, elle se fit un adversaire redoutable d'un homme qui n'aurait pas demandé mieux que de se servir de son influence pour arriver à ses fins, et se rendre encore plus utile à la ville de Marseille, dont il était le pasteur. En vain madame de Sévigné écrivait à sa fille qu'elle était injuste envers l'évêque ; « que rien n'est plus capable d'ôter tous les bons sentiments que de marquer de la défiance ; qu'il suffit souvent d'être soupçonné comme ennemi pour le devenir [1] ; » en vain elle l'exhortait « à desserrer son cœur ; » en vain elle lui disait : « *Point d'ennemis*, ma chère enfant! faites-vous une maxime de cette pensée, qui est aussi chrétienne que politique ; je dis non-seulement *point d'ennemis*, mais *beaucoup d'amis* [2] : » ce précepte, si bien pratiqué par madame de Sévigné, ne fut jamais à l'usage de madame de Grignan. Elle mettait si peu de discernement et tant d'empressement dans ses haines qu'en arrivant en Provence elle se persuada que le premier président d'Oppède faisait cause commune avec l'évêque de Marseille, parce qu'il était un Forbin et parce que la nomination de M. de Grignan lui enlevait l'autorité de gouverneur de la province, qu'il exerçait au nom du parlement. Mais le président d'Oppède était depuis longtemps acquis aux volontés du pouvoir. Avant que son parent Forbin-Janson eût été nommé évêque de Marseille, il avait fait trop de mal à cette ville

---

[1] SÉVIGNÉ, *Lettres* (28 novembre 1671), t. I, p. 276, édit. G.; t. I, p. 206, édit. M.

[2] SÉVIGNÉ, *Lettres* (26 février 1690), t. X, p. 273, édit. G.; t. IX, p. 317.

pour ne pas se ranger du parti du lieutenant général ; et madame de Grignan, qui d'abord avait résisté à ce sujet aux assurances de sa mère, fut obligée de reconnaître que d'Oppède, bien loin de lui être opposé, lui était favorable. Il devint un de ses plus fidèles amis ; et, lorsqu'il mourut (le 14 novembre 1671), elle le regretta d'autant plus vivement que son influence dans le parlement était très-utile à M. de Grignan[1].

Depuis la mort du président d'Oppède, madame de Grignan eut plus souvent à se plaindre de l'évêque de Marseille; et jamais leur mutuelle aversion n'avait été plus forte qu'à l'époque de l'arrivée de madame de Sévigné en Provence. Cette inimitié était d'autant plus redoutable que, de la part de Forbin-Janson, elle se voilait sous les dehors d'une bienveillance simulée et d'une exquise politesse.

Madame de Sévigné, qui n'avait cessé d'entretenir avec l'évêque de Marseille des relations amicales, espérait profiter de son séjour en Provence pour faire cesser des divisions dont, à Versailles et à Saint-Germain, elle avait tant de peine à prévenir les suites.

Une occasion allait se présenter de mettre à l'épreuve l'évêque de Marseille, et de lui demander la réalisation des promesses et des protestations d'attachement qu'il n'avait cessé de faire à madame de Sévigné.

Après trois mois de séjour à Grignan, où elle avait joui

---

[1] Sévigné, *Lettres* (28 novembre 1670, 18, 22 et 25 novembre 1671), t. I, p. 277, édit. G.; t. I, p. 206, édit. M.; t. II, p. 277 et 295, édit. G.; t. II, p. 240 et 251, édit. M.

[2] Sévigné, *Lettres* (Aix, 11 décembre 1672), t. III, p. 59, édit. M.; t. III, p. 129, édit. G. — *Ibid.* (30 décembre 1672), t. III, p. 66, édit. M.

délicieusement de la vue de sa fille, en compagnie de son gendre, de son ami Corbinelli et de presque toute la famille des Grignan, l'époque de la tenue de l'assemblée des communautés arriva ; et madame de Grignan ne pouvant suivre son mari d'abord à Aix, et ensuite à Lambesc, ce fut madame de Sévigné qui dut accompagner M. de Grignan. Les affaires de la Provence étaient dans un état de crise qui devait donner beaucoup d'inquiétude au lieutenant général gouverneur. L'année précédente, il avait été obligé d'écrire à Colbert pour solliciter des lettres de cachet contre les plus récalcitrants des députés de l'assemblée des communautés, qui refusaient [1] de voter le don gratuit ; et, non-seulement Colbert lui en avait envoyé dix, mais il lui avait écrit qu'après avoir exilé ces députés à Grandville, à Saint-Malo, à Cherbourg et à Concarneau il fallait dissoudre l'assemblée, et se passer d'elle pour la levée de l'impôt. Nous avons déjà dit comment, par le vote de l'assemblée d'une somme un peu moindre que celle qui avait été demandée, et par les bons offices, les démarches et les excellents conseils de madame de Sévigné, on avait évité de faire usage des lettres de cachet, et d'exaspérer le parlement et tout le pays [2]. Colbert, en annonçant à M. de Grignan que le roi acceptait l'offre de 450,000 fr. pour le don gratuit, persistait pour les mesures de rigueur et l'exil des dix députés ; il terminait sa lettre en disant : « Quant à réunir encore cette assemblée,

---

[1] *Lettre de M.* DE GRIGNAN *à Colbert,* du 22 décembre 1671, Biblioth. nationale, Mss., donnée dans l'ouvrage de M. CLÉMENT, *Histoire de la vie et de l'administration de Colbert*, 1846, in-8°, p. 382.

[2] Conférez ci-dessus la 3ᵉ partie de ces *Mémoires*, p. 443.

il n'est pas probable que le roi s'y décide de longtemps [1]. »

M. de Grignan se serait rendu odieux à toute la Provence s'il eût laissé anéantir les restes de sa liberté ; et il est probable que les troubles qui avaient eu lieu sous le gouvernement du duc d'Angoulême se seraient renouvelés si on l'avait forcé à lever l'impôt du don gratuit sans qu'il eût été voté par l'assemblée des communautés.

Il obtint donc que l'avis de Colbert ne serait point suivi, et que les états communaux seraient rassemblés cette année comme de coutume. Les lettres de commissions du roi, datées du 10 septembre, lui furent envoyées pour autoriser la convocation de l'assemblée, qui fut fixée au mois de décembre.

Lambesc, petite ville, n'est qu'à cinq lieues d'Aix, où résidait le lieutenant général gouverneur. Madame de Grignan se trouvait trop avancée dans sa grossesse pour pouvoir se déplacer ; elle resta donc à Grignan ; et madame de Sévigné, avec son gendre, se transportèrent à Aix dans le commencement de décembre. M. de Grignan s'occupa des préparatifs de la tenue de l'assemblée des communautés, qui devait s'ouvrir le 17 du mois.

Le séjour de madame de Sévigné à Aix et ensuite à Lambesc, pendant la tenue de l'assemblée des communautés, nous autorise à entrer dans quelques détails sur ce qui se passa dans cette assemblée, lors même que ces détails n'auraient pas une grande importance historique, pour éclairer d'un jour très-vif le mode d'administration des provinces privilégiées sous le règne de Louis XIV.

On commença par la lecture des règlements contenant

---

[1] *Lettre de* Colbert *à M. de Grignan*, du 31 décembre 1671, citée par M. Clément, *Histoire de la vie et de l'administration de Colbert*, 1846, in-8°, p. 352.

des défenses de faire des dons et gratifications, ordonnant qu'il sera dit une messe tous les jours au nom du Saint-Esprit, en laquelle tous les députés assisteront; qu'ils prêteront ès mains de messieurs les commissaires des états le serment de tenir les propositions secrètes, et de ne pas révéler ce qui se passerait dans l'assemblée ni les opinions émises; de plus, ils promettaient de se trouver aux séances aux heures assignées, sous les peines déterminées par les règlements.

Ceux qui étaient présents comme ayant droit de siéger, d'opiner et de voter dans cette assemblée étaient, pour le clergé, l'archevêque d'Aix, les deux évêques nommés procureurs-joints du clergé, et l'évêque de Marseille : celui-ci était toujours nommé. Pour la noblesse, deux gentilshommes nommés procureurs-joints de la noblesse, les consuls d'Aix, procureurs-nés du pays, les députés des trente-sept principales communautés et leurs syndics, et ceux des vingt vigueries. Arles et Marseille n'étaient appelées aux assemblées générales de la province que par honneur et alternativement, et n'y avaient point voix délibérative; ce qui était juste, puisque ces villes ne contribuaient en rien aux impositions ordinaires votées par les états, par la raison que leur territoire appartenait autrefois à des seigneurs particuliers qui ne reconnaissaient que l'Empire. L'agent et le trésorier général du pays, les deux greffiers faisaient aussi, de droit, partie de l'assemblée. Le lieutenant général gouverneur pouvait faire le discours d'ouverture; mais après il n'entrait plus dans l'assemblée, afin de ne pas gêner les votes [1]. Ces votes étaient donnés à haute voix.

---

[1] PIGANIOL DE LA FORCE, *Nouvelle description de la France*,

Le roi nommait un commissaire pour présider l'assemblée, et son choix tombait toujours sur l'intendant de la province. Selon l'usage constant qui subsista jusqu'à la révolution de 1789, l'assemblée générale des communautés de Provence, agissant comme les états pour voter le don gratuit et rédiger ses réclamations ou remontrances, ne devait durer que trois jours : les affaires qui, pour être traitées dans ces trois jours, exigeaient de plus longues discussions étaient examinées dans des assemblées particulières d'un petit nombre de membres, qui n'étaient que les représentants de l'assemblée générale, les exécuteurs de sa volonté, et qui ne statuaient que sous son bon plaisir et sauf rectification. Les jours de la réunion de ces assemblées particulières, qui peuvent être considérées comme la continuation de l'assemblée générale, étaient déterminés par le président. Ce président était alors, de droit, l'archevêque d'Aix, ou son vicaire ; mais les fréquentes absences du cardinal de Grimaldi, alors archevêque d'Aix, avaient forcé de lui donner un remplaçant, qui était l'évêque de Marseille.

Le crédit dont jouissait Forbin-Janson, comme procureur-adjoint du pays, lui assurait la principale influence sur l'assemblée des communautés. D'après les règlements, les députés ne pouvaient rien soumettre à la délibération sans l'avoir prévenu : il opinait le premier, proposait toutes les grâces ; il présentait à la nomination de l'assemblée ceux qui devaient remplir les places vacantes dans les offices du pays, et avait encore beaucoup d'autres prérogatives [1].

3ᵉ édit., t. V, p. 99 ; et EXPILLY, le *Dictionnaire des Gaules et de la France,* au mot *Provence.*

[1] PAPON, *Voyage littéraire de Provence*, 1780, in-12. — PIGA-

L'assemblée s'était ouverte cette année, le 16 décembre 1672, par les préliminaires d'usage. Dans la séance du 17, de Rouillé, comte de Melay, intendant de la province, nommé commissaire du roi, demanda aux députés des trois états qu'une somme de cinq cent mille livres de don gratuit fût imposée sur tous les contribuables de la province, sans y comprendre les villes de Marseille et d'Arles, terres adjacentes, cotisées séparément. Cette somme devait être employée aux armements de mer pendant la présente année.

L'évêque de Marseille prononça ensuite un discours au nom du pays pour appuyer la demande du don gratuit; puis un sieur Barral prit la parole en sa qualité d'*assesseur*. De même que l'intendant était l'homme du roi, l'assesseur était l'homme de l'assemblée, celui qui devait proposer toutes les matières en délibération, et diriger les débats; c'était toujours un des procureurs du pays. Barral exposa que la guerre contre les Hollandais motivait suffisamment la demande du roi; que cette guerre était entreprise dans les intérêts de la religion, et que la Provence, toujours fidèle aux décisions de l'Église et dépositaire d'un si grand nombre de reliques saintes, était plus intéressée à cette guerre qu'aucune autre province du royaume. « Il est de l'honneur de la France, dit-il, de conserver le nombre surprenant de ses conquêtes, ce qui ne peut se faire qu'à grands frais. Une partie de ce don gratuit doit être employée à l'entretien des vaisseaux et galères qui défendent nos côtes, et à purger les mers des pirates et

---

NIOL DE LA FORCE, *Nouvelle description de la France*, 3ᵉ édit., 1783, t. V, p. 92-180. — EXPILLY, *Diction. des Gaules et de la France*, aux mots Provence, Aix et Marseille.

des ennemis du commerce. Par ses conquêtes le roi a donné le moyen à tous ses sujets de s'enrichir par le commerce, que les peuples des Pays-Bas ont de tout temps cherché à accaparer au détriment de cette province. »

Après l'éloge du roi et de son gouvernement et l'exposé assez exact des considérations qui sont favorables au vote de l'impôt, Barral passa aux développements des motifs que l'assemblée pouvait faire valoir pour le refuser, et ce fut dans un langage bien autrement énergique. Sauf les conclusions, l'assesseur montre, par cette partie de son discours, la sincérité, la rudesse (sinon l'éloquence) du paysan du Danube.

Le roi a oublié « les tendresses et les avantages » dont sa libéralité avait voulu gratifier le pays. Lorsqu'en août 1661 l'assemblée accorda le don gratuit, Sa Majesté déclara que, tant qu'elle jouirait de l'augmentation de l'impôt du sel, la province serait affranchie de l'entretien des troupes en quartier d'hiver et soulagée d'une partie des charges qui résultaient de leur passage; et cependant jamais depuis lors un plus grand nombre de troupes n'a prolongé son séjour dans la province; jamais les lieux placés sur les routes où elles passent n'ont été plus accablés par la nécessité de les loger et de les nourrir. Les populations en ont été écrasées, et n'ont éprouvé ni soulagement ni repos. La cherté du sel a détruit les bergeries et le ménage. Les cultivateurs, ne pouvant acheter du sel pour engraisser les bestiaux, n'en élèvent plus; privées d'engrais, les terres, sèches et arides, ne produisent presque rien. Le commerce des suifs, des cuirs est anéanti; les oliviers ont été détruits par les gelées, et la récolte d'huile a manqué. La profonde misère des propriétaires leur ôte les moyens de réparer les fermes, d'entretenir les digues qui s'opposent au ravage des eaux ; de sorte que les familles, et le sol même qui les alimentait, se détruisent de jour en jour. Les impôts qui ont été mis sur la farine, la viande, le vin, le poisson font que la plus grande partie des taillables ne peuvent pas suffire au payement des tailles, tellement que les fermiers des taxes sont contraints d'abandonner leurs prétentions sur les débiteurs insolvables ; et, forçant les termes des édits, ils dépouillent injustement ceux à qui il reste encore un peu de bien, et qui craignent de le perdre en frais de justice, s'ils résistent à leurs injustes concussions. « Enfin il semble encore qu'on veuille ôter aux particuliers de cette province toutes les occasions qu'ils avaient de gagner leur vie, les muletiers étant troublés en la conduite des litières et au louage de leurs mulets pour les porter, à cause que M. le comte d'Armagnac, grand écuyer de France (madame de Sévigné en parle souvent sous le nom de M. le Grand [1]), a obtenu le droit de louer des litières et de les faire porter, à l'exclusion de tous les habitants de la province. Ceux qui louaient des chevaux sont interdits, à moins de donner chaque année une somme considérable qui emporte les profits. Les maîtres de poste et courriers empêchent les habitants de porter d'un lieu à un autre les lettres, hardes et papiers ; de cette façon, le commerce qui s'entretenait par les amis est détruit. Les mesures même prises par Sa Majesté pour l'encouragement du commerce, en affranchissant le port de Marseille, tournent contre le commerce de la province, qu'elles con-

---

[1] SÉVIGNÉ, *Lettres* (26 novembre 1670), t. I, p. 275, édit. G. — (13 janvier 1672), t. II, p. 346. — MONTPENSIER, *Mémoires*, t. XLIII, p. 60. — LA FAYETTE, *Mém.*, t. LXIV, p. 381. — LOUIS XIV, *Œuvres*, t. V, p. 131-138 (*Lettres*). — BUSSY, *Lettres*, t. VI, p. 46.

tribuent encore à appauvrir. Les huiles, les savons et toutes les denrées que l'on veut exporter à l'étranger de Toulon et de tous les ports du pays doivent payer un droit forain, dont Marseille est exempt. Ce qui est expédié de Toulon et des autres ports, et de l'intérieur pour Marseille, paye le même droit, tandis que les marchandises peuvent entrer et sortir de Marseille, et ne sont assujetties à aucun droit ; de sorte que tout le commerce se concentre dans cette ville, et que les étrangers sont favorisés aux dépens des nationaux. » Telles furent ces remontrances.

L'assemblée vota le don gratuit des 500,000 livres, mais à la condition que Sa Majesté serait suppliée de remédier à tous les abus, et de faire droit à toutes les réclamations dont l'assesseur avait parlé dans son discours, plus longuement énumérées et mieux précisées dans le procès-verbal de la délibération et dans les cahiers. Le lieutenant général et l'intendant acceptèrent cette délibération, et promirent d'appuyer de tout leur pouvoir « les très-humbles remontrances de l'assemblée [1]. »

Toutes les affaires générales ayant été délibérées dans les trois jours et dans la journée du 18 décembre, Forbin-Janson, qui voulait se rendre à Marseille pour y recevoir madame de Sévigné, ajourna l'assemblée jusqu'à son retour, qui eut lieu le 23 décembre. Ce fut dans la séance de ce jour que l'assesseur, au nom de M. le comte de Gri-

---

[1] *Abrégé des délibérations prises dans l'assemblée générale des communautés du pays de Provence,* tenue à Lambesc les mois de décembre 1672 et janvier 1673, p. 1 à 12, Mss. Dans le recueil de ces délibérations, que je possède, celles de cette année sont manuscrites, tandis que celles qui suivent et qui précèdent sont imprimées. Il est probable que la vigueur des remontrances en empêcha cette fois l'impression.

gnan, renouvela la demande qu'il avait faite l'année dernière pour que des gardes lui fussent donnés, comme on en donnait au gouverneur. M. le duc de Vendôme, gouverneur, n'était jamais venu dans la province ; il ne le pouvait pas, puisqu'il servait dans l'armée du roi. Le comte de Grignan en faisait les fonctions ; il était donc juste qu'on lui donnât les moyens de subvenir à cette dépense. Mais l'assesseur observait que les édits de 1560, de 1635 et de 1639, qui avaient réglé les appointements du gouverneur et du lieutenant général, s'opposaient à ce que l'assemblée cédât à cette demande du lieutenant général. « L'édit du 7 juin 1639 fixe définitivement à 18,000 livres la somme que la province paye tous les ans à monseigneur le lieutenant du roi. Il n'est donc pas juste de lui accorder aucune autre somme, encore moins sous le prétexte des gardes, attendu que la province compte annuellement 15,000 livres pour une compagnie de gardes, sans qu'elle en retire aucun avantage[1]. »

Oui ; mais il eût été juste d'ôter ces 15,000 livres au duc de Vendôme et de les donner au comte de Grignan, dont les gardes auraient pu faire un service utile. C'était au comte de Grignan à proposer cette mesure au roi, et même à demander que la province fût soulagée du payement annuel de 36,000 livres qu'elle donnait pour les appointements d'un gouverneur qui ne se montrait jamais, et ne rendait à la province aucun service ; mais le comte de Grignan eût été mal reçu à la cour s'il en avait agi ainsi. Ce qui se supprime le moins, ce sont les dépenses inutiles. On permettait bien au comte de Grignan d'imposer, s'il pouvait y parvenir, une double taxe sur la province, pour

---

[1] *Abrégé des délibérations*, etc., Mss., p. 14.

le payement des gardes du gouverneur, mais non de faire cesser l'abus d'une sinécure dont profitait un prince du sang. On voulait bien que le comte de Grignan, lieutenant général, eût toute la puissance et tous les honneurs d'un gouverneur, afin qu'il pût en remplir les fonctions, pourvu que le prince qui en était titulaire en pût toucher le salaire ; et telle fut la cause des grandes dépenses du comte de Grignan, que madame de Sévigné déplore si souvent[1]. Cette haute dignité, dans laquelle l'orgueilleuse madame de Grignan se complaisait, au lieu de porter à une plus grande élévation l'illustre maison des Adhémar de Grignan, amena sa décadence et sa ruine.

Cependant l'assesseur ajouta « que toutes les lois avaient leurs exceptions, et les règlements leurs limites ; et que l'équité voulait qu'en raison des bons services rendus par M. le comte de Grignan il lui fût accordé une somme de 5,000 livres, comme témoignage de gratitude, mais non pour le payement d'une seconde compagnie de gardes. » Ces 5,000 livres furent accordées ; et l'assemblée s'occupa ensuite, dans la séance du 31 janvier 1673, à régler tout ce qui concernait les autres affaires particulières de la province, qui étaient nombreuses et compliquées.

Lorsque ce travail eut été terminé, l'assesseur exposa une nouvelle demande du comte de Grignan : c'était de réformer la délibération du 23 décembre en ce qui concernait le payement des gardes et les dépenses du lieutenant général gouverneur. Le comte de Grignan insistait surtout pour qu'il lui fût alloué une somme pour les frais du courrier

---

[1] SÉVIGNÉ, *Lettres* (21 août 1680), t. VII, p. 171 et 172, édit. G. — (26 octobre et 13 novembre 1689, 26 février 1690), t. X, p. 56, 87 245, 274.

qui portait au roi les délibérations de l'assemblée. Les frais de ce courrier étaient assez considérables, parce que celui qu'on envoyait en cette qualité était un personnage notable, un avocat ou un autre homme de robe, capable de plaider les intérêts de la province auprès des ministres. Madame de Sévigné s'était surtout flattée que l'évêque de Marseille ferait accorder à son gendre une somme plus que suffisante pour cette dépense. Mais, avant de partir de Lambesc, elle avait su que Forbin-Janson s'opposerait à cette demande : l'assesseur, qui agissait par ses inspirations, invoqua les règlements, qui ne permettaient pas de mettre deux fois la même affaire en délibération, et proposa de passer outre. L'évêque de Marseille prit la parole, et ôta tout prétexte à la demande du comte de Grignan en proposant d'envoyer M. de la Barben, premier consul de la ville d'Aix et procureur du pays, porter le cahier des remontrances de la province à la cour, où il avait à se rendre pour ses propres affaires. M. de la Barben offrit non-seulement de faire le voyage à ses dépens, mais, pendant son séjour à la cour, de prendre soin des affaires de la province, et de poursuivre les réponses aux remontrances, sans prétendre jamais à aucun subside ni à aucun frais de vacation. L'offre fut acceptée ; « et monseigneur le comte de Grignan et le seigneur intendant furent suppliés de donner leurs lettres de faveur, et d'appuyer de leur protection les poursuites dudit sieur de la Barben ; et l'évêque de Marseille, au nom de l'assemblée, remercia celui-ci du zèle désintéressé qu'il montrait pour la province. »

L'année précédente, c'était l'évêque de Marseille lui-même, procureur du clergé, le marquis de Maillane, procureur du pays pour la noblesse, et le marquis de Soliers, premier consul d'Aix et procureur du pays, qui s'étaient chargés de porter à la cour le cahier des remontrances de l'assemblée, et qui en avaient délibéré avec Colbert. L'évêque de Marseille à son retour, en rendant compte de sa mission, avait déclaré « qu'il renonçait au payement des vacations ordinaires de 18 livres par jour, que la province accordait aux personnes de son rang [1]. »

Cette fois, dans la séance du 12 janvier, de Rouillé, intendant, lut une lettre de M. de Pomponne, qui annonçait que Sa Majesté avait approuvé les délibérations de l'assemblée, et qu'elle donnerait à la province des marques de la satisfaction qu'elle en avait reçue.

Le roi, en effet, avait lieu d'être satisfait. Il y avait eu quatre séances solennelles, pour débattre en assemblée générale ce qui avait été déterminé dans les assemblées particulières des ordres. Ces séances avaient eu lieu les 17 et 23 décembre, les 3 et 12 janvier [2]; et dès la première séance, malgré l'amertume des plaintes et la sévérité des remontrances, l'assemblée avait voté la totalité du don gratuit, non-seulement sans que personne eût proposé le moindre retranchement, mais en décidant « que monseigneur comte de Grignan, et le seigneur de Rouillé, comte de Melay, intendant, seraient suppliés d'écrire au roi la manière soumise et respectueuse avec laquelle l'assemblée s'est portée d'accorder à Sa Majesté la somme de 500,000 livres qui lui a été demandée de sa part, pour lui donner des preuves du zèle et de la fidélité qu'elle a

---

[1] *Abrégé des délibérations faites en l'assemblée générale des communautés du pays de Provence*, p. 6, tenue à Lambesc en décembre 1670, janvier, février et mars 1671 ; Aix, chez Charles David, 1671, in-8°.

[2] *Abrégé des délibérations*, Mss., pour 1672-1673, p. 1, 12, 15, 39.

pour son service, au temps même de sa plus grande nécessité¹. »

Ainsi fut terminée définitivement l'assemblée des états et communautés de Provence. Tout était fini pour M. de Grignan après les trois premiers jours. Ce qu'il y avait d'important pour lui était l'obtention du don gratuit et ce qui concernait les finances : le reste regardait particulièrement l'évêque de Marseille, l'assesseur et les hommes d'affaires du pays. Il connaissait quel serait le sort des demandes qu'il renouvelait chaque année, pour prescrire contre l'usage; et il savait que sa demande pour les frais de courrier, qu'il avait fallu communiquer d'avance à l'évêque de Marseille, serait rejetée. Il était donc de sa dignité de ne pas rester plus longtemps à Lambesc. Mais entre la journée du 19 décembre, où se trouvait terminée la régulière assemblée des communautés, et celle du 23, où cette assemblée devait tenir ses séances particulières, viennent se placer le voyage de madame de Sévigné à Marseille et la réception que lui fit Forbin-Janson. Cet incident est, pour notre objet, la partie la plus intéressante de la narration du voyage de madame de Sévigné, parce que c'est celle qui jette le plus de lumière sur une grande partie de sa correspondance.

Les mêmes motifs qui déterminaient M. de Grignan à quitter Lambesc agissaient encore plus fortement sur l'esprit de madame de Sévigné, qui ne s'était déterminée à se rendre dans cette petite ville que pour y accompagner son gendre. Madame de Sévigné était très-connue et très-aimée en Provence, où presque tous ceux qui y

---

¹ *Abrégé des délibérations de l'assemblée des communautés du pays de Provence, tenue à Lambesc dans les mois de décembre* 1672 *et janvier* 1673. Mss., p. 11.

occupaient de hauts emplois étaient au nombre de ses amis ou de ses connaissances. Tous les Provençaux qui avaient eu l'occasion de s'entretenir avec elle à Paris faisaient, à leur retour en Provence, l'éloge de son esprit, de son amabilité ; on désirait donc vivement la voir. Comme sa passion pour sa fille était connue, l'on comprit son séjour à Grignan pendant quatre mois de suite. Mais quand on sut qu'elle était à Aix pour la tenue des états, elle fut fortement invitée à accompagner à Marseille M. de Grignan, qui devait, pour les affaires de son gouvernement, se rendre dans cette ville. Aux instances du comte de Grignan et de toutes les autorités de Marseille se joignaient les pressantes invitations de Forbin-Janson ; mais madame de Sévigné était mécontente de ce que cet évêque s'était montré contraire aux intérêts de son gendre, et elle ne voulait pas céder à ses invitations. Le lendemain du jour de la clôture des délibérations de l'assemblée (lundi 19 décembre), elle annonça qu'elle retournerait à Grignan, et fit ses préparatifs de départ. Le jour suivant (mardi 20 décembre)[1], elle était prête à se mettre en route à huit heures du matin, quand une pluie diluvienne vint fondre sur Lambesc. M. de Grignan lui représenta le danger qu'elle courait à se hasarder dans de mauvaises routes ; il lui montra combien il était plus facile, même après une pareille pluie, de faire leur retraite de Lambesc sur Aix et Marseille, et que cette excursion retarderait seulement de trois ou quatre jours son retour à Grignan. Madame de Sévigné céda,

---

[1] SÉVIGNÉ, Lettres (A Lambesc, 20 décembre 1672, à dix heures du matin), t. III, p. 131, édit. G. ; t. III, p. 61, édit. M. ; t. III, p. 205, édit. Grouvelle, in-12, stéréotype d'Herhan.

CHAPITRE IX.

et écrivit à sa fille sa lettre datée de Lambesc[1] le mardi matin, 20 décembre : « M. de Grignan, en robe de chambre d'omelette, m'a parlé sérieusement de la témérité de mon entreprise... J'ai changé d'avis ; j'ai cédé entièrement à ses sages remontrances... Ainsi, ma fille, coffres qu'on rapporte, mulets qu'on détèle, filles et laquais qui se sèchent pour avoir seulement traversé la cour, et messager que l'on vous envoie... Il arrivera à Grignan jeudi au soir ; et moi je partirai bien véritablement quand il plaira au ciel et à M. de Grignan, qui me gouverne de bonne foi, et comprend toutes les raisons qui me font désirer passionnément d'être à Grignan. » On voit, par la suite de cette lettre, qu'elle hésitait encore et qu'elle fait espérer à sa fille, comme elle l'espérait elle-même, qu'elle retournerait à Grignan. Cependant elle dit : « Ne m'attendez plus. » Mais une lettre écrite après l'envoi du messager dut instruire madame de Grignan que sa mère allait à Marseille ; elle y arriva le jour même de son départ (mardi 20 décembre[2]) ; et le soir, aussitôt son arrivée, l'évêque vint la voir. Il l'invita à dîner pour le lendemain. Elle accepta ; mais comme pendant son séjour à Aix elle n'avait pu réussir à le faire changer de détermination, et qu'elle était animée par les plaintes que madame de Grignan faisait de lui, elle avait écrit une lettre à d'Hacqueville[3], pour

---

[1] *Recueil des lettres de madame* DE SÉVIGNÉ *à madame de Grignan, sa fille*; 1734, in-12, t. II, p. 222 (la date y est entière), édit. 1754, t. II, p. 325. — SÉVIGNÉ, *Lettres*, t. III, p. 51, édit., M. ; t. III, p. 131, édit. G. (20 décembre 1672).

[2] SÉVIGNÉ, *Lettres* (mercredi 21 décembre 1672), t. III, p. 54, édit. M. ; t. III, p. 124, édit. G.

[3] SÉVIGNÉ, *Lettres* (30 décembre 1672), t. III, p. 66, édit. M. ; t. III, p. 136, édit. M. Conférez la 3ᵉ partie de ces *Mémoires*, 2ᵉ édit., p. 369, chap. XVIII.

qu'il fit agir madame de la Fayette, Langlade et tous ses amis contre ce prélat. Elle écrivit aussi à Arnauld d'Andilly pour le desservir dans l'esprit de Pomponne, à qui elle savait que la lettre serait communiquée. Cette lettre, où il n'est question que de dévotion, de prière et de charité (datée du dimanche)[1], contient ces insinuations peu charitables : « Tout ce que vous saurez entre ci et là, c'est que, si le prélat qui a le don de gouverner les provinces avait la conscience aussi délicate que M. de Grignan, il serait un très-bon évêque ; *ma basta.* » Madame de Sévigné n'ignorait pas que M. de Pomponne avait une haute idée de la capacité de Forbin-Janson ; et elle cherchait à lui nuire dans l'esprit du ministre en insinuant qu'il était sans conscience et dépourvu des vertus ecclésiastiques, ce qui était parfaitement faux. Les éditeurs de madame de Sévigné ont cru l'excuser en disant que l'évêque de Marseille empiétait sur les fonctions de M. de Grignan comme gouverneur. Ils se trompent : l'évêque de Marseille, comme un des procureurs du pays, usait de son droit et remplissait un devoir en s'immisçant dans les affaires de l'administration de la Provence, en s'opposant aux actes de l'autorité usurpatrice du gouverneur ou de celui qui le remplaçait ; en réclamant, chaque année, contre l'illégalité des délibérations de l'assemblée des communautés, qui, pour être valides, auraient dû être confirmées par l'assemblée des états, qu'on ne réunissait jamais. Il montrait ainsi le courage d'un bon citoyen ; et, lorsqu'il usait de son esprit et de l'influence que lui donnaient son savoir et ses talents pour se concilier la faveur

---

[1] Sévigné, *Lettres* (Aix, 11 décembre 1672), t. III, p. 59, édit. M.; t. III, p. 130, édit. G.

du roi et de ses ministres, afin d'être utile à son diocèse et à sa province, il agissait en politique éclairé et en bon évêque.

M. de Grignan était un brave et honnête gentilhomme, qui, durant le cours de sa longue administration, se fit aimer des Provençaux. La noblesse surtout lui était dévouée, puisque deux fois elle répondit à son appel, et s'arma pour la gloire du roi et la défense du pays ; mais toute sa vie il fut joueur et dissipateur, et ne se fit aucun scrupule de ne pas payer ses dettes [1]. On ne devine pas par quel côté Forbin-Janson, qui a fourni une si longue, si honorable et si brillante carrière, pourrait mériter le reproche grave que lui fait madame de Sévigné, de ne pas avoir une conscience au moins aussi délicate que celle de M. de Grignan. Mais si Marie de Rabutin-Chantal n'eût point eu toutes les susceptibilités, tous les travers, toutes les préventions, tous les entraînements de l'amour maternel, elle n'eût point été madame de Sévigné.

Forbin-Janson fut un des plus habiles négociateurs, un des plus vertueux prélats que la France ait possédés. Né pauvre et étant cadet de famille, il s'éleva successivement du petit prieuré de Laigle à l'évêché de Marseille. Les preuves qu'il donna alors de sa capacité le firent envoyer comme ambassadeur en Pologne, et ensuite à Rome. Il fut évêque de Beauvais, comte et pair de France, puis cardinal et grand aumônier : tout cela par la seule confiance qu'il inspirait au clergé, aux ministres et au roi, auquel il résista pourtant avec fermeté quand le monarque, mal conseillé, voulut s'immiscer dans les affaires ecclésiastiques de son diocèse. Il y était adoré, surtout des pauvres ;

---

[1] SAINT-SIMON, *Mémoires authentiques*, t. XII, p. 59-60. — SÉVIGNÉ, *Lettres* (26 octobre 1689), t. X, p. 53, édit. M. (24 novembre et 8 décembre 1673), t. III, p. 226 et 246, édit. G.

il s'y plaisait plus qu'à la cour, où cependant il se montrait avec la magnificence et les manières d'un grand seigneur ; désintéressé, mais avec mesure ; poli avec bonté, mais avec choix et dignité ; naturellement obligeant et d'une fidélité inébranlable. Quand il mourut dans un âge avancé, il fut regretté universellement[1]. Son nom, honoré de tous, ne se trouve dans aucun libelle du temps, et fut respecté par la calomnie. Tel a été l'homme qui déplaisait tant à madame de Grignan, avec lequel elle eut la maladresse de se mettre en hostilité malgré les conseils de sa mère[2].

Cette mère était bien connue à Paris comme à la cour, en Bretagne comme en Bourgogne, comme en Provence. Personne n'ignorait jusqu'à quel degré de faiblesse elle s'abandonnait à l'amour maternel. Elle ne s'en cachait pas ; au contraire, elle en fatiguait ses amis ; mais, comme elle était véritablement aimée, et que pour sa fille on n'éprouvait pas le même sentiment, cette extravagante passion soulevait plutôt la jalousie que la sympathie, et nuisait à ses sollicitations pour madame de Grignan, au lieu de lui être utile. Les amis de madame de Sévigné, pour ne pas la frapper au cœur dans l'endroit le plus sensible, n'avaient donc d'autre ressource que de dissimuler leurs pensées, lorsqu'ils ne voulaient pas céder à l'influence que sa fille faisait peser sur eux. Il manquait à madame de Sévigné, pour ses négociations sur les affaires de Provence, ce qu'il y a de plus essentiel à tout négociateur : c'est de bien pénétrer, sous des apparences souvent contraires, les intentions et les inclinations réelles

---

[1] Saint-Simon, *Mémoires*, t. V, p. 22, 110 ; t. VIII, p. 364 ; t. IX, p. 3 et 4 ; t. X, p. 484, 485-487.

[2] Voyez la 3ᵉ partie de ces *Mémoires,* p. 303, chap. XVI.

de ceux avec qui l'on traite; et madame de Sévigné aurait plus habilement, et avec plus de succès peut-être, atteint le but de ses sollicitations si elle s'était défiée de ses amis, et si elle avait eu confiance en ceux qu'elle considérait comme ses ennemis, qui n'étaient pas les siens, mais ceux de madame de Grignan. Elle admirait tant sa fille qu'il ne pouvait pas lui entrer dans la pensée qu'elle pût avoir des ennemis; et en effet on peut dire qu'elle avait plutôt des adversaires. Tout ce que madame de Sévigné écrivit en cette circonstance contre l'évêque de Marseille ne nuisit point à ce prélat, et n'altéra nullement la bonne opinion qu'on avait de lui. On n'ignorait pas que madame de Sévigné était complétement abusée, et que ses paroles n'étaient en quelque sorte que les échos de celles de M. de Grignan. C'est ce que son amie madame de la Fayette cherche à lui insinuer avec autant de ménagement que de finesse dans sa lettre datée de Paris du 30 décembre, qu'elle commence ainsi :

« J'ai vu votre grande lettre à d'Hacqueville ; je comprends fort bien tout ce que vous lui mandez sur l'évêque : il faut que le prélat ait tort, puisque vous vous en plaignez. Je montrerai votre lettre à Langlade, et j'ai bien envie de la faire voir à madame du Plessis, car elle est très-prévenue en faveur de l'évêque. Les Provençaux sont des gens d'un caractère tout particulier [1]. »

Madame du Plessis avait un fils en Provence, et par lui pouvait éclairer les amis de madame de Sévigné sur ce qu'on devait penser de l'évêque de Marseille. Lorsque madame de Sévigné était à Paris, elle voyait tout différem-

---

[1] Sévigné, *Lettres* (30 décembre 1672), t. III, p. 66, édit. M.; t. III, p. 130, édit. G. — (19 mai 1673), t. III, p. 152, édit. G. (Lettres de madame de la Fayette.)

ment. Ces haines et ces rivalités de province lui paraissaient bien mesquines, et elle écrivait à sa fille : « Adhémar m'aime assez, mais il hait trop l'évêque et vous le haïssez trop aussi : l'oisiveté vous jette dans cet amusement ; vous n'auriez pas tant de loisir si vous étiez ici [1]. » Mais à l'époque dont nous nous occupons, madame de Sévigné était fort animée contre Forbin-Janson, et ne pouvait lui pardonner une conduite qu'elle eût trouvée fort légitime si elle n'avait nui qu'à ses seuls intérêts. Cette fois, son amour pour sa fille la rendit non-seulement injuste, mais ingrate. Ce fut lui, ce fut Forbin-Janson qui, dans les trois jours de son voyage à Marseille, lui fit les honneurs de la Provence avec un éclat, une grâce, une complaisance qu'elle ne peut s'empêcher de reconnaître dans ses lettres, et qui prouvent qu'il avait pour elle autant d'amitié que d'estime. Peut-être aussi le désir de se rendre agréable à l'amie de M. de Pomponne, qui, sans aucun doute, la lui avait recommandée, contribua-t-il à la conduite qu'il tint en cette circonstance. Elle fut flattée, mais non satisfaite, des prévenances dont elle était l'objet ; elle y voyait de la duplicité ; elle eut le tort de ne rien déguiser de ce qu'elle pensait. L'aigreur de ses paroles ne changea en rien les manières de l'évêque, et ne parut pas avoir altéré ses bons sentiments pour elle. Elle était femme, elle était mère ; il la plaignit, et lui pardonna ses reproches. Du reste, elle peint vivement les plaisirs qu'elle éprouva pendant ce petit voyage. Elle fut enchantée de voir Marseille par un beau temps, mais qui ne dura guère. Avant d'y arriver, du

---

[1] Sévigné, *Lettres* (9 mars 1672), t. II, p. 353, édit. M. ; t. II, p. 416, édit. G. — Sur Adhémar, le beau-frère de madame de Grignan, qui prit le nom de chevalier de Grignan, voyez la lettre du jeudi 22 décembre à midi, t. III, p. 127, édit. G.

haut de cette colline qu'on nomme *la Vista*, elle contemple avec admiration la ville, le port, la multitude des *bastides* qui l'environnent, et la mer. « Je suis ravie, dit-elle, de la beauté singulière de cette ville. Je demande pardon à Aix, mais Marseille est bien plus joli, et plus peuplé que Paris à proportion ; il y a cent mille âmes au moins : et de vous dire combien il y en a de belles, c'est ce que je n'ai pas le loisir de compter [1]. »

Elle paraît surtout charmée de ce mélange de costumes et de populations qui, pour une Parisienne et une femme de la cour, était en effet neuf et surprenant. « La foule des chevaliers qui vinrent hier voir M. de Grignan à son arrivée fut grande ; des noms connus, des Saint-Herem, etc., des aventuriers, des épées, des chapeaux du bel air, une idée de guerre, de romans, d'embarquement, d'aventures, de chaînes, de fers, d'esclaves, de servitude, de captivité : moi qui aime les romans, je suis transportée. M. de Marseille vint hier au soir ; nous dînons chez lui ; c'est l'affaire des deux doigts de la main [2]. »

Le lendemain jeudi, 22 décembre, elle écrit à sa fille deux fois dans la journée, à midi [3] et à minuit ; et tou-

---

[1] *Lettres de madame* RABUTIN-CHANTAL, *marquise* DE SÉVIGNÉ, *à madame la comtesse de Grignan*, édit. de la Haye, 1726, t. I, p. 311. La date est : A Marseille, mercredi 1672 ; ajoutez 21 décembre ; t. III, p. 124, édit. G. ; édit. 1734, t. II, p. 216. — SÉVIGNÉ, *Lettres*, t. III, p. 124, édit. G. ; t. III, p. 54, édit. M. (Dans toutes ces éditions il faut compléter la date, et mettre Mercredi 21 décembre 1672, et transposer la lettre.)

[2] SÉVIGNÉ, *Lettres*, t. III, p. 125, édit. G. ; t. III, p. 55, édit. M. ; édit. de la Haye, 1726, t. I, p. 311 (mercredi 21 décembre). Dans toutes ces éditions la date est : Marseille, mercredi... 1672 ; ajoutez 21 décembre.

[3] *Lettres de* MARIE RABUTIN-CHANTAL, édit. de la Haye, 1726, t. I,

jours l'évêque de Marseille l'accompagne. « Nous dînâmes hier chez M. de Marseille ; ce fut un très-bon repas. Il me mena l'après-dîner faire les visites nécessaires, et me laissa le soir ici. Le gouverneur me donna des violons, que je trouvai très-bons ; il vint des masques plaisants : il y avait une petite Grecque fort jolie : votre mari tournait autour. Ma fille, c'est un fripon. Si vous étiez bien glorieuse, vous ne le regarderiez jamais. Il y a un chevalier de Saint-Mesmes qui danse bien, à mon gré ; il était en Turc ; il ne hait pas la Grecque, à ce qu'on dit... Si tantôt il fait un moment de soleil, M. de Marseille me mènera béer. » Et dans la lettre écrite à minuit : « J'ai été à la messe à Saint-Victor avec l'évêque ; de là, par mer, voir la Réale et l'exercice, et toutes les banderoles, et des coups de canon, et des sauts périlleux d'un Turc. Enfin on dîne, et après dîner me revoilà, sur le poing de l'évêque de Marseille, à voir la citadelle et la vue qu'on y découvre ; et puis à l'arsenal voir tous les magasins et l'hôpital, et puis sur le port, et puis souper chez ce prélat, où il y avait toutes les sortes de musique. » Et c'est à la suite de cette petite fête qu'il lui avait donnée qu'elle eut le courage de lui faire des reproches sur l'affaire du courrier. « Il n'y a point de réponse, dit-elle, à ne pas me vouloir obliger dans une bagatelle, où lui-même, s'il m'avait véritablement estimée, aurait trouvé vingt expédients au lieu d'un. » Elle termine cependant en disant : « Soyez certaine que, quand je serais en faveur, il ne m'aurait pas mieux reçue ici[1]. »

p. 313. — SÉVIGNÉ, Lettres, édit. 1734, t. II, p. 218, édit. 1754, t. II, p. 321 ; t. III, p. 56, édit. M. ; t. III, p. 126, édit. G. (Jeudi 22 décembre 1672).

[1] Lettres de MARIE RABUTIN-CHANTAL, édit. de la Haye, 1726, t. I, p. 315. — SÉVIGNÉ, Lettres, édit. 1734, t. II, p. 220 ; édit. 1754,

Madame de Sévigné partit le lendemain vendredi, 23 décembre, à cinq heures du matin, pour se rendre à Grignan [1]. Elle revint à Aix avec sa fille, qui faillit de mourir en accouchant. On peut juger des angoisses de madame de Sévigné tant que dura le danger [2]. Probablement l'enfant ne vécut point, il n'en est nulle part fait mention.

Madame de Grignan fut cependant promptement rétablie, puisque, ayant accouché en mars, elle n'éprouvait plus au commencement d'avril, du mal qu'elle avait ressenti, qu'une grande lassitude [3].

Madame de Sévigné passa à Aix, chez son gendre, tout l'hiver et une partie de l'été suivant.

---

t. III, p. 323 ; t. III, p. 58, édit. M. ; t. III, p. 128, édit. G. Dans toutes ces éditions, la date est : A Marseille, jeudi à minuit 1672 ; il faut la compléter, et mettre Jeudi 22 décembre, et transposer les deux lettres.

[1] Sévigné, *Lettres* (20 mars 1673), t. III,, p. 149, édit. G. ; t. III, p. 77, édit. M. C'est une lettre de madame de Coulanges. Conférez encore celle du 24 février, t. III, p. 73, édit. M. ; t. III, p. 144, édit. G.

[2] Sévigné, *Lettres* (15 et 27 juillet 1673), t. III, p. 164 et 168, édit. G. ; t. III, p. 90 et 94, édit. M. — Bussy-Rabutin, *Lettres*, édit. 1737, t. I, p. 117, 118 et 121.

[3] Sévigné, *Lettres* (10 avril 1673), t. III, p. 149 et 150, édit. G. ; t. III, p. 78, édit. M.

CHAPITRE X.

1673.

Séjour de madame de Sévigné en Provence. — Des lettres qu'elle écrit à ses amis de Paris. — Des lettres qu'elle reçoit. — Nouvelles qui lui sont données par M. de la Rochefoucauld, madame de Coulanges, madame de la Fayette. — Levée du siége de Charleroi. — Crédit de madame Dufresnoy. — Occupations nombreuses de Louis XIV. — Ses égards pour la reine. — Il laisse madame de Montespan à Courtray. — Habileté de sa politique. — Il fait à cheval toute la campagne de 1673. — Madame de Coulanges se fait peindre. — Voit en secret madame Scarron. — Rendez-vous du beau monde chez la maréchale d'Estrées. — Détails sur cette dame, — sur madame de Marans, — la comtesse du Plessis, de Clérambault, — M. de Mecklembourg. — Congrès pour la pacification. — De madame de Monaco et du comte de Tott. — De l'abbé de Choisy en Bourgogne. — L'abbé Têtu déplaît à madame de Coulanges. — Madame de la Fayette. — De sa paresse à écrire. — Ses vapeurs, ses prétentions à dominer la société parisienne. — Le roi donne une rente à son fils. — Recherchée par le fils du prince de Condé. — Sa correspondance avec Briord quand M. le Duc est à l'armée. — Madame de la Fayette et sa société vont dîner à Livry. — Chez qui. — Nouvelles de conversions et d'aventures galantes. — Du marquis d'Ambres. — Sur le titre de *monseigneur*. — Influence personnelle de Louis XIV sur la politique et les destinées de l'Europe. — Alliance intime de Louis XIV et de Charles II. — On s'occupait dans le monde de ce qui se passait dans les deux cours. — De Montaigu. — De sa liaison avec la duchesse de Brissac. — De son mariage avec la comtesse de Northumberland. — Le roi prend Maëstricht. — La Trousse est envoyé en Bourgogne. — Sévigné reste à Paris. — Il obtient un congé. — Il devient amoureux de madame du Ludres. — Il a besoin d'argent. — Madame de la Fayette en demande pour lui à sa mère. — Question entre deux maximes, faite par madame de la Fayette à madame de Sévigné. — Détails sur la Rochefoucauld et sur son livre des *Maximes*. — Corneille donne *Pulchérie*, et Racine *Mithridate*. — Mort de Molière.

Durant les quatorze mois des années 1672 et 1673, que madame de Sévigné se trouva réunie avec sa fille en Provence [1], on est privé du journal presque quotidien qu'elle lui transmettait, et qui nous instruit d'une foule de particularités importantes pour l'histoire de son siècle.

Mais l'âge n'avait rien fait perdre à madame de Sévigné de sa vive imagination et de la faculté qu'elle avait de se rendre présente à ses amis même lorsqu'elle en était séparée par de grandes distances, et de les intéresser à tout ce qui se passait autour d'elle. Aussi aimait-on à recevoir de ses lettres, et c'est une grande perte pour la littérature et l'histoire que la disparition de celles qu'elle écrivit, pendant son séjour en Provence, à son fils, à son cousin de Coulanges, à madame de la Fayette, à madame de Coulanges, à mademoiselle de Meri, sa cousine, sœur du marquis de la Trousse, qui transmettait les nouvelles de l'armée qu'elle recevait de son frère [2], et enfin au duc de la Rochefoucauld. Celui-ci, dont la réputation était grande comme bon juge des ouvrages d'esprit, auquel les Boileau, les la Fontaine, les Molière soumettaient leurs écrits, était plus charmé que tout autre à la lecture des lettres de madame de Sévigné, parce que, comme homme de cour, comme bel esprit, il appréciait mieux que tout autre le talent qui s'y montrait. Il commence ainsi la réponse à la première let-

---

[1] Quatorze mois et six jours. Voyez SÉVIGNÉ, *Lettres* (mercredi 27 juillet 1672, jeudi 5 octobre 1673), t. III, p. 109 et 176, édit. G.

[2] SÉVIGNÉ, *Lettres* (26 décembre 1672), t. III, p. 133, édit. G.; t. III, p. 63, édit.

tre qu'il reçut d'elle de Provence : « Vous ne sauriez croire le plaisir que vous m'avez fait de m'envoyer la plus agréable lettre qui ait jamais été écrite : elle a été lue et admirée comme vous le pouvez souhaiter ; il me serait difficile de vous rien envoyer de ce prix-là ¹. » Et madame de Coulanges lui écrit : « J'ai vu une lettre admirable que vous avez écrite à M. de Coulanges ; elle est si pleine de bon sens et de raison que je suis persuadée que ce serait méchant signe à qui trouverait à y répondre. Je promis hier à madame de la Fayette qu'elle la verrait ; je la trouvai tête à tête avec un appelé M. le duc d'Enghien [le fils du grand Condé]. On regretta le temps que vous étiez à Paris, on vous y souhaita : mais, hélas ! ils sont inutiles les souhaits ! et cependant on ne saurait s'empêcher d'en faire ². »

Heureusement que l'on possède quelques-unes des réponses qui ont été faites aux lettres qu'elle écrivit de Provence à ses amis, et qu'on peut, par ces réponses, suppléer en partie aux lettres qu'elle aurait écrites à sa fille si elle n'avait pas été en Provence.

Ces réponses sont de M. de la Rochefoucauld, de madame de Coulanges et de madame de la Fayette en dernier.

Madame de Coulanges était la mieux placée pour donner des nouvelles. Son oncle le Tellier était malade : c'est chez lui que les courriers descendaient. C'est elle qui apprend à madame de Sévigné la levée du siége de Charleroi ³, qui valut à Montal une belle récompense, une lettre flat-

---

¹ Sévigné, *Lettres* (9 février 1673), t. III, p. 139, édit. G. ; t. III, p. 69, édit. M.

² Sévigné, *Lettres* (20 mars 1673).

³ Le 22 décembre 1672. Conférez Sévigné, *Lettres* (26 décembre 1672), t. III, p. 133, édit. G. ; t. III, p. 63, édit. M.

teuse de Louis XIV[1], et des lettres de félicitations de Bussy, qui, pour rentrer en grâce, ne laissait échapper aucune occasion de flatter les généraux en faveur[2].

Elle lui dit : « Nous avons ici madame de Richelieu ; j'y soupe ce soir avec madame Dufresnoy ; il y a grande presse chez cette dernière à la cour. »

Il n'est pas étonnant qu'on se montrât très-empressé auprès de cette maîtresse de Louvois : le ministre était à l'apogée de sa puissance et de sa faveur. Louis XIV avait quitté le théâtre de la guerre, et y avait laissé Louvois, auquel il transmettait ses ordres de Compiègne et ensuite de Saint-Germain. Le roi continuait à diriger l'ensemble des opérations militaires et des négociations auxquelles elles donnaient lieu, et il entretenait personnellement et sans aucun intermédiaire une correspondance très-active avec son ministre, avec Turenne et avec Condé. Il se relevait souvent la nuit pour répondre à de longues dépêches de Louvois, écrites en chiffres ; et il dictait ses réponses à mesure qu'on les déchiffrait. Il ne lui cachait rien ; il lui donnait les instructions les plus étendues et un pouvoir absolu pour l'exécution de ses ordres[3]. La maladie de le Tellier lui occasionna un surcroît de travail, parce qu'il ne voulut confier à personne le secret des lettres que le courrier portait à ce ministre ; et il se les faisait remettre pour y répondre lui-même.

---

[1] Louis XIV, *Mémoires militaires* (Lettre de Compiègne, du 26 décembre 1672, au comte de Montal), t. III, p. 292.

[2] Bussy, lettre à Montal, datée de Chaseu le 6 janvier 1673, dans la suite des *Mémoires de* Bussy. Manuscrit (biblioth. de l'Institut), p. 1. Ce ms. renferme les années 1673-1676, inédites.

[3] Louis XIV, *Œuvres*, t. III, p. 261, 302. *Lettres de Louis XIV, relatives à la fin de la campagne de* 1672. (Du 19 au 30 décembre.)

Charles II, son allié, lui était dévoué, et se conduisait par ses conseils. Louis XIV comprenait mieux que les ministres du roi d'Angleterre la constitution anglaise et la tactique parlementaire ; ce fut lui qui empêcha Charles II de casser son parlement, et qui lui fit sentir la nécessité de le satisfaire. Ce fut lui qui donna à ce roi faible et dominé par la volupté une maîtresse française, mademoiselle de Kerouel, que Charles II fit duchesse de Portsmouth : Louis XIV la dota de la terre d'Aubigny-sur-Nière, et fixa d'avance le sort des enfants que le roi d'Angleterre pourrait en avoir, comme il aurait fait des siens propres [1].

Les historiens se sont mépris quand ils ont accusé Louis XIV d'avoir quitté l'armée par amour pour Montespan. Il crut que la reine était enceinte [2] ; il la rejoignit et ne la quitta pas, soumettant même ses départs et le transport de sa cour d'un lieu dans un autre aux exigences de sa dévotion [3]. Lui-même aussi donna l'exemple de l'accomplissement des devoirs religieux. Le 1er avril (la veille du jour de Pâques en 1673), il communia solennellement dans l'église paroissiale de Saint-Germain en Laye : dans le jardin des Récollets il toucha 800 malades, et termina, à pied, ses stations du jubilé dans l'église des

---

[1] *Lettre de* COLBERT *à Louis XIV* (mars 1673). *Lettres patentes du mois de décembre* 1673, portant donation de la terre d'Aubigny-sur-Nière à mademoiselle de Kerouel. — Louis XIV, Œuvres, t. VI, p. 451-456.

[2] *Lettre de madame* DE LA ROCHE *au comte de Bussy, en date du* 8 *janvier* 1673. Dans la suite des *Mémoires de* BUSSY (Mss. de la biblioth. de l'Institut), p. 8.

[3] Louis XIV, Œuvres, t. III, p. 271, 273, 274, 299, 300 et 301.

Augustins de la forêt [1]. Il avait laissé madame de Montespan à Courtray [2], et ne prenait d'autres distractions que celles de la chasse, le plus souvent dans les bois de Versailles. Aussitôt son arrivée à Saint-Germain, il écrivit à Louvois ces mots : « Il serait d'éclat d'agir pendant l'hiver [3]; » et il donna des ordres pour attaquer en Flandre les Espagnols, qui avaient fourni au prince d'Orange des troupes et des canons [4]. Il était arrivé le 2 décembre (1672) à Saint-Germain, et il en repartit le 1er mai, accompagné de la reine, voyageant à cause d'elle à petites journées. Un heureux accouchement était pour lui d'un intérêt politique, et à cette considération il subordonnait toutes choses, même ses passions. Il n'arriva que le 15 à Courtray [5]. Il fit à cheval toute cette glorieuse campagne de 1673, dont il s'est complu à écrire lui-même l'histoire, comme la plus glorieuse de toutes celles qu'il ait faites.

Madame de Coulanges donne à madame de Sévigné toutes les nouvelles qui peuvent l'intéresser ; elle se fait peindre, pour envoyer son portrait à M. de Grignan, qui le lui avait demandé. Elle n'oublie pas de parler à madame de Sévigné de leur amie commune, madame Scarron, dont la vie mystérieuse occupait vivement la cour. « Aucun mortel, dit madame de Coulanges, n'a commerce avec elle. J'ai reçu une de ses lettres; mais

---

[1] *Gazettes*, année 1673; Paris, in-4°, 1674, p. 314.

[2] SÉVIGNÉ, *Lettres* (26 mai 1673), t. III, p. 15, édit. G.

[3] Louis XIV, *Œuvres*, t. III, p. 262.

[4] Louis XIV, *Œuvres*. Lettres à Louvois, datées de Verberie des 22 et 23 décembre, t. III, p. 271, 273, 274, 276.

[5] Louis XIV, *Œuvres*, t. III, p. 300, 301, 307. — SÉVIGNÉ, *Lettres* (26 mai 1673), t. III, p. 156, édit. G.; t. III, p. 84, édit. M.

je me garde bien de m'en vanter, de peur des questions infinies que cela m'attire [1]. »

Madame de Coulanges dit encore dans cette lettre : « Le rendez-vous du beau monde est les soirs chez la maréchale d'Estrées. » C'était la sœur du marquis de Longueval de Manicamp, la veuve de François-Annibal d'Estrées, frère de Gabrielle d'Estrées, la maîtresse de Henri IV. Ce fut à l'âge de quatre-vingt-treize ans que François-Annibal épousa en troisièmes noces mademoiselle de Manicamp. On ne doit pas confondre cette maréchale d'Estrées, dont parle madame de Coulanges, avec la fille de Morin le financier, laquelle fut aussi maréchale d'Estrées par son mariage avec le comte d'Estrées, fils d'Annibal. L'hôtel de celle-ci fut, plus longtemps encore que celui de sa belle-mère, le rendez-vous du beau monde à Paris [2].

De toutes les lettres adressées à madame de Sévigné pendant son séjour en Provence, celles de madame de la Fayette ressemblent le plus à celles de madame de Coulanges par la facilité du style et par l'intérêt des nouvelles qu'elles renferment. Madame de Coulanges et madame de la Fayette étaient très-liées, et faisaient leurs visites ensemble. Madame de Coulanges annonce que madame la princesse d'Harcourt, comme madame de

---

[1] Sévigné, *Lettres* (26 décembre 1672), t. III, p. 134.

[2] Sévigné, *Lettres* (26 décembre 1672), t. III, p. 64, édit. M. — *Ibid.* (6 mai 1676), t. IV, p. 280 ; il est fait mention de madame de Longueval, chanoinesse, sœur de la maréchale. — *Ibid.* (14 février 1687), t. VII, p. 419, édit. G. Françoise de Longueval, chanoinesse de Remiremont, était aussi sa sœur. (Mardi, 9 avril 1689), t. VII, p. 69, édit. M. La femme du fils du maréchal d'Estrées le marin : c'est Marie-Marguerite Morin. Voyez Saint-Simon, *Mémoires authentiques*, année 1714, t. XI, p. 176 ; et sur Morin, conférez Saint-Évremond, édit. 1753, in-12, t. I, p. 164 ; t. V, p. 70.

Marans, tourne à la dévotion, et a paru sans rouge à la cour. Puis vient le mariage de la comtesse du Plessis, récemment veuve, avec le marquis de Clérambault, dont elle était amoureuse [1]. Cette comtesse du Plessis est cette petite-cousine de Bussy, dont mademoiselle d'Armentières et le comte de Choiseul font mention dans leurs lettres [2]. Elle suivit MADAME HENRIETTE en Angleterre, et était de retour de ce pays au 30 juin 1670. Madame de Coulanges raconte encore sa visite au Palais-Royal, en compagnie avec madame de Monaco, chez MONSIEUR, qui lui fit beaucoup de caresses en présence de la maréchale de Clérambault. Cette dernière était gouvernante des enfants de MONSIEUR et une des plus singulières personnes de la cour : dans le tête-à-tête pleine d'esprit naturel, causant délicieusement ; en société silencieuse par dédain du monde et par ménagement pour sa poitrine ; aimant à jouer sans risquer de grosses sommes ; riche et avare, dédaignant les modes, toujours en grand habit, et la dernière qui ait conservé l'usage du masque de velours noir pour conserver son teint, qui était fort beau [3]. Elle fut regrettée de MADAME lorsqu'elle perdit sa charge, et qu'on la sacrifia à madame de Fiennes, à madame de Grancey, au chevalier de Lorraine et à tous ces gens avides et corrompus qui gouvernaient et entouraient MONSIEUR ; ce qui justifia bien son mépris pour le genre humain, dont l'accuse madame de Sévigné [4]. Quant à madame de Monaco, tou-

[1] SAINT-SIMON, *Mémoires*, t. XX, p. 341.
[2] BUSSY, *Lettres*, t. III, p. 296 ; t. V, p. 87, 157, 160.
[3] SÉVIGNÉ, *Lettres* (30 décembre 1672), t. III, p. 138, édit. G.
[4] SÉVIGNÉ, *Lettres* (6 décembre 1679), t. VI, p. 238, édit. G. — DUCHESSE D'ORLÉANS, *Mémoires et fragments historiques*, 1832, in-8°, p. 18. Madame de Clérambault mourut en 1722.

jours belle et blanche, elle est, dit madame de la Fayette, « engouée de cette MADAME-ci comme de l'autre, et sa favorite [1]. » Madame de la Fayette ridiculisait M. de Mecklembourg de ce qu'il était à Paris lorsque tout le monde était à l'armée [2]. Un congrès de toutes les puissances de l'Europe s'était formé pour parvenir à la pacification générale. La Suède, qui recevait des subsides de la France, avait été admise comme médiatrice. Elle envoya pour ambassadeur extraordinaire le comte de Tott, qui fut reçu avec beaucoup de distinction par Louis XIV. Sur le point de retourner dans son pays, le comte de Tott venait tous les jours voir madame de la Fayette et madame de Coulanges ; tous les jours il parlait de madame de Sévigné, et des regrets qu'il avait de quitter Paris sans la voir [3]. Jeune, beau, noble dans ses manières, parlant français aussi facilement, aussi élégamment qu'aucun des courtisans de Louis XIV ; grand joueur, dissipateur, galant et spirituel, de Tott, dit l'abbé de Choisy, était adoré et flatté par toutes les femmes [4]. Il revint à Paris l'année suivante, mais ce fut pour y mourir le dernier de sa noble race. M. de Chaulnes part, Langlade va en Poitou, Marsil-

---

[1] SÉVIGNÉ, *Lettres* (14 juillet 1673), t. III, p. 161, édit. G. — *Ibid.*, t. III, p. 88, édit. M.

[2] SÉVIGNÉ, *Lettres* (30 décembre 1672), t. III, p. 138.

[3] SÉVIGNÉ, *Lettres* (24 février et 15 avril 1673), t. III, p. 142 et 151, édit. G. ; t. III, p. 71 et 80, édit. M. — CHOISY, *Mémoires*, liv. IV, t. LXIII, p. 266. — LOUIS XIV, *Œuvres*, t. III, p. 275. — *Gazettes* de 1673 ; Paris, 1674, in-4°, p. 394. (Le 13 avril, le comte de Tott eut son audience de congé à Saint-Germain.) — MIGNET, *Négociations sous Louis XIV*, t. IV, p. 146.

[4] *Recueil de gazettes nouvelles et extraordinaires*, 1675, in-4°, p. 712 (8 juillet 1674). — CHOISY, *Mémoires*, liv. IV, t. LXIII, p. 286.

lac à Barréges. Madame de Coulanges annonce à madame de Sévigné tous ces départs, et aussi ceux de Vaubrun et de la Trousse ; celui-ci est envoyé pour commander en Franche-Comté, sur la nouvelle qu'a eue le roi d'une révolte en ce pays. La Trousse s'afflige de n'avoir pu consoler madame de Coulanges de l'absence de tous ses amis ; et comme elle n'a ni madame de Sévigné ni madame Scarron, elle ajoute plaisamment : « Je n'ai rien cette année de tout ce que j'aime ; l'abbé Têtu et moi nous sommes contraints de nous aimer [1]. » Ce vaporeux abbé, académicien, prédicateur, poëte, rimant des madrigaux et des poésies chrétiennes [2], recherchait trop les femmes pour que Louis XIV voulût consentir à en faire un évêque, malgré les instances qui lui furent faites à cet égard par les grandes dames de sa cour. Têtu fut surtout longtemps et fortement occupé de madame de Coulanges, qui se jouait de son amour et avec laquelle il rompit avec une sorte d'éclat [3].

Quoique madame de Sévigné se plaigne beaucoup de la paresse que madame de la Fayette met à lui répondre, cependant les lettres qui nous restent de celle-ci pendant le séjour de madame de Sévigné en Provence sont en

---

[1] SÉVIGNÉ, *Lettres* (24 février 1673), t. III, p. 142.

[2] *Stances chrétiennes sur divers passages de l'Écriture sainte et des Pères*, 2ᵉ édit. ; Paris, 1675, in-12 (173 pages). — Cette seconde édition est anonyme sur le titre ; mais l'auteur est nommé sur le titre de la 5ᵉ édition ; Paris, 1703, in 12. — *Recueil de gazettes nouvelles, ordinaires et extraordinaires* ; 1675, in-4°, p. 712, etc. (8 juillet 1674). Un musicien, nommé Oudot, mettait en musique les stances de l'abbé Têtu. Voyez le *Recueil des chansons historiques* (Mss. Maurepas), t. VII, p. 83, et t. IV, p. 167.

[3] SÉVIGNÉ, *Lettres* (28 juillet 1680), t. VII, p. 133, édit. G. ; t. VI, p. 394, édit. M. — *Ibid.* (26 mai 1673), t. III, p. 156, édit. G. ; t. III, p. 83, édit. M.

plus grand nombre que celles de madame de Coulanges, et elles suffisent pour nous peindre l'existence de l'auteur de *Zaïde* et de *la Princesse de Clèves*, sujette aux vapeurs, aux fièvres, à la migraine. On la voit sans cesse tourmentée par le désir de jouer un rôle brillant ; elle s'y croyait appelée par son esprit et par ses liaisons avec les grands personnages auxquels elle plaisait. Elle aurait aussi voulu tenir le haut bout de la société dans Paris, remplacer les Rambouillet, les Sablé, les Choisy, précieuses nullement ridicules, qui avaient disparu de la scène du monde ; mais sa déplorable santé et plus encore l'instabilité de son humeur s'y opposaient. Bien vue de Louis XIV, il fallait qu'elle parût de temps en temps à la cour, ce qui était pour elle une grande fatigue. M. de la Rochefoucauld annonce à madame de Sévigné que madame de la Fayette ne peut lui répondre, parce qu'elle était allée le matin à Saint-Germain pour remercier le roi d'une pension de cinq cents écus qu'on lui a donnée sur une abbaye[1], pension qui lui en vaudra mille avec le temps. « Le roi a même accompagné ce présent de tant de paroles agréables qu'il y a lieu d'attendre de plus grandes grâces. »

M. le Duc, fils du prince de Condé, se plaisait beaucoup dans la société de madame de la Fayette : il allait fréquemment la voir ; et quand il était à l'armée, elle entretenait une correspondance avec Briord, son premier écuyer, qui devint ambassadeur à Turin, fut envoyé à la Haye, et fait conseiller d'État d'épée. C'est par lui qu'elle apprend le plaisant trait de ce bourgeois d'Utrecht qui, voyant

---

[1] SÉVIGNÉ, *Lettres* (9 février 1673), t. III, p. 140, édit. G. ; et t. III, p. 69, édit. M. — Conférez ci dessus la 3ᵉ partie de ces *Mémoires*, chap. XIX, p. 391 à 393.

M. le Duc prendre, en sa présence, des familiarités un peu trop grandes avec sa femme jeune et jolie, lui dit : « Pour Dieu ! monseigneur, Votre Altesse a la bonté d'être trop insolente [1]. »

J'ai dit ailleurs combien le fils du grand Condé avait de goût pour embellir Chantilly, cette magnifique et royale demeure, et pour y organiser des fêtes [2]. Madame de la Fayette était invitée à toutes les fêtes que donnait M. le Duc. Elle alla à une de ses chasses en carrosse vitré, et la migraine l'empêcha de rendre compte à madame de Sévigné de ce *voyage de Chantilly*, qu'elle avait, dit-elle, commencé l'année passée, mais qu'elle ne put continuer, parce que la fièvre la prit sur le Pont-Neuf [3]. Mais, selon elle, « de tous les lieux que le soleil éclaire, il n'y en a point de pareil à celui-là ; » et quand, par le triste bénéfice de l'âge, on a vu, au milieu de cette magnifique forêt, ce château, ces belles eaux, ces bosquets dans toute leur splendeur, on ne trouve rien là d'exagéré. Elle y resta six jours, et dit à madame de Sévigné : « Nous vous y avons extrêmement souhaitée, non-seulement par amitié, mais parce que vous êtes plus digne que personne du monde d'admirer ces beautés-là. » Le jour où madame de la Fayette écrivait cette phrase,

---

[1] Sévigné, *Lettres* (26 mai 1673), t. III, p. 156, édit. G.; t. III, p. 84, édit. M. Toutes les éditions ont mis à tort *Briole*. L'éditeur des *Lettres de la Fayette*, collection de Léopold Collin, 3ᵉ édit., t. III, p. 23, a copié les éditeurs de Sévigné. — Saint-Simon, *Mémoires authentiques*, édit. in-8°, 1829, t. I, p. 455 ; t. II, p. 364 ; t. III, p. 184 ; t. IV, p. 113. — Louis XIV, *Œuvres*, t. III, p. 378. (Lettre du roi à Louvois, le 23 décembre 1672. Louis XIV envoie Briord au prince de Condé.) — Voyez Sévigné, *Lettres* (15 février 1674), t. III, p 337.

[2] La Bruyère, 1ʳᵉ édit. complète, 1845, p. 658, 659.

[3] Sévigné, *Lettres* (19 et 26 mai 1673), t. III, p. 152 et 154.

qui n'était pas une flatterie [1], elle allait dîner à Livry avec MM. de la Rochefoucauld, Morangiès et Coulanges ; il lui paraît étrange d'aller dans ce lieu sans madame de Sévigné. Le plus grand nombre des lecteurs doivent être également surpris que madame de la Fayette et ceux qui l'accompagnaient aillent dîner à Livry lorsque madame de Sévigné et son oncle en sont absents. Mais il faut se rappeler que l'abbaye de Livry n'était pas alors la seule maison où l'on dînât bien : Claude de Sanguin, seigneur de Livry, dont la terre fut par la suite érigée en marquisat, possédait au milieu de la forêt un très-beau château [2] ; et, vu sa qualité de premier maître d'hôtel du roi, il devait avoir la prétention de donner au moins d'aussi bons dîners que l'abbé de Coulanges. Ce fut, à n'en pas douter, chez ce personnage que, vers la fin du mois de mai, lorsque les arbres de la forêt couvraient le sol de leurs ombres printanières, se rendirent tous ces amis de madame de Sévigné. Ils durent penser au temps où, jeunes, ils l'avaient vue dans ce même château, sous ces mêmes ombrages, avec son poëte Sanguin de Saint-Pavin [3].

Cette même année (1673) la fête de Livry fut célébrée; on rendit le pain bénit, et sur ce sujet l'intarissable Coulanges chanta, pendant le repas, une longue chanson intitulée *le Pain bénit de Livry*, qu'il avait composée sur l'air populaire *Allons-nous à quatre*. Il y parle de madame de Sévigné, de son absence, prolongée par le plaisir qu'elle

---

[1] SÉVIGNÉ, *Lettres* (19 et 26 mai 1673), t. III, p. 156.

[2] L'abbé LE BOEUF, *Hist. du diocèse de Paris*, t. VI, p. 204; *État de la France*, année 1678, p. 35.

[3] *Poésies de Saint-Pavin et de Charleval*, 1769, p. 4 et 68. — Conférez le chap. VI de la 1re partie de ces *Mémoires*, 2e édit., p. 76-77.

éprouve en contemplant sa fille, plaisir pareil à celui de la Niquée du roman d'*Amadis des Gaules*, qui fut enchantée en voyant Fleurize son amant.

> . . . .
> Certaine marquise,
> Dit un garde-bois,
> Qu'on voyait tant autrefois,
> Où s'est-elle mise
> Depuis treize mois?
> Un moine s'avance,
> Qui répond : Hélas!
> Ne savez-vous pas
> Qu'elle est en Provence,
> Elle et ses appas?
> Elle est enchantée
> Auprès de Grignan,
> Et se plaît en la voyant
> Tout comme Niquée
> Voyant son amant [1].

Madame de la Fayette et madame de Coulanges n'oublient ni l'une ni l'autre, dans leurs lettres, aucune de ces anecdotes satiriques ou galantes qui peignent les mœurs de la cour à cette époque. Dans les lettres de madame de Coulanges, c'est la princesse d'Harcourt qui a paru à la cour par pure dévotion. Nouvelle qui efface toutes les autres; Brancas [son père] en est ravi [2]. Dans les lettres de madame de la Fayette, c'est la Bonnetot dévote [3] qui ôte son œil de verre et ne met plus de rouge ni de boucles. Madame de Sévigné était au reste fort curieuse de ces sortes de nouvelles, et les

---

[1] *Recueil de chansons choisies*, 1694, in-12, p. 16. — Seconde édit., 1698, t. I, p. 33; et *Chansons historiques* (Mss. de Maurepas), t. IV, p. 67 (année 1673).

[2] SÉVIGNÉ, *Lettres* (26 décembre 1672), t. III, p. 135, édit. G.; t. III, p. 65, édit. M.

[3] SÉVIGNÉ, *Lettres* (14 juillet 1673), t. III, p. 161, édit. G.

provoquait par ses demandes. « Pour répondre à vos questions, lui écrit madame de la Fayette, je vous dirai que madame de Brissac [Gabrielle-Louise de Saint-Simon] est toujours à l'hôtel de Conti, environnée de peu d'amants, et d'amants peu propres à faire du bruit. Le premier président de Bordeaux est amoureux d'elle comme un fou. M. le Premier et ses enfants sont aussi fort assidus auprès d'elle [1]. »

Puis après vient le scandaleux procès du marquis d'Ambres : « Je dois voir demain madame du Vill....; c'est une certaine ridicule à qui M. d'Ambres a fait un enfant; elle l'a plaidé, et a perdu son procès; elle conte toutes les circonstances de son aventure; il n'y a rien au monde de pareil; elle prétend avoir été forcée : vous jugez bien que cela conduit à de beaux détails [2]. »

Ce n'est pas seulement le nom, mais toute l'existence de François Gelas de Voisin, marquis d'Ambres, qui se rattache à un changement de cérémonial et d'étiquette très-prononcé et à des modifications que le despotisme de Louis XIV introduisait dans les habitudes, sinon plus serviles, au moins plus respectueuses du langage. On écrivait *monseigneur le Dauphin;* mais en parlant de lui on ne disait jamais que *M. le Dauphin;* et ainsi pour les autres fils de France et princes du sang, ou les personnages moins élevés en dignité. Louis XIV décida qu'on dirait *monseigneur* en parlant au Dauphin [3]. Cette innovation (à la-

---

[1] Sévigné, *Lettres* (26 mai 1673), t. III, p. 155, édit. G. — *Chansons historiques* (Mss. Maurepas, Bibliot. royale), t. IV, p. 67 (année 1673).

[2] Sévigné, *Lettres* (14 juillet 1673), t. III, p. 161, édit. G.

[3] Voyez la note de Richelet sur l'épître dédicatoire des fables de la Fontaine au Dauphin, t. I, p. 2 de mon édit. des *Œuvres de la Fontaine,* édit. 1827.

quelle Montausier et quelques autres ne se conformèrent jamais) en amena beaucoup d'autres : d'abord pour les princes de la famille royale; puis, dans une assemblée du clergé, les évêques prirent une délibération par laquelle ils convinrent qu'en s'écrivant ils se donneraient mutuellement le titre de *monseigneur* [1]. Ils ne réussirent d'abord à se le faire donner que par le clergé séculier et subalterne; mais le temps, ce grand maître de l'usage, fit accorder généralement ce titre aux évêques. Ensuite, et successivement, les ducs, les maréchaux, les ministres secrétaires d'État [2], les intendants même prétendirent au titre de *monseigneur;* mais ceux auxquels l'ancienneté de la naissance, le grade ou la fierté naturelle du caractère donnaient de la répugnance pour cette exigence de l'usage refusaient de s'y conformer. A une époque où ce point d'étiquette était fixé, où personne ne songeait à s'en écarter, Saint-Simon se vante [3] de ne s'y être jamais conformé, même en parlant au duc d'Orléans régent, dont il était l'ami et le partisan, et d'avoir été le seul qui lui dit *Monsieur*.

Le marquis d'Ambres, dont Saint-Simon blâme la hauteur, était de la même humeur que lui. Le père de ce marquis avait été fait chevalier des ordres du roi en 1633 [4]. Colonel du régiment de Champagne en 1657, il fut ensuite, au moyen d'un payement de 200,000 francs, nommé lieutenant général pour le roi dans le gouvernement de Guyenne [5]. D'Albret, comte de Miossens, maréchal de

---

[1] SAINT-SIMON, *Mémoires*, t. VII, p. 151, 152.
[2] *Id., Mémoires,* t. II, p. 284-286.
[3] *Id., Mémoires,* t. VII, p. 154.
[4] *Id., Mémoires authent.,* t. XVIII, p. 346.
[5] ROUX DE ROCHELLE, *Histoire du régiment de Champagne;*

France, était gouverneur de cette province. C'était à l'époque où les militaires d'un haut grade hésitaient à donner le *monseigneur* aux maréchaux de France. Grignan, Lavardin, Beuvron et autres évitaient la difficulté en faisant écrire leurs femmes, leurs mères, leurs sœurs. Le marquis d'Ambres, plus franc ou plus fier, refusa net le *monseigneur* au maréchal d'Albret [1] ; et tous deux en appelèrent au jugement du roi sur ce différend. Le roi ordonna à d'Ambres de donner le titre de *monseigneur* à d'Albret. Cette décision fut la loi à laquelle tout le monde se soumit. D'Ambres, dont elle choquait l'orgueil, en s'y conformant, écrivit à d'Albret une lettre insolente, qui lui attira une réponse de même sorte. Le résultat de cette querelle fut que d'Ambres quitta le service [2]. C'était, dit Saint-Simon, un « grand homme très-bien fait, très-brave homme, avec de l'esprit et de la dignité dans les manières. » Il fut despote dans ses domaines et à la cour, où il paraissait souvent, quoique froidement accueilli par le roi, auquel il survécut, ayant prolongé sa carrière jusqu'à l'âge de quatre-vingt-un ans [3].

Ce n'était pas seulement par ses victoires, par la bravoure de ses troupes, par le génie de ses généraux et de ses marins que Louis XIV agitait toutes les puissances de l'Europe et pesait sur elles ; c'était encore par l'activité de ses négociations, l'adresse et l'habileté de ses diplomates.

Paris, Didot, 1839, in-8°, p. 411. — SÉVIGNÉ, *Lettres* (3 avril 1671), t. I, p. 319, édit. M.

[1] SÉVIGNÉ, *Lettres* (3 avril 1671), t. I, p. 411, édit. G. ; t. I, p. 319, édit. M.

[2] SÉVIGNÉ, *Lettres* (19 et 27 août 1675), t. IV, p. 29 et 69, édit. G. ; t. III, p. 406, 433 et 434, édit. M.

[3] Il mourut en 1721, sa femme en 1693. — SÉVIGNÉ, *Lettres* (1693), t. X, p. 446, édit. G.

Jamais toutes ces causes de succès n'agirent avec plus d'évidence et de force que durant les conférences de Cologne et dans tout le temps qui précéda la paix de Nimègue. Jamais monarque ne sut plus que Louis XIV profiter avec habileté de la bonne fortune; ce qui est peut-être plus rare que de savoir trouver des ressources contre la mauvaise. C'est bien à tort qu'en s'emparant des fautes de la vieillesse de Louis XIV on a voulu lui ravir la gloire due à ses belles années, et attribuer l'éclat de cette partie de son règne aux seuls grands hommes dont il savait s'entourer. Aujourd'hui que tout ce qu'il y a d'important à connaître de cette grande époque de notre histoire a été mis au jour, nous savons que tout aboutissait à ce roi; et si Condé, Turenne, Louvois lui soumettaient leurs idées pour la guerre; si Colbert, Louvois, Pomponne, le Tellier traitaient et préparaient les grandes affaires de l'intérieur et de l'extérieur, c'était lui seul qui ordonnait; lui seul répartissait le travail entre ses ministres, ses commandeurs, ses guerriers, ses chefs d'escadre; de sorte qu'aucun conflit d'autorité ne pouvait nuire à l'action du gouvernement. Il saisissait avec un coup d'œil d'aigle l'ensemble et les résultats des opérations militaires, les intérêts compliqués des différents États, s'attachant à connaître et à influencer les personnages qui les gouvernaient. Il ne confiait de ses secrets, de ses pensées, à ses serviteurs les plus dévoués, que ce qui leur était strictement nécessaire pour bien opérer dans les différentes affaires dont ils étaient chargés. Les deux puissances qu'il avait eu le talent d'enchaîner aux intérêts de la France étaient la Suède et l'Angleterre. Pour ce dernier pays, il avait employé toutes les ressources de l'intrigue, de la corruption; et il était parvenu à entraîner Charles II, ses ministres et ses ambassadeurs dans la sphère de son ambitieuse politique, contre les intérêts de l'Angleterre, contre la volonté du parlement anglais, affaibli dans son opposition à la couronne par le souvenir récent des dernières révolutions et dominé par la crainte d'en produire encore une nouvelle. Il résultait de cette situation des deux États une sorte d'alliance et de confraternité entre la cour de France et celle d'Angleterre ; et la seconde imitait la première, beaucoup plus brillante et plus riche.

Charles II, qui pendant l'usurpation de Cromwell avait passé en France sa jeunesse, conservait sur le trône ses inclinations pour les mœurs faciles, élégantes de ce pays. Sa cour, comme celle de Louis XIV, fut brillante, polie, remarquable par l'éclat des fêtes, des beautés qui y brillèrent ; et elle fut aussi le théâtre de beaucoup d'intrigues amoureuses, auxquelles les courtisans se complaisaient, à l'exemple du monarque. Ces rapports de goûts, d'occupations, de divertissements contribuèrent à former les liens qui unissaient les souverains et la noblesse des deux pays : on s'occupait en France des aventures, des intrigues galantes d'Angleterre, comme en Angleterre de celles de France.

Une des femmes qui avaient fait le plus de bruit à Paris, pour sa beauté, était la comtesse de Northumberland.

Madame de la Fayette envoya, le 30 septembre 1672, à madame de Sévigné, à Aix, une lettre du comte de Sunderland, la chargeant de la faire remettre à la comtesse de Northumberland, à Aix. « M. de la Rochefoucauld, que le comte de Sunderland voit très-souvent, s'est chargé de lui remettre ce paquet. Comme vous n'êtes plus à Aix, ajoute-t-elle, je vous supplie d'écrire un mot à madame de Northumberland, afin qu'elle fasse réponse, et qu'elle vous mande qu'elle l'a reçu : vous m'enverrez sa réponse. On dit ici que si M. de Montaigu n'a pas un heureux succès de son voyage ; il passera en Italie, pour faire voir que ce n'est pas pour les beaux yeux de madame de Northumberland qu'il court le pays. Mandez-moi un peu ce que vous verrez de cette affaire, et comme quoi il sera traité [1]. »

Montaigu était alors l'amant de la duchesse de Brissac ; il la négligea dès qu'il commença à faire sa cour à la comtesse de Northumberland [2].

D'après ce que nous venons de dire des cours de France et d'Angleterre, on serait tenté de croire que le mystérieux paquet de l'ambassadeur anglais était relatif à une intrigue d'amour, et que le comte de Sunderland, qui avait succédé à Montaigu en qualité d'ambassadeur en France, était encore son rival à l'égard de la comtesse de Northumberland.

Ces apparences n'avaient rien de réel. La réputation de la comtesse de Northumberland fut toujours intacte ; et Robert Spencer, second comte de Sunderland, qui fut deux fois ambassadeur en France et deux fois premier ministre d'Angleterre, avait épousé une très-belle femme : c'était Anne Digby, fille du fameux lord Digby, comte de Bristol, dont Bussy a raconté, dans son libelle, les amours avec la duchesse de Châtillon [3].

---

[1] SÉVIGNÉ, *Lettres* (30 décembre 1672), t. III, p. 137, édit. G.; t. III, p. 66, édit. M.

[2] SÉVIGNÉ, *Lettres* (26 mai 1673), t. III, p. 155, édit. G.; t. III, p. 83, édit. M.

[3] *Madame de Sévigné and her contemporaries*; London, 1841, in-12, t. II, p. 236. — BUSSY, *Histoire amoureuse des Gaules*, p. 142 et 149, édit. avec l'estampe du salon de la Bastille, in-18 de 258 pages. — HAMILTON, *Mémoires de Gramont*, t. I, p. 201 des Œuvres, édit. de Renouard, in-8°, 1802.

Lord Digby, dont la vie si remplie d'aventures fut, selon l'expression d'Horace Walpole, une contradiction perpétuelle, avait été fort lié, au temps de la Fronde, avec le duc de la Rochefoucauld, et il ne manqua pas de lui recommander son gendre et sa fille. Celle-ci fut présentée à la cour de Louis XIV, où, parmi tant de femmes remarquables, sa beauté fit sensation [1].

Il n'en fut pas ainsi de lady Northumberland, au jugement de madame de la Fayette, dont les appréciations, il faut le dire, sont presque toujours sévères et souvent peu bienveillantes quand il s'agit des personnes de son sexe. Dans sa lettre du 15 avril 1673, elle écrit à madame de Sévigné : « Madame de Northumberland me vint voir hier ; j'avais été la chercher avec madame de Coulanges. Elle me parut une femme qui a été fort belle, mais qui n'a plus un seul trait de visage qui se soutienne ni où il soit resté le moindre air de jeunesse : j'en fus surprise. Elle est assez mal habillée, point de grâce : enfin, je n'en fus point du tout éblouie. Elle me parut entendre fort bien tout ce qu'on dit, ou, pour mieux dire, ce que je dis ; car j'étais seule. M. de la Rochefoucauld et madame de Thianges, qui avaient envie de la voir, ne vinrent que comme elle sortait. Montaigu m'avait mandé qu'elle viendrait me voir ; je lui ai fort parlé d'elle ; il ne fait aucune façon d'être embarqué à son service, et paraît très-rempli d'espérance [2]. »

En effet, Montaigu partit le 24 mai, pour se rendre en Angleterre; lady Northumberland, deux jours après [3].

---

[1] *Recueil des gazettes de* 1673, p. 100 et 292, 28 janvier et 27 mai 1673.

[2] Sévigné, *Lettres* (15 avril 1673), t. III, p. 151, édit. G.; t. III, p. 79, édit. M.

[3] Sévigné, *Lettres* (26 mai 1673), tom. III, p. 155, édit. G. —

Elle le rejoignit à Titchefield, au château de Wriothesley, dans le Hampshire, où le mariage se fit. C'était le château de la famille de lady Northumberland, ou d'Élisabeth Wriothesley. Elle était la plus jeune des filles du lord trésorier Southampton, et sœur de l'héroïque épouse de ce Russell dont la mort fut un des crimes et une des plus grandes fautes du règne de Charles II. Ainsi, par les Russell lady Northumberland se trouvait alliée au marquis de Ruvigny, calviniste et mandataire des Églises réformées en mission, qui lui permit de rendre de grands services comme diplomate, lorsque Louis XIV n'était pas encore devenu intolérant et persécuteur. Élisabeth Wriothesley avait hérité des grands biens de son aïeul maternel; elle fut mariée très-jeune à Josselyn Percy, onzième comte de Northumberland. Les deux époux se rendirent à Paris pour raison de santé, accompagnés de Locke, leur médecin, devenu depuis si célèbre par ses ouvrages de métaphysique. Le comte continua son voyage jusqu'en Italie, et mourut à Turin de la fièvre, en 1670. Sa femme, restée à Paris, avait été confiée par lui aux soins de Locke et à Montaigu, alors ambassadeur d'Angleterre. Celui-ci mit toute son application à consoler la jeune et riche veuve, et, par ses assiduités et sa constance, parvint à se faire agréer d'elle comme époux. Elle mourut à quarante-quatre ans, en 1690. Montaigu fit un second mariage plus riche encore, et surtout plus extraordinaire. Il épousa la folle duchesse d'Albermale, dont il ne put obtenir le consentement qu'en lui faisant croire qu'il était l'empereur de la Chine [1]. Il lui fit rendre tous les honneurs

---

MIGNET, *Négociations sous Louis XIV*, t. IV, p. 238. — LALLY-TOLENDAL, *Biographie universelle*, t. XXXIX, p. 343, article *Bussy*.

[1] *Madame de Sévigné and her contemporaries*; London, t. II, p. 219-222-229.

comme à une véritable impératrice de Chine, et la retint renfermée dans ce même hôtel de Montaigu, si célèbre depuis qu'il est devenu le Musée britannique [1] (*British Museum*).

Que faisait Sévigné tandis que sa mère était en Provence ; que son parent le marquis de la Trousse quittait Paris pour commander en Bourgogne ; que Louis XIV laissait Saint-Germain et Versailles, allait sans Turenne ni Condé, mais assisté de Vauban, assiéger et prendre la forte place de Maëstricht [2] ? Sévigné, ennuyé des fatigues de la guerre, demandait un congé qu'il était bien sûr d'obtenir, puisqu'il employait, pour le solliciter, l'intermédiaire de madame de Coulanges, très-désireuse de conserver auprès d'elle ce jeune et aimable *guidon* [3]. Avec elle, il allait dîner chez la duchesse de Richelieu ; il allait voir les nouvelles pièces au théâtre : *Mithridate, Pulchérie ;* il l'accompagnait à Saint-Germain, ainsi que madame de la Fayette ; et toutes deux, très-satisfaites de pouvoir disposer d'un tel cavalier, donnent de ses nouvelles à sa mère, et font son éloge. Et comme il lui fallait toujours un attachement de cœur, ce n'était plus d'une actrice ou d'une femme philosophe, aux appas surannés, qu'il était épris, mais de la belle madame du Ludres, cette chanoinesse de Poussay, si affectée dans son parler, si coquette, dame

---

[1] Sur Ralph Montaigu, conférez encore Bussy, *Amours des Gaules*, et les *Mémoires de Gramont*, t. I, p. 132 et 341 des *Œuvres* d'Hamilton, édition in-8° ; Paris, Renouard, 1812. *Memoirs of count Gramont;* London, 1809, in-8°, t. I, p. 209, 277 ; t. III, p. 131.

[2] *Campagne de Louis XIV en* 1673, *écrite par lui-même,* dans les *Œuvres,* III, p. 339, 392. Cette place fut prise le 30 juin.

[3] Sévigné, *Lettres* (24 février 1673), t. III, p. 143, édit. G.; t. III, p. 72, édit. M. — *Ibid.* (20 mars 1673), t. III, p. 147, édit. G. ; t. III, p. 76, édit. M.

d'honneur de la reine et amie de madame de Coulanges. Elle n'avait pas encore attiré les regards du roi [1], et le chevalier de Vivonne et le chevalier de Vendôme se disputaient alors ses faveurs. Mais madame de la Fayette jugeait de Sévigné comme Ninon : « Votre fils, écrit-elle à sa mère, est amoureux comme un perdu de mademoiselle de Poussay ; il n'aspire qu'à être aussi transi que la Fare [2]. » M. de la Rochefoucauld dit que l'ambition de Sévigné est de mourir d'un amour qu'il n'a pas, « car nous ne le tenons pas, ajoute-t-il, du bois dont on fait les passions [3]. »

Cependant un autre motif que son amour pour madame du Ludres retenait Sévigné dans la capitale plus longtemps peut-être qu'il ne l'aurait voulu : c'était le besoin d'argent. Sans avoir aucun vice ou aucun goût ruineux, il avait peu d'ordre ; et sa mère lui ayant déjà avancé de fortes sommes pour l'acquisition de sa charge de *guidon* et pour ses équipages, il n'osait plus rien réclamer. Aussi, malgré l'intimité qui régnait entre elle et lui, il crut devoir lui faire cette demande par l'intermédiaire de madame de la Fayette et de d'Hacqueville. La manière un peu sévère dont madame de la Fayette rappelle à son amie qu'elle est beaucoup plus prodigue pour sa fille que pour son fils prouve que l'on aimait moins la sœur que le frère, et que, comme tous les amis de madame de Sévigné, madame de la Fayette

[1] *Recueil de chansons historiques* (Mss. Maurepas), vol. IV, p. 57.

[2] SÉVIGNÉ, *Lettres* (9 février 1673, *post-scriptum* de madame de la Fayette dans une lettre de la Rochefoucauld), t. III, p. 141, édit. G.; t. III, p. 71, édit. M. — LA FARE, *Mémoires*, p. 125, dans la notice par M. Monmerqué.

[3] SÉVIGNÉ, *Lettres* (19 mai 1673), t. III, p. 153, édit. G.; t. III, p. 81, édit. M. (Lettre de madame de la Fayette.)

désapprouvait l'excessive faiblesse et la continuelle admiration de son amie pour madame de Grignan :

« Je ne vous puis dire que deux mots de votre fils : il sort d'ici ; il m'est venu dire adieu, et me prier de vous écrire ses raisons sur l'argent : elles sont si bonnes que je n'ai pas besoin de les expliquer fort au long, car vous voyez, d'où vous êtes, la dépense d'une campagne qui ne finit point. Tout le monde est au désespoir et se ruine : il est impossible que votre fils ne fasse pas un peu comme les autres ; et, de plus, la grande amitié que vous avez pour madame de Grignan fait qu'il en faut témoigner à son frère. Je laisse au grand d'Hacqueville à vous en dire davantage[1]. »

Madame de la Fayette gourmande aussi sur ses exigences madame de Sévigné, qui mettait en doute son amitié, parce qu'en raison de sa paresse naturelle elle négligeait de lui répondre. « Je suis très-aise, lui écrit madame de la Fayette, d'aimer madame de Coulanges à cause de vous. Résolvez-vous, ma belle, de me voir soutenir toute ma vie, de toute la pointe de mon éloquence, que je vous aime plus encore que vous ne m'aimez. J'en ferais convenir Corbinelli en un quart d'heure[2] ; et vos défiances seules composent votre unique défaut et la seule chose qui peut me déplaire en vous. M. de la Rochefoucauld vous écrira[3]. »

La Rochefoucauld n'écrivit pas aussitôt qu'il l'avait

---

[1] SÉVIGNÉ, *Lettres* (27 février 1673), t. III, p. 145, édit. G.; t. III, p. 74, édit. M. (Lettres de madame de la Fayette.)

[2] SÉVIGNÉ, *Lettres* (14 juillet 1673), t. III, p. 160, édit. G.

[3] SÉVIGNÉ, *Lettres* (30 juin 1673), t. III, p. 159, édit G.; t. III, p. 86, édit. M.

promis; car il se sert encore de la plume de madame de la Fayette pour consulter madame de Sévigné et aussi Corbinelli, sur une pensée qu'il avait probablement le projet d'insérer dans son livre de *Réflexions ou Sentences et Maximes morales*. Il en avait déjà publié trois éditions : la seconde, avec des corrections et des retranchements; la troisième, corrigée et augmentée [1]; il en fut de même des trois éditions qui suivirent. La Rochefoucauld avait fait de la composition de ce petit livre l'amusement des loisirs de sa vieillesse; il y faisait participer sa société intime, et surtout madame de la Fayette. N'ayant reçu durant les guerres civiles qu'une éducation imparfaite [2], il était beaucoup moins lettré que son amie; mais, par la tournure de son esprit et par son expérience du monde, il était plus capable de peindre l'homme corrompu des cours et de rédiger avec concision et finesse le code honteux de leur morale que tous les gens de lettres et toutes les femmes sipirituelles dont il était entouré. Il craignait toujours de trop grossir son recueil; et il essayait en quelque sorte l'effet de ses réflexions sur le public de son choix. Il acceptait différentes rédactions des mêmes pensées avant de les admettre à la publication. Segrais, auquel il soumettait la copie de chacune des éditions, dit qu'il y a des maximes qui ont été changées plus de trente fois [3].

---

[1] *Réflexions ou Sentences et Maximes morales;* à Paris, chez Claude Barbin, 1665, in-12 (150 pages, 316 maximes). — *Ibid.*, 1666, in-12 (118 pages, 302 maximes). — *Ibid.*, 1671 (132 pages, 341 maximes), 3ᵉ édition, revue, corrigée et augmentée.

[2] SEGRAIS, *Mém. et anecdotes*, dans les *Œuvres diverses;* Amsterdam, 1723, in-12, t. I, p. 12. — *Ibid.*, Paris, 1755, t. II, p. 12.

[3] SEGRAIS, *Œuvres diverses;* Amsterdam, 1723, in-12, t. I, p. 121.

Madame de la Fayette termine ainsi une de ses lettres à madame de Sévigné : « M. de la Rochefoucauld se porte très-bien ; il vous fait mille et mille compliments, et à Corbinelli. Voici une question entre deux maximes :

On pardonne les infidélités, mais on ne les oublie pas.
On oublie les infidélités, mais on ne les pardonne pas.

« Aimez-vous mieux avoir fait une infidélité à votre amant, que vous aimez pourtant toujours, ou qu'il vous en ait fait une, et qu'il vous aime toujours[1] ? » Et pour expliquer le sens de cette question entre deux maximes, question pourtant assez claire, madame de la Fayette dit qu'il s'agit ici d'infidélités passagères. Quant aux deux maximes, le choix de madame de Sévigné ne pouvait être douteux ; mais, pour répondre à la subtile question que lui pose madame de la Fayette, une chose lui manquait, l'expérience ; et elle pouvait, je pense, en renvoyer la décision à son amie. La Rochefoucauld avait déjà inséré dans la troisième édition cette maxime : « On pardonne tant que l'on aime[2]. » Il ne parlait nulle part, dans cette édition, de l'infidélité entre amants. Dans la quatrième, il n'inséra aucune des deux maximes que rapporte ici madame de la Fayette ; mais il en ajouta quatre nouvelles qui concernent « cette faute considérable en amour, » pour nous servir de l'expression qu'emploie madame de la Fayette dans sa lettre [3].

— *Ibid.*, Paris, 1755, t. II, p. 111 et 112. — Huetii *Commentarius de rebus ad eum pertinentibus*, lib. V, p. 316.

[1] Sévigné, *Lettres* (14 juillet 1673), t. III, p. 161-162, édit. G. ; t. III, p. 88 et 89, édit. M.

[2] La Rochefoucauld, *Réflexions ou Sentences et Maximes morales* ; Paris, Claude Barbin, 1671, p. 123, n° 330.

[3] La Rochefoucauld, *Réflexions ou Sentences et Maximes mo-*

Les deux correspondantes de madame de Sévigné ne pouvaient, en l'instruisant des nouvelles du grand monde, lui laisser ignorer celles qui intéressaient la littérature. Au théâtre, deux pièces nouvelles avaient été jouées, et formaient événement; elles étaient de deux grands auteurs, entre lesquels se partageaient alors le public, la cour et l'Académie. Corneille avait fait jouer *Pulchérie*, et Racine *Mithridate* [1] ; alors madame de Coulanges écrit à madame de Sévigné : « *Mithridate* est une pièce charmante : on y pleure ; on y est dans une continuelle admiration ; on la voit trente fois, on la trouve plus belle la trentième fois que la première. *Pulchérie* n'a point réussi [2] ; » et madame de la Fayette : « M. de Coulanges m'a assuré qu'il vous enverrait *Mithridate*. » Madame de Sévigné, avant d'aller rejoindre madame de Grignan, sept mois avant la représentation de *Pulchérie*, lui avait écrit, en lui envoyant la tragédie de *Bajazet :* « Je suis folle de Corneille ; il nous donnera encore *Pulchérie*, où l'on reverra

> La main qui crayonna
> La mort du grand Pompée et l'âme de Cinna.

rales, 4ᵉ édition, revue, corrigée et augmentée depuis la troisième ; Paris, Claude Barbin, 1675, in-12, p. 131, 132, 139, nᵒˢ 359, 360, 381.

[1] Les frères PARFAICT, *Hist. du théâtre françois*, t. XI, p. 243 et 253.

[2] SÉVIGNÉ, *Lettres* (24 février et 20 mars 1673), t. III, p. 143 et 149, édit. G. ; t. III, p. 72 et 77, édit. M. — *Pulchérie* fut jouée en novembre 1672, *Mithridate* en janvier 1673. *Mithridate*, tragédie par M. Racine ; Paris, Claude Barbin, 1673, in-12 ; achevé d'imprimer le 16 mars 1673 (81 pages). Les deux pièces parurent imprimées presque en même temps. *Pulchérie*, comédie héroïque, 1673, in-12 (72 pages).

Il faut que tout cède à son génie [1]. » Madame de Sévigné, lorsqu'elle écrivait ces lignes, avait-elle entendu une lecture de *Pulchérie?* Je le crois. Quoique Voltaire assure que cette tragédie est inférieure à ce que Coras, Bonnecorse et Pradon ont jamais fait de plus plat, il n'est pas moins vrai que Corneille a laissé dans cette pièce de nombreuses traces de son génie mourant. Il a su, dans le rôle de *Pulchérie,* faire parler l'amour avec cette élévation de sentiment et de fierté héroïque qui plaisait tant aux dames de l'hôtel de Rambouillet et aux héroïnes de la Fronde, tandis que Racine avait affadi, par le langage doucereux et galant de la cour de Louis XIV, le rôle de Mithridate, tracé par lui avec une admirable vigueur [2]. *Pulchérie* néanmoins n'eut pas un grand succès. Racine, qui venait d'être reçu à l'Académie française, avait pu faire représenter sa tragédie par les excellents comédiens de l'hôtel de Bourgogne, tandis que Corneille fut obligé de confier la sienne à des acteurs médiocres, sur le théâtre du Marais, situé dans un quartier qui avait passé de mode. Mais comme ce quartier était habité par beaucoup de personnes de l'ancienne société, qui, de même que madame de Sévigné, y avaient passé leur jeunesse, Corneille devait y conserver beaucoup de partisans; ceux de Racine, au contraire, étaient principalement dans le faubourg Saint-Germain et le quartier du Louvre.

---

[1] Sévigné, *Lettres* (9 mars 1672), t. II, p. 420, édit. G.; t. II, p. 356, édit. M.

[2] Racine, *Mithridate,* act. II, scène iv, t. II, p. 186, édit. 1687, in-12. *Mithridate,* tragédie de M. Racine; Paris, Claude Barbin, 1673 (81 pages, sans la *Préface* de sa vie, achevée d'imprimer le 15 mars 1673), p. 26. — Corneille, *Pulchérie,* acte I, scène 1, t. V du *Théâtre de Corneille,* p. 325 de l'édition de 1692, la seule bonne.

La pièce de Corneille se soutint pendant quelque temps au théâtre, et même s'y maintint quelques années encore après la nouveauté [1]. *Pulchérie* aurait pu dire aux spectateurs qui l'avaient applaudie et aux critiques qui en ont parlé avec tant de mépris :

> . . . . Je n'ai pas mérité
> Ni cet excès d'honneur ni cette indignité.

Mais dans les lettres que madame de Coulanges et madame de la Fayette adressèrent à madame de Sévigné tandis qu'elle était à Aix, nous cherchons en vain la mention de l'événement le plus désastreux pour la littérature et le théâtre, mention qui aurait dû précéder la lettre sur la représentation de *Pulchérie*. Le haut justicier, le hardi flagellateur des travers et des ridicules de son temps, le grand amuseur du grand roi, Molière, n'était plus ; il avait succombé, à l'âge de cinquante et un ans, à la double passion d'auteur et d'acteur comique, dont l'attrait invincible l'avait, dès l'âge de puberté, entraîné loin du toit paternel.

La littérature et le théâtre ne firent jamais une perte plus grande et plus généralement sentie ; il semblait que ce fin discernement, ce spirituel bon sens, cette humeur joviale, satirique et bouffonne qui distinguent le peuple français s'ensevelissaient dans la tombe où était renfermé cet homme.

Louis XIV rendit une ordonnance spéciale pour protéger contre la rapacité des comédiens de campagne la der-

---

[1] Les frères PARFAICT, *Hist. du théâtre françois*, t. XI, p. 246 ; FRANÇOIS DE NEUFCHATEAU, *l'Esprit du grand Corneille*, 1819, in-8°, p. 370 et 371.

nière œuvre de Molière, *le Malade imaginaire* [1], et versa ses bienfaits sur sa troupe, qui par cette mort fut menacée de désorganisation ; mais elle se reforma, et se transporta du Palais-Royal dans la rue Mazarine [2]. Cependant Louis XIV ne voulut pas user de son autorité pour protéger contre les ressentiments de l'Église les restes mortels d'un homme qu'il regretta toute sa vie. La voix imposante de Bourdaloue se faisait entendre fréquemment dans la chaire de Saint-Germain en Laye [3], et le clergé s'opposait aux amusements du théâtre, comme contraires aux bonnes mœurs. Molière était nommément l'objet de ses attaques, parce que, par son génie, il était parvenu à inspirer au monarque et à toutes les classes de la nation (car il écrivit pour tous) le goût le plus vif pour la comédie. En cela le clergé remplissait un devoir, et Louis XIV le sentait bien ; mais il ne put jamais faire ce sacrifice à sa conscience : il aima toujours le spectacle et la musique ; et Molière et Lulli furent les deux hommes dont il ressentit le plus vivement la perte [4].

L'abbé d'Aubignac, docteur en droit canonique, fit un livre pour réfuter l'écrit que Nicole, en 1659, avait publié contre les théâtres ; mais l'abbé d'Aubignac composait lui-même des pièces, et d'ailleurs il n'avait, pour

---

[1] J. Taschereau, *Hist. de la vie et des ouvrages de Molière*, 3ᵉ édit., 1844, in-12, p. ii de la Préface.

[2] Les frères Parfaict, *Histoire du théâtre françois*, 1747, in-12, p. 284.

[3] *Sermons du P.* Bourdaloue *pour l'Avent*, 6ᵉ édition, 1733, in-12. Ce volume contient deux *Avents*, tous deux prêchés devant le roi.

[4] Le Gallois de Grimarest, *Addition à la vie de Molière*, 1706, in-12, p. 62, cité par M. Taschereau, *Histoire de la vie et des œuvres de Molière*, 3ᵉ édit., p. 203.

défendre une telle cause, ni l'éloquence de Bourdaloue ni le savoir de Bossuet [1]. Aux ministres de la religion est venu se joindre, comme antagoniste de Molière et de la comédie, le plus éloquent, le plus dialecticien des sophistes du XVIIIe siècle et le plus dangereux ennemi du christianisme. Jean-Jacques Rousseau a été plus loin peut-être, dans ses attaques contre Molière et la comédie, que Nicole, Bourdaloue et Bossuet; et cependant l'admiration pour le génie de Molière n'a cessé de s'accroître ; jamais nous n'avons été plus généralement, plus constamment, plus fortement dominés par la passion du théâtre. Les licences contre les bonnes mœurs, si justement reprochées à Molière, n'ont fait depuis, malgré les efforts des pasteurs de l'Église, des moralistes et quelquefois des gouvernements, qu'usurper une large part sur la scène française : ces licences sont parvenues à un degré de dévergondage tel qu'il faut, dans les temps qui ont précédé la renaissance des lettres en Europe, reculer jusqu'au siècle d'Aristophane pour trouver des exemples qui les égalent.

[1] L'abbé D'AUBIGNAC, *Dissertation sur la condamnation des théâtres*; Paris, 1666, in-12. — BOSSUET, *Maximes et réflexions sur la comédie*; 1694, in-12, p. 18 et 19.

CHAPITRE XI.

1673.

Séjour de madame de Sévigné à Grignan. — Fête donnée à Grignan le 23 juillet, en réjouissance de la prise de Maëstricht par Louis XIV. — Causes de l'interruption de la correspondance entre Bussy et madame de Sévigné. — Bussy continue toujours à solliciter sa rentrée au service. — Sa liaison avec l'abbé de Choisy. — Liaison de l'abbé de Choisy avec madame Bossuet. — Bruit auquel cette correspondance donne lieu. — Elle cesse par la faute de Bussy. — Bussy cherche à marier sa fille aînée; le marquis de Coligny et le comte de Limoges se présentent. — Correspondance du comte de Limoges avec Bussy. — Bussy obtient la permission d'aller à Paris pour ses affaires. — Il renoue sa correspondance avec madame de Sévigné, avec la marquise de Courcelles et avec Corbinelli. — Attachement de Corbinelli pour madame de Sévigné. — Des personnes qui s'intéressent à Corbinelli. — Pourquoi il ne pouvait parvenir à rien. — Sa philosophie. — Ses sentiments religieux. — Ouvrage qu'il avait composé. — Il s'applique à l'étude de la philosophie de Descartes. — Proposition de madame de Grignan sur la liberté de l'âme. — Bien démontrée, selon Corbinelli, dans le traité de Louis de la Forge sur *l'esprit de l'homme*. — Détails sur ce traité. — Influence de la philosophie de Descartes à cette époque. — Caractère de cette philosophie. Elle se perd dans le mysticisme, et prépare le règne de la philosophie sensualiste. — De ses partisans et de ses adversaires. — Les femmes prennent part à ces hautes discussions. — De mademoiselle du Pré et de madame de la Vigne, et de leur correspondance avec Bussy. — Arrêt burlesque de Boileau. — Jugement sur le livre de Louis de la Forge. — Philosophie de madame de Sévigné. — Ses opinions religieuses sont puisées dans saint Augustin et dans les écrits des jansénistes. — Ses objections contre le cartésianisme. — Résultat des conférences tenues à Grignan sur ces graves matières. —

CHAPITRE XI.

Madame de Sévigné se confirme dans ses croyances. — Madame de Grignan devient sceptique ; — Corbinelli, dévot mystique. — Le livre des maximes de Corbinelli. — Sa liaison avec madame le Maistre. — Le séjour de Grignan devait peu plaire à madame de Sévigné. — Elle se prépare à partir, et à retourner à Paris.

Madame de Sévigné avait tout le loisir de s'intéresser aux nouvelles du monde, de la littérature et du théâtre. Lorsqu'elle reçut les lettres de madame de Coulanges et de madame de la Fayette dont nous avons parlé, elle ne voyageait plus, elle ne s'occupait plus de la Provence ni des Provençaux ; elle n'était plus à Aix, elle était à Grignan. Le lieutenant général gouverneur s'y était transporté pour y passer la belle saison, et madame de Sévigné jouissait encore, sans aucune jalouse distraction, du bonheur de s'entretenir avec sa fille à tout instant du jour, de la voir agir et commander dans son château, entourée de ses vassaux et de sa noble famille.

Après la prise de Maëstricht par Louis XIV, la joie fut telle à Paris que l'on alluma des feux et qu'on chanta le *Te Deum* sans aucun ordre de l'autorité. Ces démonstrations d'enthousiasme pour le succès des armes françaises furent imitées dans presque toutes les villes du royaume [1]. Dans une des gazettes du mois d'août, on lit l'article suivant [2] :

« A GRIGNAN, en Provence, le 23 juillet, le comte
« de Grignan fit chanter le *Te Deum*, par deux chœurs
« de musique, dans l'église collégiale, où il se trouva
« avec plusieurs personnes de qualité ; et sur le soir il
« alluma dans la place publique un grand feu qu'il avait

[1] *Lettre de* COLBERT *à Louis XIV*, Paris, 4 juillet 1673, dans LOUIS XIV, *Œuvres*, t. III, p. 413.
[2] *Gazettes, Recueil de l'année* 1673, in-4°, 1674, p. 755 et 756.

« fait préparer, et qui fut exécuté aux fanfares des trom-
« pettes et avec décharge de canons. »

Madame de Sévigné assista à cette fête avec tous les habitants de Grignan : huit jours auparavant elle avait, par une lettre datée de ce lieu, renoué sa correspondance avec Bussy, interrompue depuis un an [1].

Cette interruption s'explique facilement. Les guerres interminables dans lesquelles Louis XIV se trouvait engagé par ses ambitieux desseins avaient persuadé à Bussy que tôt ou tard on aurait besoin des talents militaires et de la bravoure qu'on lui connaissait, et que, s'il ne revenait pas en faveur, on se trouverait en quelque sorte forcé, par le manque de bons généraux, de l'employer à son grade. Aussi cherchait-il à se mettre en état que le roi le fît sans répugnance; il tâchait de se faire des appuis parmi ceux qui entouraient le monarque, et il entretenait pour cet effet une nombreuse correspondance [2]. Des fragments de ses Mémoires à la louange du roi, des sonnets, des rondeaux, des madrigaux étaient surtout envoyés par lui au duc de Saint-Aignan, qui aimait et admirait les productions de son esprit et qui lui-même composait des vers plus médiocres que les siens [3]. Dans la galerie de son château Bussy avait un grand portrait de Louis XIV à cheval, au-dessous duquel il avait mis cette inscription :

LOUIS QUATORZIÈME, ROY DE FRANCE,
ARBITRE DE L'EUROPE,

[1] SÉVIGNÉ, *Lettres* (15 juillet 1673), t. III, p. 164, édit. G.; t. III, p. 90, édit. M.

[2] BUSSY-RABUTIN, *Lettres*, t. IV et V; Paris, 1737, *Suite des Mémoires du comte* DE BUSSY-RABUTIN, Mss. de la biblioth. de l'Institut.

[3] BUSSY, *Mém. mss.* (25 mars 1673), p. 21 verso (4 avril 1674), t. V, p. 331.

FORT CONSIDÉRÉ ET MÊME CRAINT DANS LES AUTRES PARTIES DU MONDE, AIMABLE ET TERRIBLE, LE PLUS BRAVE ET LE PLUS GALANT PRINCE DE LA TERRE [1].

La correspondance qu'il avait continuée assidûment avec sa cousine lui était doublement intéressante, non-seulement parce qu'il n'avait jamais cessé d'être charmé de sa personne et de son esprit, mais aussi parce que, par le grand nombre d'amis qu'il lui connaissait et par ses liaisons avec de Pomponne, il espérait bien employer le secours de sa parenté pour la réussite de ses projets. Mais, sous ce dernier rapport, ce n'était que lorsque madame de Sévigné habitait Paris que les lettres qu'il recevait d'elle pouvaient intéresser son ambition. Aussi, quand elle était aux Rochers, lui écrivait-il moins souvent. Cependant les relations de madame de Sévigné avec le duc de Chaulnes et d'autres personnages puissants de Bretagne étaient une considération qui lui faisait mettre quelque régularité dans sa correspondance. Il en fut tout autrement quand elle s'en alla voir sa fille; son éloignement de Paris faisait disparaître pour Bussy la possibilité de la faire intervenir en sa faveur, et le séjour en Provence lui ôtait l'espoir de recevoir des lettres d'elle utiles à ses projets, et lui donnait la crainte d'y trouver des motifs de contrariété. Il détestait les Grignan, et les Grignan ne l'aimaient pas; de sorte que, hormis ce qui avait trait à madame de Sévigné et à sa fille, il ne désirait rien savoir de ce qui se passait autour d'elles. Voilà sans doute le motif qui fit que Bussy

---

[1] Bussy, *Suite des Mém. mss.*, p. 22 et 23 (30 mars 1673). C'est une réponse à l'abbé Fléchier, qui venait d'être reçu de l'Académie.

interrompit pendant plus d'un an sa correspondance avec sa cousine [1]. Mais si pourtant il négligea de correspondre avec elle pendant le cours d'une année (depuis juillet 1672 jusqu'en juillet 1673), jamais il n'écrivit et ne reçut d'autres personnes un plus grand nombre de lettres; jamais, quoique ayant cinquante-cinq ans, il ne montra un plus grand désir de braver les fatigues et les périls de la guerre, et de faire oublier son âge par ses succès en amour. Ces passions surannées l'avaient lié avec un jeune homme, l'abbé de Choisy, qui n'est plus connu heureusement aujourd'hui que par de nombreux écrits non dépourvus d'agréments et d'instruction et irréprochables sous le rapport de la religion et des mœurs. L'abbé de Choisy avait quitté le nom de comtesse de Saincy ou des Barres; il ne portait plus d'habits de femme, et, après un voyage fait en Italie, il avait obtenu en 1663, par le crédit de sa mère, l'abbaye de Saint-Seine en Bourgogne [2], ce qui le forçait à résider souvent dans ce pays. Il avait à peine trente ans. Le temps de ses métamorphoses en jeune et jolie fille était passé, mais non pas les penchants qui y avaient donné lieu : seulement ils s'étaient affaiblis. Il aimait toujours le jeu et les femmes. Lorsque le sort lui avait été contraire, et qu'il était las de ses maîtresses, il quittait Paris, et allait en Bourgogne se renfermer dans son abbaye avec la résolution d'y résider pour faire des économies, et payer ses dettes. L'ennui le prenait, et il allait continuellement à Paris et à Dijon [3]. Ses traits étaient

---

[1] SÉVIGNÉ, *Lettres* (22 juillet 1672), t. III, p. 106, édit. G.; t. III, p. 38, édit. M. — *Ibid.* (1ᵉʳ juillet 1673), t. III, p. 164, édit. G., t. III, p. 90, édit. M.

[2] *Histoire de madame la comtesse des Barres*, 1736, in-12, p. 136.

[3] D'OLIVET, *Vie de M. l'abbé de Choisy*, 1742, in-8°, p. 73.

restés délicats et mignards; mais l'âge et le soleil d'Italie avaient donné à son charmant visage une apparence plus mâle [1]. Il obtint sans artifice, sans aucun perfide déguisement de nombreux succès auprès des femmes livrées à la galanterie [2]. A Dijon, il en rencontra une à laquelle il rendit des soins, et il s'en fit aimer; conquête plus facile à faire qu'à conserver : jeune, jolie, spirituelle, elle avait en outre la réputation d'écrire très-bien des lettres. Ce mérite était alors prisé dans la société et dans le monde comme aujourd'hui celui de la musique : l'abbé de Choisy le possédait, mais Bussy plus que personne.

La nouvelle maîtresse de l'abbé de Choisy était madame Bossuet [3], femme de Bossuet, trésorier général des états de Bourgogne, frère aîné de Jacques-Bénigne Bossuet. Elle était la fille de Nicolas Dumont, gentilhomme de Bourgogne, et d'Anne-Catherine de Hautoy, d'une maison distinguée de Lorraine. Nicolas Dumont s'était attaché avec trois de ses frères à la fortune de Condé; il avait suivi ce prince dans l'exil, et ce fut Condé qui, après sa rentrée en France, maria la jeune et belle fille de Dumont, et procura à son mari la place de trésorier général des états de Bourgogne. Ce mariage eut lieu le 26 avril 1662; et, lors

---

[1] MONMERQUÉ, *Notice sur l'abbé de Choisy*, t. LXIII des *Mém. sur l'hist. de France*, p. 132 et 137. — *Histoire de la comtesse des Barres*, p. 13 et 14. — D'OLIVET, *Vie de l'abbé de Choisy*, p. 1 à 70.

[2] *Lettres de mademoiselle de Montpensier, de mesdames de Motteville et de Montmorency*, etc.; Paris, Léopold Collin, 1806, in-12, p. 128. (Lettre de madame de Montmorency à Bussy-Babutin, du 5 novembre.)

[3] Renée-Marie-Madeleine de Gaureau-Dumont.

de la mort du père des Bossuet, en 1667, madame Bossuet avait déjà deux fils. A l'époque de son mariage, son mari était le personnage le plus notable de la famille des Bossuet ; il fut depuis intendant de Soissons et maître des requêtes ; mais, lors de sa liaison avec l'abbé de Choisy, le beau-frère de madame Bossuet était l'évêque de Condom, le précepteur du Dauphin, le grand Bossuet, alors à l'apogée de sa gloire et de sa fortune [1].

Madame Bossuet désira entrer en correspondance avec Bussy, et faire connaissance avec ce personnage célèbre dans toute la Bourgogne. Elle manifesta ce désir à l'abbé de Choisy, qui mit d'autant plus d'empressement [2] à la satisfaire que nulle pensée jalouse ne le tourmentait à l'égard d'un rival dont l'âge était si fort disproportionné avec le sien. Il écrivit à ce sujet à Bussy, qui, toujours avide des louanges qu'on donnait à son esprit, ne manqua pas, dans un voyage qu'il fit à Dijon pour ses affaires, de rendre visite à madame Bossuet. Au moment de son départ ne l'ayant pas trouvée chez elle, il lui fit ses adieux par une lettre où il lui demandait son amitié [3]. Craignant sans doute le ridicule de se commettre avec une si jeune et si belle femme, il mit peu d'empressement à lui écrire ; mais elle lui envoya la tragé-

---

[1] DE BAUSSET, *Histoire de Bossuet*, liv. II, p. 22 et 24 ; t. I, p. 168 et 171 de l'édit. in-12.

[2] BUSSY-RABUTIN, *Lettres*, édit. 1737, in-12 (10, 20, 28 et 30 juillet 1671), t. III, p. 375, 376, 377. — Lettres de mademoiselle de Montpensier, de mesdames de Motteville, etc. — Lettre de madame de Montmorency (5 novembre), dans le recueil de Léopold Collin, 1806, in-12, p. 128.

[3] BUSSY-RABUTIN, *Lettres* (10 juillet 1671), t. III, p. 367. — (10 septembre 1671), t. III, p. 417.

die de *Bérénice* de Racine, qui venait de paraître ; et, à propos et sur le sujet de cette pièce[1], il engagea avec elle une correspondance suivie ; de telle sorte que, peu à peu séduit par les louanges qu'elle lui donnait, il finit par lui parler le langage de la galanterie et de l'amour. C'est où elle avait voulu l'amener. L'abbé de Choisy était retourné à Paris, et c'est à elle qu'il adressait les lettres qu'il écrivait à Bussy, et qui de Dijon étaient transmises à ce dernier dans le lieu de la Bourgogne où il se trouvait. De même Bussy faisait passer à madame Bossuet les lettres qu'il écrivait à l'abbé de Choisy[2], principalement pour qu'elle se procurât le plaisir d'en prendre lecture, et qu'elles lui valussent de nouveaux éloges[3].

Comme madame Bossuet ne faisait aucun mystère des lettres que lui écrivait Bussy, qu'elle en tirait même vanité, on sut dans toute la Bourgogne, et même à Paris[4], que le comte de Bussy-Rabutin entretenait une correspondance avec elle ; et l'historien des Amours des Gaules fut mis au nombre des amants de cette belle-sœur de l'évêque de Condom. Madame de Montmorency, madame la comtesse de la Roche et mademoiselle de Scudéry, qui recevait

---

[1] Bussy-Rabutin, *Lettres* (1er, 3, 5 et 13 août 1671), t. III, p. 387, 389.

[2] Bussy-Rabutin, *Lettres* (24, 26, 29, 30 août, et 2 septembre 1671), t. III, p. 400 à 412. — *Ibid.* (10 septembre, 6 novembre, 19 et 22 décembre 1671), t. III, p. 436 à 445.

[3] Bussy-Rabutin, *Lettres* (4 mars, 12 et 15 avril, 6 et 9 mai 1672), édit. 1737, in-12, t. III, p. 470, 481-483, 495-497.

[4] Bussy, *Lettres* (15 février 1673), t. V, p. 292. — Lettre de madame de Montmorency (8 avril 1673), t. V, p. 293. — Lettre de la comtesse de la Roche.

chez elle l'abbé de Choisy, apprirent à Bussy que cela se disait à Paris[1].

Le 17 février 1673, madame de Scudéry écrivait[2] : « On dit que madame Bossuet est cachée à Paris, et qu'on la fait chercher pour l'enfermer dans un couvent. M. de Condom, son beau-frère, me loua l'autre jour sa beauté et son esprit ; mais je vois bien qu'il n'est pas content de sa conduite. Est-il vrai, ne vous déplaise, que c'est vous qui l'avez amenée à trois ou quatre lieues de Paris ? Notre ami l'abbé de Choisy a, dit-on, de grands soins d'elle. Il y a trois mois que je ne l'ai vu : l'amour démonte extrêmement la cervelle. »

On pourrait croire que la beauté de madame Bossuet était connue du roi, car madame de Scudéry termine sa lettre ainsi : « Vous me deviez bien venir voir quand vous amenâtes madame Bossuet à Paris. Je ne prétends pas que vous me veniez visiter malgré les défenses du roi. Il ne pardonnerait pas un voyage qu'on ne ferait que par amitié ; mais je crois qu'il vous pardonnerait celui que vous avez fait pour madame Bossuet, s'il le savait ; car le tyran qui vous a fait marcher est de sa connaissance[3]. »

Mais en examinant cette correspondance avec attention, on s'aperçoit qu'un certain marquis, amoureux de ma-

---

[1] Bussy-Rabutin (14 et 16 septembre 1672), t. III, p. 525 et 528.

[2] *Lettres de mesdames* Scudéry, de Solian, de Saliez, etc. (17 février 1673) ; 1806, in-12, p. 104. (Le nom de Bossuet est en toutes lettres dans cette édition, et aussi dans la *Suite des Mémoires de* Bussy-Rabutin, mss. 221 de l'Institut, p. 10.) — Bussy, *Lettres*, t. IV, p. 27.

[3] Bussy, *Lettres* (17 février 1673), t. IV, p. 28. — Scudéry, *Lettres*, p. 105 et 106. — *Suite des Mémoires de* Bussy, mss., p. 10 v°.

dame Bossuet, s'était offert à elle pour servir d'intermédiaire entre elle et le roi, ce qu'elle refusa, craignant des indiscrétions¹. Bussy, qui n'était point allé à Paris, répondit à mademoiselle Scudéry : « M. de Condom a raison de vous louer la beauté et l'esprit de madame Bossuet, mais surtout son esprit : personne ne l'a plus agréable qu'elle. Pour sa conduite, ce n'est pas la même chose : elle ne plaît à personne, pas même à ses amants en faveur, à qui elle est si mauvaise; et ce n'est pas seulement comme beaufrère ou comme évêque que M. de Condom y trouve à redire. Il a eu d'autres raisons; je ne sais si elles durent encore. »

Cette perfide insinuation caractérise bien l'envie et la méchanceté de Bussy. Il détestait Bossuet, non-seulement alors une des gloires de la France, mais aussi une puissance en Bourgogne, par l'amitié intime qui le liait au grand Condé, gouverneur de cette province et ennemi déclaré de Bussy. L'amitié qui unissait Condé et Bossuet était ancienne, et datait de la jeunesse de tous les deux. Lorsqu'âgé de vingt et un ans Bossuet soutint sa thèse de bachelier, Condé, qui n'en avait que vingt-six et qu'illustraient déjà les victoires de Fribourg, de Nordlingue et de Dunkerque, avait assisté, avec tout son étatmajor et les seigneurs de sa suite, au triomphe du jeune théologien. Depuis lors il était resté son ami et son admirateur, et il fut en toute occasion le protecteur de sa famille. Bussy avait des moyens de donner de la consistance à ses calomnies sur l'évêque de Condom. Il avait vu Bossuet très-jeune, avant qu'il fût entré dans

---

¹ Bussy, *Lettres* (26 et 30 août 1671), t. III, p. 402 à 407. — (9 novembre 1671), t. III, p. 440-442.

les ordres, présenté chez Fouquet par madame Duplessis-Guénégaud, qui fut une de ses premières protectrices. Madame de Sévigné, dès le commencement de son mariage, avait fait connaissance avec Bossuet à l'hôtel de Rambouillet ; et, depuis, elle eut des occasions plus fréquentes encore de se lier plus familièrement avec lui, lorsqu'il était un habitué de l'hôtel de Nevers [1]. L'historien du prélat est obligé d'avouer qu'à cette époque le jeune Bossuet n'avait pas cette sévérité de mœurs, cette répulsion pour les amusements mondains qu'il manifesta depuis ; qu'il fréquentait les spectacles et aimait la comédie, bien qu'il la proscrivît depuis dans un de ses meilleurs écrits. De dix enfants qu'avait eus le père Bossuet, Bénigne était le septième ; par conséquent son frère aîné était beaucoup plus âgé que lui. Bénigne Bossuet était fort bel homme, et n'avait que trente-quatre ans lors du mariage de sa belle-sœur. Mais, nonobstant ces faits, les perfides insinuations de Bussy ne nuisaient alors qu'à lui-même quand elles s'attaquaient à Bossuet [2]. La calomnie respecta ce grand homme tant qu'il vécut, et elle n'osa essayer de noircir sa vie que quand il fut descendu dans la tombe. Bussy, continuant sa lettre, dit : « Où avez-vous appris cette belle nouvelle, que j'ai mené madame Bossuet à Paris ? Je vous assure qu'il n'y a rien de si faux.

> Pour conduire un objet charmant,
> Au hasard de déplaire au maître,

[1] Conférez la 3ᵉ partie de ces *Mémoires*, t. III, p. 16-29, chap. I.
[2] DE BAUSSET, *Histoire de Bossuet*, liv. I, p. 10, 11, 12, 13 ; liv. II, p. 22, 24 ; Pièces justificatives, n° 1, t. I, p. 3, 18, 19, 22, 168, 171-359, 4ᵉ édit., 1824, in-12.

Il faudrait être son amant,
Et je n'ai pas l'honneur de l'être [1].

« La vérité est que je ne l'ai pas vue depuis l'année passée, au mois d'août, que je l'ai quittée à Dijon; et quoiqu'elle fût assez de mes amies, je n'ai appris de ses nouvelles que par le bruit public. Elle a été à Paris et puis en Lorraine, et puis est retournée à Paris, où elle est (dites-vous) cachée, et l'abbé de Choisy avec elle [2]. »

Dans une de ses lettres, Bussy dépeint ainsi madame Bossuet : « C'est une des plus jolies femmes que j'aie jamais vues, de quelque côté qu'on la regarde. » Il en parle aussi comme aimant à exciter la passion sans la partager : ce qui était vrai pour lui, mais non pour l'abbé de Choisy [3].

Les flatteries que Bussy adressait à madame Bossuet dans les lettres qu'il lui écrivait prouvent qu'il n'eût pas demandé mieux que d'être son amant : s'il en fut autrement, c'est que madame Bossuet, entourée de plus jeunes galants, ne voulait pas pousser sa correspondance romanesque avec Bussy jusqu'au dénoûment [4]. Cette correspondance était pour elle un exercice d'esprit et un agréable entretien de confiance amicale; mais Bussy

---

[1] Bussy, *Suite des Mémoires*, mss., p. 11 (22 février 1673). — *Ibid.*, *Lettres*, t. IV, p. 29 ; mais dans l'imprimé il n'y a que les initiale des noms, et ces mots de la citation (p. 305), *ou comme évêque*, sont retranchés.

[2] Bussy, *Suite de ses Mémoires*, mss., p. 12. Tout ce paragraphe a été retranché dans l'édit. des lettres.

[3] Bussy, *Lettres* (9 avril 1672), t. III, p. 479.

[4] Conférez Bussy, *Lettres* (13, 26 et 30 août 1671), t. III, p. 370, 401, 403, 407. — (6 novembre 1671), t. III, p. 436. — (19 décembre 1671), t. III, p. 446. — (12 et 15 avril 1672), t. III, p. 481 et 482. — (6 et 9 mai 1672), t. III, p. 495 à 497.

avait voulu donner à ses flatteries et à ses lettres un sens plus prononcé, qui tendît plus directement au but qu'il désirait atteindre ; et il lui écrivit : « On ne peut longtemps avoir de l'amitié pour vous sans trouver que Patry avait raison de dire

> Qu'il est malaisé
> Que l'ami d'une jeune dame
> Ne soit un amant déguisé [1]. »

Elle répondit :

« Si Patry avait fait pour moi les vers que vous m'avez adressés, je lui aurais répondu :

> Soyez amant, si vous voulez ;
> Je ne le défends à personne ;
> Brûlez, parlez, persévérez ;
> Mais sachez que mon cœur se donne
> Moins aisément qu'une couronne [2]. »

Piqué au vif de se voir traité si lestement, Bussy se vengea de madame Bossuet par les propos indiscrets qu'il tint sur son compte, et leur correspondance cessa. Mais Bussy en eut regret ; il reconnut ses torts, et écrivit pour réparer sa faute à madame Bossuet, qui n'avait pas, comme autrefois madame de Sévigné, des motifs de parenté et de tendre affection pour lui pardonner. Elle lui répondit de manière à le convaincre que leur rupture était définitive [3]. Il avait donc cessé depuis quelque temps toute correspondance avec elle, lorsqu'elle disparut de Dijon. On la fit chercher dans Paris, où l'on crut que Bussy, rompant son ban, l'avait secrètement conduite. Sa lettre à madame de Scudéry était donc sur cela en

---

[1] Bussy, *Lettres* (2 octobre 1671), t. V, p. 207.

[2] Bussy, *Lettres* (3 octobre 1671), t. V, p. 210.

[3] Bussy, *Lettres* (30 juillet et 2 août 1672), t. V, p. 261 et 262.

tout point, conforme à la vérité. Bussy ne cacha pas même à cette amie qu'il avait été fortement épris de madame Bossuet. « Il n'est pas vrai, lui écrivait-il, que je sois fâché que la conduite de madame Bossuet m'ait empêché de l'aimer, car je ne veux plus avoir de passions ; mais il est certain que, si du temps que j'en voulais, j'eusse trouvé une femme faite comme elle, fidèle et tendre, je l'eusse aimée plus que ma vie [1]. »

Alors que Bussy permettait à son imagination de s'arrêter sur la folie de passions si peu faites pour son âge, il cherchait à marier sa fille aînée, celle qu'il avait eue de sa première femme. Privée de sa mère dès son bas âge, mademoiselle de Rabutin fut élevée chez la comtesse de Toulongeon, son aïeule, et ensuite au couvent des sœurs de Sainte-Marie. Lors de son exil, Bussy l'emmena avec lui en Bourgogne, où, dit-il, « je lui ai plus appris à vivre que toute autre chose. » Avec lui, en effet, son esprit se développa, son goût se forma ; elle apprit à bien réciter des vers et même à en faire ; elle jouait la comédie avec grâce et avec naturel ; enfin, elle faisait le charme de la société que Bussy réunissait dans ses deux châteaux [2]. C'était à elle que le P. Rapin envoyait les nouveautés littéraires qu'il jugeait dignes d'être lues par elle et par son père. Il lui fit parvenir surtout la comédie des *Femmes savantes*, de Molière, qui lui plaisait plus que toute autre pièce de cet inimitable auteur [3]. Parmi les divers partis qui se pré-

---

[1] *Suite des Mémoires de* Bussy, mss., p. 20 v°. (Lettre de Bussy, datée de Chaseu, à madame de Scudéry, du 23 mars 1673.)

[2] Bussy, *Lettres* (18 et 22 janvier 1673), t. IV, p. 7 et 10. — *Ibid.* (8 septembre 1669), t. V, p. 93.

[3] Bussy, *Lettres* (18 janvier, 14 février et 25 mars 1673), t. IV, p. 8, 25 et 63.

sentèrent, le marquis de Coligny ¹, qui devait par la suite obtenir sa main, fut d'abord écarté par Bussy, qui donna la préférence au comte de Limoges, fils du marquis de Chandenier, capitaine des gardes du corps ². Bussy lui trouvait assez de noblesse, mais pas assez de bien ; et il voulait transmettre en héritage ce qu'il possédait à son fils aîné, et ne donner qu'une faible dot à sa fille.

Le jeune homme, dans l'espoir d'épouser mademoiselle de Rabutin, dont il était amoureux, s'embarqua sur l'escadre du comte d'Estrées, pour gagner un grade à la guerre, et y fut tué ³. Mais alors il avait été refusé par mademoiselle de Bussy, qui épousa le marquis de Coligny. Elle, ainsi que sa tante madame de Sévigné, parlent avec dédain de ce comte de Limoges ⁴. Cependant, tant qu'il fut question de ce mariage, Bussy y gagna un correspondant de plus ; et quoiqu'il en eût de bien zélés et de bien notables, et que le nombre eût été augmenté de l'abbé Fléchier, qui venait d'être reçu de l'Académie française, et de Despréaux, qui ne devait y entrer que dix ans plus tard, cependant les lettres qu'il reçut alors du jeune comte de Limoges surpassent en importance historique toutes celles de cette époque contenues dans le recueil de Bussy. Ce jeune homme s'était trouvé au célèbre combat des flottes combinées d'Angleterre et

---

[1] *Suite des Mémoires de* Bussy, mss., p. 118.

[2] *Suite des Mémoires du comte* DE BUSSY-RABUTIN, p. 23. — SÉVIGNÉ, *Lettres* (22 juillet 1672 ; 15 décembre 1673), t. III, p. 107 et 165, édit. G.; *ibid.*, t. III, p. 40, 173, édit. M. — Le comte de Limoges était Charles-François de Rochechouart.

[3] BUSSY, *Lettres* (25 avril 1678), t. VI, p. 22.

[4] SÉVIGNÉ, *Lettres* (24 janvier 1675), t. III, p. 368, édit. G.; t. III, p. 252, édit. M.

de France contre celles de Hollande, où, malgré la grande inégalité des forces, Tromp et Ruyter parvinrent à sauver leur patrie d'une ruine entière [1]. Les lettres du comte de Limoges, écrites de Londres et des côtes de la Grande-Bretagne [2], renferment sur nos voisins alliés, et alors alliés très-dévoués, des détails piquants et curieux qui devaient beaucoup plaire à Bussy. Elles lui valurent aussi des lettres du comte d'Estrées, qui commandait en chef la flotte. Le comte d'Estrées s'intéressait au comte de Limoges, à cause de sa bravoure. Il était brave en effet celui dont Villeroy disait que, dans les siéges, il n'avait d'autre lit que la tranchée [3] !

Bussy ne cessait de solliciter des services et d'adresser au roi des plaintes sur son exil, demandant qu'il lui fût permis au moins d'aller à Paris, pour vaquer à des procès d'où dépendait une grande partie de sa fortune. Il ne recevait point de réponse, et il se désespérait, lorsque tout à coup la permission de se rendre dans la capitale lui fut accordée sur une demande qu'il n'avait point écrite, dont il n'avait aucune connaissance. C'était cette excellente amie madame de Scudéry qui, sachant ses projets, ses désirs, l'urgence des affaires qui lui commandaient de se rendre à Paris, avait intéressé en sa faveur la duchesse de Noailles. Celle-ci avait sollicité son mari, et son mari le roi. Madame de Scudéry avait elle-même dressé la requête au nom de Bussy; elle l'avait signée et fait présen-

---

[1] Bussy, *Suite des Mémoires manuscrits* (29 mai, 8 et 25 juin 1673), t. IV, p. 25, 27, 28.

[2] Bussy, *Lettres* (30 mai, 23 juin, 7 juillet 1673), t. IV, p. 71, 79. — *Ibid.* (2 et 15 novembre 1671, 30 août 1675), t. V, p. 212, 213, 364 et 365.

[3] Bussy, *Lettres* (15 avril 1678), t. VI, p. 22.

ter comme de lui, sans lui en parler. Lorsqu'elle eut réussi, elle lui envoya la lettre du duc de Noailles, qui lui notifiait la permission du roi [1].

Bussy alors se ressouvint qu'il avait négligé d'écrire à madame de Sévigné depuis qu'elle était en Provence [2]. Il savait que l'époque de son retour à Paris approchait, et qu'il aurait besoin de son intervention pour se réconcilier avec ses ennemis, et obtenir son rappel à la cour. Il y croyait, il était gonflé d'espérance [3]. Déjà en effet la *Gazette de Hollande* [4], instruite de son prochain voyage à Paris, avait annoncé qu'il allait avoir un commandement dans l'armée. Il avait négligé la marquise de Gouville autant que madame de Sévigné; et, en arrivant dans la capitale, il ne pouvait se dispenser d'aller lui rendre visite. Il résolut de renouer ces deux correspondances, dont il avait été autrefois si fortement préoccupé [5]. La lettre que Bussy adresse à madame de Sévigné est courte, et telle qu'il la fallait pour provoquer une réponse plus longue. Bussy promet d'envoyer de nouveaux projets de généalogie des Rabutin, sur lesquels il serait bien aise d'avoir l'avis de l'abbé de Coulanges [6]. Comme il regrettait de ne plus

---

[1] *Suite des Mémoires de* Bussy, mss. autogr. de l'Institut, in-4°, p. 33-35 (7, 8 et 12 juillet 1673). — Bussy, *Lettres*, édit. 1737, t. IV, p. 74-78 (7 et 10 juillet 1673). — *Madame* de Scudéry, édit. de Léopold Collin, 1806, in-12, p. iii.

[2] Sévigné, *Lettres* (18 septembre 1672), édit. G., t. III, p. 115; ibid., t. III, p. 46, édit. M. — Bussy, *Lettres*, t. I, p. 112 et 113.

[3] Bussy, *Lettres* (11 juillet 1673), t. IV, p. 304.

[4] Sévigné, *Lettres* (27 juillet 1673), t. III, p. 168, édit. G.; t. III, p. 94, édit. M.

[5] Bussy, *Lettres* (26 juin 1673), t. IV, p. 300. Conférez la 2e partie de ces *Mémoires*, 2e édit., chap. iii et v, p. 30 et 48.

[6] *Suite des Mémoires du comte* de Bussy-Rabutin, mss.

recevoir aucune lettre de Corbinelli, il termine ainsi la sienne : « Madame, mandez-moi de vos nouvelles; je suis en peine aussi de n'en avoir aucune de notre ami. Quelqu'un m'a dit qu'il était dans une dévotion extrême. Si c'était cela qui l'empêchât d'avoir commerce avec moi, j'aimerais autant qu'il fût déjà en paradis. »

Bussy ne tarda pas à recevoir de madame de Sévigné une lettre très-amicale. Elle lui disait : « Au mois de septembre j'irai à Bourbilly, où je prétends que vous viendrez me trouver [1]. »

Corbinelli fit une plus longue lettre. Son attachement pour madame de Sévigné augmentait à mesure qu'il la voyait plus souvent, et sa société était pour lui un besoin de tous les jours [2]. Allait-elle à Grignan, il se rendait à Grignan; retournait-elle à Paris, il revenait à Paris. Dans la conversation de ce savant, de cet érudit homme du monde, madame de Sévigné trouvait des distractions sans nombre, une intarissable source d'instruction, un empressement bien doux à lui rendre service et à la consoler dans les chagrins qu'elle-même se créait. Corbinelli, en effet, naturellement sensible et affectionné, s'occupait toujours des amis qu'il s'était faits, et tous ses amis s'occupaient de lui. Madame de la Fayette avait alors écrit à son sujet à ma-

de l'Institut, p. 33 (30 juin 1673); dans les éditions, 26 juin 1673. — Bussy, *Lettres*, édit. 1737, t. I, p. 116. — Sévigné, *Lettres*, t. III, p. 163, édit. G.; t. III, p. 89, édit. M.

[1] Texte du manuscrit. — *Suite des Mémoires du comte* de Bussy-Rabutin, p. 37 v° (15 juillet 1673), et 38 (la lettre de Corbinelli). — Bussy, *Lettres* (t. I, p. 125, édit. 1837). — Sévigné, *Lettres*, t. III, p. 165, édit. G.; t. III, p. 90, édit. M.

[2] Conférez la 3ᵉ partie de ces *Mémoires*, t. III, p. 390.

dame de Sévigné[1] : « Mandez-moi de ses nouvelles : tant de bonnes volontés seront-elles toujours inutiles à ce pauvre homme? Pour moi, je crois que c'est son mérite qui lui porte malheur; Segrais porte aussi guignon. Madame de Thianges est des amies de Corbinelli, madame Scarron, mille personnes, et je ne lui vois plus aucune espérance de quoi que ce puisse être. On donne des pensions aux beaux esprits; c'est un fonds abandonné à cela : il en mérite mieux que ceux qui en ont. Point de nouvelles; on ne peut rien obtenir pour lui. »

Les causes qui empêchaient Corbinelli d'augmenter sa trop modique fortune étaient faciles à deviner, et sans doute madame de la Fayette avait trop de pénétration pour ne pas les reconnaître; mais il devait lui convenir de feindre l'ignorance sur ce point. La Rochefoucauld, Marsillac, dont elle disposait, madame Scarron, madame de Thianges, Segrais et tant d'autres avaient à la cour d'autres choses à faire qu'à user leur crédit pour obtenir des grâces en faveur d'un ami qui ne les sollicitait pas, qui ne flattait personne, qui restait attaché aux grands dont il était l'ami, même lorsqu'ils étaient exilés, comme Vardes et comme Bussy. En ne se montrant pas plus empressés que lui de changer pour un peu d'argent son heureuse existence, ne lui rendait-on pas service? Pouvait-on lui donner des fonctions lucratives sans lui imposer en même temps des devoirs à remplir, sans lui ôter l'admirable emploi qu'il faisait de ses loisirs indépendants? Lui qui avait toujours vécu libre et heureux, lui qui donnait tous ses moments à la satisfaction de son cœur et

---

[1] SÉVIGNÉ, *Lettres* (14 juillet 1673), t. III, p. 160, édit. G.; *ibid.*, p. 87, édit. M.

de son esprit, comment eût-il pu supporter le supplice d'avoir pour pensée principale le soin d'amasser de l'argent? Comment eût-il pu subir la torture d'assujettir toutes ses actions à ce but unique? Un si dur esclavage eût été incompatible avec le bonheur dont il a joui pendant sa vie séculaire. Son calme philosophique se peint tout entier dans cette réponse à Bussy :

« J'aurais un fort grand besoin, Monsieur, que le bruit de ma dévotion continuât : il y a si longtemps que le contraire dure que ce changement en ferait peut-être un dans ma fortune. Ce n'est pas que je ne sois pleinement convaincu que le bonheur et le malheur de ce monde ne soit le pur et unique effet de la Providence, où la fortune et le caprice des rois n'ont aucune part. Je parle si souvent sur ce ton-là qu'on l'a pris pour le sentiment d'un bon chrétien, quoiqu'il ne soit que celui d'un bon philosophe. » Il informe ensuite Bussy qu'avec madame de Sévigné et madame de Grignan ils ont lu Tacite tout l'hiver; « et, ajoute-t-il, je vous assure que nous le traduisons très-bien [1]. » Ce *nous* s'applique moins à lui qu'à ses compagnes, qui n'auraient pas entrepris de traduire Tacite sans son secours. Il apprend de même à Bussy qu'il a fait un gros traité de rhétorique en français, un autre de l'art historique, et un gros commentaire sur l'*Art poétique* d'Horace. Mais il lui parle surtout de la philosophie de Descartes, à l'étude de laquelle il s'est plus particulièrement adonné depuis un an : « Sa métaphysique me plaît; ses principes sont aisés et ses déductions naturelles. Que ne l'étudiez-vous? Elle vous divertirait avec mesdemoiselles de Bussy (Bussy

---

[1] Bussy, *Suite des Mémoires manuscrits*, p. 38 et 39 (15 juillet 1673), t. III, p. 166, édit. G.; ibid., t. III, p. 96, édit. M.

avait ses deux filles avec lui). Madame de Grignan la sait à miracle, et en parle divinement. Elle me soutenait l'autre jour que plus il y a d'indifférence dans l'âme, et moins il y a de liberté. C'est une proposition que soutient agréablement M. de la Forge dans un traité de l'*Esprit de l'homme*, qu'il a fait en français et qui m'a paru admirable [1]. » Bussy, qui ne comprend rien à la philosophie de Descartes, qui n'a pas lu le traité de la Forge, répond spirituellement : « Puisque madame de Grignan vous soutient que plus il y a d'indifférence dans une âme, moins il y a de liberté, je crois qu'el le peut soutenir qu'on est extrêmement libre quand on est passionnément amoureux [2]. » Bussy avait raison de se railler de cette proposition, parce qu'il entendait par indifférence cette faculté positive que nous avons de nous déterminer à choisir entre deux contraires, c'est-à-dire à affirmer ou à nier une même chose [3]. Mais Descartes entendait par indifférence cet état neutre de l'âme dans lequel elle se trouve quand elle ne sait à quoi se déterminer ; « de sorte, disait-il, que cette indifférence que je sens lorsque je ne suis point emporté vers un côté plutôt que vers un autre, par le poids d'aucune raison, est le plus bas degré de la liberté, et fait plutôt un défaut ou un manquement dans la connaissance qu'une perfection dans la volonté ; car si je voyais toujours clairement ce qui est vrai, ce qui est bon, je ne serais jamais en peine

---

[1] Sévigné, *Lettres* (15 juillet 1673), t. III, p. 167, édit. G.

[2] Sévigné, *Lettres* (27 juillet 1673), t. III, p. 173, édit. G. — *Ibid.*, t. III, p. 96.

[3] *Traité de l'esprit de l'homme, de ses facultés et fonctions et de son union avec le corps, suivant les principes de René Descartes,* par Louis de la Forge, docteur en médecine, demeurant à Saumur; Paris, Michel Robin, 1666, in-4°, p. 144-148.

de délibérer quel jugement et quel choix je devrais faire ; et ainsi je serais entièrement libre sans jamais être indifférent [1]. » Et, à l'aide du copieux commentaire de Louis de la Forge sur ce texte de Descartes, madame de Grignan prouvait victorieusement la vérité de son prétendu paradoxe.

Descartes avait rouvert chez les modernes le champ de bataille, fermé depuis des siècles, à cet antagonisme philosophique qui résulte de la double nature de l'homme spiritualiste et sensualiste ; il avait renouvelé le combat entre l'idée et la sensation, entre l'esprit et la matière. L'intelligence de l'homme est-elle pourvue d'une force inhérente à son essence ? est-elle douée de la faculté de percevoir, ou n'est-elle que le miroir sur lequel s'empreint la perception ? L'idée pure existe-t-elle par elle-même, ou n'est-elle que la sensation transformée ? Ces doctrines opposées s'étaient autrefois personnifiées chez les Grecs dans Aristote et dans Platon. Descartes, en se plaçant dans le camp de ce dernier, étonna le monde par la hardiesse des sublimes efforts de son génie scrutateur et par la manière décisive, absolue avec laquelle il paraît résoudre les plus difficiles problèmes de la pensée humaine. Par l'enchaînement serré de ses idées, il semble vouloir toujours démontrer, comme a dit son disciple de la Forge, « qu'il en est des vérités comme des êtres : elles dépendent toutes les unes des autres ; elles sont toutes jointes, ou comme des effets à leurs causes, ou comme des causes à leurs effets, ou comme des propriétés à leur essence [2]. »

---

[1] Louis de la Forge, *De l'esprit de l'homme*, 1666, in-4°, p. 145-147-156, chap. xi, *De la Volonté*.
[2] Louis de la Forge, *Traité de l'esprit de l'homme*, p. 350.

Près d'un quart de siècle s'était écoulé depuis la mort de Descartes, et les partisans de ses doctrines n'avaient cessé de s'accroître parmi ceux que recommandaient la profondeur de leur esprit, l'universalité de leur savoir et la pratique des plus hautes vertus. Les théologiens surtout, en adoptant cette philosophie, la complétèrent; ils ajoutèrent le sentiment à l'idée, l'amour à la raison. Ainsi modifiée, cette philosophie n'était nullement contraire à la foi et aux décisions de l'Église, que Descartes respecta toujours, mais en plaçant le doute comme sentinelle impitoyable aux portes de l'intelligence, et en n'y admettant que l'absolu. Ce système tendait à accroître l'orgueil de l'homme et sa confiance dans son intelligence, et, par l'abus de la raison, à faire tomber l'esprit humain dans les abîmes sans fond du scepticisme; ou, par l'excès de l'exaltation religieuse, à vaporiser ses forces dans les nuages du mysticisme. Ce double danger, auquel le cartésianisme ne put échapper, le discrédita, et prépara le succès de la philosophie sensualiste du siècle suivant. Mais, à l'époque qui nous occupe, le cartésianisme était en progrès; et ses partisans avaient, pour le défendre contre ses antagonistes, toute l'ardeur des néophytes. Ce qui caractérise ce siècle si différent du nôtre, c'est que ce fut à des femmes que s'était adressé Descartes pour hâter le succès de ses méditations ardues. La palatine princesse Élisabeth et la reine Christine avaient été ses disciples et ses protectrices; et, après sa mort, nombre de femmes se glorifiaient d'apprécier sa philosophie, et se déclaraient cartésiennes. Dans cette lettre à Corbinelli, où Bussy exprime, pour lui et pour sa fille, le regret de n'avoir personne pour les mettre en train sur la nouvelle philosophie, il manifeste le désir de l'apprendre, et il ajoute : « Mais, à propos de

Descartes, je vous envoie des vers qu'une de mes amies a faits sur sa philosophie; vous les trouverez de bon sens, à mon avis [1]. » Cette pièce de vers, de l'une des plus savantes et des plus spirituelles correspondantes de Bussy, mademoiselle Dupré, fut imprimée dans le recueil du P. Bouhours, avec ce titre : *l'Ombre de Descartes* [2]. Dans ces vers, l'ombre de Descartes s'adresse à mademoiselle de la Vigne, comme elle cartésienne, comme elle aussi connue par son talent pour la poésie. Mademoiselle de la Vigne, fille d'un médecin et fort belle, pour se livrer avec plus de liberté à ses goûts pour l'étude, ne se maria point : elle était alors âgée de trente-neuf ans, et il paraît que ses savants entretiens sur la philosophie cartésienne lui avaient acquis une assez grande réputation pour que (même en accordant toute licence à l'hyperbole poétique) mademoiselle Dupré ait osé faire parler de la manière suivante l'ombre de Descartes :

> Par vos illustres soins mes écrits à leur tour
> De tous les vrais savants vont devenir l'amour;
> J'aperçois nos deux noms, toujours joints l'un à l'autre,
> Porter chez nos neveux ma gloire avec la vôtre,
> Et j'entends déjà dire en cent climats divers :
> Descartes et la Vigne ont instruit l'univers.

L'épître à mademoiselle de la Vigne, dont Bussy envoya une copie aux hôtes du château de Grignan, dut y être lue avec plaisir. Alors, comme nous l'apprend Corbinelli, on s'occupait à Grignan de l'étude de la philosophie de Descartes. Elle était le seul aliment à ce besoin de dis-

---

[1] Sévigné, *Lettres* (27 juillet 1673), t. III, p. 171, édit. G.; t. III, p. 96, édit. M.

[2] *Recueil de vers choisis*, 1693, in-12, p. 25, édit. de Hollande, p. 27. — *Ibid.*, édit. de Paris, 1701, p. 34 et 38.

cussion qui semble inhérent à l'esprit humain et sans lequel il tomberait dans une ennuyeuse torpeur. Les bulles, les querelles des jansénistes et des jésuites paraissaient suspendues, et les réguliers de Port-Royal avaient été réintégrés dans leurs couvents. Dès l'année 1668, le grand Arnauld avait obtenu la permission de reparaître. Boileau, qui l'avait souvent rencontré chez le premier président M. de Lamoignon, et s'était lié d'amitié avec ce grand docteur de Sorbonne, lui avait courageusement adressé sa nouvelle épître [1] sur la fausse honte qui nous empêche d'avouer que nous sommes convaincus des vérités que nous avions repoussées : le satirique se disposait à faire imprimer l'arrêt burlesque en faveur des nouveautés philosophiques de Descartes, Gassendi et autres, qu'il avait composé pour prévenir un arrêt sérieux que l'Université songeait à obtenir du parlement contre ceux qui enseigneraient dans les écoles d'autres principes que les principes d'Aristote. Madame de Sévigné en avait reçu (en septembre 1671) une copie manuscrite, tandis qu'elle était en Bretagne [2]. Cette pièce, qu'elle avait d'abord trouvée parfaite et pleine d'esprit [3], devint pour elle admirable quand sa fille, à laquelle elle l'avait envoyée, l'eut approuvée.

---

[1] *Œuvres de* BOILEAU DESPRÉAUX, édit. de Saint-Marc, 1744, in-8°, t. I, p. 185 et 186. Cette épître fut écrite en 1673, et était la cinquième dans l'ordre de la composition. Voyez BOILEAU, t. II, p. 28, édit. de Berriat Saint-Prix.

[2] *Ibid.*, t. IV, p. 108-143-144. — Édit. Saint-Marc, t. III, p. 98. — 3ᵉ édit. de Berriat Saint-Prix.

[3] SÉVIGNÉ, *Lettres* (6 et 20 septembre 1671), t. II, p. 217, 218 et 233, édit. G.; t. II, p. 182-195, édit. M. — L'arrêt fut composé le 12 août 1671; il en circula des copies; il ne fut imprimé qu'en 1674.

Ainsi madame de Sévigné se trouvait bien disposée pour recevoir les leçons de Corbinelli et de sa fille, qui voulaient faire d'elle une prosélyte de Descartes. Le livre de Louis de la Forge était merveilleusement choisi comme moyen d'instruction : c'était un excellent ouvrage d'exposition cartésienne; il ne contenait rien de neuf, rien qui ne fût déjà dans Descartes, dans ses Méditations, dans ses réponses aux objections, ses principes, son traité des passions, ses lettres; mais tout cela était recueilli et commenté avec méthode et clarté; et, de nos jours, le savant et véridique historien de la philosophie du XVIIe siècle a jugé que, même après la lecture des œuvres du maître, ce traité d'un de ses meilleurs disciples méritait d'être connu pour lui-même et complétait sa doctrine psychologique en quelques points secondaires [1]. La longue préface du docteur de Saumur est peut-être la meilleure et la plus importante partie de son ouvrage; elle en est certainement la plus adroite. Il savait que les plus grands obstacles qui s'opposaient à l'établissement du cartésianisme dans les écoles et dans les séminaires étaient les doctrines d'Aristote et de saint Augustin, qui y dominaient depuis longtemps; et il s'attache à démontrer que les points fondamentaux de la philosophie cartésienne se retrouvent dans Aristote et dans saint Augustin, et surtout que ce dernier « ne pensait pas autrement que M. Descartes touchant la nature de l'âme [2]. »

Pour Aristote, madame de Sévigné en faisait bon marché : elle ne l'avait pas lu. Mais quant à saint Augustin,

---

[1] DAMIRON, *Histoire de la philosophie au* XVIIe *siècle;* 1846, t. II, p. 24 à 29.

[2] *Traité de l'esprit de l'homme*, par LOUIS DE LA FORGE, docteur en médecine à Saumur; Préface, p. 9-40

c'était tout différent : elle connaissait et comprenait très-bien la doctrine de ce premier des métaphysiciens de la chrétienté, et elle y adhérait fortement. Les lectures qu'elle avait faites de Nicole, de Pascal, les sermons de Bourdaloue, ses entretiens avec les Arnauld, avec Bossuet, Mascaron l'avaient rendue très-forte en théologie.

En arrivant en Provence, elle dit à Arnauld d'Andilly : « Vous seriez bien étonné si j'allais devenir bonne à Aix ! Je m'y sens quelquefois portée par un esprit de contradiction ; et voyant combien Dieu y est peu aimé, je me trouve chargée d'en faire mon devoir... Je suis plus coupable que les autres, *car j'en sais beaucoup* [1]. »

Elle faisait cet aveu à Arnauld d'Andilly plutôt par humilité que par vanité, et pour montrer qu'elle ne voulait pas s'excuser sur ses manquements à la religion par l'ignorance de ses devoirs. Nous savons qu'elle cachait sa science, sous ce rapport bien différente de sa fille [2]. On ne peut douter que, dans les entretiens qu'elle eut à Grignan avec elle et avec Corbinelli, elle n'ait opposé de fortes objections aux raisonnements qu'on lui produisait et qu'on puisait dans le traité du docteur de Saumur.

Dans ces intéressants et sérieux débats, madame de Sévigné n'aura pas oublié de faire remarquer que de la Forge dit, au début de son ouvrage, qu'il ne prétend se servir, dans ses démonstrations, d'aucune des vérités que la foi nous a révélées, parce que de tels arguments ne sont pas bons à employer en philosophie, « dont le principal but est, dit-il, de découvrir les vérités où la seule

---

[1] SÉVIGNÉ, *Lettres* (11 décembre 1672), t. III, p. 130, édit. G. — *Ibid.*, t. III, p. 59 et 60, édit. M.

[2] Voyez 3ᵉ partie de ces *Mémoires,* p. 421-429-435.

lumière naturelle peut atteindre ¹; » mais qu'ensuite, lorsqu'il veut démontrer l'immortalité de l'âme, il n'en peut trouver d'autre preuve certaine que les promesses de Dieu faites à l'homme par la révélation ; car Dieu, dont toutes les âmes émanent, peut, dans sa toute-puissance, anéantir ce qu'il a lui-même créé ².

Madame de Sévigné dut surtout faire observer que les philosophes cartésiens, qui prétendent ne procéder que selon une méthode rigoureuse, et avoir constamment en main la pierre de touche du doute pour éprouver la réalité et le degré de pureté de chaque vérité, sont, au contraire, dans leurs spéculations hardies, les plus téméraires, les plus dogmatiques de tous les philosophes ; qu'ils étaient souvent fort obscurs dans leurs démonstrations et dangereux pour les vérités de la foi ³ ; et que surtout ils avaient le grand défaut d'abuser du raisonnement et de fatiguer en vain l'attention, en la fixant sur des matières qui sortent des limites imposées à l'entendement humain et à la nature périssable de l'homme, comme, par exemple, lorsque de la Forge entreprend d'examiner quel sera l'état de l'âme après la mort⁴. Quels furent les résultats des conférences tenues à Grignan sur ces graves sujets entre madame de Sévigné, madame de Grignan et Corbinelli? Nous les connaissons par les lettres subséquentes de madame

---

¹ Louis de la Forge, *Traité de l'esprit de l'homme*, p. 5, ch. I. Dessein et division du traité.

² *Ibid.*, p. 67, chap. VII, *Que l'esprit est immortel*.

³ Voyez les passages de Bossuet cités par M. Jules Simon dans son *Introduction aux Œuvres philosophiques de* Bossuet; Paris, Charpentier, 1843, p. v et vi.

⁴ Louis de la Forge, *Traité de l'esprit de l'homme*, p. 403, chapitre XXV, *De l'état de l'âme après la mort*.

de Sévigné ; nous les avons déjà fait entrevoir à nos lecteurs par des citations extraites de quelques-unes de ces lettres, mais nous ne les avons pas résumés d'une manière assez précise. Ces résultats furent que madame de Sévigné demeura plus que jamais convaincue de l'inanité de la philosophie cartésienne pour prouver la vérité de la foi. Cela se montre évidemment dans ses lettres, par quelques railleries qu'elle et sa fille s'adressent[1], et par le besoin qu'elles manifestent de se convaincre mutuellement et de s'entretenir sur ces matières. Madame de Sévigné parle plus souvent qu'avant son séjour à Grignan de son *père Descartes* ; elle se dit de plus en plus *bête* pour comprendre les grandes vérités de sa doctrine ; et sa fille, pour la provoquer à son tour, lui demande si elle est toujours « cette petite dévote qui ne vaut guère [2]. »

Mais, chose remarquable, les effets de ces conférences furent tout autres pour Corbinelli. Dans ses lettres à Bussy, il nous apprend qu'il est philosophe ; peu après, madame de Sévigné se vante que Corbinelli ne négligera plus la religion, depuis qu'il a appris à la connaître. En effet, il s'était converti ; mais en se convertissant il resta cartésien ; et sa foi, exaltée par l'effet de ses opinions philosophiques, le transporta dans la région du mysticisme. Madame de Grignan fut très-mécontente de ce changement qui s'était opéré dans l'esprit de Corbinelli ; elle se permit de l'appeler *le mystique du diable* [3].

« Mais je vous gronde, répondit madame de Sévigné,

---

[1] Voyez la 3ᵉ partie de ces *Mémoires*, p. 422-429. Les lettres citées suffisent, mais elles n'y sont pas toutes.

[2] Voyez la 3ᵉ partie de ces *Mémoires*, p. 423.

[3] Sévigné, *Lettres* (11 septembre 1689), t. IX, p. 454, édit. G. — *Ibid.*, t. IX, p. 109, édit. M.

de trouver notre Corbinelli *le mystique du diable.* Votre frère en pâme de rire [ce frère, à la fin de sa vie, devint plus mystique que Corbinelli] ; je le gronde comme vous. Comment ! *mystique du diable*, un homme qui ne songe qu'à détruire son empire, qui ne cesse d'avoir commerce avec les ennemis du diable, qui sont les saints et les saintes de l'Église ! un homme qui ne compte pour rien son chien de corps, qui souffre la pauvreté *chrétiennement,* vous direz *philosophiquement ;* qui ne cesse de célébrer les perfections et l'existence de Dieu !... Et vous appelez cela *le mystique du diable!...* Il y a dans ce mot un air de plaisanterie qui fait rire d'abord et qui pourrait surprendre les simples. Mais je résiste, comme vous voyez ; et je soutiens le fidèle admirateur de sainte Thérèse, de ma grand'mère et du bienheureux Jean de la Croix [1]. » Yupez, ou Jean de la Croix, qui fut avec sainte Thérèse le législateur des carmes déchaussés, est un des auteurs mystiques dont les ouvrages ont été le plus répandus ; et Corbinelli devait d'autant mieux se plaire à leur lecture qu'il était familiarisé avec la langue espagnole, si harmonieuse, si expressive, si bien adaptée à la sensation de la vive flamme de l'amour de Dieu et des angoisses de l'âme, délices et tourments du solitaire voué à la vie contemplative.

Cependant la mysticité de Corbinelli n'a jamais affaibli son attachement pour ses amis, ni même diminué son estime pour la philosophie cartésienne. Le savant Huet s'é-

---

[1] SÉVIGNÉ, *Lettres* (15 janvier 1690), t. X, p. 197 et 198, édit. G. — *Ibid.*, t. IX, p. 305 et 306, édit. M. — Remarquez que madame de Sévigné ne dit pas *saint* Jean de la Croix, parce qu'il ne fut canonisé que longtemps après (en 1726) ; mais elle dit le *bienheureux,* parce qu'il avait été béatifié en 1675.

tait montré, dans sa jeunesse, partisan de Descartes ; mais longtemps après il combattit sa doctrine, et voulut jeter du ridicule sur son auteur quand ce grand homme abandonna sa patrie pour devenir le courtisan d'une reine de Suède[1]. Corbinelli prit à cette occasion la défense de Descartes ; et ses amis, auxquels il lut son écrit, l'engagèrent à le terminer et à le publier ; mais il n'en fit rien. Jamais il ne put se résoudre à faire imprimer aucun de ses ouvrages ; et madame de Sévigné nous en donne la raison quand elle dit de lui : « Vous le connaissez, il brûle tout ce qu'il griffonne : toujours vide de lui-même et plein des autres, son amour-propre est l'intime ami de leur orgueil[2]. » C'est par cette raison que des nombreux ouvrages de Corbinelli dont il est fait mention dans ses lettres, aucun n'a été imprimé, et qu'on a seulement publié cinq petits volumes qui ne contiennent que des extraits de livres de littérature légère[3]. On n'y a point admis les extraits de livres composés sur des sujets pieux, les seuls auxquels il se complaisait dans sa vieillesse. « Il a, dit madame de Sévigné, un Malaval qui le charme ; il a trouvé que ma grand'mère et l'amour de Dieu de notre *grand-père* saint François de Sales étaient aussi spirituels

---

[1] Dans un petit écrit malin, intitulé *Nouveaux mémoires pour servir à l'histoire du cartésianisme*, par M. G. de l'A., 1692 (75 pages). Ces initiales sont celles de Gilles de l'Aunais ; mais cet ouvrage n'est pas de lui ; il prêta son nom à Huet, qui ne voulut pas s'avouer l'auteur de cet écrit. Tout le monde sut qu'il était de l'évêque d'Avranches. D'Olivet, bien instruit, l'a inscrit dans la liste des ouvrages de ce dernier. Voyez *Huetiana*, 1722, in-12, *Éloge de Huet*, p. xxiii.

[2] SÉVIGNÉ, *Lettres* (11 septembre 1689), t. IX, p. 455, édit. G. — *Ibid.*, t. IX, p. 110, édit. M.

[3] *Recueil de tous les beaux endroits des ouvrages des plus célèbres auteurs de ce temps*, divisés en cinq tomes ; 1696 (5 vol. in-18).

que sainte Thérèse. Il a tiré de ces livres cinq cents maximes d'une beauté parfaite; il va tous les jours chez madame le Maigre, très-jolie femme, où l'on ne parle que de Dieu, de la morale chrétienne, de l'évangile du jour : cela s'appelle des conversations saintes; il en est charmé, il y brille; il est insensible à tout le reste[1]. » Ceci se rapporte à une époque postérieure à celle dont nous traitons. Lorsque Corbinelli était à Grignan avec madame de Sévigné et sa fille, il s'entretenait alors du Tasse avec la première et des *Méditations* de Descartes avec la seconde[2]; mais il ne se préoccupait nullement de la *Pratique facile pour élever l'âme à la contemplation*, de François Malaval.

Quand une grande ferveur de dévotion inspira à Corbinelli un goût exclusif pour les écrits des mystiques, madame de Sévigné fut la première qui en fut instruite; mais cette confidence d'un ami qu'elle estimait tant n'eut sur elle qu'une faible influence. Madame de Sévigné aimait trop ses enfants, ses amis, le monde pour aimer Dieu à la manière de sa grand'mère et du saint évêque de Genève, qu'elle appelle son grand-père, ne se faisant aucun scrupule de badiner plaisamment sur l'usage qui avait prévalu de ne pas séparer les noms vénérés de Frémyot de Chantal et de François de Sales.

Lorsqu'il fallut se résoudre à quitter Grignan, madame de Sévigné ne pensait plus qu'avec effroi à l'instant fatal où elle se séparerait de sa fille. Dans la Provence, elle n'avait vu qu'elle, elle ne regrettait qu'elle; et elle n'eût pu surmonter sa douleur sans la promesse que lui fit ma-

---

[1] SÉVIGNÉ, *Lettres* (11 septembre 1689), t. IX, p. 455, édit. G.; t. IX, p. 110, édit. M.

[2] SÉVIGNÉ, *Lettres* (18 septembre 1672), t. III, p. 116, édit. G. — *Ibid.*, t. III, p. 46, édit. M.

dame de Grignan de venir la rejoindre. La diplomatie d'une assemblée de députés des villes et des communautés, les intrigues du palais d'un gouverneur de province n'intéressaient que médiocrement une femme habituée aux agitations d'une cour où luttaient les ambitions les plus élevées, où se décidait la fortune de tant de hauts personnages, d'une cour dont l'éclat et la splendeur s'accroissaient chaque jour par la gloire du monarque qui y régnait. Le pays où madame de Grignan se trouvait heureuse de dominer plaisait peu à madame de Sévigné : la pâle verdure des oliviers, le sombre aspect des cyprès, l'ardeur desséchante d'un ciel d'azur fatiguaient ou attristaient ses regards. Ce château de Grignan, exposé à tous les vents, sans abri contre les rayons brûlants du soleil, d'où l'œil plane orgueilleusement sur des champs pierreux et infertiles, lui faisait regretter les beaux ombrages de Livry. A cette Provence si vantée elle préférait sa verte Bourgogne et sa Bretagne inculte. Lyon, Aix, Marseille, Toulon avaient charmé sa curiosité, mais ne pouvaient lui faire oublier Paris, Versailles, Saint-Germain. La nouveauté des aspects et des objets qui s'offraient à ses regards lui rendait plus chers encore les endroits où elle avait passé son enfance, sa jeunesse, les plus belles années de sa vie. C'est dans ces lieux si pleins de ses souvenirs et de ses vives émotions que nous allons la suivre.

NOTES

ET

ÉCLAIRCISSEMENTS.

NOTES
ET
ÉCLAIRCISSEMENTS.

CHAPITRE PREMIER.

Chapitre i, page 1, et chapitre iii, p. 67.

Sur les voyages de madame de Sévigné de Paris aux Rochers et des Rochers à Paris.

Madame de Sévigné mit exactement le même temps pour se rendre de Paris aux Rochers que pour retourner des Rochers à Paris; dans ces deux fois, elle n'arriva au lieu de sa destination que le dixième jour. Partie le lundi matin, 18 mai, de Paris (lettre du lundi 18 mai 1671 en partant, t. II, p. 76, édit. G.), elle n'arriva aux Rochers que le mercredi de la semaine suivante (t. II, p. 85, édit. G.).

Pour retourner à Paris, elle partit le mercredi 9 décembre 1671 (t. II, p. 307, édit. G.), et elle n'arriva que le vendredi 18 décembre de la semaine suivante. Dans les deux fois, le calcul des distances nous donne le même nombre de lieues : quatre-vingt-trois lieues et demie. Elle faisait donc environ huit lieues et un quart par jour, et, en retranchant le jour de repos, neuf lieues et un quart.

La première fois, elle ne s'était arrêtée pour séjourner qu'après un trajet de soixante lieues, à Malicorne, chez le marquis de Lavardin. La seconde fois, à son retour à Paris, elle part des Rochers le mercredi; et, pour éviter le pavé de Laval, elle va coucher chez madame de Loresse, parente de madame de Grignan (lettres des 9 et 13 décembre 1671, t. II, p. 308 et 310, édit. G.), où elle paraît avoir séjourné. Là on la fait consentir à prendre deux chevaux de plus, et chacune de ses deux calèches est attelée de quatre chevaux. Loresse est un domaine situé à la gauche de la route de Vitré ou des Rochers, à mille ou douze cents toises de Beaulieu et de Montjean, près de trois autres lieux nommés la Brianterie, le Rocher, les Loges (voyez carte de Cassini, n° 97). Ainsi madame de Sévigné, pour éviter le pavé de Laval, au lieu de continuer droit vers l'est, se dirigea au sud. Arrivée par Argentré à Loresse, où elle coucha, elle avait fait seulement le premier jour dix mille toises ou cinq lieues. De Loresse, il est probable qu'elle prit la route tracée dans Cassini, qui se dirigeait au nord-est depuis Montjean sur Saint-Berthevin, où elle rejoignit, après avoir traversé une partie de la forêt de Concise, la route de Laval. Ce trajet jusqu'à Laval est de neuf mille toises, quatre lieues et demie ; mais nous voyons, dans la lettre du 13 décembre, que madame de Sévigné ne s'arrêta à Laval que pour prendre à la poste les lettres de sa fille : ainsi elle alla ce jour-là coucher à Mélay.

De Laval à Mélay on compte dix mille sept cents toises, ou cinq lieues de poste et un quart. Ainsi madame de Sévigné, en partant de Loresse, avait fait dix lieues de poste, ou quarante kilomètres. Par ces détours, elle allongea sa route de quatre lieues au moins entre les Rochers et Mélay.

De Mélay à Malicorne (lettre du dimanche 13 décembre 1671, t. II, p. 309), où madame de Sévigné alla probablement coucher, la distance (par Sablé) est de vingt mille toises, ou dix lieues de poste ; de Malicorne au Mans, quinze mille cinq cents toises, ou sept lieues et un quart de poste ; et du Mans à Paris, en passant par Chartres, d'après le livre de poste (les autres distances ont été mesurées par nous sur les cartes de Cassini), on compte cinquante-trois lieues de poste (lettre du vendredi 18, t. II, p. 313). Madame de Sévigné ne mentionne aucun lieu dans cet intervalle ; il est probable qu'elle coucha à Chartres et à Bonnelle : ainsi elle avait mis dix jours à faire ces quatre-vingt-sept lieues.

J'apprends par une lettre de M. Grille, le savant bibliothécaire de la ville d'Angers, que l'ancienne famille de Loresse existe encore dans le département de la Mayenne. Une demoiselle de Loresse habite Laval, où elle a fondé une maison de refuge pour les orphelins. Sa terre est située dans la commune de Montjean, à dix-huit kilomètres au sud-ouest de Laval, sur la route stratégique, et sur l'ancien chemin de Vitré à Malicorne. Le château, qui remonte au XVIe siècle, avec des reconstructions et réparations des XVIIe et XVIIIe, est de fort belle apparence ; il est entouré de bois, et on y arrive par de longues avenues. Tout annonce que la race des Loresse était de haut parage et possédait une grande fortune.

Page 37, ligne 7 : *Une maison avec cour et jardin, qu'on appelait la Tour de Sévigné.*

Il paraît que cette maison de Vitré a été aliénée du vivant de madame de Sévigné, ou peu de temps après sa mort; car il n'en est pas fait mention dans l'état des biens-fonds de la maison de Sévigné, donné à la suite de la lettre du marquis de Sévigné, publiée pour la première fois en 1847, par M. Monmerqué. Dans cet état, il n'est parlé que des biens-fonds qui suivent, avec leur évaluation (p. 21) :

LA TERRE DES ROCHERS.	120,000 fr.
LA TERRE DE BODEGAT.	120,000
LA TERRE DE SÉVIGNÉ.	18,000
LES TERRES DONNÉES PAR MADAME D'ACIGNÉ A MADAME DE SÉVIGNÉ. . . .	60,000
LA TERRE DE BURON.	100,000

Cependant, comme dans son acte mortuaire, daté du 28 mars 1713 (il mourut le 26), le marquis de Sévigné est qualifié de seigneur des Rochers, de Bodegat, *d'Estrelles, de Lestremeur, de Lanroz et autres lieux*, il est possible qu'à cause de leur peu de valeur, ou parce qu'elles étaient grevées de charges et d'hypothèques, il ait négligé de faire mention de la *Tour de Sévigné* aussi bien que des terres *d'Estrelles, de Lestremeur, de Lanroz* et autres lieux.

CHAPITRE II.

Page 48, ligne 17 : *Ce noble et grand édifice.*

Pour juger ce qu'était le château de Grignan avec ses tourelles gothiques et l'élégance italienne de sa façade moderne, il faut voir les dessins qui en ont été faits dans le temps où il n'était point encore dégradé, et qui se trouvent dans le tome LXIX du grand recueil intitulé *France (département de la Drôme)*, qui est au cabinet des estampes de la Bibliothèque nationale. Les gravures de ce château, qu'on a publiées depuis, n'en donnent qu'une idée imparfaite. Les vues, dans le volume indiqué, sont au nombre de trois : l'une représente la façade sur le chemin de Valréas; une autre, la façade du côté du potager, et enfin cette même vue moins étendue, mais plus en grand, pour ce qui concerne l'édifice seul. Il existe une bonne lithographie des ruines de ce château, dessinée par Sabattier, lithographiée par Eugène Ciceri, une autre plus petite dessinée par Veyran et gravée par Bonjan.

CHAPITRE III.

Page 68, ligne 12 : Elle y coucha, pour la première fois, le 7 mai 1672.

J'apprends par M. Monmerqué qu'une quittance de Coulanges semble prouver que madame de Sévigné se trouvait dans cette maison le 7 avril, ce qui n'est pas en contradiction avec ses lettres, vu la proximité de la maison qu'elle devait quitter et de celle qu'elle devait occuper.

« Transaction signée par Philippe de Coulanges, abbé de Livry, demeurant rue Sainte-Anastase, paroisse Saint-Gervais, devant Gabillon, notaire, le 7 avril 1672. »

Un autre acte démontre que, le 18 avril 1671, elle demeurait rue de Thorigny.

« Acte de vente par dame Marie de Rabutin-Chantal, veuve de Henri, marquis de Sévigné, demeurant à Paris, en son *hôtel, rue de Thorigny*, paroisse Saint-Gervais, comme ayant les droits cédés de Françoise-Marguerite, dame de Grignan, sa fille, et se portant fort de son fils mineur, émancipé, à Jean Boisgelin, vicomte de Meneuf, président à mortier du parlement de Rennes, propre audit marquis de Sévigné, de la terre de la Baudière, située paroisse Saint-Didier, évêché de Rennes, moyennant quarante mille livres ; cette vente passée, le 18 avril 1671, chez Gabillon, notaire à Paris, et ses collègues. »

Page 75, ligne 8 : Et il fit insérer le programme de ce prix dans la Gazette.

Dans ce programme, il est dit que « c'est pour mettre au-dessus du corinthien et du composite qui est au dedans de la cour du Louvre ; et que si quelqu'un a trouvé quelque belle pensée qu'il ne puisse modeler, il sera reçu à en apporter le dessin pour être modelé par les sculpteurs de Sa Majesté, s'il se trouve le mériter. » On ne songeait pas alors à revenir au gothique.

Page 81, ligne 5 : Un grand nombre d'ouvrages.

D'Olivet a donné une liste des ouvrages de l'abbé Cotin, qui paraît complète; cependant il donne à ses Poésies chrétiennes la date de 1657, et j'ai un volume intitulé *Poésies chrétiennes* de l'abbé COTIN, à Paris, chez Pierre le Petit, M DC LXVIII. Le privilége porte : « Achevé d'imprimer, pour la première fois, le 15 mars 1668. » Ce volume commence par un poëme intitulé *la Madeleine au sépulchre de Jésus-Christ*, et il se termine par des *Vers au roi sur son retour de la Franche-Comté*, qui sont nécessairemen postérieurs à 1657. — D'Olivet ni l'auteur de l'article *Cotin* dans la *Biographie universelle* n'ont point connu ce volume.

Page 82, ligne 2 : Humilier son sot et insolent orgueil.

Pour donner une idée de la fatuité de Cotin, il suffira de citer un passage de ses *Œuvres galantes*, t. I, p. 14.

« Mon chiffre, c'est deux CC entrelacés, qui, retournés et joints ensemble, feraient un cercle. Je m'appelle Charles, comme vous savez; et parce que mes énigmes ont été traduits [1] en italien et en espagnol, et que mon *Cantique des cantiques* a été envoyé par toute la terre, à ce qu'a dit un deviseur du temps, ou, si vous voulez, un faiseur de devises, il m'a bien voulu, de sa grâce, appliquer ce mot des deux chiffres d'un grand prince et d'une grande princesse, Charles, duc de Savoie, et Catherine d'Autriche :

Juncta orbem implent.

Cela veut dire un peu mystiquement que mes œuvres rempliront le rond de la terre, quand elles seront toutes reliées ensemble. » Nous pourrions transcrire beaucoup d'autres passages de ce genre qui justifient ce que Molière a dit de lui :

> Je vis, dans le fatras des écrits qu'il nous donne,
> Ce qu'étale en tous lieux sa pédante personne,
> La constante hauteur de sa présomption,
> Cette intrépidité de bonne opinion,
> Cet indolent état de confiance extrême,

---

[1] Cotin fait le mot *énigme* masculin, et on était partagé alors sur le genre de ce mot; on le faisait assez indifféremment masculin ou féminin. (Voyez RICHELET, *Dictionnaire*, 1680, t. I, p. 286, au mot *Énigme*.)

Qui le rend en tout temps si content de soi-même,
Qui fait qu'à son mérite incessamment il rit,
Qu'il se sait si bon gré de tout ce qu'il écrit,
Et qu'il ne voudrait pas changer sa renommée
Contre tous les honneurs d'un général d'armée.
(*Les Femmes savantes*, act. I, sc. III, t. VI, p. 111 et 112, édit. de 1676.)

Que dire de M. Rœderer, qui, dans son *Mémoire pour servir à l'histoire de la société polie*, p. 314, prétend que Molière n'a pas eu en vue Cotin dans le rôle de Trissotin, parce que Trissotin est un homme marié et non un prêtre, et parce que Boscheron, l'auteur de l'insipide recueil intitulé *le Carpenteriana*, a rapporté une anecdote évidemment fausse sur *les Femmes savantes*, qu'à tort a copiée l'exact auteur de la vie de Molière? M. Rœderer croit que cette application de Trissotin à Cotin est une supposition gratuite des commentateurs de Molière. M. Rœderer ignore donc que le sonnet et le madrigal ridiculisés dans *les Femmes savantes* se trouvent textuellement dans les *Œuvres de Cotin*; que Visé, en rendant compte dans le *Mercure galant* (t. I, lettre du 12 mars 1672) de la première représentation des *Femmes savantes*, nous apprend que Molière lui-même, pour prévenir les suites que pouvait avoir l'outrage qu'il allait se permettre contre un homme de lettres, un prêtre ridicule, mais estimé, crut devoir faire au public, avant la représentation de sa pièce, une déclaration pour désavouer l'intention d'aucune application qu'on pourrait en faire? Visé prétend que l'idée de cette application du personnage de Trissotin à Cotin est due à une querelle que Molière avait eue avec ce dernier huit ans avant la représentation des *Femmes savantes*; il termine en faisant l'éloge de Cotin, et en disant qu'un homme de son mérite ne doit pas se mettre en peine d'une telle application. Enfin M. Rœderer oublie l'épigramme qui fut composée sur Trissotin et Cotin en 1682, et ce qu'ont dit et écrit sur ce sujet Boileau, Brossette, son commentateur, le P. Niceron, d'Olivet, Bayle, Baillet et tous ceux qui ont le mieux connu l'histoire de ces temps. Contre l'usage, un silence absolu sur Cotin paraît avoir été gardé par l'abbé Dangeau lorsqu'il lui succéda à l'Académie française, et aussi par le directeur de l'Académie, chargé de répondre au récipiendaire. Cotin mourut en janvier 1682; et l'obscurité où il vécut dans ses dernières années fut telle que des hommes comme Richelet et Baillet ont ignoré l'époque de sa mort et ont commis des erreurs qui ont été reproduites dans plusieurs ouvrages.

Page 84, ligne 18 : Julie d'Angennes, duchesse de Montausier, mourut trois mois avant la première représentation des *Femmes savantes.*

La duchesse de Montausier n'était pas non plus à la première représentation des *Précieuses ridicules,* qui eut lieu le 18 novembre 1659; car alors elle se trouvait à Angoulême, soignant sa fille, malade de la petite vérole. (*Mémoires sur la vie de M. le duc de Montausier,* t. I, p. 142.)

Ceci n'infirme en rien, mais plutôt confirme ce qu'on fait dire à Ménage dans le *Ménagiana,* t. II, p. 65, que mademoiselle de Rambouillet, madame de Grignan et tout l'hôtel de Rambouillet étaient à cette première représentation des *Précieuses ridicules.* « Nous remarquons, dit un auteur, de *singulières bévues* sur les personnages accessoires, qui ôtent toute autorité à ce récit. A cette époque, mademoiselle de Rambouillet était, depuis quatorze ans, madame de Montausier, et elle n'avait pas manqué de se rendre à Angoulême avec son mari. Madame de Grignan avait suivi le sien en Provence. » Ces lignes, écrites par un historien sérieux et de beaucoup de mérite, sont vraiment *singulières.* Les paroles prêtées à Ménage ou dites par lui (peu importe) prouvent qu'il n'y avait que deux des filles de madame de Rambouillet à la représentation des *Précieuses ridicules.* Celle qui était mariée (madame de Grignan) ne pouvait avoir été rejoindre son mari en Provence, puisqu'il n'y était pas, et qu'il n'avait rien à y faire; mademoiselle de Rambouillet n'était pas non plus avec son mari, puisqu'elle n'en avait pas et qu'elle était mademoiselle de Rambouillet, et non madame de Montausier. Le même auteur dit qu'il est las de lire cette anecdote, tant elle lui paraît suspecte. Nous croyons pouvoir assurer que cette anecdote, en ce qui concerne la présence des personnes désignées, quand elle aurait été avancée sans autorité, n'en est pas moins véritable. En effet, elle n'est pas seulement vraisemblable, mais il nous paraît impossible qu'elle ne soit pas vraie. Qu'on se reporte à cette époque où, dans la haute société, il n'existait pas un seul mari, un seul père qui ne fût flatté d'entendre mettre sa femme ou sa fille au rang des *précieuses,* au rang des femmes qui fréquentaient l'hôtel de Rambouillet; qu'on juge de l'effet que dut produire sur un tel public cette simple annonce des comédiens : *Première représentation des Précieuses ridicules !* Pas une seule des personnes qui étaient admises chez madame de Rambouillet, si elle n'était empêchée, ne dut manquer à cette représentation.

Page 89, ligne 7 : Et que madame de Montespan jeûnait austèrement tous les carêmes.

Ce ne fut point cette année (1671), comme le prétend M. Rœderer dans son *Histoire de la société polie*, p. 299, ch. xxvii, que, par des scrupules de religion, Louis XIV fut sur le point de se séparer de madame de Montespan, mais à la fin de l'année 1675. M. Rœderer a été trompé par la mauvaise édition qu'a donnée la Beaumelle des *Lettres de madame de Maintenon*, t. II, p. 100, lettre 2ᵉ à madame de Saint-Géran. Les dernières lignes n'appartiennent pas à cette lettre, qui est bien donnée, d'après l'autographe, par Sautereau de Marcy dans son édition des *Lettres de Maintenon*, t. II, p. 110. Dans cette édition, le passage sur lequel s'appuie M. Rœderer et les lignes qui suivent ne s'y trouvent pas. L'*Histoire de Bossuet* par le cardinal de Baüsset (liv. v, viii, t. II, p. 44, 4ᵉ édit., 1824, in-12) et les lettres de Bossuet (20 juillet 1675, t. XXXVII des *Œuvres*) ne laissent aucun doute sur l'époque et les circonstances de cette tentative infructueuse pour engager le roi à répudier sa maîtresse.

Page 90, ligne 5 : La place d'honneur était réservée à la Vallière.

Les Mémoires de Maucroix, que je cite en note, ont été publiés par la Société des bibliophiles de Reims, et tirés à un très-petit nombre d'exemplaires. De Maucroix fut député par le chapitre de Reims pour complimenter le Tellier, qui, de coadjuteur, avait été nommé archevêque. De Maucroix se rendit pour cet objet, en août 1671, avec trois autres chanoines ses collègues, à Fontainebleau, où la cour était alors ; et voici comme il raconte ce qu'il vit, en attendant qu'il pût être reçu par l'archevêque :

« M. Barrois et moi, ayant vu les carrosses de S. M. qui étaient dans la cour de l'Ovale, nous attendîmes près d'une heure ; et enfin nous vîmes le roi monter en calèche, madame la Vallière placée la première, le roi après, et ensuite madame de Montespan, tous trois sur un même siége, car la calèche était fort large. Le roi était fort bien vêtu, d'une étoffe brune avec beaucoup de passements d'or; son chapeau en était bordé. Il avait le visage assez rouge. La Vallière me parut fort jolie, et avec plus d'embonpoint qu'on ne me l'avait figurée. Je trouvai madame de Montespan fort belle; surtout elle avait le teint admirable. Tout disparut en un moment. Le roi, étant assis, dit au cocher : Marche! Ils allaient à la chasse du sanglier. » *Mémoires de* M. Fr. de Maucroix, ch. xx, 2ᵉ fascicule, p. 33.

CHAPITRE IV.

Page 107, lignes 5 et 9 : Madame de Brancas avait été une des femmes les plus compromises... On crut que la beauté de mademoiselle de Brancas...

La femme du comte de Brancas se nommait Suzanne Garnier. Au volume III, p. 217, du Recueil de chansons historiques, mss. de la Bibliothèque nationale, un des couplets porte :

> Brancas vend sa fille au roy,
> Et sa femme au gros Louvoy.

Ménage disait que l'on ne pouvait faire l'histoire de son temps sans un recueil de vaudevilles; mais dans ces recueils, si pleins d'impureté, toujours les faits vrais et scandaleux sont exagérés, et ils en renferment un grand nombre évidemment calomnieux. Il est cependant remarquable qu'on ne trouve pas un seul couplet qui inculpe madame de Sévigné, et ils en renferment plusieurs qui font son éloge. Quant à Suzanne Garnier, comtesse de Brancas, ces recueils en font presque une autre comtesse d'Olonne, et il y est dit (t. III, p. 195, année 1668) :

> Brancas, depuis vingt ans,
> A fait plus de cent amants.

Dans le nombre de ces amants, l'annotateur cite d'Elbœuf, Beaufort, d'Albret, Lauzun, Bourdeilles, comte de Matha, Monnerot, Partisan, Fouquet.

Page 112, ligne 18 : On sut d'autant plus gré à mademoiselle de Lenclos d'en prendre la peine.

En 1672, on fit sur Ninon un couplet qui ne peut être cité en entier, car les muses des chansonniers de cette époque étaient presque toujours ordurières, même lorsque le sujet semblait appeler d'autres idées et d'autres expressions :

> On ne reverra, de cent lustres,
> Ce que de notre temps nous a fait voir Ninon,
> Qui s'est mise, en dépit......,
> Au nombre des hommes illustres.
>
> (*Recueil de chansons historiques*, mss. de la Biblioth. nationale, vol. III, p. 551.)

Page 117, lig. 22 : A un bon mot de Ninon sur la comtesse de Choiseul.

Le passage de madame de Sévigné est ainsi : « La Choiseul ressemblait, comme dit Ninon, à un printemps d'hôtellerie. La comparaison est excellente. »

Ce passage de la lettre de madame de Sévigné a été mal compris. On a cru qu'il s'agissait de mauvais tableaux représentant le Printemps, exposés dans les cabarets. Nullement. D'assez bons artistes de cette époque avaient fait graver des têtes de femmes d'une beauté idéale, pour représenter toutes les expressions et toutes les formes que la beauté peut revêtir ; ils désignaient ces têtes par un titre qui indiquait leurs intentions allégoriques : c'était la *Langueur*, le *Désir*, la *Dévotion*, les *Muses*, les *Grâces*, le *Printemps*, l'*Été*, etc. Des copistes imitèrent ces gravures d'une manière grossière, et les enluminèrent de couleurs fortes, pour les cabarets, les hôtelleries de passage et les gens du peuple ; et c'étaient là les seules gravures qu'on y voyait, comme aujourd'hui des *Bonaparte* et des scènes de la révolution. Comparer une femme à l'élégante et gracieuse figure nommée *le Printemps* était en faire un grand éloge et dire qu'elle était fort belle ; mais dire qu'elle ressemblait à la caricature de cette gravure, beaucoup plus connue que l'original, c'était la rendre ridicule, c'était exciter le rire, et faire, comme dit madame de Sévigné, une excellente comparaison. »

CHAPITRE V.

Page 123, ligne 16 : On ouvrit à Cologne des conférences.

Charles-Albert, dit d'Ailly, duc de Chaulnes, conduisait ces conférences. Dans le *Recueil de chansons historiques* (mss. de la Bibl. nationale, 1673, vol. IV, p. 73), on trouve une chanson qui prouve que le sérieux des négociations n'empêchait pas les intrigues amoureuses des personnages français réunis à Cologne. Élisabeth Férou, femme du duc de Chaulnes, avait avec elle, comme demoiselle de compagnie, une très-belle personne nommée mademoiselle Auffroy, qu'on appelait par plaisanterie *la Princesse*. Elle fut aimée de Berthault et par Anne Tristan de la Baume ; mais, selon l'annotateur de la chanson, un certain abbé de Suze parvint à supplanter tous ses rivaux.

Page 124, ligne 10 : La duchesse de Verneuil.

La duchesse de Verneuil était cette Charlotte Seguier, fille du chancelier Seguier, qui, d'abord duchesse de Sully, avait épousé en secondes noces Henri, duc de Verneuil, fils naturel de Henri IV et d'Henriette de Balzac, comtesse d'Entragues. Par ce mariage, les Seguier avaient l'honneur de se trouver alliés à une princesse du sang. Quand la duchesse de Verneuil mourut en 1704, Louis XIV, qui voulait élever à un haut rang ses enfants naturels, porta quinze jours le deuil, comme pour une princesse du sang. (SAINT-SIMON, *Mémoires*, t. IV, p. 311.) Elle était, par son premier mariage, la mère du duc de Sully et de la princesse de Lude. (SÉVIGNÉ, *Lettres*, 3 et 9 février 1672, 26 mars 1680, t. I, p. 311 ; t. II, p. 372 ; t. VI, p. 416 ; t. IX, p. 295, édit. G.; t. I, p. 236 ; t. II, p. 311 ; t. VI, p. 210 ; t. VIII, p. 457, édit. M.)

Page 124, ligne 14 : Et Barillon.

Barillon, qui joua comme ambassadeur un si malheureux rôle en Angleterre, était petit, vif, empressé auprès des femmes. Fort riche, il n'épargnait pas l'argent pour réussir auprès d'elles : c'est ce que nous apprend une des plus intéressantes historiettes de Tallemant des Réaux, qui nous fait connaître une madame de Marguenat. Cette madame de Courcelles-Marguenat était une coquette aussi habile et aussi séduisante que Ninon et qui aurait pu être aussi célèbre, « puisqu'on disait qu'elle avait Brancas pour brave, le chevalier de Gramont pour plaisant, Charleval et le petit Barillon pour payeurs. » Brancas et Gramont sont bien connus des lecteurs de madame de Sévigné et d'Hamilton ; Charleval l'est par ses poésies, et Barillon par l'histoire et divers mémoires. Assurément cette femme, qui finit par se faire épouser par Bachaumont, son dernier amant[1], savait se bien pourvoir.

[1] TALLEMANT DES RÉAUX, *Historiettes*, t. VI, p. 152, édit. in-12 ; t. IV, p. 236, édit. in-8°.

Page 126, ligne 11 : Sa tante de la Troche.

Cette dame était amie et non tante de madame de Sévigné ; et dans la 3ᵉ partie, 2ᵉ édition de ces *Mémoires*, p. 376, ligne 9, il y a une faute de copiste, et, au lieu de la Troche, il faut lire la Trousse.

Page 130, ligne 28 : En s'adressant à sa fille.

Je m'étonne que les éditeurs de madame de Sévigné ne se soient pas aperçus que ce paragraphe avait été transposé, et à tort intercalé dans le *post-scriptum* du comte de Grignan, qui, après ces mots, *ne vient pas de moi*, doit continuer par ceux-ci : *vous avez fait faire à ma fille le plus beau voyage.*

Le comte de Grignan savait la musique, puisque madame de Sévigné lui envoya des motets; mais son âge et sa position prouvent assez que ce qu'elle dit ici ne peut s'appliquer à lui.

Page 133, lignes 5 et 12 : La comtesse de Saint-Géran.

L'annotateur des *Chansons historiques* dit que la comtesse de Saint-Géran (1673) passait sa vie aux Feuillants. Sa liaison avec Seignelay est postérieure à cette époque.

Page 134, ligne 3 : Le marquis d'Harcourt.

Le marquis Henri d'Harcourt était colonel du régiment de Picardie. L'annotateur des *Chansons historiques*, selon son usage, ajoute à cette liste des amants de la duchesse de Brissac et lui donne pour amant payant un riche financier nommé Louis Béchameil, secrétaire du roi.

Page 139, ligne 13 : Était due à sa jeune et jolie femme.

C'est ici le lieu de rectifier une faute de copiste qui s'est glissée dans la 3ᵉ partie de ces *Mémoires*, 2ᵉ édition (p. 213, lig. 11). Il faut substituer dans cette ligne la princesse de Soubise à la duchesse de Sully. Jamais l'on n'accusa celle-ci d'intrigues galantes avec Louis XIV ni avec aucun autre.

Page 140, ligne 7 : Un propos fort graveleux du prince d'Orange.

Bussy lui écrit : « Et sur cela, madame, il faut que je vous dise ce que M. de Turenne m'a conté avoir ouï dire au frère du prince d'Orange, Guillaume : que les jeunes filles croyaient que les hommes étaient toujours en état, et que les moines croyaient que les gens de guerre avaient toujours, à l'armée, l'épée à la main. » A quoi madame de Sévigné répond fort gaillardement : Votre conte du prince d'Orange m'a réjouie. Je crois, ma foi, qu'il disait vrai, et que la plupart des filles se flattent. Pour les moines, je ne pensais pas tout à fait comme eux; mais il ne s'en fallait guère. Vous m'avez fait plaisir de me désabuser. »

Page 143, ligne 12 : Le Genitoy est un château, etc., etc.

Sur quelques cartes des environs de Paris, ce lieu est écrit *le Génitoire;* il est situé entre Bussy-Saint-George et Jossigny, à deux kilomètres de l'un et de l'autre (voyez la feuille 11 des environs de Paris, de dom Coutans); le *Dictionnaire universel de la France* (1804, in-4°, t. II, p. 549) place ce château dans la commune de Jossigny; et le *Dictionnaire de la poste aux lettres*, publié par l'administration des postes, 1837, in-folio, dans la commune de Bussy-Saint-George, dont il est plus éloigné. Avant la révolution, il était de cette dernière paroisse. Le vrai nom est Genestay; et l'abbé le Bœuf donne l'histoire de cette seigneurie sans interruption, depuis Aubert de *Genestay, miles,* mort le 30 septembre 1246. Lorsque l'abbé le Bœuf écrivait (en 1754), la maison de Livry était encore en possession de cette terre. L'abbé le Bœuf termine en disant : « L'antiquité du nom de Genestay me dispense de réfuter ceux qui s'étaient imaginé que le vrai nom est Génitoire, qui lui serait venu, selon eux, de l'accouchement d'une dame d'importance. » (LE BOEUF, *Histoire du diocèse de Paris*, t. XV, p. 97 à 99.)

Les éditeurs de madame de Sévigné ont ignoré ce qu'avait écrit l'abbé le Bœuf sur le Genitoy; et l'un d'eux a cru que madame de Sévigné faisait un calembour sur le mot italien *Genitorio* ou *Genitoio,* et qu'aucune maison ou château de ce nom n'existait. (MONMERQUÉ, édit. de Sévigné, 1820, in-8°, t. II, p. 419; GAULT DE SAINT-GERMAIN, t. II, p. 4 et 5; GROUVELLE, édit. in-12, 1812, t. III, p. 83.)

CHAPITRE VI.

Page 147, ligne 4 du texte : Sa mère, etc.

Elle vivait encore lorsque Sidonia était en prison à la Conciergerie, et peut-être lui a-t-elle survécu ; elle avait épousé un nommé Bunel, dont on ne sait rien.

Page 152, ligne 27 : S'introduisit subitement dans sa chambre.

Par le moyen d'une fille d'honneur de la princesse de Carignan, qui se nommait madame Desfontaines et depuis fut madame Stoup et non Stoute, comme il est écrit dans la Vie de madame de Courcelles.

Page 154, ligne 8 : A peine âgée de seize ans.

Le mariage de la marquise de Courcelles a dû avoir lieu lors du premier voyage de Louvois en Flandre, à la fin de 1666 ou au commencement de 1667. Gregorio Leti dit qu'elle s'est mariée à treize ans, ce qui n'est pas, puisqu'elle-même dit qu'elle avait treize ou quatorze ans lorsqu'elle sortit du couvent. Il faut bien accorder deux ans pour les démarches interventives faites pour la marier d'abord avec Maulevrier, alors en Espagne, et ensuite avec Courcelles, qui voyageait en pays étranger quand on forma le projet de le marier avec Sidonia : morte en décembre 1685, à l'âge de trente-quatre ans, madame de Courcelles, qui avait seize ans à la fin de 1666, était donc née en 1650, et non en 1659, comme il est dit à son article dans la *Biographie universelle*. (*Vie de madame de Courcelles*, p. 14.)

Page 156, lig. 17 : La marquise de la Baume, cette maîtresse de Bussy.

Au volume III, page 67 du *Recueil de chansons historiques*, on trouve un couplet intitulé « Sur la.... femme de Hostun, marquis de la Baume. »

Ce couplet commence par ce vers :

« La Baume, maigre beauté ; »

et à la suite du couplet se trouve, sur madame de la Baume, la note suivante :

« Elle était grande, friponne, espionne, rediseuse, aimant à brouiller tout le monde et ses plus proches pour le seul plaisir de faire du mal. D'ailleurs infidèle et fourbe à ses amants, qu'elle n'aimait que par lubricité, en ayant toujours plusieurs à la fois, qu'elle jouait et desquels elle se souciait peu. »

Page 161, ligne dernière : L'abbé d'Effiat.

L'abbé d'Effiat possédait l'abbaye Saint-Germain de Toulouse et celle de Trois-Fontaines.

Page 166, ligne 19 : Avec la comtesse de Castelnau.

La comtesse de Castelnau était devenue veuve du maréchal de Castelnau en 1658, et mourut le 16 juillet 1696, âgée de quatre-vingts ans. (Voyez Dangeau.) Elle fut du nombre de ces femmes qui acquirent une scandaleuse célébrité par leurs intrigues galantes. Elle eut pour amants Villarceaux, le marquis de Tavannes, Jeannin de Castille.

Page 168, ligne 8 : M. de Marsan.

Peut-être cette aventure de bal avec Charles de Lorraine, comte de Marsan, que madame de Sévigné, dans ses *Lettres*, nomme le petit Marsan, contribua-t-elle, quelques années plus tard, à la rupture de son mariage avec la maréchale d'Aumont, qui eut lieu par l'opposition du chancelier le Tellier, père de Louvois. (Voyez SÉVIGNÉ, *Lettres*, 24 novembre 1675, t. IV, p. 118, édit. G.: t. IV, p. 97, édit. M.)

Page 168, ligne 19 : La marquise de Courcelles se lia avec la duchesse de Mazarin.

On composa dans ce temps plusieurs couplets sur la duchesse de Mazarin et la marquise de Courcelles : nous nous contenterons de citer celui sur Hortense Mancini, duchesse de Mazarin, et madame de Marolles, marquise de Courcelles, que le duc de Mazarin avait fait enfermer dans un couvent pour leurs galanteries :

> Mazarin et Courcelles
> Sont dedans un couvent;
> Mais elles sont trop belles
> Pour y rester longtemps.
> Si l'on ne les retire,
> On ne verra plus rire
> De dame assurément.

Page 175, ligne 4 : S'enferme dans le château d'Athée, près d'Auxonne.

Athée, petit hameau de 500 âmes, est dans le département de la Côte-d'Or, arrondissement de Dijon, canton d'Auxonne, à 11 kilomètres de Saint-Jean de Loos. C'est un lieu fort ancien, dont il est fait mention en 880 dans le cartulaire de Saint-Bénigne de Dijon, sous le nom d'*Atéias*; il était du diocèse de Châlon et de l'archidiaconé d'Oscheret. (Voyez J. Garnier, *Charles bourguignonnes*, p. 69 et 70.)

Page 175, ligne 23 : De M. le comte d'Hona.

L'auteur de la lettre qui est dans le manuscrit de M. Aubenas avait un oncle dans les bureaux de la chancellerie, sous le ministre le Tellier; il donne une relation très-détaillée de ce qui concerne le rasement du château d'Orange. Sa lettre (p. 239 du manuscrit) est intitulée *Lettre écrite d'Orange*, le 25 juillet 1712, à M. le baron de Roays, pour M. l'abbé de ***, chanoine de la cathédrale; puis après est une seconde lettre du même au même, datée du 3 août.

Dans la première (p. 250), il fait du comte d'Hona le portrait suivant : Il était de belle taille; il avait le visage en ovale, le nez aquilin, les joues couvertes d'une petite rougeur naturelle, le teint blanc, les cheveux noirs, les yeux de la même couleur, bien fendus. Il avait encore de très-belles qualités de corps, beaucoup d'esprit, robuste, infatigable, sage, assez éloquent à bien parler, bon ami, assez libéral, magnifique quand il donnait à manger. Il était beaucoup aimé des catholiques et des huguenots de la ville et de toute cette principauté, ce qui aurait fait le comble de toutes ces belles vertus qu'il possédait, n'eût été l'hérésie de Calvin qu'il professait. » Le comte Frédéric d'Hona eut Bayle pour gouverneur de son fils, et il résidait alors à Copet. La célèbre *aventurière* dont il est fait mention dans la lettre de Bayle à M. Minutoli, datée de Copet le 8 mars 1674 (*Lettres choisies de M. Bayle*; Rotterdam, 1714, t. I, p. 30), est la marquise de Courcelles, dont Bayle ignorait alors le nom.

Page 177, ligne 21 : C'est de ce lieu qu'il a écrit à Manicamp.

Longueval de Manicamp, dont parle ici madame de Sévigné, était cousin germain de Bussy (voyez la lettre de Corbinelli, du 10 février 1652, t. I, p. 230, édit. Amst., 1721), et par conséquent aussi parent de madame de Sévigné. Il est souvent fait mention de lui dans l'*Histoire amoureuse des Gaules* de Bussy; nous y voyons que Manicamp était du nombre de ceux qui firent la fameuse partie de débauche au château de Roissy. C'est Manicamp qui, dans l'*Histoire amoureuse des Gaules*, introduit, par les questions qu'il fait à Bussy, l'histoire de

NOTES ET ÉCLAIRCISSEMENTS.   347

madame de Sévigné. « Je m'étonne, dit Manicamp, que vous parliez comme vous faites, et que madame de Sévigny ne vous ait pas rebuté d'aimer les femmes. » (*Recueil des histoires galantes*; à Cologne, chez Jean le Blanc, p. 180.) Je cite ce livre de préférence, parce qu'il contient une édition de l'*Histoire amoureuse de France*, dont je n'ai point encore parlé. Ce volume sans date a 545 pages numérotées et 4 pages non numérotées; il est ancien, et en mauvais type elzévirien; il contient: 1° l'Histoire amoureuse de France; 2° Recueil de quelques pièces curieuses, servant d'éclaircissement à l'histoire de la vie de la reine Christine; 3° l'Histoire du Palais-Royal; 4° l'Histoire galante de M. le comte G. [Guiche] et de M. [Madame, duchesse d'Orléans]; 5° la Relation de la cour de Savoye ou des Amours de Madame Royale; 6° Comédie galante de M. de Bussy; 7° la Déroute et l'Adieu des filles de joye de la ville et des fauxbourgs de Paris.

La sixième pièce, la *Comédie galante de M. de Bussy*, est la plus curieuse du volume. C'est une pièce infâme, semblable au fameux Cantique qu'on a si faussement attribué à Bussy : elle est écrite dans un style ordurier et stupide, tel que celui de portiers ou de domestiques de mauvais lieux; avec cette différence que le nom de Bussy qu'on lit en tête de cette composition, écrit en toutes lettres ainsi que les mots obscènes, ne se retrouve plus dans ce volume comme auteur des autres pièces, pas même à l'*Histoire amoureuse de France*. Le *Cantique*, dans cette édition, est à la page 178; l'*Histoire de madame de Sévigny* commence à la page 182, celle de madame de Monglas à la page 198.

Page 181, ligne 2 : Entre les bras d'un homme.

En marge d'une copie des Mémoires de la marquise de Courcelles, M. Monmerqué a trouvé, à côté du billet qui est à la page 153, ces mots en italien, qui sont probablement de Gregorio Leti : « *Lei s'era imbertonata d'un palafreniere inglese, col quale venne sorpresa dal Boulay.* »

Page 181, ligne 24 : Le mal que vous m'avez fait à l'avenir m'empêchera, etc.

Il y a là une forte ellipse, mais l'on en saisit bien la raison et le sens; la phrase est claire pour celui qui sait lire. Les grammairiens et le prote, ou peut-être Chardon de la Rochette lui-même, n'ont pas compris cette phrase, et, pour la rendre plus régulière et plus claire, ils ont corrigé ainsi : « Le mal que vous me ferez à l'avenir, » sans s'apercevoir qu'ils changeaient un reproche en injure.

Page 182, ligne 17 : La marquise de Courcelles se retira en Savoie, et y resta cachée.

Je crois que la marquise de Courcelles rejoignit à Chambéry la duchesse de Mazarin, qui y tenait une petite cour, et s'occupait à dicter ses Mémoires à l'abbé de Saint-Réal ; et que ce fut sous la protection de cette duchesse qu'elle y résida. Mais je n'ai rien trouvé de positif à cet égard. (Voyez SAINT-ÉVREMOND, Œuvres, t. VIII, p. 249, édit. 1753, petit in-12; t. IV, p. 272, édit. 1739.)

Page 185, note 1, ligne 2 : A la suite du *Voyage de MM. de Bachaumont et Chapelle*.

Une de ces pièces fut composée lors de la première phase du procès, pendant le temps de la première captivité de madame de Courcelles et lorsque son mari vivait. Dans cette pièce, on la suppose aux pieds de ses juges, et on lui fait dire :

> Pour un crime d'amour, dont je ne suis coupable
> Que pour avoir le cœur trop sensible et trop doux,
> Dois-je prendre un tyran sous le nom d'un époux ?
> Arbitres souverains de mon sort déplorable,
> ....
> Ah! consultez, de grâce, et vos yeux et vos cœurs ;
> Ils vous inspireront d'être mes protecteurs.
> Tout ce que l'amour fait n'est-il pas légitime ?
> Et vous qui tempérez la sévère Thémis,
> Pourrez-vous vous résoudre à châtier un crime
> Que la plupart de vous voudrait avoir commis ?

Ce sonnet sur madame de Courcelles fut envoyé à Bussy par le comte de L*** (Limoges?), et Bussy le trouva fort beau. (BUSSY, *Lettres*, 3 mars 1673 ; t. IV, p. 38, édit. 1738.)

Je remarque qu'il y a dans ce singulier Recueil de 1698 cité dans la note, qui fut imprimé en France et non en Hollande, le *Chapelain décoiffé* (p. 60-63), qui n'est point attribué à Boileau dans ce livre. — Ce volume, qui porte une sphère sur le frontispice, a 164 pages, et se termine par des *Centuries du style de Nostradamus, faites par monseigneur le duc et envoyées à madame de la Fayette, qui les a expliquées*.

CHAPITRE VII.

Pages 190, ligne dernière : Un père et une sœur.

Je transcrirai le couplet qui se trouve dans les *Chansons curieuses*, avec le préambule et les notes qui l'accompagnent.

Chansons historiques (1673), vol. IV, p. 61.

Sur l'air : *Amants, ainsi vos chaînes.*

« Chanson dans laquelle l'auteur fait parler Philippe de Coulanges, maître des requêtes, sur toute la famille.

« Cette chanson fut faite par de Guilleragues, secrétaire du cabinet du roi, lequel était à l'abbaye de Livry avec le sieur de Coulanges. Elle fut cause de la ruine de Coulanges, parce que Michel le Tellier, chancelier de France, crut que cette chanson était de lui, et qu'il s'opposa toujours à ce qu'il obtînt une intendance. » [Cela est peu vraisemblable. Ce fut l'éloignement de Coulanges pour les affaires qui l'empêcha de pouvoir obtenir aucun emploi.]

« J'aime mon beau-frère
Le comte de Sanzei [1],
J'aime ma belle-mère [2],
Mon beau-père du Gué [3],
Mon cousin de la Trousse [4],
Mon frère de la Mousse [5],
Mon oncle le Tellier [6] ;
Mais j'aime mieux Gautier [7]. »

---

[1] « Turpin de Crissé, comte de Sanzei, colonel d'un régiment de cavalerie ; il avait épousé de Coulanges, sœur de Philippe-Emmanuel de Coulanges. »

[2] « Turpin du Gué, femme de François du Gué, lors maître des requêtes et intendant à Lyon. »

[3] « François du Gué, maître des requêtes et intendant à Lyon, père de madame de Coulanges. »

[4] « Philippe le Hardy, marquis de la Trousse, capitaine lieutenant des gendarmes de monseigneur le Dauphin, cousin germain de madame de Coulanges. »

[5] « *Mon frère de la Mousse* : c'était un frère bâtard de madame de Coulanges, qui était prêtre. »

[6] « Michel le Tellier, qui avait épousé Élisabeth Turpin, sœur de madame du Gué. »

[7] « Marchand de Paris, avec lequel M. de Coulanges avait dîné dans une maison auprès de Livry le jour que cette chanson fut faite. »

Page 191, ligne 2 : Un Virgile, non pas travaillé, mais dans toute la majesté du latin et de l'italien.

L'abbé Faydit nous a conservé un fragment de lettres de Ménage qui prouve bien que madame de Sévigné n'était pas indigne de la majesté du latin, si ce passage (extrait des *Remarques sur Virgile et sur Homère, et sur le style poétique de l'Écriture sainte;* Paris, 1705, in-8°, p. 168, § III) est authentique.

« M. Ménage écrivant à madame la marquise de Sévigné, en cour, pendant un carnaval où l'on se divertit beaucoup et où il y eut de grandes fêtes et quantité de bals et de mascarades, lui dit : « Ce sont des jeux et des bourdonnements d'abeilles que tous ces grands mouvements que vous vous donnez dans le carnaval. Un peu de poussière jetée sur la tête des abeilles fait cesser tous leurs combats, et les oblige de se retirer dans leurs trous. Je vous attends au mercredi des Cendres. Celles que l'on vous mettra sur la tête et sur celle de vos jeunes seigneurs feront cesser tous les divertissements de la cour, et vous ramèneront ici, selon la prophétie de Virgile, liv. IV, v. 86 :

Hi motus animorum atque hæc certamina tanta
Pulveris exigui jactu compressa quiescunt. »

Cette application des vers de Virgile au jour des Cendres se trouve dans le *Ménagiana*, mais sans aucune mention de madame de Sévigné ni de la lettre que lui a adressée Ménage ; et cependant la Monnoye, qui a fort allongé cet article du *Ménagiana*, cite l'ouvrage de Faydit sans faire non plus mention du fragment de lettres. S'il ne croyait pas à son authenticité, il fallait le dire ; s'il y croyait, il devait transcrire le fragment de Ménage. (*Ménagiana*, 3ᵉ édit., 1715, t. II, p. 308.)

Page 191, ligne 13 : Dans le beau château de Montjeu.

La terre et la seigneurie de Montjeu est une ancienne baronnie, que Charlotte Jeannin, fille du célèbre Pierre Jeannin, président à mortier au parlement de Bourgogne, apporta en mariage, avec celle de Dracy et de Chailly, à Pierre de Castille, contrôleur et intendant des finances, ambassadeur en Suisse, décédé en 1629. Le fils de ce dernier, Nicolas, joignit à son nom le nom plus illustre de sa mère, et se nomma Nicolas Jeannin de Castille, et le plus souvent Jeannin. Il obtint, ainsi que je l'ai dit dans le texte, que sa baronnie serait érigée en marquisat, ce qui se fit par lettres patentes en 1655, registrées à la chambre des comptes de Dijon le 30 mars 1656. Il ne prit pas le titre de marquis de Montjeu, qui lui appartenait; son fils fut ainsi nommé, et le marquisat de Montjeu appartint au prince d'Harcourt, qui avait épousé la fille unique du fils de Jeannin. Les biens du prince d'Harcourt et de Guise sur Moselle ayant été mis en direction, la présidente d'Aligre acheta, en 1748, le marquisat de Montjeu. En 1734, lorsque Garreau publiait sa seconde édition de la *Description de la Bourgogne*, Montjeu appartenait encore à madame Jeannin de Castille, princesse de Guise. Il y a une vue de ce château dans le *Voyage pittoresque de Bourgogne*, in-fol., 1835, feuille 7, n° 25.

Page 193, ligne 12 : Auprès de la comtesse d'Olonne, et note 2.

Je cite deux éditions du célèbre libelle de Bussy, qui sont peu connues, que je possède, et que je n'ai pas encore eu occasion de mentionner. La première est un in-18 de 258 pages, qui offre au frontispice une gravure finement exécutée, où il a trois hommes et trois femmes sur le premier plan, et un homme et une femme sur le second plan, dont on ne voit que les têtes : en haut, sont deux Amours lançant des flèches. Au bas de cette gravure-frontispice sont écrits ces mots : HISTOIRE AMOUREUSE DES GAULES, P. M. DE BUSSY Sⁿ (*Salon?*) *de la Bastille;* mais l'intitulé de la page 1 porte : HISTOIRE AMOUREUSE DE FRANCE. Les noms, loin d'être déguisés, sont en toutes lettres; ainsi Jeannin, qui se nomme *Castillante* dans les éditions ordinaires, est nommé ici Jeannin. Les *Maximes d'amour* et la lettre de Bussy au duc de Saint-Aignan (p. 239 et 247) s'y trouvent; le fameux *Cantique* est à la page 196; l'*Histoire de madame de Sévigny*, à la page 200; celle de madame *de Monglas* et *de Bussy*, p. 218. L'autre édition est intitulée *Recueil des histoires galantes;* à Cologne, chez Jean le Blanc, sans date. Ce volume in-18, carré, a 545 pages paginées, et de plus trois pages non paginées; j'en ai déjà parlé.

Je dirai, à l'occasion de ces libelles, que, dans la 3ᵉ partie de ces *Mémoires*, p. 9, ch. 1, on lit: « Deux femmes d'un haut rang étaient diffamées. » Il fallait ajouter en note, comme citation, VILLEFORT,

Vie de madame de Longueville; Amsterdam, 1729, in-12, t. II, p. 161, ou Paris, 1738, p. 169.

Le passage est important, et confirme par un témoignage si formel ce que nous avons dit de Bussy et de son libelle que nous allons le transcrire d'après l'édition de Hollande, où le nom du comte de Bussy-Rabutin est en toutes lettres, tandis qu'il n'y a que les initiales (C. de B. R.) dans l'édition de Paris.

« Le comte de Bussy-Rabutin, dans son ouvrage satirique contre tout ce qu'il y avait à la cour de personnes distinguées par leur mérite, avait osé s'attaquer à M. le Prince, lequel, indigné de son insolence, en témoigna publiquement sa surprise. Un gentilhomme, plein de zèle pour son maître, proposa de le venger, et fit armer tous les bas domestiques de l'hôtel de Condé, dans le dessein de se mettre à leur tête pour aller assommer Bussy. Madame de Longueville, qu'il n'avait pas plus épargnée dans son libelle, fortuitement avertie de cette conspiration, vint en hâte trouver son frère, et se jeta à ses genoux, et, les larmes aux yeux, le conjura de sauver la vie au coupable. »

Page 195, ligne 19 : Son fils possédait la terre d'Alonne.

Bussy nous apprend qu'il s'était marié avec Gabrielle de Toulongeon, à la terre d'Alonne, près d'Autun, le 28 avril 1643. (BUSSY, *Mémoires*, édit. 1721, p. 93.) Elle mourut le 26 décembre 1646 : il en eut trois filles : Diane, Charlotte et Louis-Françoise. Ainsi, dans l'espace de trois ans et huit mois, il eut trois enfants de sa première femme ; aussi dit-il que l'aîné n'avait que deux ans lorsqu'il perdit sa femme. (BUSSY, *Mémoires*, t. I, p. 125, édit. d'Amsterdam, 1721.)

Page 195, ligne 22 : Toulongeon. — Page 196, ligne 1 : Chazeul.

Chazeul ou Chazeu fut acquis en 1641, par le comte Roger de Rabutin, de Catherine de Chissey (voyez GIRAULT, *Détails historiques,* dans les *Lettres inédites de madame de Sévigné,* 1819, in-12, p. LIV). Garreau, dans sa 2ᵉ édition seulement, dit : « Chazeul, dans la paroisse de Laizy, seigneurie du bailliage d'Autun. »

Lors de la première édition de l'ouvrage de Garreau (Dijon, 1717, in-12, p. 320), Toulongeon appartenait encore à un Toulongeon.

Lors de la 2ᵉ édition de ce livre, in-8°, 1734, p. 641, cette terre était la propriété de madame de Longhal, épouse du marquis de Dampierre.

Page 197, ligne 20 : Elle n'arriva, le jour suivant, qu'à six heures du soir.

L'exactitude de ces détails résulte de la lettre même de madame de Sévigné et du mode de voyager pratiqué encore en 1833, quoiqu'il y eût déjà un bateau à vapeur. A neuf heures du soir, les patrons de la diligence (coches d'eau) appelaient les voyageurs après que les paquets, chevaux, voitures, bestiaux avaient été embarqués. Le bateau était traîné par des chevaux, et ne faisait qu'une lieue et demie à l'heure : cela était bien lent. A cette même époque de 1833, nous fîmes ce trajet avec des chevaux de poste beaucoup plus rapidement ; mais madame de Sévigné voyageait avec ses chevaux, et, en suivant la marche ordinaire de onze lieues par jour, elle eût mis trois jours.

Page 198, ligne 1 : Je soupai chez eux.

On voit, par la satire iii de Boileau, que l'on dînait alors entre midi et une heure, immédiatement après la messe ; le souper devait être de six à sept heures du soir.

J'y cours, midi sonnant, au sortir de la messe,
....
Le couvert était mis dans ce lieu de plaisance...
.... Cependant on apporte un potage.

(*Satire du sieur D***, 1666, in-12, p. 20.)

Page 198, ligne 25 : Il n'en est pas de même d'un monsieur M.

Une autre maison qu'on admirait alors à Lyon, bâtie sur la place de Bellecour par un architecte italien, était celle de M. Cazes. — Madame Deshoulières a adressé plusieurs pièces de vers à ce M. Cazes, avec lequel elle avait sans doute fait connaissance lorsqu'au printemps de l'année 1672, et environ six mois avant le voyage de madame de Sévigné, cette femme poëte fit un voyage à Lyon. C'est dans cette année que furent aussi imprimés ses premiers vers, dans le tome I du *Mercure galant.* (Voyez l'*Éloge historique de madame Deshoulières*, t. I, p. xix des *Œuvres*, édit. 1764, in-12.) Elle se rendit dans le Forez, et ensuite en Dauphiné, et après chez la marquise de la Charce, près de la ville de Nyons, où elle séjourna trois ans. La première édition de ses poésies parut en 1668, en un vol. in-8°, chez Sébastien Cramoisy. On y trouve, p. 33, des vers adressés à mademoiselle de la Charce (Philis de la Tour du Pin de la Charce, qui combattit vaillamment, le pistolet au poing, sous les ordres de Catinat), pour la fontaine de Vaucluse. Mais les vers à M. Cazes et les réponses de celui-ci ne parurent que dans la seconde édition des *Poésies* de madame Deshoulières, en deux volumes, 1693, in-8°, avec un beau portrait dessiné par mademoiselle Chéron et gravé par Van Schuppen. Les vers de M. Cazes à madame Deshoulières et les réponses de celle-ci sont dans le t. II, p. 257 à 266, de cette édition. Dans une autre édition il y a une lettre de M. Cazes, datée de Bois-le-Vicomte le 24 octobre 1689, dans laquelle on dit qu'on célèbre en ce jour la fête de madame d'Hervart. Il en résulte que ce M. Cazes, qui faisait facilement des vers, a aussi connu la Fontaine, et a dû se trouver avec lui à Bois-le-Vicomte et avec le poëte Vergier. Les stances que fit madame Deshoulières après la mort de M. Cazes et qui commencent ainsi,

J'ai perdu ce que j'aime, et je respire encor

prouvent, ainsi que d'autres pièces imprimées dans la dernière édition, que la liaison de madame Deshoulières avec M. Cazes fut très-intime et de longue durée.

CHAPITRE VIII.

Pages 205, note 1.

La France galante, ou Histoire amoureuse de la cour; nouvelle édition, augmentée de pièces curieuses, chez Pierre Marteau, 1695. Ce n'est pas la première édition de ce recueil impur, qu'il faut lire malgré soi.

Page 209, ligne 20 : Fi! je hais les médisances.

Ce trait est joli après ce qu'elle vient de dire. Voilà un exemple de ces mots vifs et piquants, fins et imprévus, que les contemporains appelaient les épigrammes de madame de Coulanges et qui faisaient dire à l'abbé Gobelin, après avoir entendu d'elle une confession générale : « Chaque péché de cette dame est une épigramme. »

Pages 210, note 1 : Sévigné, *Lettres* (30 octobre 1672).

Grouvelle est le premier auteur des notes sur cette lettre (30 octobre 1672); du moins je n'ai point trouvé cette lettre dans les deux éditions de 1726, ni dans celles de 1734 et de 1754, publiées par le chevalier Perrin. C'est donc à tort que M. G. de S.-G. a supposé que ces notes étaient de Perrin; mais je n'ai point consulté les éditions intermédiaires entre les éditions de Perrin et leurs Suppléments et l'édition de Grouvelle. Les suppositions de cet éditeur, qui dit que le gros cousin de madame de Coulanges est Louvois, et Alcine la comtesse de Soissons, mais qui se trouve démenti formellement par la lettre où madame de Sévigné la traite de vieille Médée, ont passé comme des faits non contestés dans toutes les éditions de madame de Sévigné faites depuis Grouvelle, et ensuite dans le *Recueil de Lettres de madame de Coulanges*, données par Auger (Lettres de madame de Villars, Coulanges, etc.; Paris, 1805, in-12, 2ᵉ édition, t. I, p. 69), et dans l'article du maréchal de Villeroi de la *Biographie universelle* (t. XLI, p. 59, etc., etc.).

Page 216, ligne 2 : Apparenté avec les le Tellier.

Les deux fils du duc d'Aumont, l'un, qui devint duc d'Aumont, l'aîné, était fils de la sœur de l'archevêque de Reims; l'autre fut duc d'Humières : ils étaient seulement frères de père.

Pages 219, ligne 1 : Dans les chansons du temps et dans les notes historiques de ces chansons.

Ce fut surtout lorsque, dans un âge avancé, la duchesse d'Aumont eut réellement tourné à la grande dévotion qu'elle se trouva le plus en butte aux traits satiriques des faiseurs de vaudevilles. Les persécutions contre les protestants et l'extrême dévotion du roi avaient animé la jeune cour et l'opinion publique contre les prêtres et contre les jésuites, et l'on cherchait à rendre suspects et à flétrir les directeurs spirituels. Voici ce qu'on trouve dans le *Recueil des chansons historiques*, sur la duchesse d'Aumont (1691):

CHANSON HISTORIQUE *sur Françoise-Angélique de la Mothe-Houdancourt, seconde femme de Louis-Marie, duc d'Aumont, pair de France, chevalier des ordres du roi, premier gentilhomme de sa chambre, gouverneur de Bretagne et du pays de Bolonois.*

Sur l'air : *Je ne saurois.*

Seras-tu toujours éprise
De toutes sortes de gens ?
A ton âge est-on de mise ?
D'Aumont quitte tes galants. —
   Je ne saurois. —
Quitte au moins les gens d'Église. —
   J'en mourrois.

« La duchesse d'Aumont étoit dévote de profession; et comme elle avoit toujours eu quelque directeur en affection, qu'étant fort vive elle étoit souvent avec lui et en parloit sans cesse, on avoit toujours médit d'elle et de ses directeurs. Les deux plus fameux qu'elle eût eus jusqu'à cette présente année 1691 étoient le P. Gaillard, jésuite, qu'elle quitta pour un prêtre de l'Oratoire, appelé le P. de la Roche. Mais ce qui avoit encore, plus que tout cela, donné lieu à la médisance, c'est que Charles-Maurice le Tellier, archevêque-duc de Reims, pair de France, etc., prélat très-décrié du côté de la continence, avoit été très-longtemps amoureux d'elle. Cette passion avoit d'autant plus fait de bruit que la duchesse d'Aumont ayant aigri contre elle, quelques années auparavant, le marquis de Villequier son beau-fils, celui-ci parloit publiquement contre le commerce de sa belle-mère avec l'archevêque de Reims. Le public renchérit encore là-dessus, et n'épargna pas les directeurs; et peut-être avoit-il raison, car il faut toujours se défier des femmes, et surtout des dévotes. »

Pages 219, ligne 10 : Pour la marquise de Créquy, sa nièce.

Le Tellier l'archevêque défrayait sa maison, et lui laissa ses biens. Saint-Simon donne ensuite pour amant à la marquise de Créquy l'abbé d'Estrées; mais la conversion de la marquise de Créquy fut entière et de la bonne espèce, comme celle des la Vallière, des la Sablière, des comtesse de Marans et de tant d'autres femmes de ce siècle, si fécond en singuliers contrastes.

Page 220, ligne 1 : Sous le nom de *mademoiselle de Toucy.*

La maréchale de la Mothe était la seconde fille de Louis de Brie, marquis de Toucy; de là le nom que portait sa fille aînée. (Voyez SAINT-SIMON, *Mémoires authentiques*, t. VII, p. 4.) Le duc d'Aumont était pair de France, et avait prêté serment pour la charge de premier gentilhomme de la chambre (ils étaient quatre gentilshommes de la chambre) le 11 mars 1669. Lorsque, huit mois après, en décembre 1669, il épousa mademoiselle de Toucy, âgée de dix-neuf ans, lui, né le 9 décembre 1632, avait trente-sept ans. Il avait épousé, le 21 novembre 1660, Madeleine-Fare le Tellier, morte le 22 juin 1668, dont il avait eu deux filles et deux fils.

Page 220, lignes 1 et 3 : Mademoiselle de Toucy,... ainsi que le duc de Villeroi.

Villeroi, comme compagnon d'enfance du roi et à cause de sa jolie figure, jouait dans presque tous les ballets.

En 1655, il représentait avec M. de Rassant, dans le *Ballet des Plaisirs*, deux garçons baigneurs; et voici les vers que l'on chantait à leur entrée sur la scène :

> Nous ne connaissons point l'Amour ni ses trophées,
> Et sommes seulement jolis aux yeux de tous ;
> Mais quand nous serons grands, toutes les mieux coiffées
>   Pourraient bien se coiffer de nous.

Louis XIV avait dix-sept ans quand il dansa dans ce *Ballet des Plaisirs*. Dans la première partie, ce ballet représentait les divertissements de la campagne, et dans la seconde les divertissements de la ville; le roi figurait, dans la première entrée de la seconde partie, un débauché, et voici les vers que, tandis qu'il dansait, Vénus lui adressait :

> Il n'est ni censeur ni régent
> Qui ne soit assez indulgent
> Aux vœux d'une jeunesse extrême,

> Et, pour embellir votre cour,
> Qui ne trouve excusable même
> Que vous ayez un peu d'amour.
>
> Mais d'en user comme cela,
> Et de courre par ci, par là,
> Sans vous arrêter à quelqu'une ;
> Que tout vous soit bon, tout égal,
> La blonde autant comme la brune,
> Ah ! sire, c'est un fort grand mal.

Et cela s'imprimait pour la première fois en 1696, avec privilége du roi (alors âgé de cinquante-huit ans), et se vendait au Palais, chez Charles de Sercy, au 6e pilier de la grand'salle, vis-à-vis la montée de la cour des aydes, à la Bonne Foi couronnée. (Voyez BENSERADE, *Œuvres*, 1697, t. II, p. 130 et 138.) Les *Contes de la Fontaine* étaient alors proscrits par sentence de police.

En 1656, dans le ballet de *Psyché*, Villeroi représentait *Cupidon*, et madame de Bonneuil *Alcine*. (Benserade, p. 150 et 157.)

En 1658, dans le ballet d'*Alcidiane*, Villeroi était en femme, et jouait une *Bergère* et ensuite un *Amour*. (Id., p. 200 et 204.) Il avait alors quinze ans.

En 1659, dans le ballet de *la Raillerie*, il représentait une fille de village (p. 212) ; en 1661, dans le ballet des *Saisons*, un masque (p. 226) ; et cette année, dans le ballet de *l'Impatience*, il représentait un grand amoureux. C'est à lui que Benserade prête les plus jolis vers de cette scène (p. 235) ; et, dans le même ballet, Villeroi figurait dans la danse un jeune débauché. Dans les vers qu'on lui chantait, on suppose le cas où son père pourrait lui refuser de l'argent pour la satisfaction de ses plaisirs, et l'on termine ainsi :

> Et comme il ne s'agit, auprès de la plus chiche,
> Que de gagner son cœur pour avoir son argent,
> Que vous allez devenir riche !

En 1662, dans le ballet d'*Hercule amoureux*, le roi et la reine dansaient ; la comtesse de Soissons et mademoiselle de Toucy dansaient ; Villeroi n'y figure pas. Benserade, dans les vers qu'on chantait pour la comtesse de Soissons, fait allusion à son amour avec le roi, malgré la présence de la reine dans ce ballet.

> Ces aimables vainqueurs, vos yeux, ces fiers Romains,
> Semblent n'en vouloir pas aux vulgaires humains,
> Mais des plus élevés permettre la souffrance :
> Et ces grands cheveux noirs, alors qu'ils sont épars,
> Ont un air de triomphe et toute l'apparence
> De savoir comme il faut enchaîner les Césars.

Et à mademoiselle de Toucy (depuis duchesse d'Aumont), qui représentait une étoile, on chantait :

> Dirait-on pas que c'est l'Amour
> Qui ne fait encor que de naître?
> Ou l'étoile du point du jour
> Qui déjà commence à paraître?

Elle n'avait alors que douze ans; elle naquit en 1650, et mourut en 1711. (Voyez BENSERADE, t. II, p. 258 et 279.)

Le marquis de Villeroi joua encore dans le ballet de *la Naissance de Vénus*, en 1665, et représentait un dieu marin et aussi Achille (p. 339 et 352). C'est dans ce ballet que mademoiselle de Sévigné (madame de Grignan) joua le rôle d'*Omphale*. (Voyez 2ᵉ partie de ces *Mémoires*, p. 333.)

Dans la *Mascarade royale* de 1668, le marquis de Villeroi, à côté du roi, comme lui figura le *Plaisir*.

Dans le dernier ballet composé par Benserade en 1681, joué en imitation de ceux de Louis XIV pour divertir le Dauphin, et qui fut non dansé par le roi, mais devant le roi, c'était une autre génération de beautés ; ce n'est plus, dans ce *Triomphe de l'Amour*, alors le marquis de Villeroi qui représentait l'Amour, mais c'était son fils, le marquis d'Arlincourt. Je remarque que la sœur de la duchesse d'Aumont, la duchesse de la Ferté, plus jeune qu'elle, figure encore dans ce ballet. Le monarque était vieux ; la muse du poëte a changé de ton et est beaucoup plus réservée. (BENSERADE, t. II, p. 412 et 425.)

Page 220, ligne 30, note 2 : *Histoire amoureuse des Gaules*, 1754, in-12.

Ce recueil, qui est en cinq volumes, contient, sous le nom de Bussy, une grande partie des libelles qui ont paru à différents temps. L'éditeur n'indique pas la date de la publication de ces divers opuscules, si importants à connaître pour la critique historique ; et il n'a pas connu les premières éditions ni celles qui sont les meilleures.

J'ai parlé des diverses éditions de l'*Histoire amoureuse des Gaules* ou de l'*Histoire amoureuse de France* de Bussy, par où commence le recueil de 1754. J'ai fait connaître aussi le recueil des *Histoires galantes*, à Cologne, chez Jean le Blanc, qui contient les ignobles scènes intitulées *Comédie galante de Bussy*. Dans les recueils suivants, rien n'est attribué à Bussy.

I. La *France galante, ou histoires amoureuses de la cour*, in-12 de 492 pages, contenant : 1° la France galante, ou histoires amoureuses de la cour; 2° les Vieilles amoureuses ; 3° la France devenue italienne ; 4° le Divorce royal, ou la Guerre civile dans la famille du grand Alexandre ; 5° les Amours de monseigneur le Dauphin et de la comtesse du Roure.

II. *Amours des dames illustres de notre siècle*, 1680, in-12 ; à Cologne, chez Jean le Blanc, 384 pages de pagination suivie ; puis, le Passe-temps royal, ou les Amours de mademoiselle de Fontanges, 71 pages ; le frontispisce gravé, qui est un Amour ailé, est daté de 1681. La première partie, de 384 pages, renferme : 1° Aosie, ou les Amours de *M. T. P.* (Montespan) ; 2° le Palais-Royal, ou les Amours de madame de la Vallière ; 3° Histoire de l'amour feinte du roi pour Madame ; 4° la Princesse, ou les Amours de Madame ; 5° le Perroquet ou les Amours de Mademoiselle ; 6° Junonie, ou les Amours de madame de Bagneux ; 7° les Fausses Prudes, ou les Amours de madame de Brancas ; 8° la Déroute, ou l'Adieu des filles de joie (il y a une édition séparée de cet opuscule ; Elzév., 1667). On attribue ces libelles à Sandraz de Courtils.

Dans le même genre sont : le *Tombeau des amours de Louis le Grand et ses dernières galanteries* ; à Cologne, chez Pierre Marteau, 1695, in-18, avec un titre gravé. — La *Vie de la duchesse de la Vallière*, par *** ; à Cologne, chez Jean de la Vérité, 1695, in-12, 321 pages. — La *Chasse au loup de monseigneur le Dauphin* ; à Cologne, chez Pierre Marteau, 1695, in-12, avec un frontispice gravé ; 312 pages in-12.

J'ai un recueil en deux volumes in-12, avec des gravures assez bien exécutées, intitulé *la France galante, ou Histoire amoureuse de la cour sous le règne de Louis XIV* ; à Cologne, chez Pierre Marteau (sans date); mais un joli frontispice, gravé par P. Yvert, donne la date de 1736. Ce recueil est en partie la traduction de ceux dont on vient de donner les titres.

Le tome Ier, qui a 366 pages, renferme : 1° la France galante, ou Histoire amoureuse de la cour; 2° Suite de la France galante, ou les Derniers déréglements de la cour; 3° les Vieilles amoureuses.

Le tome II a 472 pages, et renferme : 1° le Perroquet, ou les Amours de Mademoiselle; 2° *Junonie*, ou les Amours de madame de Bagneux; 3° les Fausses Prudes, ou les Amours de madame de Brancas et autres dames de la cour; 4° la Déroute et l'Adieu des filles de joie; 5° le Passe-temps royal, ou les Amours de madame de Fontanges; 6° les Amours de madame de Maintenon, sur de nouveaux mémoires très-curieux; 7° les Amours de monseigneur le Dauphin avec la comtesse du Roure.

On est surpris de ne pas trouver dans aucun de ces recueils le curieux libelle de Sandraz de Courtils, intitulé *les Conquestes amoureuses du grand Alcandre dans les Pays-Bas, avec les intrigues de la cour*; Cologne, chez Pierre Bernard, 1685, in-12 de 144 pages.

CHAPITRE IX.

Page 254, note : SÉVIGNÉ, *Lettres* (Lambesc, le mardi 20 décembre à dix heures du matin).

La date de cette lettre est certaine, car elle s'accorde avec l'extrait manuscrit des délibérations de l'assemblée des communautés, qui commencèrent le 17; mais on s'aperçoit en lisant les quatre lettres qui précèdent celle-ci qu'elles ont besoin d'être replacées dans leur ordre, et qu'il est nécessaire de rétablir leur date. Aix étant sur le chemin de Lambesc à Marseille, il était naturel de supposer que la date du 11 décembre devait être convertie en celle du 21; mais deux considérations démontrent que cette lettre est bien datée du 11 décembre, qui, en l'année 1672, tombe un dimanche. C'est dans ce jour que madame de Sévigné, lorsqu'elle était à Livry, avait coutume d'aller à Pomponne rendre visite à Arnauld d'Andilly, ce qui explique les premiers mots de la lettre. En outre, ces mots, « Vous seriez bien étonné si j'allais devenir bonne à Aix; je m'y sens quelquefois portée par esprit de contradiction, » indiquent un séjour de près d'une semaine, ou plus, à Aix avant la tenue de l'assemblée, en compagnie avec M. de Grignan. D'ailleurs, si cette lettre avait été écrite en passant à Aix pour aller à Marseille, elle devrait être datée du mardi 20, puisqu'il résulte de ce qui est dit dans la lettre datée de Marseille le mercredi que madame de Sévigné et M. de Grignan reçurent à Marseille des visites aussitôt leur arrivée, le mardi soir (t. III, p. 124 et 125, 5ᵉ édit. G.). Une autre preuve du séjour, pendant une semaine ou deux, de madame de Sévigné à Aix avant la tenue des assemblées, résulte de ces mots contenus dans une lettre que lui adresse madame de la Fayette, en lui demandant de faire remettre une lettre à la duchesse de Northumberland, lettre datée du 30 décembre : « Je vous supplie donc, comme vous n'êtes plus à Aix... » (t. III, p. 137, édit. G.). Donc madame de Sévigné était restée quelque temps à Aix, et ce séjour ne peut trouver sa place qu'avant l'ouverture de l'assemblée. Madame de la Fayette savait qu'au 30 décembre madame de Sévigné était retournée à Grignan. D'après ces observations, les lettres se classent de la manière suivante :

1° Lettre du dimanche 11 décembre, à Arnauld d'Andilly (d'Aix), t. III, p. 129, édit. G.;

2° Lettre du mardi 20 décembre (de Lambesc), t. III, p. 121, édit. G.;

3° — du mercredi 21 décembre (de Marseille), t. III, p. 124, id.;

4° — du jeudi 22 déc., à midi (de Marseille), t. III, p. 126, id.;

5° — du jeudi 22 déc., à minuit (de Marseille), t. III, p. 128, id.

Page 259, ligne 23 : **J'ia bien envie de la faire voir à madame du Plessis.**

Madame de Sévigné a connu plusieurs dames du Plessis. D'abord madame du Plessis-Bellière, la courageuse amie de Fouquet, la belle-mère du maréchal de Créqui, Susanne de Buc ; mais ce n'est point de celle-là qu'il est ici question. Ce ne peut être non plus la comtesse du Plessis, dont madame de la Fayette parle dans cette même lettre, puisqu'elle les distingue non-seulement dans cette lettre, mais dans celle du 19 mai 1673 ; celle-ci était Marie-Louise le Loup de Bellenave, veuve d'Alexandre de Choiseul, comte du Plessis, tué au siége d'Arnheim en juin 1672, à l'âge de trente-huit ans. (SÉVIGNÉ, *Lettres* [20 juin 1672], t. III, p. 71 ; SAINT-SIMON, *Mémoires complets et authentiques*, t. III, p. 332.) Ce Choiseul, comte du Plessis, était fils de César, duc de Choiseul, maréchal de France ; il était cousin de la femme de Bussy, et il y a plusieurs lettres de lui et de sa femme dans le *Recueil des lettres de* Bussy (t. V, p. 157, 162,

131 et 230 ; t. III, p. 196) ; il mourut trois ans avant son père, et laissa un fils unique, qui devint duc et pair et fut tué devant Luxembourg sans avoir contracté d'alliance. La veuve du comte du Plessis devint amoureuse de Clérembault, l'écuyer de Madame, et l'épousa ; elle n'avait cependant que trente ans, et lui en avait cinquante. (*Suite des Mémoires de* Bussy, p. 25, mss. de l'Institut.) Madame du Plessis que nous cherchons n'est pas madame du Plessis-Guénégaud retirée du monde et faisant son séjour à Moulins. La madame du Plessis de cette lettre du 30 décembre 1672 et du 19 mai 1673 est donc madame du Plessis-d'Argentré, la mère de cette demoiselle du Plessis qui aimait tant madame de Sévigné, dont elle était la bête noire par ses ridicules et ses importunités. Madame de Sévigné écrivit à cette madame du Plessis lorsqu'elle était en Provence ; et madame de la Fayette lui mande, le 19 mai 1673 : « Madame du Plessis est si charmée de votre lettre qu'elle me l'a envoyée ; elle est enfin partie pour la Bretagne. » Madame de la Fayette, malgré sa paresse, correspondait avec madame du Plessis, comme on le voit par ce passage d'une de ses lettres à madame de Sévigné : « J'ai mandé à madame du Plessis que vous m'aviez écrit des merveilles de son fils. » Ainsi, madame du Plessis avait un fils en Provence, ce qui explique ses relations avec l'évêque de Marseille, et pourquoi madame de la Fayette voulait lui montrer la lettre de madame de Sévigné. Je crois que madame du Plessis était pour madame de la Fayette une connaissance de sa jeunesse, lorsque, étant demoiselle de la Vergne, elle passait une partie de la belle saison à Champiré, dans la terre de son beau-père Renaud de Sévigné. Madame du Plessis-d'Argentré mourut en avril ou mai 1680. (Voyez Sévigné, lettre du 6 mai 1680, t. VI, p. 474, édit. G.; t. VI, p. 255, édit. M.)

CHAPITRE X.

Page 268, ligne 9 : Louis la dota de la terre d'Aubigny-sur-Nière.

Cette terre était en Berry, actuellement dans le département du Cher ; le village est chef-lieu de canton dans l'arrondissement de Sancerre, et la forêt, qui en formait probablement la principale partie, a trois lieues de long sur une lieue de large. C'est un apanage du duc de Richmond, et la mort du duc de Richmond, sans enfant mâle, avait fait retourner cette terre à la couronne de France. Le fils aîné de la duchesse de Portsmouth devint ainsi la tige des nouveaux ducs de Richmond.

Je crois devoir donner ici une lettre de Louis XIV, assez importante, que M. de Cherrier, le savant historien de la maison de Souabe, a lui-même transcrite sur l'autographe qui est en la possession de la famille de Trogoff.

Lettre de Louis XIV à M. de Kérouet (sic), *pour essayer de lui faire retirer sa malédiction donnée à sa fille mademoiselle de Kérouet, nommée duchesse de Portsmouth et reconnue maîtresse du roi Charles II.* — (M. de Kérouet était frère du grand-père de madame de Trogoff.)

« Mon féal et cher sujet, les services importants que la duchesse de Portsmouth a rendus à la France m'ont décidé à la créer pairesse, sous le titre de duchesse d'Aubigny, pour elle et toute sa descendance.

« J'espère que vous ne serez pas plus sévère que votre roi, et que vous retirerez la malédiction que vous avez cru devoir faire peser sur votre malheureuse fille. Je vous en prie en ami, mon féal sujet, et vous le demande en roi.

« Louis. »

Page 268, ligne 17 : Selon les exigences de sa dévotion.

Le 29 décembre 1672 (c'était un jeudi), Louis XIV, dans sa lettre datée de Compiègne, écrit à Louvois : « Je ne partirai que dimanche [c'était le 1er janvier 1673], la reine m'ayant prié d'attendre ce jour-là pour qu'elle fît ses dévotions avant de partir. Je serai mardi à Saint-Germain. » Puis, à la fin de la lettre, il dit : « Depuis ma lettre écrite, j'ai résolu de partir samedi pour arriver lundi à Saint-Germain, la reine ayant changé de sentiment depuis ce que je vous ai marqué ci-dessus. »

Le 23 avril (c'était un dimanche), Louis XIV alla, ainsi que la reine, rendre visite à l'abbesse de Montmartre, et retourna en chassant jusqu'à Saint-Germain par la plaine Saint-Denis. (*Gazette*, 1673 ; Paris, in-4°, 1674, p. 388.)

Page 272, ligne 3 : Madame de la Fayette ridiculisait M. de Mecklenbourg.

Je présume que ce M. de Mecklenbourg, dont il est fait mention dans cette lettre de madame de la Fayette, est le même personnage qu'on trouve mentionné dans la *Gazette* du 13 juillet, p. 691, dans ce curieux article :

« Paris, 13 juillet 1673.

« La duchesse de Mecklenbourg est arrivée à Paris, et est logée à l'hôtel Longueville. Le duc l'a vue pour la première fois chez la duchesse de Longueville, en son logement des Carmélites au faubourg Saint-Jacques, où ils eurent, en présence de cette princesse, une conversation de laquelle ils furent tous deux fort satisfaits. »

Dans les deux éditions de la Vie de madame de Longueville et ailleurs, j'ai en vain cherché sur ce fait des éclaircissements qui, sans aucun doute, donneraient lieu à d'intéressants détails sur les mœurs de cette époque.

Page 272, ligne 17 : Grand joueur, dissipateur, galant et spirituel, de Tott....

L'abbé de Choisy (*Mémoires*, t. LXIII, p. 268) l'accuse d'avoir dépensé et mangé pour son compte personnel les premiers payements des six cent mille écus du subside annuel que la France s'était engagée à payer à la Suède. M. Mignet, dans son Analyse des documents des *Négociations relatives à la succession d'Espagne*, t. IV, p. 140, dit que Louis XIV fit payer au comte de Tott cent mille écus sur le subside dû à la Suède.

Page 279, ligne 21 : Le père du marquis d'Ambres, colonel au régiment de Champagne.

Les colonels qui précédèrent le marquis d'Ambres dans le commandement du régiment de Champagne furent deux Grignan, Gaucher de Grignan en 1656 et le comte de Grignan en 1654.

Page 280, ligne 6 : il refusa net le titre de *monseigneur* au maréchal d'Albret.

Saint-Simon n'a pas connu les lettres de madame de Sévigné, et était fort mal instruit des détails de cette affaire lorsqu'il dit que d'Ambres s'est retiré du service pour avoir refusé le *monseigneur* au ministre Louvois.

Page 287, ligne 7 : Aussi transi que la Fare.

Madame de la Fayette fait ici allusion aux soins passionnés que la Fare rendait alors à la marquise de Rochefort, qui fut peu après madame la maréchale de Rochefort. La Fare lui-même avoue qu'il y avait plus de coquetterie de sa part et de la sienne que de véritable attachement; et il ajoute que cela lui attira l'inimitié de Louvois, qui, lorsque cette dame devint veuve, fut son consolateur. Une faute de copiste, qui est dans la notice sur la Fare par M. Monmerqué, attribue à tort cette lettre du 19 mai 1673 à madame de Sévigné, tandis que c'est une lettre qui lui est adressée par madame de la Fayette. L'amour de la Fare pour madame de la Sablière fut tout autre que pour la marquise de Rochefort. La Fare ne fait pas difficulté d'avouer qu'il fut éperdument amoureux de madame de la Sablière. (LA FARE, *Mémoires*, t. LXV, p. 184.)

Page 291, ligne 12 : « Pulchérie n'a point réussi. »

L'auteur de l'*Histoire de la Vie et des Ouvrages de Corneille*, Paris, 1829, in-8°, p. 239, attribue ces mots, « Pulchérie n'a point réussi, » à madame de Sévigné, ne faisant point attention que la lettre qui les contient lui est adressée, mais n'est pas d'elle.

Page 291, ligne 20 : La main qui crayonna, etc.

Ces vers sont de Corneille, dans son *Remercîment à Fouquet*.

Page 292, ligne 11 : Tandis que Racine avait affadi.

A une telle assertion il faut des preuves. Je me bornerai à une simple citation, et le lecteur en jugera.

Dans Corneille, Pulchérie, impératrice d'Orient, ouvre la scène avec Léon son amant par une déclaration d'amour :

> Je vous aime, Léon, et n'en fais point mystère ;
> Des feux tels que les miens n'ont rien qu'il faille taire.
> Je vous aime, et non point de cette folle ardeur
> Que les yeux éblouis font maîtresse du cœur ;
> Non d'un amour conçu par les sens en tumulte,
> A qui l'âme applaudit sans qu'elle se consulte,
> Et qui, ne concevant que d'aveugles désirs,

Languit dans les faveurs, et meurt dans les plaisirs :
Ma passion pour vous, généreuse et solide,
A la vertu pour âme et la raison pour guide,
La gloire pour objet, et veut sous votre loi
Mettre, en ce jour illustre, et l'univers et moi.

Passons à Racine. Mithridate, le fier et féroce Mithridate, obligé de fuir, a fait courir le bruit de sa mort ; il arrive, et ouvre la scène avec Monime par une déclaration d'amour :

Je ne m'attendais pas que de notre hyménée
Je pusse voir si tard arriver la journée,
Ni qu'en vous retrouvant mon funeste retour
Fît voir mon infortune, et non pas mon amour.
C'est pourtant cet amour qui, de tant de retraites,
Ne me laisse choisir que les lieux où vous êtes ;
Et les plus grands malheurs pourront me sembler doux
Si ma présence ici n'en est point un pour vous.

Page 293, ligne 16 : Avait succombé à l'entraînement de cette vie animée, mais trop laborieuse, âgé seulement de cinquante-un ans.

QUE SAIT-ON SUR LA VIE DE MOLIÈRE ?

Reprenons cette question, si souvent agitée dans ces derniers temps.

Du vivant même de Molière, lorsque sa réputation fit explosion dans le monde par les représentations des *Précieuses*, on chercha à connaître les aventures de sa jeunesse déjà écoulée, car il avait alors trente-sept ans. Avant, « ce garçon nommé Molière, » ainsi que nous le dit Tallemant, n'était connu que comme le chef d'une troupe de comédiens de campagne, pour laquelle il composait des pièces, « où, dit encore Tallemant, il y a de l'esprit, et qui sont comiques[1]. » Cette troupe avait joué un instant à Paris, et s'était fait remarquer par le talent supérieur d'une actrice nommée Madeleine Béjart, sublime dans le rôle « d'*Épicharis*, à qui Néron venait de donner la question. »

A Paris et dans la société, on sut bien ce qu'était la famille de Molière et la vie qu'il avait menée avant que sa troupe vînt s'établir à Paris. Mais le premier qui ait entretenu le public de la vie de

---

[1] TALLEMANT DES RÉAUX, *Historiettes*, t. X, p. 51, édit. 1840, in-12.

cet auteur d'une farce célèbre, de ce comédien devenu tout à coup illustre, fut un de ses critiques, un de ses détracteurs. Dès l'année 1663, il donna une vie abrégée de Molière[1], qui n'était pas encore le Molière du *Misanthrope* et du *Tartuffe*, de *l'École des Femmes* et de *l'École des Maris*. Il est curieux de voir de quelle manière un critique malveillant parlait alors d'un auteur que Boileau, par un louable sentiment d'indignation de ce qui s'était passé à sa mort, prétend, dans de beaux vers, n'avoir pas été apprécié de son vivant.

« Comme il (Molière) peut passer pour le Térence de notre siècle, qu'il est grand auteur et grand comédien quand il joue ses pièces et que ceux qui ont excellé dans ces deux choses ont eu place en l'histoire, je puis bien vous faire ici un abrégé de sa vie, et vous entretenir de celui dont l'on s'entretient presque dans toute l'Europe, et qui fait si souvent retourner à l'école tout ce qu'il y a de gens d'esprit à Paris. » Tout ce que dit Visé sur la vie de Molière, sauf ce qui concerne la critique des *Précieuses*, est parfaitement vrai et convenable. Visé ne parlait pas de sa famille ; mais il eut soin d'apprendre « que, si ce fameux auteur s'était jeté dans la comédie, c'était par une inclination toute particulière pour le théâtre ; car il avait assez de bien pour se passer de cette occupation et pour vivre honorablement dans le monde. »

Comme le père de Molière vivait alors, et avait un grand nombre d'enfants de sa première femme, ceci prouve que son fils aîné avait eu sa part de l'héritage de sa mère, morte en 1632, et que cette part était considérable.

Ces détails sur la vie de Molière ne suffisant pas à la curiosité publique, on interrogea ses camarades, et alors ils firent à leur manière le roman de sa jeunesse. Les *ana* faux, absurdes et ridicules se multiplièrent, et accrurent le magasin des anecdotes dramatiques. C'est avec ces *ana* qu'en 1670 un pauvre versificateur composa sa pièce d'*Élomire hypocondre, ou les Médecins vengés*, qui est une satire contre Molière, mais qui paraît avoir été supprimée par sentence de police[2] C'est avec ces *ana*, qui allaient altérant la vérité à mesure qu'ils passaient par un plus grand nombre de bouches, que Grimarest composa un volume sur la vie de Molière, trente ans après

---

[1] DE VISÉ, *Nouvelles nouvelles*, 3ᵉ partie, p. 217 et suiv., cité dans l'*Histoire du Théâtre françois*, par les frères PARFAICT, t. VIII, p. 315.
[2] P. L. JACOB, *Catalogue de la bibliothèque de M. de Soleinne*, t. II, p. 18.

sa mort. Boileau dit, en parlant de cette vie, que l'auteur avait ignoré sur Molière ce que tout le monde savait, et qu'il se trompait dans tout. C'était, de la part de Boileau, une vérité poétique, c'est-à-dire fort exagérée et en partie fausse.

La préface de l'édition des *Œuvres de Molière* de 1682, écrite par deux acteurs ses camarades, contenait une vie abrégée, mais très-exacte et complète pour les faits principaux : il eût fallu la placer comme notice dans toutes les éditions qu'on a données de notre grand comique. Ce n'est pas ainsi qu'on a cru devoir procéder, et les éditeurs ont mis en tête de leurs éditions de longues vies de Molière, et ont ajouté de nouveaux *ana* à ceux qu'on avait entassés précédemment. Un auteur récent a recueilli avec un laborieux soin tout ce qu'il a pu trouver sur Molière, et en a recomposé une vie qui a eu trois éditions et qui méritait son succès par l'abondance des recherches. En profitant de ce travail, exécuté avec conscience, on a pensé qu'il restait encore à la critique un rôle à remplir : c'était d'écarter des témoignages qu'on avait recueillis sur Molière tout ce qui n'a aucune valeur historique, et, en s'en tenant à ceux qui en ont, de donner une idée précise et exacte de ce qu'on sait de sa vie, jusqu'à l'époque où elle se confond avec l'histoire de ses pièces et du théâtre français. L'explication d'un fait important dans la vie de Molière, qu'on n'a pas remarqué et d'où dépend l'intelligence complète de cette vie, manque, suivant nous, dans tout ce qu'on a écrit sur ce sujet, et nous allons tâcher d'y suppléer.

D'abord, que l'on se rappelle bien toutes les découvertes faites de notre temps, par des recherches obstinées dans les actes de l'état civil sur la famille des Poquelin, sur le mariage et la naissance de Molière ; que l'on ait présent à la pensée les mœurs et les habitudes de ces temps ; que l'on combine ces données avec les seules assertions des contemporains qui méritent confiance, c'est-à-dire celles de Donau de Visé dans les *Nouvelles nouvelles* ; de Lagrange et de Vinot, dans la préface des *Œuvres* de Molière, et de Tallemant, le premier en date, dans ses *Historiettes*, on trouvera que les faits suivants ressortent seuls avec certitude de toutes ces autorités.

Molière était le fils aîné d'un bourgeois de Paris qui exerçait une profession lucrative et dont les chefs, depuis Louis XIII, avaient la charge de tapissiers valets de chambre du roi. Cette continuité de la même profession et de la même charge, donnée toujours en survivance à l'aîné comme une chose héréditaire, nous montre que cette famille avait conservé l'austérité de mœurs de l'ancienne bourgeoisie parisienne et l'ordre et l'économie qui la distinguaient; enfin, que cette famille était dans l'aisance, et jouissait de l'estime publique.

Il ne s'ensuit pas, comme on l'a très-bien observé, de ce que le père de Molière avait, avec la charge de tapissier valet de chambre du roi, la survivance pour son fils aîné, qu'il eût résolu invariablement de transmettre cette charge exclusivement à ce fils : il devait désirer que cette charge fût d'avance, après lui, maintenue dans sa famille, soit pour pouvoir la vendre, soit pour en disposer en faveur d'un de ses autres enfants, si celui auquel elle était conférée y renonçait.

Il est certain que le père de Molière ne destinait pas son fils aîné à l'exercice de la profession de tapissier, puisqu'il le mit au fameux collége de Clermont, tenu à Paris par les jésuites, et qui portait de nos jours le nom de *Collége de Louis le Grand*. On sait que l'on y élevait tous les enfants de la plus haute noblesse et des plus riches familles bourgeoises.

Molière y fit des études complètes; « il s'y distingua, dit son camarade la Grange, et il eut l'avantage de suivre feu M. le prince de Conti *dans toutes ses classes*. La vivacité d'esprit qui le distinguait de tous les autres lui fit acquérir l'estime et les bonnes grâces de ce prince[1]. » Ce frère du grand Condé, protecteur de Molière et de sa troupe avant Louis XIV, était spirituel et malin. Très-pieux dans sa vieillesse, il faisait des livres pieux; mais dans sa jeunesse il faisait tout autre chose, et avait des inclinations toutes différentes. Comme il était contrefait, on l'avait destiné à l'Église : les jésuites du collége de Clermont durent donc diriger ses études vers la théologie. Poquelin fut son condisciple dans cette étude, puisqu'on nous assure « qu'il eut l'avantage de suivre M. le prince de Conti *dans toutes ses classes*; » et cela ne peut s'appliquer qu'aux hautes classes, puisque, le prince étant né en 1629, Molière avait sept ans plus que lui. On dut faire franchir rapidement à Conti les classes élémentaires (si toutefois il les fit au collége). Ce prince soutint ses thèses de philosophie au collége des jésuites le 18 juillet 1644; puis il sortit de ce collége pour aller à Bourges faire un cours de théologie, et revint à Paris soutenir ses thèses de théologie le 10 juillet 1646.

Qu'était devenu son condisciple, le jeune Poquelin, dans cet intervalle? Le souvenir des études théologiques qu'il avait faites avec

---

[1] LA GRANGE, *Préface* des Œuvres de Molière, 1682, t. I, p. 2.

le prince de Conti s'était conservé. La Grange dit dans sa *Préface* : « Le succès de ses études fut tel qu'on pouvait l'attendre d'un génie aussi heureux que le sien : s'il fut fort bon humaniste, il devint encore plus *grand philosophe*, » c'est-à-dire qu'il brilla comme écolier en philosophie. Or, la philosophie, dans un collége de jésuites, devait se distinguer peu de la théologie ; et le père de Molière, après les succès obtenus par son fils au collége, dut nécessairement penser à lui faire embrasser la carrière qui ouvrait le plus de chances à ses talents et à son ambition ; et comme les le Camus, marchands drapiers, qui avaient leurs boutiques à l'enseigne du *Pélican* et dont la postérité occupa les plus belles places dans la magistrature et dans l'Église, Jean Poquelin, riche bourgeois de Paris et tapissier valet de chambre du roi, estimé pour ses mœurs et sa probité, avait fondé de grandes espérances sur Jean-Baptiste Poquelin, son fils aîné. Les services que, comme condisciple plus âgé et plus instruit, il avait pu rendre au prince de Conti dans sa classe de philosophie le confirmaient dans l'idée de lui faire embrasser la carrière ecclésiastique. Jean Poquelin, s'étant vu frustré dans ses projets relativement à ce fils aîné, les réalisa plus tard par un autre de ses fils, Robert Poquelin, qui mourut docteur en théologie de la maison et société de Navarre et doyen de la faculté de Paris.

Quant à Jean-Baptiste Poquelin, il fut impossible de songer à lui faire prendre ce parti, parce que, né avec des passions ardentes pour les femmes et pour le théâtre, il devint amoureux de Madeleine Béjart, alors que, bien jeune encore, il siégeait souvent sur les bancs de la Sorbonne pour assister, dans les jours solennels, aux thèses qu'on y soutenait. Cette circonstance de sa vie fut celle que lui, sa famille et ses maîtres étaient les plus intéressés à cacher. Mais Tallemant et d'autres la connurent ; on le voit clairement par ce passage de Grimarest, qui dit, en finissant sa *Vie de Molière* [1] : « On s'étonnera peut-être que je n'aie point fait M. de Molière avocat. Mais ce fait m'avait été absolument contesté par des personnes que je devais supposer en savoir mieux la vérité que le public, et je devais me rendre à leurs bonnes raisons. Cependant sa famille m'a si positivement assuré du contraire que je me crois obligé de dire que Molière fit son droit. » Jusque-là tout est bien ; mais vient ensuite une historiette absurde, et qu'il est d'autant plus étonnant que Grimarest ait adop-

---

[1] GRIMAREST, *Vie de M. de Molière* ; Paris 1705, in-12.

tée qu'elle est en quelque sorte la contrefaçon de celle qui a été rapportée par Perrault [1]. J'ai donc dû m'arrêter à ces mots, « Molière fit son droit, » parce qu'en effet le même fait se trouve attesté par la Grange et Vinot, dans leur *Préface* [2] : « Au sortir des écoles de droit, il choisit la profession de comédien par l'invincible penchant qu'il se sentait pour la profession de comédien : toute son étude et son application ne furent que pour le théâtre. » Ainsi la Grange et Vinot ne disent pas que Molière se fit avocat, mais qu'il fit son droit. Ce témoignage n'est nullement opposé à celui de Tallemant; il le corrobore au contraire. Pour être d'Église, s'avancer et faire fortune dans l'état ecclésiastique, l'étude du droit canonique était nécessaire. L'abbé d'Aubignac, qui composa des pièces de théâtre, était docteur en droit canonique.

Le droit canonique était même alors le seul qu'on enseignât à Paris. L'étude du droit civil, rétablie par Philippe le Bel à Orléans, ne le fut à Paris qu'en 1679 [3]. Voilà pourquoi ceux qui surent que Molière avait étudié en droit et qui écrivaient postérieurement à cette époque, sachant qu'il n'avait pu alors étudier le droit civil à Paris, qu'on n'y enseignait pas de son temps, l'ont fait étudier à Orléans; et c'est sur cette supposition qu'a été bâtie la pièce d'*Élomire*, vingt-cinq ans après que le jeune Jean-Baptiste Poquelin abandonna l'école de droit et celle de la Sorbonne. Il fréquenta l'une et l'autre; Tallemant et la Grange sont unanimes sur ce point, mais ils ne disent rien de plus : par conséquent, ils s'accordent à prouver qu'il ne fut ni séminariste ni avocat; et ce dernier rectifie tous les biographes de Molière, dont aucun n'a apprécié avec assez de justesse les matériaux dont ils faisaient usage.

Continuons de recueillir le témoignage de Tallemant, qui est le plus ancien, et qui n'avait rien à déguiser : « Donc Jean-Baptiste Poquelin quitta les bancs de la Sorbonne pour la suivre (Madeleine Béjart) : il en fut longtemps amoureux.... »

C'est dans les premiers temps de cette liaison qu'il faut placer ce que dit Perrault, qui, chef de service dans la maison du roi, devait être

---

[1] PERRAULT, *les Hommes illustres qui ont paru en France pendant ce siècle, avec leurs portraits au naturel;* 1697, in-folio, p. 70; édit. in-12, 1698, p. 190. — JEAN-LÉONOR LE GALLOIS, sieur DE GRIMAREST, *la Vie de M. de Molière*, p. 18 et 313.

[2] Les *OEuvres de* M. DE MOLIÈRE, 1682, p. 3 de la *Préface*, non paginée.

[3] MONMERQUÉ, dans la 2ᵉ édition de Tallemant des Reaux, t. X, p. 51.

bien instruit de ce qui concernait l'estimable Jean Poquelin, tapissier du roi et de sa famille. « Jean-Baptiste Poquelin, dit Perrault, prit la résolution de former une troupe de comédiens pour aller dans les provinces jouer la comédie. Son père, bon bourgeois de Paris et tapissier du roi, fâché du parti que son fils avait pris, le fit solliciter, par tout ce qu'il avait d'amis, de quitter cette pensée, promettant, s'il voulait revenir chez lui, de lui *acheter une charge telle qu'il la souhaiterait*, pourvu qu'elle n'excédât pas ses forces. Ni les prières ni les remontrances de ses amis, soutenues de ces promesses, ne purent rien sur son esprit [1]. » Cela était trop simple et trop vrai ; et il faut que Perrault y ajoute sur le grand comique une de ces mille historiettes qui couraient les rues. — Laissons-la, et continuons Tallemant : « ...Il en fut longtemps amoureux, donnait des avis à la troupe, et enfin s'en mit, et l'épousa. » Il n'y a pas là l'erreur ni la confusion qu'on a cru y voir. Tallemant écrivait ces lignes lorsque aucune pièce de Molière n'était encore connue à Paris ; Molière était alors dans le midi de la France ; l'on savait que c'était la Béjart qui l'avait enlevé à sa famille, et qu'ils faisaient ménage ensemble. Entre comédiens, cela suffisait pour les considérer comme mari et femme. Et ce *mariage* dura longtemps, puisqu'on a la preuve que, plus de quatorze ans après l'origine de leur liaison, c'était Madeleine Béjart qui tenait la caisse et touchait l'argent qui revenait à Molière [2]. Lorsqu'il épousa Armande Béjart, elle était si jeune qu'on crut qu'elle était la fille de sa sœur Madeleine Béjart, qui l'avait élevée ; et comme l'*union* de Madeleine avec Molière était déjà ancienne, on l'accusa d'avoir épousé sa propre fille. On a récemment trouvé un document [3] qui prouve que Madeleine Béjart était réellement considérée comme le personnage principal de la troupe de comédiens où se mit Molière, et que Tallemant avait raison lorsqu'il en parlait ainsi. Dans un recueil de vers imprimé en 1646, on apprend que lorsque le duc de Guise partit pour Naples, il fit présent de ses habits aux comédiens de toutes les troupes de Paris, dont les noms se trou-

---

[1] PERRAULT, *Hommes illustres*, 1692, in-folio, p. 79 ; édit. 1698, in-12, p. 190.
[2] Registre de la Grange, cité par M. Taschereau, *Hist. de la vie et des ouvrages de Molière*, 3ᵉ édit., p. 228.
[3] PAULIN PARIS, cité par M. BAZIN dans la *Revue des Deux Mondes*, 15 juillet 1847 ; — les *Commencements de la vie de Molière*, p. 6 du tirage à part. — Le recueil indiqué par M. Paulin Paris est l'*Eslite des bons vers choisis dans les ouvrages des plus excellents poëtes de ce temps* ; Paris, chez Cardin-Besongne, 1653, 2ᵉ partie, *Recueil de diverses poésies*, p. 15.

vent dans ce livre avec ceux des principaux acteurs qui les dirigeaient, à savoir : la troupe du Marais, Floridor ; celle du Petit-Bourbon, le Capitan ; celle de l'hôtel de Bourgogne, Beauchâteau ; et enfin une quatrième troupe qui n'est pas autrement désignée que par les noms de la Béjart, de Beys et de Molière.

De ces trois personnes qui sont ici nommées comme chefs d'une quatrième troupe, deux étaient connues comme auteurs : c'étaient Madeleine Béjart et Charles Beys ; ils faisaient des pièces de théâtre ; Molière se contentait d'en jouer [1].

Ceci, et ce que dit Tallemant, que la Béjart avait joué à Paris avec une troupe qui n'y fut que quelque temps, se trouve confirmé par ce paragraphe important de la *Préface* de la Grange et Vinot :

« Il tâcha, dans les premières années, de s'établir à Paris avec plusieurs enfants de famille qui, par son exemple, s'engagèrent comme lui dans la partie de la comédie, sous le titre de *l'Illustre théâtre* ; mais ce dessein ayant manqué de succès (ce qui arrive à beaucoup de nouveautés), il fut obligé de courir les provinces du royaume, où il commença de s'acquérir une fort grande réputation [2]. »

La première mention de *l'Illustre théâtre* serait bien plus ancienne, s'il est vrai qu'une pièce de Magnon, imprimée en 1645, porte, sur le titre, qu'elle y a été représentée [3].

Voilà tout ce qu'on sait de certain pour les premières années de

---

[1] Voyez le *Catalogue* des pièces de Charles Beys, dans le Catalogue de la bibliothèque de M. de Soleinne, par le bibliophile Jacob, p. 243, n° 119, à savoir : *le Jaloux sans sujet*, tragi-comédie, 5 actes ; *l'Hospital des fous*, 5 actes ; *Aline, ou les Frères rivaux*, 5 actes. Toutes ces pièces ont été imprimées en 1637 ; *les Illustres fous*, en 1653. Aucun historien ou éditeur de Molière n'a connu la liaison de Beys avec Molière.

[2] Les *OEuvres de M. DE MOLIÈRE*, 1682, in-12, p. 3 de la préface.

[3] *Catalogue* de la bibliothèque de M. de Soleinne, 1843, in-8°, p. 271, n° 121. — *Histoire de la vie et des ouvrages de Molière*, par TASCHEREAU ; 3ᵉ édition, p. 8. Dans ces deux ouvrages, le titre de la pièce de Magnon est ainsi : *Artaxerce*, tragédie (5 a. v.), par Magnon, représentée sur *l'Illustre théâtre* ; Paris, Cardin-Besongne, 1645. C'est l'éditeur des OEuvres de Molière de 1734 qui, le premier a dit que cette pièce de Magnon avait été représentée sur *l'Illustre théâtre* mais il ne dit pas qu'il tire ce fait du titre ; ce qu'il dit à cet égard a été accepté par les frères Parfaict (*Histoire du Théâtre françois*, t. VI, p. 376) ; et il n'y a pas d'autre objection à ce fait. Cependant ce qui m'oblige à ne l'admettre qu'avec précaution, c'est que Beauchamps seul a donné le titre entier de cette tragédie ; que ce titre ne porte pas qu'elle a été représentée sur *l'Illustre théâtre*, et que Beauchamps ne le dit pas. (*Recherches sur les théâtres de France*, 1735, in-8°, p. 217.)

la vie de Molière. Résumons. En 1632 il avait perdu sa mère ; et lorsque la Béjart l'emmena en province, majeur, maître de ses actions et de sa part de bien maternel, il n'est plus Poquelin, il est Molière; il n'appartient plus à sa famille, et sa famille ne lui appartient plus ; il appartient tout entier à sa troupe : sa troupe, c'est sa famille ; sa troupe, c'est l'instrument de sa gloire ; en elle est la source de ses jouissances, les objets de ses plus chères affections : c'est par elle enfin qu'il satisfait sa triple passion de comédien, de poëte et d'amant ; car il fut tout cela toute sa vie. Si vous voulez la connaître, cette vie ; si vous voulez savoir quels sont les labeurs, les succès, les jouissances, les tristesses qu'elle a accumulés dans le court espace de quinze ans, lisez cette *Préface*, dont je ne vous ai rapporté que ce qui concerne Poquelin, et non Molière ; relisez ses œuvres ; relisez les *Œuvres de madame de Sévigné* et les *Œuvres de Boileau*, annotées par Brossette de Saint-Marc ; surtout n'oubliez pas que Molière n'est plus Poquelin, et que tout ce qui se trouve rapporté dans les biographies sur ses relations avec son père et avec sa famille est faux et controuvé. Son père et sa famille, dès qu'il eut pris le nom de Molière, dès qu'il fut comédien, n'eurent plus rien de commun avec lui ; et cela dura jusqu'à sa mort, et après sa mort.

Mais le mot de Belloc, et le voyage de Narbonne, et cette assistance que Molière prêtait à son père dans ses fonctions de valet de chambre du roi ; mais cette cession que Poquelin le père fit à son fils de sa charge de valet de chambre, qu'il ne pouvait plus exercer à cause de son grand âge, et tant d'autres faits si singuliers, si amusants, qui nous montrent Molière s'élevant des occupations manuelles de simple ouvrier jusque sur les hauteurs où son génie l'a placé ; qu'en faites-vous ? — Tout cela est faux, controuvé ; ce sont des contes populaires inventés pour l'amusement des oisifs et dont tous ceux qui étaient bien instruits de la vie de Molière, la Grange et Vinot, de Visé, Tallemant, n'ont pas dit un mot. Ce qu'ils ont dit prouve que tout cela ne pouvait être vrai. Tout cela a été dit seulement par les collecteurs d'*ana*, par les Grimarest, les de Bret et autres, et répété ensuite par tous les biographes, qui n'ont voulu rien laisser échapper de ce qui avait été imprimé avant eux.

En voulez-vous la preuve ? c'est que ce père de notre grand comique, ce Jean Poquelin, mort le 27 février 1669, se trouve porté sur tous les *états de la France* comme exerçant la charge de tapissier valet de chambre du roi, depuis celui qui a été rédigé par de la Marinière, d'après les *Mémoires de M. de Saintot, maître des cérémonies*, le 16 août 1657 (p. 84, lig. 11), jusqu'à celui de M. N. de Besongne, *dressé suivant les états portés à la cour des aides*, qui parut au commencement de l'année 1669, c'est-à-dire un mois avant la mort de Jean Poquelin, père de Molière (p. 86). Jean Poquelin est inscrit dans le livre de Besongne non-seulement comme possesseur du titre et de la charge, mais comme étant encore en exercice pour le quartier de janvier en avril 1669, concurremment avec Nauroy, son collègue : ils servaient à deux par quartier.

Jean Poquelin, comme « sa défunte honorable femme, Marie Cressé (mère de Molière), » fut enterré avec pompe, ainsi que le constate son acte de décès inscrit dans les registres de la paroisse Saint-Eustache [1] :

« Convoi de 42, service complet. — Assistance de M. le curé, quatre
« prêtres-porteurs, pour défunt Jean Poquelin, tapissier du roy,
« bourgeois de Paris, demeurant sous les piliers des Halles, devant
« la fontaine. »

Ceux qui voudraient faire une objection contre la preuve ici donnée de l'époque où Molière a pu commencer à exercer la charge de valet de chambre du roi et du peu de temps qu'il a exercé cette charge diront qu'il est prouvé que le titre lui en a été donné dans l'acte de baptême de Madeleine Grésinde, dont il fut le parrain le 29 novembre 1661 [2]. Mais ces critiques oublient avec quelle facilité on prenait alors d'avance les titres dont on devait hériter. Depuis les ordonnances de Charles IX et de ses successeurs [3], ceux qui se trouvaient attachés à la maison du roi étaient, comme les nobles, exempts de certaines charges, et avaient de certains priviléges dont ne jouissait pas la bourgeoisie. Il en était de même de ceux qui possédaient le premier degré de noblesse et avaient le titre d'écuyer. Ce titre est donné à Molière par sa femme, dans un acte de baptême où elle figure comme marraine (23 juin 1663); et cependant Molière n'avait assurément aucun droit de le prendre. Pour s'être laissé ainsi titrer indûment

---

[1] *Dissertation sur Molière*, par BEFFARA, p. 25 et 26. — TASCHEREAU, *Hist. de la vie et des ouvrages de Molière*, p. 203 à 211.

[2] BAZIN, *les Dernières années de la vie de Molière*, extrait de la *Revue des Deux Mondes*, 15 janvier 1848, p. 7 et 9.

[3] Elles sont rapportées à la fin de l'*État général des officiers, domestiques et commensaux de la maison du Roy* ; mis en ordre par M. de la Marinière, 1660, in-8°.

dans des actes authentiques, la Fontaine fut condamné à 4,000 francs d'amende. Comme lui, Boileau prit aussi ce titre, et fut également poursuivi par le fisc; mais il gagna son procès, et prouva qu'il possédait ce premier degré de noblesse. L'acte du 29 novembre 1661 ne prouve donc rien contre ce que nous avons avancé.

Jean Poquelin avait eu dix enfants de deux mariages différents : de ces neuf frères et sœurs de Molière, plusieurs, au moment de son décès, étaient mariés, et ils eurent tous un grand nombre d'enfants : son second frère en eut seize; Robert Poquelin, son proche parent, en eut vingt; et, de cette nombreuse famille, pas un seul ne parut lorsqu'il fallut réclamer pour Molière une sépulture décente et les prières de l'Église, ni pour protéger son domicile contre les égarements fanatiques d'une populace hostile [1]. C'est que tous voulaient être bien avec leurs curés, et enterrés honorablement. Aucun Poquelin ne signa ni n'appuya la requête que la veuve de Molière adressa au roi; et dans cette requête on ne parle ni de son père ni de sa parenté avec les Poquelin. Personne, dans les Poquelin ni dans leurs descendants, ne voulut alors, ni après, être beau-frère, belle-sœur, nièce ou neveu, parent ou allié des Béjart, ni même de M. de Molière. On n'a pas trouvé un seul acte, une seule lettre, un seul écrit qui établissent quelque rapport entre Jean Poquelin et Jean-Baptiste Poquelin dès que celui-ci eut pris le nom de Molière; et aucun de ceux qui ont parlé de lui, et dont le témoignage doit compter, ne constate qu'il y eut de leur temps aucune liaison entre le père et le fils, ou entre ce fils et ses frères, ses sœurs et ses parents. Pas un seul Poquelin ne contribua à grossir le cortége nombreux qui, à la lueur des flambeaux, conduisit à leur dernier asile les restes de l'immortel auteur du *Misanthrope*. Molière ne paraît avoir eu d'autre part à l'héritage paternel que la survivance de la charge de tapissier valet de chambre du roi, que son père ne pouvait lui ôter et que notre poëte, aux termes où il en était avec Louis XIV, se serait bien gardé de dédaigner. Il exerça donc cette charge; la Grange et Vinot n'ont pas manqué de constater ce fait, page 2 de la *Préface*.

« Son nom fut Jean-Baptiste Poquelin; il était Parisien, fils d'un
« valet de chambre tapissier du roi, et avait été reçu dès son bas
« âge en survivance de cette charge, qu'il a depuis exercée dans son
« quartier jusqu'à sa mort. »

[1] TASCHEREAU, *Hist. de la vie et des ouvrages de Molière*, 3ᵉ édit., p. 181 et 260, 208 et 211. — BEFFARA, *Dissertation sur Molière*, p. 25 et 26.

Il ne l'exerça pas longtemps. Entré en fonctions après la mort de son père, en février 1669, avec Nauroy, son collègue pour le premier quartier, il dut n'exercer que pendant un mois. Dans les trois années qui suivirent, il exerça chaque année pendant six semaines seulement, car ils étaient huit tapissiers valets de chambre, servant à deux par quartier. Ainsi, Molière n'a pu exercer que par intervalle (en tout dix mois) sa charge de valet de chambre du roi, en supposant qu'il n'en fût jamais dispensé. Ce service, dans ce qui avait rapport à aider à faire le lit du roi, était pour la forme [1] : c'était plutôt un privilége qu'un emploi, car il y avait, outre les huit tapissiers valets de chambre, huit valets de chambre et barbiers, qui étaient appointés au double des tapissiers [2]. Mais Louis XIV avait accordé à Molière une pension de mille francs en 1663, c'est-à-dire six ans avant que son père, en mourant, lui eût transmis la survivance de la charge de valet de chambre, ce qui a fait croire à tort que ce fut en 1663 que Molière eut cette charge.

Aucun Poquelin ne prétendit à la survivance de Molière comme tapissier valet de chambre du roi; Jean Poquelin, et après lui Jean-Baptiste Poquelin, son fils, furent successivement inscrits en tête de la liste des tapissiers valets de chambre dans leur quartier; mais, après eux, c'est le sieur Nauroy qu'on trouve inscrit le premier [3].

J'ajouterai à cette longue note sur Molière une dernière observation qui concerne ses éditeurs. J'ai dit ailleurs que lorsqu'un auteur avait lui-même donné une édition de ses *Œuvres*, il était du devoir des éditeurs de conserver l'ordre que l'auteur a établi, parce que cet ordre fait partie de ses pensées, et repose toujours sur une idée principale. La Grange et Vinot ont manqué à cette règle dans leur édition de 1682, et ils ont été à tort imités par tous les éditeurs subséquents. Molière a donné, en 1666, une édition de ses *Œuvres*; il en avait commencé une autre lorsqu'il mourut en 1673, puisque le privilége est daté du 18 mars 1671, et la continuation du 20 avril 1673 [4]. Dans ces deux éditions (1666 et 1673), Molière s'est écarté, pour une seule pièce, de l'ordre qu'il a suivi pour toutes les autres,

---

[1] Voyez sur ce sujet l'*État de la France* en 1749, t. I, p. 255.
[2] L'*État de la France*, etc.; dédié au roy, par M. N. Besongne, C. et A. du roy, B. en théologie et clerc de chapelle et d'oratoire de Sa Majesté; 1669, p. 35.
[3] Voyez, l'*État de la France* en 1677, t. I, p. 100.
[4] Les volumes premiers de cette édition portant tantôt la date de 1673, tantôt celle de 1674; et les derniers celles de 1675 et 1676.

qui est de les ranger selon les dates de leur représentation. D'après cet ordre, la comédie des *Précieuses* doit être placée après *l'Étourdi* et *le Dépit amoureux*, comme elle se trouve en effet dans l'édition de 1682. Mais Molière, dans les deux éditions qu'il a données, a placé cette pièce la première; et cette dérogation à l'ordre chronologique qu'il avait adopté est assez significative pour qu'elle fût respectée par ses éditeurs. Il est évident qu'il a voulu montrer que de cette pièce des *Précieuses* dataient pour lui les faveurs du public et cette espèce d'alliance qui s'était contractée entre lui et tous ceux qui fréquentaient son spectacle. Ce n'est pas tout : en 1663 il avait été gratifié d'une pension du roi, et il saisit l'occasion de la représentation des *Plaisirs de l'Ile enchantée*, le 16 mai 1664, pour lui adresser un remercîment en vers. Cette pièce, qui n'a rien de fade comme toutes celles de cette nature, mais qui est, au contraire, à elle seule une excellente scène de comédie, est, dans l'édition de 1682, placée à sa date et avant la pièce des *Plaisirs de l'Ile enchantée* (t. II, p. 289 à 292 de l'édit.), tandis que, dans les deux éditions données par Molière (1666 et 1673), elle commence le premier volume, et se trouve avant la Préface. Évidemment Molière avait eu l'intention de convertir ce remercîment en une réjouissante et joviale dédicace de toutes ses *Œuvres*, une dédicace à Louis XIV. En replaçant cette pièce à sa date, les éditeurs lui ont ôté la plus grande partie de sa valeur, et ont ainsi frustré les intentions de l'auteur.

Page 295, ligne 7 : Les attaques contre Molière et la comédie, que Nicole, Bourdaloue et Bossuet, etc.

Les reproches de Bossuet contre la comédie et Molière sont sévères, mais d'une vérité incontestable :

« ... On répond que, pour prévenir le péché, le théâtre purifie l'amour... Ce n'est, après tout, qu'une innocente inclination pour la beauté, qui se termine au nœud conjugal. Du moins donc, selon ces principes, il faudra bannir du milieu des chrétiens les prostitutions dont les comédies italiennes ont été remplies, même de nos jours, et que l'on voit encore toutes crues dans les pièces de Molière; on réprouvera les discours où ce rigoureux censeur des grands canons, ce grave réformateur des mines et des expressions de nos précieuses étale cependant au plus grand jour les avantages d'une infâme tolérance dans les maris, et sollicite les femmes à de honteuses vengeances contre leurs jaloux. Il a fait voir à notre siècle le fruit qu'on peut espérer de la morale du théâtre, qui n'attaque que le ridicule du monde, en lui laissant cependant toute sa corruption. »

CHAPITRE IX.

Page 300, ligne 19 : Le temps de ses métamorphoses en jeune et jolie fille était passé.

Dans l'*Histoire de la comtesse des Barres*, Choisy nous apprend que ce fut madame de la Fayette qui lui donna l'idée de se déguiser en femme (p. 12-14).

« Je n'étais donc contraint par personne, et je m'abandonnai à mon penchant. Il arriva même que madame de la Fayette, que je voyais fort souvent, me voyant toujours fort ajusté avec des pendants d'oreille et des mouches, me dit, en bonne amie, que ce n'était point la mode pour les hommes, et que je ferais bien mieux de m'habiller tout à fait en femme. Sur une si grande autorité, je me fis couper les cheveux, pour être mieux coiffé. J'en avais prodigieusement; il en fallait beaucoup en ce temps-là, quand on ne voulait rien emprunter. On portait sur le front de petites boucles, de grosses aux deux côtés du visage, et tout autour de la tête un gros bourrelet de cheveux cordonné avec des rubans ou des perles, qui en avait. J'avais assez d'habits de femme : je pris le plus beau, et j'allai rendre visite à madame de la Fayette avec mes pendants d'oreille, ma croix de diamants et mes bagues, et dix ou douze mouches. Elle s'écria en me voyant : « Ah! la belle femme! Vous avez donc suivi mon avis? « et vous avez bien fait. Demandez plutôt à M. de la Rochefoucauld. » Il était alors dans sa chambre. Ils me tournèrent et retournèrent, et furent contents. Les femmes aiment qu'on suive leur avis; et madame de la Fayette se crut engagée à faire approuver dans le monde ce qu'elle m'avait conseillé peut-être un peu légèrement. Cela me donna courage, et je continuai, pendant deux mois, à m'habiller tous les jours en femme. J'allai partout faire des visites, à l'église, au sermon, à l'Opéra, à la Comédie, et il me semblait qu'on s'y était accoutumé. Je me faisais nommer, par mes laquais, *madame de Sanzy*. Je me fis peindre par Ferdinand, fameux peintre italien, qui fit de moi un portrait qu'on allait voir. Enfin, je contentai pleinement mon goût. J'allais à la cour d'un grand prince.... Il eût bien souhaité s'habiller aussi en femme. » Ce grand prince était le duc d'Orléans, le frère de Louis XIV, alors fort jeune.

Page 312, ligne dernière : L'avis de l'abbé de Coulanges, et la note 6.

Outre la date, qui est différente dans le manuscrit de l'Institut et dans les imprimés, et la généalogie des Rabutin, qui ne se trouve pas dans ces imprimés, je remarque aussi une différence dans la rédaction entre ce manuscrit et les imprimés, pour les premières phrases de cette lettre. Ce texte, dans le manuscrit, est plus semblable à l'édition de 1735, et doit, je crois, être préféré à celui des éditions modernes, comme étant conforme à ce qu'avait écrit Bussy.

Page 325, ligne 15 : Ma grand'mère.

Comme Jean de la Croix, Françoise Fremyot de Chantal fut seulement béatifiée du vivant de madame de Sévigné, et ne fut canonisée que longtemps après la mort de sa petite-fille.

Page 328, ligne 23 : Sa jeunesse, les plus belles années de sa vie.

J'ai essayé, dans les chapitres III à XVI de la première partie de cet ouvrage, de retracer ces temps de la brillante jeunesse de madame de Sévigné. Malgré la disette de renseignements historiques pour ce qui la concerne, on a pu voir, par les extraits de la *Gazette de Lorel*, du *Dictionnaire des Précieuses*, des *Miscellanea* de Ménage (1652, p. 105), que sa réputation de femme d'esprit, belle, aimable, gracieuse était grande et bien établie, non-seulement dans la société, mais dans le public, puisqu'elle était l'objet des éloges donnés par les écrivains de ce temps dans des ouvrages imprimés et alors fort répandus. Il en est un de ce genre que je n'ai pas cité, parce qu'alors je ne le connaissais pas. C'est celui d'un sieur DE SAINT-GABRIEL, conseiller du roi et ci-devant avocat à la cour des aides de Normandie, qui, dans un livre bizarre destiné, comme le *Dictionnaire des Précieuses*, à célébrer toutes les beautés de l'époque (LE MÉRITE DES DAMES; Paris, 1660, in-12), surpasse tous les autres auteurs par l'excès de son admiration pour madame de Sévigné. Voici la transcription du court article qu'il lui a consacré :

Page 310 de la 3ᵉ édition, article 85 : « MADAME DE SÉVIGNY LA SUBLIME, UNE ANGE EN TERRE, LA GLOIRE DU MONDE. »

D'après une note manuscrite mise à un exemplaire de ce livre de Saint-Gabriel, la seconde édition porterait la date de 1657. Je n'ai aucun renseignement sur la date de la première ; lors de la seconde, madame de Sévigné avait vingt-huit à vingt-neuf ans.

FIN.

TABLE SOMMAIRE

DES CHAPITRES DE CE VOLUME.

CHAPITRE PREMIER. — 1671.

Pages.

Voyage de madame de Sévigné à sa terre des Rochers. — Son séjour. — Ses occupations dans ce lieu. — Visites qu'elle y reçoit. — Détails sur Pomenars, Tonquedec, Montigny, etc.   1

CHAPITRE II. — 1671.

Détails sur madame de Grignan et la famille de Grignan pendant le séjour de madame de Sévigné aux Rochers. — La Bohémienne..   43

CHAPITRE III. — 1671-1672.

Madame de Sévigné retourne à Paris. — Louis XIV se prépare à la guerre. — Publications littéraires. — *Les Femmes savantes* de Molière. — Détails sur madame Scarron et madame de Montespan................................   66

CHAPITRE IV. — 1671-1672.

Inclinations du marquis de Sévigné. — Ses intrigues amoureuses avec la Champmeslé, avec Ninon. — La guerre contre la Hollande est déclarée. — Sévigné part pour l'armée......   97

CHAPITRE V. — 1672.

Des commencements et de la fin de la guerre de Louis XIV contre la Hollande. — Préparatifs de Louvois. — Passage du

Rhin. — Mort du comte de Saint-Paul. — De la société que fréquentait alors madame de Sévigné. — Détails sur la Vallière et Montespan. — Nécessité de faire connaître les dangers qui assiégeaient alors les femmes jeunes et belles de la cour. 120

CHAPITRE VI. — 1672.

Histoire de la marquise de Courcelles (1651-1685).......... 146

CHAPITRE VII. — 1672.

Madame de Sévigné part pour aller en Provence. — Détails sur son voyage. — Sur Jeannin de Castille, — sur Bussy, — sur la famille de Dugué-Bagnols....................... 188

CHAPITRE VIII. — 1672.

Séjour de madame de Sévigné à Lyon. — Lettres que lui adresse madame de Coulanges. — Détails qu'elle donne sur les intrigues amoureuses de Villeroi. — Quelle était la personne qu'elle désigne sous le nom d'*Alcine*. — Détails sur Vardes, Barillon, etc...................................... 202

CHAPITRE IX. — 1673.

Madame de Sévigné en Provence. — Histoire des états de Provence. — Assemblée des communautés. — Rivalité de M. de Grignan et de l'archevêque de Marseille. — Madame de Sévigné va à Lambesc et à Marseille.................... 226

CHAPITRE X. — 1673.

Continuation du séjour de madame de Sévigné en Provence. — Nouvelles qu'elle reçoit de Paris et de l'armée. — Prise de Charleroi. — L'abbé de Choisy en Bourgogne. — Prise de Maëstricht. — Détails sur les cours de Louis XIV et de Charles II. — Sur le marquis d'Ambres et le titre de *monseigneur*. — Sur madame de la Fayette et la Rochefoucauld. — Sur Corneille et Racine. — Mort de Molière................ 264

CHAPITRE XI. — 1673.

Pages.

Séjour de madame de Sévigné au château de Grignan.— Liaison de l'abbé de Choisy et de Bussy avec madame Bossuet. — Détails sur le comte de Limoges.— Des études sur la philosophie de Descartes et sur le traité de Louis de la Forge. — De l'influence de ces études sur Corbinelli, sur madame de Sévigné, sur madame de Grignan...................... 296

FIN DE LA TABLE DES CHAPITRES.

TABLE SOMMAIRE

DES

MATIÈRES PRINCIPALES DES NOTES ET ECLAIRCISSEMENTS
CONTENUS DANS CE VOLUME.

	Pages.
Sur les voyages de madame de Sévigné.	331
Sur la Tour de Sévigné.	333
Sur le changement de domicile de madame de Sévigné.	334
Sur Cotin.	335
Sur la représentation des *Femmes savantes*.	337
Extrait des Mémoires de Fr. de Maucroix.	338
Sur madame de Brancas et sur Ninon.	339
Sur le printemps d'hôtellerie.	340
Sur Barillon et la duchesse de Verneuil.	341
Sur le château nommé *le Genitoy*.	343
Sur le recueil qui contient le sonnet sur la marquise de Courcelles.	345
Portrait du comte d'Hona.	346
Chanson de Guilleragues sur la famille de Coulanges et sur la Trousse.	349
Sur les éditions du libelle de Bussy.	351
Sur la maison de M. Cazes à Lyon et sur madame Deshoulières.	354
Sur les divers ballets dans lesquels Louis XIV a figuré.	357
Sur les éditions des libelles de Bussy et d'autres libelles du même genre.	360
Sur la dame du nom de du Plessis, connue de madame de Sévigné.	362

	Pages.
Lettre de Louis XIV sur la duchesse de Portsmouth	364
Comparaison de Corneille et de Racine	366
Dissertation sur cette question : *Que sait-on sur la vie de Molière ?*	367
Sur Choisy, comtesse des Barres	380
Louange de madame de Sévigné par Saint-Gabriel	382

FIN DE LA TABLE DES NOTES ET ÉCLAIRCISSEMENTS.

www.ingramcontent.com/pod-product-compliance
Lightning Source LLC
Chambersburg PA
CBHW050436170426
43201CB00008B/689